Les Images

3812

BIBLIOTHÈQUE

DE

Philosophie Expérimentale

Dirigée par E. PEILLAUBE

Volumes parus :

I. Le Psychisme inférieur, par le Dʳ J. GRASSET, professeur de Clinique Médicale à l'Université de Montpellier.

    1 vol. in-8° de 510 pages, broché......................... 9 francs
    —   relié .... 10 fr. 50

II. La Théorie physique, son objet et sa structure, par P. DUHEM, professeur de Physique théorique à la Faculté des Sciences de Bordeaux.

    1 vol. in-8° de 450 pages, broché......................... 8 francs
    —   relié .... 9 fr. 50

III. Dieu. L'Expérience en métaphysique, par XAVIER MOISANT.

    1 vol. in-8° de XIII + 300 pages, broché.................. 7 francs
    —   relié .... 8 fr. 50

IV. Principes de linguistique psychologique. *Essai de synthèse,* par VAN GINNEKEN, docteur de l'Université de Leyde.

    1 vol. in-8° de 552 pages, broché...... .... 12 francs
    —   relié .... 'r. 50

V. Cournot et la Renaissance du probabilisme, par F. MENTRÉ, professeur à l'Ecole des Roches.

    1 vol. in-8° de 652 pages, broché......................... 12 francs
    —   relié .... 13 fr. 50

VI. Essai sur la Psychologie de la main, par N. VASCHIDE, Directeur-adjoint du Laboratoire de Psychologie pathologique à l'Ecole pratique des Hautes-Etudes.

    1 vol. in-8° de 504 pages, broché......................... 12 francs
    —   relié .... 13 fr. 50

VII. Les systèmes logiques et la logistique, par C. LUCAS DE PESLOUAN.

    1 vol. in-8° de 418 pages, broché......................... 8 francs
    —   relié .... 9 fr. 50

VIII. Précis de Psychologie, par W. JAMES. Traduit par E. Baudin, Professeur de Philosophie au Collège Stanislas, et G. Bertier, Directeur de l'Ecole des Roches.

    1 vol. in-8° de 632 pages, broché......................... 12 francs
    —   relié .... 13 fr. 50

IX. Les Images. *Essai sur la mémoire et l'imagination,* par E. PEILLAUBE, professeur à l'Institut Catholique de Paris, directeur de la « Revue de Philosophie ».

Volume à paraître :

L'Enigme de la Vie et les nouveaux horizons de la biologie, par le docteur A. GEMELLI.

BIBLIOTHÈQUE DE PHILOSOPHIE EXPÉRIMENTALE

Directeur E. PEILLAUBE *SM*.

IX

Les Images

ESSAI SUR LA MÉMOIRE ET L'IMAGINATION

par

E. PEILLAUBE

PROFESSEUR DE PSYCHOLOGIE A L'INSTITUT CATHOLIQUE DE PARIS

ET DIRECTEUR DE LA « REVUE DE PHILOSOPHIE »

PARIS

MARCEL RIVIÈRE & Cie, ÉDITEURS

31, Rue Jacob

1910

DU MÊME AUTEUR

Théorie des Concepts, *existence, origine, valeur*, 1 vol. in-8° de 466 pages, 1895, 7 fr. 50 (LETHIELLEUX, éditeur.)

Revue de Philosophie, dirigée par E. PEILLAUBE, 10e année, 1910, paraissant tous les mois par fascicules in-8° raisin de 112 à 128 pages. Abonnement annuel : 20 fr. pour la France, 25 fr. pour l'Union postale. (Marcel RIVIÈRE et Cⁱᵉ, éditeurs.)

Bibliothèque de Philosophie expérimentale, dirigée par E. PEILLAUBE, fondée en 1906. (Marcel RIVIÈRE et Cⁱᵉ, éditeurs.)

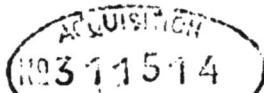

AVANT-PROPOS

Cette étude voudrait être une mise au point des recherches de psychologie expérimentale et pathologique sur la Mémoire et l'Imagination.

La psychologie ancienne étudiait en bloc les facultés de l'âme, sans descendre dans le détail. Aussi a-t-elle ignoré les formes si variées et si riches de la mémoire et de l'imagination. Il lui est même arrivé d'ériger en caractéristique essentielle ce qui n'était qu'une particularité plus saillante et de faire entrer dans une définition générique des éléments qui ne convenaient qu'à l'espèce. C'est ainsi que Thomas Reid définissait l'imagination « une vive conception des objets de la vue ». Et lorsque Dugald Stewart, qui rapporte cette définition, protesta contre son exclusivisme, ce fut une nouveauté.

Nous inspirant de la psychologie nouvelle et plus particulièrement des travaux de M. Ribot, nous avons décomposé la mémoire et l'imagination en souvenirs et en images, ou, d'un seul mot, en images, puisque les souvenirs ne sont que des images portant la marque du passé.

Dans une première partie, les images ont été rattachées à leurs antécédents naturels, les sensations, et réparties en autant de groupes correspondants : images *visuelles, auditives, tactiles* et *motrices, olfac-*

lives, gustatives, organiques et *viscérales*. Chacun de ces groupes, subdivisé à son tour, a été étudié dans le détail et sous tous ses aspects, à l'état sain et à l'état morbide.

Les images ont paru coextensives, non seulement aux sensations, mais encore aux sentiments et aux émotions : d'où le groupe des images *affectives*, que nous avons cru devoir ajouter aux groupes des images *sensorielles* et étudier d'après la même méthode.

Dans une seconde partie, les images ont été considérées, non plus à l'état statique comme des résultats ou des produits, mais à l'état dynamique dans leur devenir et dans leur synthèse. Nous avons cherché à saisir sur le vif l'évolution des images s'organisant à partir de la sensation, par étapes progressives, en mémoire et en imagination. Ici, surtout, nous avons eu recours à la pathologie mentale et tout spécialement aux études cliniques de M. Pierre Janet. Les états morbides n'étant en somme que les états normaux dissociés, grossis, exagérés, leur étude peut rendre les plus grands services à la psychologie générale.

L'analyse et la synthèse des images une fois achevées, le moment était venu de s'interroger sur la valeur de la méthode employée. Le résultat de cet examen a été que les images, quoi qu'en pense l'atomisme psychologique, n'expliquent ni l'imagination, ni la mémoire ; que ce sont, au contraire, ces deux propriétés si originales de la vie intérieure qui expliquent les images. La mémoire et l'imagination représentent des racines ou des branches ; les images, des fleurs ou des fruits.

S'il est nécessaire, pour étudier la généralité et le tout, d'envisager d'abord les parties et le détail, ce n'est qu'ensuite, en se plaçant au point de vue du tout et de la généralité, qu'on peut comprendre la partie et le détail. Nous avons donc pris soin de replacer la mémoire et l'imagination dans la chaleur et l'intimité du moi personnel, d'où il avait bien fallu les abstraire pour les étudier : ce qui nous a permis de restituer leur signification profonde à des notions fondamentales comme celles de *l'attention*, de *l'association*, de la *conscience*, de *l'automatisme* et de la *personnalité*.

Calonges, octobre 1909.

PREMIÈRE PARTIE

L'ANALYSE DES IMAGES

PREMIÈRE PARTIE

L'ANALYSE DES IMAGES

CHAPITRE PREMIER

LES IMAGES VISUELLES

Personne ne songe à contester l'existence des images visuelles. Chacun de nous, à l'état normal, se représente plus ou moins le visage d'un ami absent, son teint, la couleur de ses yeux et de ses cheveux, la forme de son nez. Et si l'on n'est pas capable de reproduire l'ensemble des traits qui composent sa physionomie, on en peut toujours reproduire quelques-uns. Les mieux doués sous ce rapport traduisent de préférence leurs idées et leurs sentiments dans le langage des couleurs et des formes. On les appelle, pour cette raison, des *visuels*. Ils sont des documents que le psychologue doit consulter. Les images visuelles apparaissent aussi sous un fort grossissement dans l'hallucination, le rêve, l'hypnose et les maladies mentales ; dans ce dernier cas, elles se montrent dissociées les unes des autres, ce qui permet de les observer dans des conditions nouvelles. Enfin, les rapports des images visuelles avec les sensations visuelles d'un côté et l'abstraction

de l'autre sont des plus instructifs, quand on étudie la
nature des représentations de la vue.

La plupart des « calculateurs célèbres » sont des visuels. Lorsqu'ils calculent mentalement, ils voient les
chiffres disposés sur un tableau.

M. Binet a publié en 1894 un livre intéressant intitulé : *Psychologie des grands calculateurs et joueurs
d'échecs*. Il y étudie deux calculateurs connus : Diamandi et Inaudi. Le premier appartient au type visuel,
il est dans la règle ; le second appartient au type auditif, c'est une exception, nous le retrouverons à propos
des images auditives. M. Binet a surtout considéré chez
Diamandi la puissance de « visualiser ». Lorsque
Diamandi apprend une série de chiffres, qu'il fait des
additions, des soustractions ou d'autres opérations de
l'arithmétique, les chiffres lui apparaissent sous une
forme visuelle. Il revoit le papier ou le tableau noir
avec les séries de chiffres et l'ordre des séries. La représentation qu'il s'en fait n'est cependant pas une photographie. Il revoit les chiffres, non sous la forme où
ils ont été écrits, mais comme il a coutume de les écrire
lui-même. C'est ainsi qu'il se représente ordinairement
le chiffre cinq en caractères d'imprimerie. Chez lui
l'image visuelle de la forme des chiffres ne se confond
pas avec l'image visuelle de leur couleur. Les chiffres
ont-ils même couleur? Il les apprend avec plus de facilité. En général, il apprend d'abord les chiffres, puis
les couleurs. Il met plus de temps pour retenir vingt
couleurs que pour retenir vingt chiffres. Ce n'est donc
pas d'un même effort qu'il « fixe » la couleur et la

forme (1). Mlle Uranie Diamandi, sa sœur, est aussi un calculateur prodige du type visuel. Nés dans les îles Ioniennes, ils habitent l'un et l'autre Paris, où ils donnent des séances.

Le rôle des images visuelles est très remarquable chez des *peintres,* tels que Gustave Doré, Horace Vernet, Bonnat. Horace Vernet, dit M. Arréat dans la *Psychologie du Peintre,* travaillait un jour « à un tableau de bataille, pour lequel il avait besoin de derniers renseignements. Un officier est introduit : il venait offrir de lui donner une pose, ayant assisté à l'affaire, en Algérie. Tandis qu'il parlait, Horace Vernet le mesurait des yeux, faisant le tour de sa personne. « Je suis à « votre disposition, dit le visiteur ; mettons la pose à « demain, si vous voulez. — Merci, c'est fait », répondit Horace Vernet en souriant. A peine l'officier était-il sorti qu'il brossa vivement la figure : elle était vivante et ressemblante (2). »

Cette facilité des images visuelles à se graver et à se reproduire fit le succès d'un peintre anglais. Il n'avait besoin que d'une séance de pose. Dans une année, il faisait trois cents portraits grands et petits. Voici son procédé décrit par lui-même, d'après Brierre de Boismont : « Lorsqu'un modèle se présentait, je le regardais attentivement pendant une demi-heure, esquissant de temps en temps ses traits sur la toile. J'enlevais la toile et je passais à une autre personne. Lorsque je voulais continuer le premier portrait, je prenais l'homme

(1) *Psychologie des grands calculateurs et joueurs d'échecs,* Paris, 1894, c. IX, p. 132-136.
(2) *Psychologie du Peintre,* par Lucien ARRÉAT, Paris, 1892, II° partie, c. II, p. 66.

dans mon esprit, je le mettais sur la chaise, où je l'aper-
cevais aussi distinctement que s'il y avait été en réalité. Je suspendais mon travail pour examiner la pose
absolument comme si l'original eût été devant moi.
Toutes les fois que je jetais les yeux sur la chaise, je
voyais l'homme. » A la fin, il crut à la réalité de ses
visions, et il devint fou (1). — L'image visuelle a une
tendance à se réaliser, comme d'ailleurs toute image
qui acquiert un certain degré de vivacité. C'est une loi
que nous aurons l'occasion de constater plus d'une fois
et dont il faudra se souvenir quand nous étudierons la
nature de l'imagination.

Des peintres passons aux *littérateurs*. Certains, comme
Balzac, sont des visuels. Balzac, dit Taine, « s'enivre
de son œuvre, il en comble son imagination, il est hanté
de ses personnages, il en est obsédé, il en a la *vision ;*
ils agissent et souffrent avec lui, si présents, si puissants que désormais ils se développent d'eux-mêmes
avec l'indépendance et la nécessité des êtres réels (2) ».
Brunetière a montré, lui aussi, le caractère visuel et
réaliste de l'imagination de Balzac. L'art de Gabriele
d'Annunzio réside dans une richesse prodigieuse de
formes, dans une rare puissance de voir le mouvement
et la couleur dans la lumière.

On connaît la collaboration de Legouvé et de Scribe :
« Nous avons très bien fait de collaborer, disait un jour
Legouvé, parce que vous, vous voyez les personnages
sur la scène ; moi, je ne les vois pas, mais je les en-

---

(1) *Des hallucinations*, par BRIERRE DE BOISMONT, Paris, 1862, c. II,
p. 26, 3ᵉ édition.
(2) TAINE dans le *Journal des Débats*, cité par BRIERRE DE BOISMONT,
c. XIII, p. 464.

tends... Quand j'écris une scène, *j'entends ;* vous, *vous
voyez...* Je suis *auditeur,* vous *spectateur.* — Rien de
plus vrai, répondait Scribe, savez-vous où je suis quand
j'écris une pièce? Au milieu du parterre (1). »

On rencontre aussi des visuels parmi les *orateurs,*
dont plusieurs lisent mentalement le discours qu'ils
prononcent. Des prédicateurs racontent qu'ils ont en
chaire leur manuscrit sous les yeux ; ils suivent les
lignes et tournent les feuillets. Un homme d'État anglais disait à Galton qu'il hésitait à la tribune lorsqu'il
avait sur son manuscrit des ratures et des endroits
illisibles.

Certains *joueurs d'échecs* sont doués d'une imagination visuelle qui surpasse peut-être les faits précédents.
Taine et M. Binet les ont particulièrement étudiés.
Voici deux joueurs, dont l'un est devant un échiquier,
et l'autre, les yeux fermés, est tourné contre le mur.
On a numéroté les pièces et les cases. A chaque coup
de l'adversaire, on nomme la pièce déplacée et la nouvelle case qu'elle occupe. Celui qui joue à l'aveugle
doit se représenter l'état de l'échiquier et commander
le mouvement de ses pièces. Il faut donc qu'il puisse
voir l'échiquier tel qu'il est au dernier coup joué, et
qu'au fur et à mesure qu'on déplace une pièce, il aperçoive l'échiquier en entier avec ce nouveau changement.
Lorsqu'il a des doutes sur la position d'une pièce, il
rejoue mentalement tout ce qui a été joué, en s'appuyant
de préférence sur les mouvements successifs de cette
pièce. Taine a connu deux Américains qui jouaient des

(1) *Le Temps,* 23 août 1883, cité par BERNARD, *de l'Aphasie,* Paris,
1889, c. III, p. 42.

parties d'échecs mentales en se promenant dans les rues. On en cite d'autres qui conduisent plusieurs parties à la fois et tiennent tête en même temps à dix, quinze et vingt joueurs (1).

Tous les joueurs d'échecs à l'aveugle ont leurs artifices. Ils font des économies de représentations. Au lieu de la vision concrète de l'échiquier, de la position et de la forme des pièces, de la couleur et de la grandeur des cases, ils se forment une sorte de schème d'où sont bannis les détails inutiles et sur lequel se concentre l'attention (2).

L'image qui tend à se réaliser chez le visuel se réalise dans l'hallucination. L'hallucination, c'est l'image produisant, dans certaines conditions, l'illusion de la perception. La confusion de l'image et de la perception est facile dans certains cas. Quand la sensation est très faible, il arrive qu'on la prend pour une image. Gratiolet raconte que, son attention étant tout entière à la transcription d'un manuscrit, il se crut poursuivi par un air de musique inconnu qui revenait constamment. Il finit par entendre un orgue de Barbarie qui jouait dans la rue. Lorsque l'image est très intense, on la prend facilement pour une perception. C'est l'hallucination. Tandis que la sensation va du dehors au dedans, l'image suit le procédé inverse et va du dedans au dehors. Lorsqu'elle est complètement extériorisée,

---

(1) *De l'Intelligence*, par TAINE, Paris, 1878, 2ᵉ édit., t. I, l. II, c. I, p. 80-82.

(2) *Psychologie des grands calculateurs et joueurs d'échecs*, ouv. cité, c. VI.

comme dans l'hallucination et dans le rêve, soit naturel, soit hypnotique, elle se présente à l'observation
du psychologue sous le jour le plus favorable.

Deux cas peuvent se rencontrer. Dans le premier,
l'hallucination est rectifiée. Spinoza raconte qu'un jour,
étant devant son poêle, il vit une figure très laide, très
noire, qu'il qualifia de Brésilienne. Cette figure lui
apparut avec la netteté d'une perception. Il ne crut pas
un seul instant à sa réalité (1). Certaines personnes peuvent se donner des hallucinations à volonté. D'après
Brierre de Boismont (2), Talma avait la faculté de faire
totalement abstraction de son auditoire. Il remplissait
la salle de squelettes, dont la vue terrifiante communi-
quait à tout son être quelque chose de tragique. Gœthe
jouissait d'un pouvoir analogue. « Lorsque je ferme
les yeux, raconte-t-il, et que je *baisse la tête,* je fais
apparaître une fleur au milieu du champ de la vision ;
cette fleur ne conserve pas sa première forme, elle
s'ouvre, et de son intérieur sortent de nouvelles fleurs,
formées de feuilles colorées et quelquefois vertes. Ces
fleurs ne sont pas naturelles, mais fantastiques (3). »

Dans le second cas, qui est plus grave, l'hallucination n'est pas rectifiée. Elle n'est pas, comme précédemment, un simple spectacle, elle est une conviction
que rien ne peut détruire et qui mène la vie. Les hallucinés de cette sorte ne sont pas toujours fous ou aliénés. Le général Rapp, de retour du siège de Dantzig,
entra dans le cabinet de l'Empereur sans se faire annon-
cer. Son arrivée passa inaperçue. Napoléon était ab-

(1) *Opera posthuma,* epist. XXX.
(2) *Des hallucinations,* ouv. cité, c. II, p. 28.
(3) *Ibid.,* c. XIII, p. 450.

sorbé, immobile. Le général fit du bruit à dessein. Et
Napoléon de se retourner et de saisir Rapp par le bras,
en lui montrant le ciel : « Voyez-vous là-haut ? Quoi !
vous ne la découvrez pas ? C'est mon étoile, elle est
devant vous, brillante » ; et, s'animant par degrés, il
s'écria : « Elle ne m'a jamais abandonné ; je la vois dans
toutes les grandes occasions (1). »

Les hallucinations les plus fréquentes de l'homme
sain sont les hallucinations de la vue. Les images
visuelles n'y possèdent pas tous les caractères de la
sensation. L'objet apparaît comme dans la réalité, mais
il est entouré d'une gaze. Il est presque toujours vu en
face, à une certaine distance, à vingt pas environ.

Quelquefois, si l'halluciné ferme les yeux ou si un
corps opaque est interposé, la vision disparaît ; d'autres
fois, elle persiste.

Assez souvent, l'objet change de forme ; il sera tour
à tour chat, huissier, squelette. La loi qui préside à
ces métamorphoses est toute relative aux habitudes
d'esprit ou à la profession du sujet. Un marchand de
vin devenu alcoolique voit des clients imaginaires à qui
il débite des consommations imaginaires.

Certains hallucinés voient toujours le même objet.
Tel malade est poursuivi durant des années par la
vision d'un squelette : le spectre ne le quitte jamais.

Les « Rêves » et les « Songes », qui étaient pour
Homère les fils du « Sommeil » et pour Euripide des
« Génies aux ailes noires », représentent simplement

(1) *Des hallucinations*, ouv. cité, c. II, p. 46.

à nos yeux le triomphe de l'image. Nulle part celle-ci n'a plus de liberté pour se grossir et se réaliser.

Le sommeil débute par une certaine lassitude, par un besoin de repos. Dans cette période préliminaire, qui n'est plus l'état de veille et qui n'est pas encore le sommeil, beaucoup de personnes sont sujettes aux hallucinations *hypnagogiques,* c'est-à-dire « qui amènent le sommeil » (1).

L'hallucination hypnagogique est une sorte de rêve sans sommeil, un petit rêve qui se fait et se défait en un instant. Une image surgit et s'impose avec toute l'intensité de l'hallucination ; mais elle est aussitôt réduite par quelque perception : on n'est pas encore endormi, on entend des bruits autour de soi. Cet état est très curieux au point de vue de la psychologie de l'imagination ; il montre bien l'antagonisme de la sensation et de l'image. L'état de veille est caractérisé par ce fait que les perceptions occupent le premier plan, et les images le second. Il arrive parfois que ces dernières conservent quand même un certain degré d'intensité. Quelqu'un me racontait que, dans la conversation, tout en y prenant part, même au moment où il parlait, il assistait à des défilés ininterrompus d'images visuelles de toutes sortes : ce qui explique ses distractions. Mais, chez la plupart des hommes, les perceptions refoulent les images et les font taire. Pour emprunter la comparaison de Taine qui assimile ces deux sortes de représentations aux plateaux d'une balance, quand

(1) Le Mémoire de BAILLARGER : *Des hallucinations, des causes qui les produisent et des maladies qu'elles caractérisent (Mémoires de l'Académie royale de Médecine,* t. XII, Paris, 1846), et surtout le livre d'Alfred MAURY : *Le Sommeil et les Rêves* (1878) sont les travaux anciens les plus importants sur ce sujet.

le plateau des unes monte, celui des autres descend.
Dans la veille, le plateau des perceptions est en haut,
et celui des images en bas. Dans le rêve, au contraire,
le plateau des perceptions descend, et celui des images
monte. Appliquons cette comparaison aux hallucinations hypnagogiques. Les deux plateaux se font équilibre : l'image lutte contre la perception, et par sa
victoire d'un instant constitue un embryon de rêve. Il
faut rappeler ici la formule de Bichat : « Le sommeil
général n'est que l'ensemble des sommeils particuliers. » On ne dort pas en bloc ; de plus, il est difficile
que toutes les parties de l'organisme dorment en même
temps. La plupart pourront être endormies, tandis
qu'une digestion laborieuse forcera l'estomac à travailler ou qu'une position gênante fera travailler le
cœur plus qu'il ne doit. La formule de Bichat peut
s'appliquer au sommeil psychologique. Toutes les
facultés ne s'endorment pas à la fois. La vue s'endort
la première. Elle peut donc rêver. Mais tant que l'ouïe
ne dormira pas, ses rêves seront aussitôt refoulés par
les perceptions auditives.

Les hallucinations hypnagogiques de la vue sont les
plus fréquentes. Ce sont les seules que j'ai pu observer chez moi. Elles sont ordinairement liées à des
états d'irritation de la rétine. Les paupières closes, on
voit des flammes, des couleurs, des lignes sinueuses,
des formes mal définies. Ces hallucinations sont de très
courte durée. « J'avais l'habitude, dit Maury, de lire
tout haut à ma mère, et il arrivait souvent que le sommeil me gagnait à chaque pause, à chaque alinéa ;
cependant, je me réveillais si vite que ma mère ne
s'apercevait de rien, si ce n'est qu'elle observait que

je lisais parfois plus lentement. Eh bien! durant ces secondes d'un sommeil commencé et chassé aussitôt par la nécessité de continuer la lecture, je faisais des rêves fort étendus (1). »

Lorsque le sommeil s'est établi, que les perceptions de la vue et de l'ouïe se sont évanouies et qu'il ne reste plus que des sensations tactiles et viscérales obscures, le rêve peut alors se développer : l'imagination, à ce moment, occupe le premier plan de la conscience, elle règne. Il est inutile d'insister sur le rôle que jouent les images visuelles dans notre vie psychologique nocturne. Les éléments visuels y sont prépondérants. Il faut naturellement excepter le cas des aveugles-nés; n'ayant jamais eu de sensations visuelles, ils ne peuvent rêver avec des images empruntées à la vue. Il en est de même de ceux qui sont aveugles depuis l'âge de cinq ans. Ceux qui le sont depuis l'âge de sept ans ont quelquefois des rêves visuels; mais ceux qui le deviennent après cet âge en ont toujours.

Nous n'avons rien à dire des images visuelles dans le sommeil hypnotique. La suggestion fait surgir une image dans la conscience de l'hypnotisé, et cette image revêt les caractères de l'hallucination et du rêve. L'image visuelle est une de celles qu'il est le plus facile de suggérer. On dit au sujet : « Voici une marguerite bleue », et le sujet voit une marguerite bleue.

Les observations recueillies jusqu'ici permettent d'affirmer : 1° L'antagonisme des sensations et des images; 2° la tendance des images à s'avancer sur le plan des

_____

(1) *Le Sommeil et les Rêves,* par Alfred MAURY, Paris, 1878, 4ᵉ édit., c. IV, p. 160.

sensations, à se réaliser et à se *jouer*; 3° la puissance extraordinaire de l'imagination visuelle chez certains hommes et son importance exceptionnelle dans notre vie psychologique en général.

Mais rien ne fait mieux voir le rôle des images visuelles et leur autonomie comme groupe que la pathologie mentale.

Il est des cas où la maladie, opérant une sorte de tri entre les différents groupes d'images, n'atteint que le groupe des images visuelles et le fait disparaître à peu près totalement. J'emprunte le suivant à M. Alfred Binet. Un négociant viennois très instruit, visuel au plus haut degré, à la suite de préoccupations très graves perdit l'appétit et le sommeil. Il constata chez lui un changement brusque et profond. Il était nerveux et irritable. La mémoire visuelle des couleurs et des formes avait disparu. Aujourd'hui, à chaque fois qu'il retourne à A..., d'où ses affaires l'éloignent fréquemment, il lui semble entrer dans une ville inconnue. Le souvenir visuel de sa femme et de ses enfants lui est impossible. Et lorsqu'il parvient à les reconnaître, il croit voir de nouveaux traits, de nouveaux caractères dans la physionomie (1).

Les cas de perte totale des images visuelles ou de *cécité psychique* complète sont très rares, s'il en existe; mais il y a de nombreux cas de perte partielle. Non seulement la maladie peut affaiblir le groupe entier, mais de plus elle trie dans le groupe même, épargnant

(1) *Psychologie du Raisonnement*, par Alfred BINET, Paris, 1896, c. II, p. 21.

celles-ci et détruisant pratiquement celles-là. On désigne sous le nom de *cécité verbale* la perte des images
visuelles des *mots*. Le sujet n'est pas aveugle, il voit
les signes, mais il ne sait plus les interpréter, il ne les
comprend plus. Vous lui demandez de lire un mot. Il
voit les différentes lettres qui le composent, il retient
même leur silhouette ; il regarde en l'air, réfléchit et
souvent reconnaît les lettres au fur et à mesure que
vous les prononcez ou qu'il les prononce lui-même en
récitant l'alphabet. L'instant d'après, tout est oublié. Il
est incapable de faire revivre spontanément les images
qui constituent l'expérience passée et sans lesquelles
il n'y a pas de connaissance possible. Il est des malades qui n'ont perdu que la mémoire de certaines
lettres. Il en est d'autres pour qui toutes les lettres se
ramènent à une seule.

La maladie trie encore parmi les images visuelles
graphiques. Elle peut n'enlever que les images *musicales*. La *cécité musicale* désigne l'impuissance où l'on
est de comprendre la signification des graphiques musicaux. Une femme connue à la Salpêtrière sous le nom
de *Dame blanche,* parce qu'elle aimait à chanter :

> La Dame blanche vous regarde,
> La Dame blanche vous entend,

avait été une excellente pianiste. Or, elle pouvait lire
les heures et les minutes sur la montre, le titre d'une
partition, le nom de l'auteur, les paroles, les marques
qui indiquent le changement dans le mouvement. Mais
la partition elle-même, la notation musicale était totalement indéchiffrable pour elle. Elle ne reconnaissait

aucun signe des portées. Elle ne savait ni en quelle clef
le morceau était écrit, ni s'il y avait des dièses ou des
bémols.

On peut être atteint à la fois de cécité musicale et de
cécité verbale. Je connais une femme qui ne se rappelle qu'avec une difficulté extrême la signification
des lettres et la valeur des notes. Elle devient entièrement incapable de toute mémoire, dès que son attention est fatiguée.

De ces données, il résulte que les images visuelles
constituent un groupe distinct et que ce groupe se subdivise en sous-groupes. Sans les dissociations opérées
par la maladie, l'analyse psychologique n'aurait jamais
découvert tout ce qu'il y a de divers et d'hétérogène
dans l'imagination visuelle. Elle eût été suffisante
cependant pour établir les deux catégories d'images
visuelles les plus générales : les *images des couleurs*
et les *images des formes*.

Taine avait une mémoire médiocre des formes et
une très bonne mémoire des couleurs. A plusieurs
années de distance, il retrouvait la blancheur d'un sen-
tier de sable dans la forêt de Fontainebleau. Mais il
était incapable de tracer intérieurement l'ondulation
du chemin. Diamandi, au contraire, retient mieux les
formes, il apprend les chiffres plus vite que les couleurs.

La distinction entre les images chromatiques et les
images visuelles des formes apparaît avec tout son
relief chez les peintres, dont les uns excellent dans le
coloris et les autres dans le dessin. Regnault disait :

« Ah! si je savais peindre comme je sais dessiner, je serais heureux! Cela viendra peut-être en travaillant beaucoup. » Il a raconté lui-même ses efforts, ses exercices de représentation visuelle : « Je veux faire revivre les vrais Maures riches et grands, terribles et voluptueux. Je monterai d'enthousiasme en enthousiasme, je m'enivrerai de merveilles, jusqu'à ce que, complètement halluciné, je puisse retomber dans notre monde morne et banal, sans que mes yeux perdent la lumière éclatante qu'ils auront vue pendant deux ou trois ans. Quand, de retour à Paris, je voudrai voir, je n'aurai qu'à fermer les yeux, et alors, Mauresques, fellahs, Indous, colosses de granit, éléphants de marbre blanc, palais enchantés, plaines d'or, lacs de lapis, villes de diamants, tout l'Orient m'apparaîtra de nouveau... Oh! quelle ivresse, la lumière (1)... »

Le peintre Géricault n'avait qu'à un degré très ordinaire la mémoire des formes, ce « compas dans l'œil » qu'il enviait tant à Horace Vernet, mais il peignait au premier coup, sur la toile blanche, sans aucune ébauche (2).

N'avons-nous pas, en peinture, deux grandes écoles : celle d'Ingres, si remarquable par la perfection du dessin et la pureté de la ligne, et celle de Delacroix au coloris brillant, hardi, romantique?

Mais, tout artiste, s'il n'est doué d'une forte imagination visuelle, est condamné à *faire plat*. Dessinateur, il pourra reproduire fidèlement le contour des objets, son dessin fera l'effet d'un froid décalque. Peintre, il

<hr>

(1) *Correspondance*, publiée par A. DUPARC.
(2) *Gazette des Beaux-Arts*, XXII, 1867. — Cité par M. ARRÉAT : *Psychologie du Peintre*, ouv. cité, p. 66.

représentera la profondeur sans nous en donner l'impression. Au contraire, si l'artiste possède une imagination visuelle puissante, son dessin prendra de la couleur et du relief et se détachera vivement de la toile (1).

Il convient d'observer en passant que la représentation des formes est complexe : d'un côté, il y a l'élément visuel ; de l'autre, l'élément moteur, que nous aurons à étudier ·l·s loin.

Quand on se propose d'étudier la nature même des images, on ne saurait recueillir trop de détails. Les traits communs de la représentation imaginative et de la perception sensorielle sont des plus significatifs.

L'image visuelle, comme la sensation visuelle, laisse après elle une image *consécutive*.

On sait ce qu'il faut entendre par image consécutive. Prenons une surface blanche très éclairée ; au milieu, plaçons un petit carré rouge. Après avoir regardé ce carré durant une seconde, je ferme les yeux doucement, sans effort, ou bien je les recouvre de la main. Aussitôt je vois apparaître le carré rouge. C'est l'image consécutive *positive*. Recommençons l'expérience et fixons plus longtemps le carré rouge. Quand j'ai fermé les yeux, je vois apparaître un carré vert. C'est l'image consécutive *négative*.

. L'image visuelle se comporte exactement comme la sensation. Produisez par suggestion une hallucination :

(1) *L'Imagination de l'Artiste*, par Paul SOURIAU, Paris, 1901, c. II, p. 67.

le sujet croit voir un carré rouge sur une surface blanche. Après avoir contemplé, pendant quelques instants, ce rouge imaginaire, il aperçoit du vert.

Il n'est pas nécessaire de recourir à l'hallucination pour réaliser la même expérience. Si l'on évoque une représentation très vive d'une croix rouge sur un fond blanc, cette représentation laisse à sa suite l'image consécutive d'une croix verte.

L'image ressemble encore à la sensation sous un autre rapport : elle a, comme elle, la propriété de se projeter dans l'espace.

Il existe sur cette question une enquête intéressante de M. Edgard Milhaud entreprise sur les conseils de M. Alfred Binet et poursuivie sous sa direction (1).

Cette enquête porte sur vingt-cinq sujets. En voici les conclusions. On doit distinguer deux modes principaux de localisation. La prédominance de l'un ou de l'autre constitue deux types psychologiques nettement caractérisés, dont toutefois les prédispositions individuelles sont souvent contrebalancées par des conditions objectives, comme la distance des objets et leur milieu, ou par des conditions subjectives telles que l'attention. 1er mode : Quand on se représente un objet, on le situe dans la direction où de fait on le croit situé. On a aussi le sentiment de l'intervalle qui nous sépare de lui. On peut dire qu'il est devant, derrière, à droite, à gauche, à telle distance. 2e mode : Le sentiment de l'intervalle disparaît. On se transporte auprès de l'objet, on le voit avec sa grandeur réelle ou à peu près. On voit un ami dans sa chambre, on est dans sa chambre,

(1) *Revue philosophique*, 1894, t. II, p. 210.

on en perçoit les détails. L'image revêt ici les formes
concrètes de la perception.

Ces deux modes de localisation ne s'excluent pas.
On passe ordinairement même de l'un à l'autre par l'attention. Au premier moment où je pense à un ami, je
vois sa chambre dans la direction réelle où elle est si-
tuée. Si je redouble d'attention, je suis dans la pièce.
« Je vois la Tour Eiffel, dit un sujet, derrière moi, à
gauche ; si j'insiste, je me la représente comme la première fois que je l'ai vue, venant du Trocadéro : en face
de moi. »

M. Edgard Milhaud ne me semble pas avoir démontré que ces deux modes constituent deux types psychologiques. Sans doute, il y a des personnes qui, dès le
premier moment, en entendant le nom d'un ami, perdent le sentiment de leur situation actuelle et de l'intervalle qui les sépare de cet ami. Mais cette manière
de localiser s'explique suffisamment par des circonstances particulières relatives à l'objet et au sujet.
Le milieu et la distance où se trouve l'objet modifient
la localisation. Un objet très proche et dans un milieu bien déterminé, est représenté à droite, à gauche, etc., par des personnes de la seconde catégorie.
Un objet éloigné et situé dans les milieux les plus
divers est localisé par les personnes de la seconde catégorie de la même façon que par celles de la première.
Si l'objet est détaché de tout milieu, tel que l'objet
d'une représentation schématique, tous les sujets qui
ne lui constituent pas un cadre, le localisent devant
eux, mais la plupart lui constituent un cadre. Ce qui
a le plus d'influence sur la localisation d'un objet,
c'est l'attention, c'est-à-dire le degré d'intérêt que nous

lui accordons. Nous avons vu qu'elle fait passer du premier ordre de localisation au second. Elle rend l'objet de plus en plus présent, elle supprime les distances, elle peut amener l'hallucination.

Les images visuelles se projettent dans l'espace. Elles s'y juxtaposent et y constituent une sorte de champ de vision interne, appelé *champ des images visuelles*. Très rétréci chez ceux qui ont une imagination visuelle faible, il est très étendu, beaucoup plus étendu que celui de la vue, chez ceux qui possèdent une imagination visuelle forte. Cette disposition des images visuelles en tableau les distingue des autres groupes d'images, et surtout des images motrices. Dans l'hémiopie ou hémianopsie, le champ visuel est réduit de moitié : on ne voit qu'une moitié des objets à la fois. Mais si l'on regarde successivement les deux moitiés, l'imagination reproduit le tout et fait d'une vision successive une vision simultanée.

Si, au lieu de considérer les images visuelles par le bas, dans leurs rapports avec la sensation, nous les considérons par le haut, dans leurs rapports avec l'abstraction, nous découvrons entre ces deux formes de la connaissance un certain antagonisme.

C'est du moins la conclusion d'une vaste enquête instituée par Galton et publiée pour la première fois le *Mind* en 1880 (1). Le psychologue anglais, à qui les travaux de Taine venaient de suggérer l'idée des en-

(1) *Statistics of mental Imagery.* On trouve aussi cet article dans un volume publié à Londres en 1883 sous le titre : *Inquiries into human faculty and its development.*

quêtes, avait envoyé à ses collègues de la *Société royale*
un questionnaire sur les images visuelles, sur le pouvoir de se représenter, les yeux fermés, des formes et
des couleurs, sur l'étendue du champ visuel, la projection dans l'espace et à distance, le caractère volontaire ou involontaire des représentations visuelles. On
ne comprit pas la portée de ces questions et on crut à
une mystification. Galton en tira la conclusion que les
savants ne sont pas des visuels. Il jeta son questionnaire dans le grand public, il obtint de nombreuses
réponses. Il put constater que l'imagination visuelle
est surtout développée chez les femmes, les jeunes filles
et les jeunes garçons, là précisément où la faculté d'abstraire s'exerce le moins. L'imagination visuelle serait
propre à certains peuples aussi bien qu'à certains individus. Les Français compteraient parmi les visuels.
Galton fait remarquer que nous disons à chaque instant : « Voyez-vous? Figurez-vous... », alors que souvent il n'y a rien à voir, ni à se figurer. Puis, nous
avons le talent incomparable d'ordonner les fêtes, les
processions, toutes choses qui exigent une puissance
peu commune de vision mentale. Galton a raison de
croire qu'il y a beaucoup de visuels en France, mais il
y a aussi beaucoup de gens abstraits, il a trop généra-
lisé.

A la suite d'une enquête où j'ai recueilli 300 réponses, j'ai eu la preuve que l'image visuelle et l'abstraction sont jusqu'à un certain point antagonistes.
Voici deux jeunes gens : l'un très concret, l'autre très
abstrait. En entendant prononcer un mot, le premier
a toujours des images visuelles très riches; le second,
presque jamais. Au mot *rose,* le premier voit une rose

pourpre ; le second, le mot imprimé. Au mot *source*, le premier voit une source au pied d'une colline ; le second pense aux *Sources* du P. Gratry. Au mot *montagne,* le premier se représente un paysage des Alpes ; le second cite le nom de Montaigne. Il serait superflu de poursuivre les citations.

Les faits semblent supposer l'existence d'un type concret caractérisé par la prédominance de l'imagination visuelle et d'un type abstrait pour qui les images n'ont qu'une valeur de signe. Sans doute, il y a des hommes capables de l'abstraction la plus haute, qui sont en même temps doués de l'imagination la plus chaude et la plus colorée : la faculté d'abstraire peut même communiquer un surcroît de puissance à celle d'imaginer. Mais cela prouve seulement que l'alternance des deux processus est possible, encore qu'elle soit rare, chez le même individu. Deux activités antagonistes peuvent, en effet, alterner. Ce qu'elles ne peuvent faire, c'est s'exercer simultanément sans se nuire. Tel est bien le cas de l'image visuelle et de l'abstraction. Spinoza avait raison de dire que nos idées rationnelles, sont, comme nos sensations, des « réducteurs » d'images.

L'idéal de l'image visuelle est de tendre vers la sensation, d'être aussi riche qu'elle en couleurs et en formes, de se substituer à elle et d'occuper comme elle le plan du présent et de l'action. Au contraire, l'idéal de l'abstraction est de résumer le plus de détails possible dans un schéma général, d'aller toujours de simplification en simplification et de substitution en substitution. L'image visuelle se projette dans l'espace, l'abstraction plane au-dessus de l'espace et du temps. Celle-ci est à l'origine de l'intelligence proprement dite ; celle-là reste dans le domaine de la sensation. Imaginer, c'est sentir, comme s'exprime fortement Aristote. Abstraire, au vrai sens du mot, c'est comprendre, saisir les raisons des choses.

CHAPITRE II

LES IMAGES AUDITIVES

Les représentations de l'ouïe sont généralement inférieures à celles de la vue, dont elles n'ont ni la netteté, ni la richesse. Les images visuelles jouissent de nombreuses déterminations dans le temps et dans l'espace, auxquelles ne peuvent prétendre les images auditives, qui ne connaissent que la succession, c'est-à-dire l'instabilité. Aussi leur existence a-t-elle été contestée pendant longtemps ; la plupart des psychologues se refusaient à reconnaître d'autres images que les images visuelles.

Les images auditives existent cependant chez tous les hommes, depuis Mozart qui, après une audition, écrivit, « au courant de la plume, en rentrant à l'auberge », le *Miserere* de la chapelle Sixtine, jusqu'à celui qui, après la vingtième audition, n'est pas plus avancé qu'après la première. Chez quelques-uns, elles jouent même un rôle prépondérant : il y a des auditifs, comme il y a des visuels.

Le rôle des images auditives peut être étudié dans le même ordre que celui des images visuelles. Elles soulèvent un nouveau problème, celui de la *parole intérieure*.

La puissance d'audition mentale est remarquable
chez les *musiciens*.

Les *Annales médico-psychologiques* nous ont conservé
le compte rendu d'une discussion célèbre, qui remplit,
il y a plus de cinquante ans, plusieurs séances de la
Société médico-psychologique, sur la nature des hallucinations (1). La plupart des arguments qu'on faisait
valoir de part et d'autre concernaient les représentations
des couleurs. Buchez, qui prit une part importante à
la discussion, eut l'idée d'étudier les représentations
auditives. Il fit une enquête auprès des compositeurs
et des artistes. Les principaux chefs d'orchestre de Paris
lui répondirent qu'ils entendaient l'orchestration rien
qu'en lisant. Celui de l'Opéra lui dit « qu'il entendait
comme dans son oreille, non seulement les accords et
les successions d'accords, mais les sonorités orchestra-
les, de manière à en apprécier la valeur symphonique
et la signification instrumentale ». S'agissait-il d'une
partition nouvelle, ouverture ou symphonie ? « A la
première lecture, répondit-il, j'entends le quatuor, je
l'entends dans mon oreille : à la seconde et dans les
suivantes, j'ajoute successivement l'audition des effets
des autres instruments. Quelquefois, il faut m'y repren-
dre à plusieurs fois pour bien entendre l'effet de ces
sonorités secondaires, combinées avec la sonorité principale du quatuor, mais j'y arrive toujours en m'y

(1) 3ᵉ série, t. I, p. 539, séance du 30 avril 1855 ; t. II, p. 126-140,
séances du 29 octobre et du 26 novembre 1855 ; p. 281, séance du 10 décembre 1855 ; p. 292, séance du 31 décembre 1855 ; p. 385, séance du
28 janvier 1856 ; p. 390, séance du 25 février 1856 ; p. 418, séance du
31 mars 1856 ; p. 428, séance du 28 avril 1856. — Voir aussi *Des Hallucinations,* BRIERRE DE BOISMONT, secrétaire particulier de la Société
médico-psychologique, qui prit part à la discussion, ouv. cité, c. XIII.

reprenant à plusieurs fois. » Il ajouta que quiconque n'arrive pas à cette audition interne ne peut être ni bon compositeur, ni bon chef d'orchestre (1).

Les biographies des musiciens contiennent des détails fort intéressants sur la puissance de l'audition mentale.

Un jour qu'au dessert on avait servi du vin grec, Massenet dit à M. Paul Desjardins : « A quoi vous fait penser ce vin ? Pour moi, voici ce qu'il me dit... et il se mit à murmurer une étrange mélopée orientale, langoureuse et capiteuse, une vraie danse d'almée. » Toute impression se traduisait chez lui par des rythmes (2).

Le hasard ayant placé sous les yeux de Berlioz *la Captive,* de Victor Hugo, le fiévreux compositeur lit les vers et dit aussitôt : « Si j'avais là du papier réglé, j'écrirais la musique de ce morceau, car *je l'entends* (3). »

Beethoven était sourd à trente ans. Il n'en continuait pas moins à composer, il produisit dans ses dernières années quelques-unes de ses œuvres les plus belles et les plus neuves. Il entendait intérieurement, les images suppléaient aux sensations.

Mozart n'avait que quatre ans, lorsqu'invité par un ami de la famille, le musicien Schachtener, à jouer du violon avec lui, il dit à ce dernier : « Savez-vous bien que votre violon est accordé de ¼ de ton plus bas que le mien, si du moins vous avez laissé votre instrument tel qu'il était l'autre jour (4) ? »

(1) *Annales médico-psychologiques,* t. II, p. 411, séance du 25 février 1856; — BRIERRE DE BOISMONT, c. XIII, p. 460.
(2) *Revue Bleue,* mai 1886.
(3) *Mémoires de Hector Berlioz,* I, 272.
(4) *Mozart, l'Homme et l'Artiste,* par W. WILDER, Paris, 1880.

« Les vrais musiciens, remarque M. Arréat, sont des précoces, plus encore que les peintres, semble-t-il. Dès l'âge de sept ans, la plupart montrent leurs dispositions avec éclat ; à douze ans, ils passent déjà pour des prodiges. Bach et Hændel, Gluck et Grétry, Haydn et Mozart, Beethoven, Mendelssohn, Félicien David, Berlioz, etc., tous, encore presque enfants, ils jouent de plusieurs instruments, composent des morceaux, déchiffrent à première vue (1). »

Gounod avait dix-neuf ans lorsqu'il assista à une répétition de la symphonie *Roméo et Juliette,* encore inédite, et que Berlioz allait faire exécuter, peu de jours après, pour la première fois. « Je fus tellement frappé, raconte Gounod, par l'ampleur du grand finale de la *Réconciliation des Montaigus et des Capulets,* que je sortis en emportant tout entière dans ma mémoire la superbe phrase du Fr. Laurent : « Jurez tous par l'au-« guste symbole ! » — A quelques jours de là, j'allai voir Berlioz, et, me mettant au piano, je lui fis entendre la dite phrase entière. — Il ouvrit de grands yeux, et, me regardant fixement : « Où diable avez-vous pris « cela ? » me dit-il. — « A l'une de vos répétitions », lui répondis-je. — Il n'en pouvait croire ses oreilles (2). »

La mémoire musicale ne se rencontre pas seulement chez les compositeurs. Le Dr Maurice de Fleury racontait, à la séance du 6 juin 1902 de la *Société de Psychologie,* le fait suivant : « Je ne suis pas musicien, en ce sens que je manque tout à fait de culture technique : je ne sais pas lire les notes de la gamme, et je

---

(1) *Mémoire et Imagination*, Paris, 1895, c. III, p. 46.
(2) *Préface* de GOUNOD *aux Lettres intimes de Berlioz*, Paris, 1883.

distingue mal la clé de *sol* et la clé de *fa*. J'ai cependant pour la musique un grand amour, hérité d'une mère qui est bonne musicienne. Je suis doué, en outre, d'une mémoire musicale naturelle particulièrement heureuse, beaucoup plus puissante que ma mémoire visuelle ou que mes autres mémoires auditives. C'est ainsi que, pour les avoir entendues cinq ou six fois, je sais par cœur, chant et orchestre, des partitions aussi touffues que les trois actes de la *Walkyrie* ou le second acte de *Tristan* (1). »

Il y a des auditifs parmi les *littérateurs* et les *romanciers*. Legouvé entendait la voix des personnages qu'il mettait en scène; à chaque phrase qu'il écrivait, la voix frappait son oreille; les intonations des auteurs résonnaient sous sa plume. Il était auditeur, tandis que Scribe était spectateur.

Dickens, au dire de son biographe, était un auditif. Il a raconté à ce dernier qu'il entendait ses personnages. Ces cas ne sont pas rares.

Les *grands calculateurs* sont ordinairement des visuels. Jacques Inaudi fait exception : c'est un auditif. Son cas a été particulièrement étudié de 1892 à 1893 à l'Académie des Sciences et au laboratoire de Psychologie physiologique de M. Alfred Binet (2).

A la Commission nommée par l'Académie des Sciences pour examiner sa mémoire, Jacques Inaudi déclara sans hésiter qu'il ne se représentait aucun chiffre sous une forme visible. « J'entends les nombres, dit-il, et

(1) *Bulletin de l'Institut général psychologique*, Société de Psychologie, communication sur « l'Esthétique en tant que phénomène de Mémoire », décembre 1902, p. 234.
(2) *Psychologie des grands calculateurs et joueurs d'échecs*, par Alfred BINET, ouv. cité.

c'est l'oreille qui les retient. Je les entends résonner à
mon oreille, avec mon propre timbre de voix, et cette
audition intérieure persiste chez moi une bonne partie
de la journée. » Une autre fois, répondant à une question de Charcot : « La vue ne me sert de rien, affirma-
t-il, je ne vois pas les chiffres ; je dirai même que j'ai
beaucoup plus de difficulté à me rappeler les chiffres,
les nombres, lorsqu'ils me sont communiqués écrits
que lorsqu'ils me sont communiqués par la parole. Je
me sens fort gêné dans le premier cas. Je n'aime pas
non plus écrire moi-même les chiffres ; les écrire ne
me servirait pas à les rappeler. J'aime beaucoup mieux
les entendre (1). » Ces déclarations ne laissent aucun
doute sur le caractère des images employées par Inaudi
dans ses calculs : il se sert principalement d'images
auditives.

Les *Joueurs d'échecs*, généralement visuels, font quelquefois usage des représentations des sons. « En réca-
pitulant les coups joués, dit l'un d'eux, comme cela
devient parfois nécessaire, je me sens aidé de temps à
autre par le souvenir de la voix de celui qui m'a indiqué les coups ou par le souvenir de ma propre voix (2). »

En résumé, il y a des images auditives, il existe même
un type auditif.

Les images auditives jouissent, comme les images
visuelles, de la propriété de se réaliser. Les hallucinations de l'ouïe sont fréquentes chez les aliénés, plus
fréquentes que celles de la vue.

(1) C. v, p. 54.
(2) BINET, ouv. cité, c. VIII, p. 317.

A un premier degré, l'halluciné entend des bruits, chuchotements, sifflements, etc. A un deuxième degré, une voix murmure à son oreille une ou deux paroles qui lui paraissent bizarres et ordinairement injurieuses. A un troisième degré, ce sont des phrases et enfin des discours qu'il entend.

Une dame'se plaignait qu'elle entendait souvent dans la rue des personnes qui parlaient d'elle en termes injurieux. « Ne leur répondez jamais, lui conseilla-t-on, et passez le front haut. » Ce procédé réussit à merveille à faire taire les voix malveillantes.

Les voix peuvent venir d'une cheminée, d'un coin de l'appartement, de la maison voisine, de la terre, du ciel. Elles viennent souvent de l'intérieur, de la tête, du ventre, de l'estomac. « Monsieur, nous disait un jour un aliéné, il se passe là, nous montrant son estomac, de singulières choses : j'entends continuellement une voix qui me parle, m'adresse des menaces, des injures. » Et, toute la journée, il inclinait la tête pour écouter (1). Une Bretonne que j'ai pu étudier dans le « Quartier des Mystiques » à l'Asile — quels mystiques ! — est en conversation continuelle avec Dieu, avec Jésus-Christ, avec la Sainte Vierge, avec saint Joseph. Ces voix se font entendre tantôt dans le mur, tantôt dans le pied droit, tantôt dans le pied gauche, dans les mains, dans l'estomac, dans la tête, dans tous les organes importants. Elles parlent alternativement le français et le breton.

C'est, en effet, un des caractères de l'hallucination auditive que les voix puissent se servir successive-

_____

(1) BRIERRE DE BOISMONT, ouv. cité, c. IV, p. 85.

ment des langues familières à l'halluciné. Un malade
entend des voix dans toutes les langues de l'Europe :
une seule est entendue moins distinctement, parce
qu'elle emprunte la langue russe qu'il ne parle pas
aussi facilement que les autres.

Il arrive que l'halluciné entend non pas une voix,
mais un grand nombre de voix. D'ordinaire, ces voix
se rangent en deux groupes : celles qui lui disent des
choses raisonnables, qui le consolent, et celles qui
l'accusent et l'injurient. « Au travers de ces différentes
voix, le malade distingue très bien celle d'une dame
qui lui répète de prendre courage et d'avoir con-
fiance (1). »

Les voix parlent entre elles, elles parlent de l'halluciné à la troisième personne et s'adressent à lui à la
deuxième. L'une de ces voix lui vole sa pensée : « Une
voix dit toujours ce que je pense. » L'hallucination
auditive entraîne, dans ce cas, un commencement de
dédoublement de la personnalité.

Les hallucinations auditives, pareilles aux hallucinations visuelles, ont tous les principaux caractères de
la réalité. Le sujet distingue non seulement la direction, mais encore le timbre, l'intensité et la hauteur
des voix. Les représentations de l'ouïe, en se réalisant,
accusent à leur tour la parenté de l'imagination et de
la sensation. .

Les rêves auditifs, comme les images auditives, ont
été longtemps contestés.

(1) Brierre de Boismont, ouv. cité, c. iv, p. 82.

« Si nous examinons avec quelque attention, écrit Max-Simon, les rêves où se tiennent des discours en notre présence, ceux où nous parlons nous-mêmes, nous ne tardons pas à reconnaître que dans beaucoup de ces rêves il n'y a véritablement pas d'image auditive. Nous comprenons le personnage avec lequel nous nous entretenons, mais nous ne l'entendons pas; souvent encore nous nous faisons comprendre nous-mêmes, mais nous n'avons pas conscience — cette singulière conscience du rêve — du son de nos paroles : il n'y a donc pas image auditive. Je ferai remarquer qu'en présence de cette particularité, on ne peut s'empêcher de se rappeler ces aliénés qui prétendent qu'on leur parle par la pensée (1). » Max-Simon cite un cas personnel de ces sortes de rêves. Il était dans une salle immense, un professeur âgé développait devant un nombreux auditoire des considérations sur les théories physiques de l'époque. « Un tableau noir était couvert de figures et de calculs, que continuait à tracer le personnage de mon rêve. Je suivais l'exposition du problème, je voyais ses gestes; cependant je n'entendais aucune parole, et, dans mon rêve, j'avais conscience de ce silence; mais, comme il arrive si souvent dans les songes, cette singularité me paraissait une chose toute naturelle. Je le répète, on ne saurait voir dans le songe que je viens de rapporter un rêve auditif; il s'agit simplement d'un rêve intellectuel, d'un rêve constitué par des images-signes et accompagné d'images visuelles (2). »

Quoi qu'il en soit des cas rapportés par Max-Simon,

_____

(1) *Le Monde des Rêves*, par P. MAX-SIMON, Paris, 1888, c. I, p. 6, 2ᵉ édit.
(2) Page 7.

dont le livre appartient à une époque où l'existence de
l'image auditive était encore contestée, et dont l'interprétation a pu être viciée de ce chef, il est certain
qu'il y a des rêves où l'image auditive est réellement
perçue. En voici un où se manifeste presque exclusivement l'audition mentale. « Mme X..., pendant la
guerre, se rencontre avec un corps de l'armée ennemie, musique en tête. Elle rentre dîner comme d'habitude et se couche assez tard. Le matin à son réveil
elle dit à son mari : « As-tu entendu, ont-ils fait du
« bruit toute la nuit avec leurs trompettes et leurs
« cors de chasse ? » On lui affirme qu'il n'y a rien eu
de pareil et qu'elle n'a pu rien entendre. Elle persiste
dans sa conviction, et ce n'est qu'après les plus grands
efforts qu'on parvient à la persuader (1). »

Ce rêve n'est pas entièrement normal. Sans doute le
sujet est resté lucide et raisonnable, il sait qu'il a été
le jouet d'un rêve, mais la sensation éveillée dans le
sommeil ne l'a plus quitté. La plupart des observations
concernant les rêves auditifs portent sur des aliénés.
Il en est de même des observations relatives à la
présence des images auditives dans les hallucinations
hypnagogiques. Normalement, le sens de l'ouïe s'endort le dernier, si même il s'endort jamais complètement. Il est cependant sujet à ces embryons de rêves
qui précèdent le sommeil proprement dit. On s'entend
appeler par son nom, on croit reconnaître l'accent de
la voix qui parle, la personne qui nous appelle.

Dans le rêve hypnotique, le sujet entend des voix qui
ne sont que des représentations mentales. Au cours

---

(1) FAURE : *Études sur les rêves morbides. Rêves persistants. Archives
générales de Médecine*, mai 1876. Cité par N. VASCHIDE et PIÉRON :
La Psychologie du rêve, Paris, 1902, III, p. 46.

d'une visite aux Jardies, le gardien de la maison de Gambetta fut endormi : il percevait très distinctement la voix de son maître qui lui donnait des ordres précis.

La psychologie morbide a beaucoup contribué à nous révéler la complexité de l'imagination auditive.

La *surdité verbale* et la *surdité musicale* représentent les principales analyses ou dissociations opérées, par la maladie, dans le groupe des images auditives. Les malades chez qui on les observe ne sont pas sourds, l'organe auditif est intègre, mais ils sont dans l'impossibilité de comprendre la signification de la parole entendue, semblables à celui qui entend parler dans une langue dont il ne connaît pas un mot (1). Il n'y a pas, à notre connaissance, de cas de perte totale des images auditives. Les cas de pertes partielles sont fréquents.

Une des meilleures observations publiées sur la *surdité verbale* est celle de Giraudeau (2). Je l'emprunte au livre de Bernard sur l'*Aphasie* (3).

Lorsqu'on demande son nom à Bouquinet Marie, « elle relève la tête, mais ne répond pas. Interpellée de nouveau, elle répond : « Que me dites-vous ? » A la même question, elle dit : « Je ne comprends pas. » Si l'on attire de nouveau son attention, elle répond correctement : « Bouquinet Marie. »

(1) Wernicke : *Der aphasische Symptomencomplex, eine psychologische Studie auf anatomischer Basis*, Breslau, 1874. — A. Kussmaul : *Les Troubles de la parole*, traduit de l'allemand par le Dr Rueff, Paris, 1884.

(2) *Revue de Médecine*, 1882, t. II, p. 446.

(3) Bernard : *De l'aphasie et de ses diverses formes*, 2e édit., Paris, 1889, c. v, p. 137.

« Si on lui demande ensuite « depuis combien de temps elle est « malade », la même difficulté de compréhension se produit ; elle répond cependant à la longue : « Depuis trois mois. »

« Si on la prie aussitôt après de donner son adresse, elle dit : « Peut-être depuis trois mois et demi. »

« Interrogée ensuite sur sa profession, elle nous présente les ordonnances du médecin qui l'a traitée en ville et ajoute : « Une poudre blanche. »

Dès que l'attention des malades se fatigue, il leur devient plus difficile et parfois absolument impossible de comprendre les questions. Ils prennent un air de surprise, ou bien ils font toujours les mêmes réponses. Un malade répond invariablement : « Boulevard de Grenelle, 131. » Un autre donne des réponses plus variées, mais sans rapport avec les demandes.

« Bonjour, comment allez-vous ?

— Je me porte très bien, je vous remercie.

— Quel est votre âge ?

— Cela va bien, merci.

— Voulez-vous dire comment je m'appelle, comment j'entends ?

— Je voudrais savoir quel est votre âge ?

— Justement je ne le sais pas, comment je l'entends appeler. »

La *surdité musicale* est moins connue que la surdité verbale. Les personnes qui en sont atteintes peuvent comprendre les mots, mais non les sons musicaux.

Grant Allen a publié dans le *Mind* (1) une observation

_____

(1) *Mind*, avril 1878, analysé dans la *Revue philosophique*, 3ᵉ année, t. V, p. 574-575.

curieuse. Le sujet, un jeune homme d'environ trente ans, est « totalement incapable de distinguer deux notes d'un piano ou d'un chant, par exemple *ut* et *mi* ou *la* dans la même octave. Si l'intervalle devient très grand, par exemple de *ut*[1] à *ut*[2] ou *la*[3], alors il perçoit une différence. Si l'on chante devant lui une gamme et qu'on lui demande de la répéter, les sons qu'il émet n'ont entre eux aucun rapport musical. Si l'on parcourt toutes les touches d'un piano, d'une extrémité à l'autre de l'instrument, il ne saisit aucune différence entre un son et le son voisin; les contrastes sont trop faibles pour être saisis par son oreille. Il entend aussi bien que les autres personnes; et même, dans le son musical, ce qui le frappe le plus, c'est le bruit concomitant (dans le violon, le crissement des cordes sous l'archet; dans l'orgue, le bruit de l'air dans le soufflet). Au point de vue esthétique, il est fermé à tout plaisir musical; un concert n'est pour lui qu'un long ennui. En revanche, il a une oreille délicate pour la mesure en poésie. » Il a tenté à plusieurs reprises de prendre des leçons de musique, mais avec un insuccès complet. Son père était dénué comme lui de toute aptitude musicale; l'une de ses sœurs a une occlusion de l'oreille droite. Grant Allen se demande si cette surdité musicale provient des organes périphériques ou des centres nerveux. On croit communément aujourd'hui que les imperfections et les maladies de l'audition mentale ont leur principale cause dans un défaut des centres corticaux. Nous dirons, dans la seconde partie de cet ouvrage, ce que nous pensons de la question si discutée des aphasies.

Pourquoi les cas de surdité musicale sont-ils plus

rares que ceux de surdité verbale? Cela tient, si l'on en croit Stumpf (1), à ce que les sons musicaux sont organisés plus profondément que les mots. Des trois catégories d'images auditives, celles des bruits, des sons musicaux et des mots, qui semblent former une stratification, les images auditives des bruits sont les plus persistantes ; viennent ensuite celles des sons musicaux et enfin celles des mots. Un enfant de quatorze mois peut monter la gamme avec une correction parfaite. Certains idiots, dont tout le vocabulaire se réduit à quelques mots, sont capables de chanter.

Il nous reste à étudier le rôle des images auditives dans la parole intérieure.

Il existe sur la nature de la parole intérieure deux opinions, représentées : l'une, par Victor Egger, un auditif; l'autre, par Stricker, un moteur. Pour le premier, la parole intérieure consiste en une image auditive ; pour le second, en une image motrice.

Nous en empruntons la description à la belle monographie de Victor Egger : *La Parole intérieure* (2). Quand nous lisons tout bas, nous traduisons l'écriture en parole intérieure ; quand nous écrivons en silence, la main obéit, c'est la parole intérieure qui dicte. Cette parole « ne s'entend pas ; elle est réelle pourtant ; mais le bruit qu'elle fait, ce n'est pas l'oreille qui l'entend, c'est la conscience qui le connaît ; il n'agite pas l'air qui nous entoure, il reste immobile en nous ; ce

_____

(1) *Tonpsychologie*, Leipzig, 1883.
(2) *La Parole intérieure*, par Victor Egger, Paris, 1904, 2ᵉ édition.

n'est pas la vibration d'un corps, c'est un mode de moi-même. Ce bruit est vraiment une parole; il en a l'allure, le timbre, le rôle; mais c'est une parole intérieure, une parole mentale, sans existence objective, étrangère au monde physique, un simple état du moi, un fait psychique (1). »

Il ne faut pas confondre cette sorte de parole avec le λόγος ἔσω, le λόγος ἐν τῇ ψυχῇ d'Aristote, ni avec le *verbum mentis* de l'École, qui sont des déterminations de l'intelligence proprement dite.

La parole intérieure est une manifestation sensible de la pensée.

Quand nous sommes vraiment seuls et que nous nous rappelons ce que nous avons lu ou entendu, une voix que nul autre que nous-même ne peut entendre nous redit nos sentiments. Quand nous réfléchissons sur des sujets nouveaux, nous nous apercevons moins bien de la présence de la parole intérieure, elle est présente cependant, accompagnant et exprimant la pensée. Quelquefois même, elle se révèle avec une certaine intensité : « c'est le soir, quand la lampe est éteinte, quand nous avons renoncé pour un temps à l'activité réfléchie, à l'intelligence raisonnable, à la conscience; nous avons abdiqué, nous demandons à jouir du repos... Mais le sommeil réparateur se fait attendre; tourmentés par l'insomnie, nous ne pouvons *faire taire* notre pensée; nous l'entendons alors, car elle a une voix, elle est accompagnée d'une parole intérieure, vive comme elle, et qui la suit dans ses évolutions; non seulement nous l'entendons, mais nous l'écou-

(1) C. I, p. 2.

tons, car elle est contraire à nos vœux, à notre déci-
sion, elle nous étonne, elle nous inquiète ; elle est
imprévue et ennemie ; nous cherchons à la combattre,
à la calmer, à la détourner, pour l'éteindre, sur des
objets indifférents (1). »

La parole intérieure n'est pas complètement absente,
même quand nous parlons à haute voix ou que nous
écoutons autrui. Elle ne se tait qu'à demi et par intervalles. Nous l'entendons quand nous reprenons
haleine aux points et aux virgules, elle rappelle les
mots qui précèdent et dicte ceux qui vont suivre, elle
sert de *souffleur* à la parole extérieure ; elle souffle de
même, si l'orateur que nous écoutons balbutie, elle
complète les mots, corrige les *lapsus*. Elle ne se repose
entièrement que si nous écoutons sans distraction
aucune.

Il n'est pas possible de mesurer la durée de la parole
intérieure pendant une journée. Il semble bien qu'en
général elle occupe plus de place que la parole extérieure. « L'homme qui parle six heures chaque jour est,
de l'aveu de tous, amis ou ennemis, un bavard ; accor-
dons-lui huit heures de sommeil ; il reste dix heures
par jour pendant lesquelles il médite en silence, réduit,
non sans regret peut-être, à la parole intérieure. Que
dire du méditatif, du taciturne, sans parler ici ni du
berger, ni du chasseur à l'affût, ni du pêcheur à la ligne,
ni du veilleur de nuit, ni du trappiste (2) ? »

La parole intérieure occupe donc tous les vides laissés par la parole extérieure et joue un rôle de première
importance dans notre vie psychologique.

(1) P. 3-4.
(2) P. 8.

Faut-il voir en elle une image auditive ou une image motrice ?

Avant Victor Egger et Stricker, cette question avait donné lieu à une intéressante discussion entre Alexandre Bain et Charlton Bastian.

Bain, qui semble être un moteur, prétendait que, lorsque nous lisons les lettres de l'alphabet, nous n'avons conscience que d'une série d'articulations. Il ne niait pas la coexistence d'une série d'images auditives, mais il estimait que le fond est constitué par des images d'articulation (1).

Bastian, un auditif, soutenait, au contraire, que « le souvenir des impressions auditives est tout et que celui des articulations n'est rien (2) ».

Victor Egger reconnaît que le type auditif n'est jamais pur. « Ce que je nie, dit-il, c'est que l'image tactile soit un élément nécessaire de la parole intérieure et doive, en conséquence, entrer dans la définition de ce phénomène ; *d'ordinaire, elle est absente.* » Sans doute, chez l'enfant, les représentations tactiles et sonores sont naturellement associées. Mais l'attention ne tarde pas à les dissocier pour se porter exclusivement ou presque exclusivement sur la représentation sonore. C'est que « le son est peut-être plus agréable à l'âme que le *tactum* buccal », et surtout, « c'est que la parole d'autrui n'est pour nous qu'un son : quand l'enfant commence à parler, il n'invente pas la parole, il imite celle

---

(1) A. BAIN : *Les Sens et l'Intelligence* (trad. CAZELLES), pp. 297-298 et 305.

(2) Deux articles de Ch. Bastian dans la *Fortnightly Review*, 1er janvier 1869 ; dans le *Medical and chir. Review*, janvier et avril 1869. — Réponse de Bain dans la *Fortnightly Review*, avril 1869. — Cité par M. RIBOT, *Revue philosophique*, 1879, p. 381.

qu'il entend, il veut *faire comme les autres;* le son est donc le but, le mouvement buccal n'est qu'un moyen ; or, il est de règle que, dans une série de fins et moyens, l'attention porte de préférence sur le phénomène final (1) ».

Victor Egger explique ensuite un idéogramme égyptien qui pourrait faire croire qu'à l'époque où fut inventée en Égypte l'écriture idéographique, la parole intérieure n'était qu'un phénomène buccal. Un homme est accroupi ; le bras gauche pend inactif le long du corps, l'autre porte à la bouche les doigts de la main droite. Or, cet idéogramme signifie, d'après G. Maspero, « toutes les actions: 1° de la bouche, 2° de la pensée ». Victor Egger estime que si les créateurs de l'écriture idéographique ont localisé la pensée dans la bouche, c'est tout simplement à cause des rapports de la pensée avec la parole et de la parole avec la bouche (2).

Il essaie enfin de prouver sa thèse par des considérations linguistiques, tirées de l'évolution des voyelles et des consonnes. D'un côté, les voyelles n'ont pas la fixité des consonnes ; de l'autre, la sensation buccale est extrêmement faible pour les voyelles, et, au contraire, très vive et distincte pour les consonnes. Il en résulte que si les voyelles n'étaient remémorées que sous forme tactile, c'est-à-dire sous une forme où elles sont à peu près indiscernables les unes des autres, leur mobilité serait presque illimitée, elles ne persisteraient pas intactes durant une seule génération, et l'écriture à ses débuts aurait négligé de les noter. La lenteur de

(1) *La Parole intérieure*, ouv. cité, c. ii, § 6, p. 82-83.
(2) P. 84.

l'évolution des voyelles et celle beaucoup plus grande encore de l'évolution des consonnes ne s'expliquent donc pas uniquement par les images tactiles, elles font ressortir l'importance des images sonores. Il est des cas, conclut Victor Egger, où l'image sonore s'accompagne d'une image tactile discernable à la conscience ; mais ce sont des cas exceptionnels (1).

Stricker s'efforce, lui, de ramener au mouvement toutes les formes du langage intérieur : *parole, audition, musique* (2).

Quand il évoque dans sa mémoire quelque vers bien connu, il sent, s'il fixe son attention sur ses organes d'articulation, qu'il parle intérieurement. Les lèvres sont closes, les dents presque entièrement rapprochées, la langue même est immobile ; dans ses organes vocaux il n'arrive pas à découvrir la moindre trace de mouvement. Et cependant il lui semble qu'il « prononce le vers auquel il pense ». Toutes les fois que sa pensée se traduit en mots, le même phénomène se reproduit. Lorsqu'il pense à quelque mélodie populaire, il éprouve un sentiment particulier dans le larynx, il chante intérieurement. Pour faire disparaître le sentiment qu'il a de parler ou de chanter, il doit cesser — ce qui ne lui réussit pas toujours — de « penser en mots ou en mélodie (3) ».

La *parole intérieure* est d'abord pour Stricker une

---

(1) P. 88-89.

(2) *Du Langage et de la Musique*, par S. STRICKER, traduit de l'allemand par Frédéric SCHWIEDLAND, Paris, 1885. L'édition allemande avait pour titre : *Studien über die Sprachvorstellungen*, Vienne, 1880. L'auteur, en vue de la traduction française, a fait diverses additions qui ont obligé à modifier le titre primitif.

(3) *Introduction*, p. 1-8.

série d'articulations. Les consonnes, les voyelles et les
mots sont à ses yeux des images motrices.

Quand il pense à la lettre, ou plutôt au son B (e), il
ressent un mouvement très net « dans les deux lèvres ».
Pour le son D (e), le mouvement est au bout de la langue. Pour le son K (a), à la base de la langue. Pour le
son F (e), dans la lèvre inférieure. Les voyelles évoquent
aussi des images motrices, mais moins nettes, par suite
du manque de solidité de leurs conditions physiologiques (1). Les mots représentés consistent en des images motrices ; Stricker fait remarquer qu'il possède surtout les images motrices des consonnes initiales d'un
mot : dans *pater* et *mater,* il n'a qu'un sentiment très
net, celui de *P* et celui de *M.* Cependant s'il va lentement en fixant l'attention, il a le sentiment des autres
lettres.

L'*audition* est, comme la parole intérieure, une série
d'articulations. Stricker ne peut écouter un discours
sans articuler intérieurement tous les mots qu'il entend.
S'il reste passif, s'il n'associe pas aux images auditives les images motrices correspondantes, il se trouve
comme dans un rêve, tout est fuyant. C'est surtout par
l'ouïe qu'il a appris la plus grande partie des mots qu'il
sait, ainsi que deux langues, l'italien et l'anglais. Et
cependant « je ne pense jamais, dit-il, mes propres pensées par images auditives, mais seulement par représentations motrices ». S'il pense en italien ou en anglais, il ne fait « que reproduire des représentations
orales motrices (2) ».

La *musique* consiste également en des sons articulés.

(1) C. ii et iii.
(2) C. ix, p. 75.

« Ma pensée en sons musicaux, dit Stricker, correspond
exactement à ma faculté de chanter. Les sons que je
ne peux chanter qu'en fausset, je me les représente
aussi par la pensée avec les sentiments particuliers du
larynx qui correspondent à mon fausset. Les sons que
je ne peux plus chanter, je ne me les représente pas
non plus quand je chante intérieurement. Quand je
pense à quelque mélodie qui comprend plus de sons
que je n'en puis produire, je fais en pensée ce que je
fais en chantant : je quitte l'octave que je ne puis continuer pour monter ou pour descendre à une autre (1). »
Notre auteur, dans la première édition de son livre,
hésitait à affirmer positivement que les images musicales étaient des images motrices, d'excellents musiciens
lui ayant déclaré qu'ils ne sentaient rien au larynx
quand ils pensaient à de la musique, mais qu'ils éprouvaient plutôt un sentiment distinct aux oreilles. Il prit
des leçons de musique pour pouvoir contrôler par des
observations personnelles les dires de ces musiciens.
Après cinq années d'exercices de violon et de piano, il
put s'exprimer sur les représentations musicales avec
plus de précision. Dans l'édition française, il fit connaître le résultat de ses recherches. Il ne niait pas le rôle
des images auditives, mais il soutenait que « d'ordinaire nous nous souvenons des mélodies au moyen des
muscles (2) ».

M. Fr. Paulhan et surtout le professeur et musicien
Stumpf protestèrent contre les assertions paradoxales
du naturaliste viennois. « Il peut certainement arriver,
disait Stumpf, que le souvenir de certaines actions

(1) C. xiv, p. 107.
(2) P. 100.

musculaires persiste, tandis que le souvenir des sons qui en résultent s'efface. Mais de pures idées musculaires de ce genre ne peuvent pas plus être appelées souvenirs mélodiques que ne pourrait l'être le souvenir d'exercices gymnastiques (1). »

Cette discussion n'a guère plus d'intérêt aujourd'hui, où l'on s'est tant occupé de psychologie individuelle. Ce qui est un paradoxe pour un auditif peut être une vérité pour un moteur.

Sans doute, Charcot s'est trompé quand il a distingué, à propos de la mémoire verbale, les trois types visuel, auditif et moteur. On sait, d'après de nombreuses expériences, que le même sujet n'a pas une manière uniforme de se représenter tous les mots. Il se sert pour les uns d'images visuelles, pour d'autres d'images auditives, pour d'autres enfin d'images motrices. « La table de multiplication, écrit M. Van Biervliet, chez presque tous les sujets que j'ai pu observer, se retient par l'oreille; l'orthographe usuelle et la structure interne des mots sont retenues presque toujours par les centres moteurs ; lorsque le sujet doute s'il faut un ou deux p à apercevoir, il écrit rapidement le mot sans regarder (2). » Ordinairement, quand nous voulons nous

(1) M. Fr. Paulhan entama la discussion, Revue philosophique, t. XVI, p. 405-412. Il ne connaissait les travaux de Stricker que par l'analyse faite par M. Ribot des Studien über die Sprachvorstellungen, Revue philosophique, t. XVI, p. 188. Stricker répliqua, Revue philosophique, t. XVIII, p. 685-691. — Le Dr Stumpf, dans sa Tonpsychologie (Leipzig, 1883), parue avant l'édition française du Langage et de la Musique, semblait favorable aux idées de Stricker. Mais après l'apparition de l'édition française, où Stricker se réclamait de lui, il s'en déclara l'adversaire, Revue philosophique, t. XX, p. 617-619. Stricker fit une vive réplique, Revue philosophique, t. XXII, p. 1-30.
(2) Causeries psychologiques, 2e Le Problème de la Mémoire, p. 62, Paris, 1902.

représenter un mot, les parties de l'écorce du cerveau qui président à la fonction du langage réagissent synergiquement. Charcot a exagéré. — Mais il reste établi qu'il y a de profondes différences individuelles sous le rapport de l'imagination et de la mémoire, et que selon les cas c'est tantôt l'image visuelle, tantôt l'image auditive, tantôt l'image motrice qui prédomine.

En général, la représentation des mots est auditivo-motrice. L'enfant entend les mots et essaie de les répéter ; c'est par des sensations auditives et motrices qu'il les apprend. Il se les représente de même, par des images sonores et des images d'articulation.

Tels sont les rapports de l'image auditive avec la parole intérieure : elle accompagne toujours la parole intérieure et souvent même elle occupe le premier plan. Nous avons vu que son rôle est considérable dans l'ensemble de la vie psychologique, surtout chez certains individus. Elle possède les traits essentiels auxquels se reconnaît l'imagination. Comme l'image visuelle, elle tend à se réaliser, à se *jouer*. Issue de la sensation auditive, elle reste toujours inclinée plus ou moins vers son point d'origine, et le son représenté possède, aussi bien que le son perçu, un timbre, une intensité, une hauteur. L'image auditive a moins de déterminations concrètes que l'image visuelle ; ce qui ne l'empêche pas d'être aussi matérielle : tout en elle est individuel, particulier et relatif.

CHAPITRE III

LES IMAGES MOTRICES

L'existence des images visuelles et auditives n'avait pas besoin d'être prouvée : tout le monde se représente plus ou moins le visage ou la voix d'un ami absent. Il n'en est pas de même des images kinesthésiques ou motrices. Demandez à quelqu'un de se représenter le mouvement qu'il fait quand il remonte sa montre, de se représenter ce mouvement non sous forme visuelle dans l'espace, mais sous forme de contraction, il vous répondra probablement qu'il ne comprend pas la question et, s'il est métaphysicien, que l'image comme d'ailleurs la sensation de mouvement renferme une impossibilité.

Il convient donc, avant d'étudier la nature de l'image motrice, d'en établir l'existence.

Les images motrices correspondent aux sensations qui ont pour objet les contractions des muscles, les frottements des surfaces articulaires et, d'une manière générale, les mouvements du corps, mouvements de la tête, des mains, de la langue, des cordes vocales, des yeux, etc. Ces images seront possibles, si les sensations elles-mêmes sont possibles.

Y a-t-il contradiction, comme on l'a prétendu, entre les concepts de sensation et de mouvement ?

« Toute sensation, dit M. Rabier, se réalise dans le présent et ne réfléchit que le présent. Une sensation peut durer sans doute, mais elle n'a pas besoin de durer pour être ; et quand elle dure, elle ne fait que se continuer ou se répéter, telle qu'elle était au premier instant, dans tous les états consécutifs. — Le mouvement, au contraire, n'est réalisé que par le moyen d'une certaine durée ; il n'est jamais donné *dans un instant quelconque* de cette durée ; il n'est jamais donné, disait Zénon, ἐν τῷ νῦν : car, dans un instant quelconque, le mobile n'est qu'en un lieu, et il ne suffit pas d'être en un lieu pour le mouvement (1). »

L'antinomie réside dans le caractère *instantané* de la sensation et le caractère *successif* du mouvement.

Il est certain que la sensation de mouvement ne correspond pas à une impression unique, mais à une succession d'impressions. Elle suppose une certaine mémoire recueillant une à une les impressions, les maintenant ensemble et les faisant revivre. La sensation kinesthésique est donc une synthèse, mais une synthèse si immédiate et si inconsciente qu'on a le droit de l'appeler sensation. Aussi bien, comme le remarque M. Harald Höffding (2), toutes nos sensations en général « portent la marque d'une synthèse, puisqu'elles se manifestent chacune à la conscience, comme une expression simple de ce qui, au point de vue physiologique, apparaît comme un processus complexe ». Si le rôle de la synthèse et celui de la mémoire sont plus

---

(1) *Leçons de philosophie*, par Élie RABIER. 1. *Psychologie*, c. X, p. 108.

(2) *Esquisse d'une psychologie fondée sur l'expérience*. V. *Psychologie de la connaissance*. A. 7, p. 152, traduit de l'allemand.

manifestes dans la sensation de mouvement, ces
deux propriétés de la conscience n'en sont pas moins
impliquées dans toute sensation quelle qu'elle soit. La
sensation n'est instantanée que pour la conscience :
en réalité, elle ne peut être sans la durée ni sans la
mémoire qui contracte les divers moments de la durée.

Les sensations kinesthésiques étant de vraies sensations, il résulte que les images de même nom sont possibles. Leur existence s'établit par des arguments théoriques et par des faits d'observation.

Les arguments théoriques peuvent se résumer ainsi.
Nous acquérons des habitudes de toutes sortes, habitudes de marcher, de danser, de nager, de faire de
l'escrime, de coudre, de parler, etc. Ces habitudes résultent de mouvements musculaires, articulaires, etc...,
répétés et coordonnés, devenus faciles, familiers et
finalement automatiques : elles supposent par conséquent des résidus moteurs et une mémoire de ces résidus. Il est possible sans doute que l'exécution de
certains actes dépende exclusivement de mécanismes
montés dans la moelle et dans le bulbe. Mais ces mécanismes n'ont pu s'organiser ou du moins compléter
leur organisation sans l'intervention des images du
mouvement.

Ces images sont, en fait, susceptibles de reviviscence. Quand on a porté un léger fardeau, il arrive de
le sentir encore après s'en être débarrassé. On sent
quelquefois le roulis du bateau longtemps après avoir
débarqué. Une bonne Sœur était persuadée, plusieurs
jours après son arrivée à Ajaccio, que l'île remuait et
qu'elle était secouée par des tremblements de terre.

Il y a des faits plus extraordinaires. Le peintre

Ducomet, privé de l'usage des mains et réduit à l'usage
exclusif des pieds, peignait fort bien ; ce n'était pas un
grand artiste, mais il peignait proprement. Broca parle
d'un bateleur anglais qui se servait de ses pieds pour
écrire et dessiner, ramasser à terre une aiguille, char-
ger un pistolet et tirer avec précision. Or, peindre,
écrire, dessiner, tirer avec précision, sont des actions
qui supposent des souvenirs moteurs. Chez les aveugles-nés, le toucher supplée la vision. Les sourds-
muets parlent de deux manières : par les doigts et par
des articulations, c'est-à-dire par des images motrices.
Avant que l'abbé de l'Épée et l'abbé Sicard eussent eu
la pensée de parler à sa main, l'aveugle-sourd et muet,
privé des sens de la vue, de l'ouïe et de la parole, était
condamné par cette triple mutilation à l'idiotisme.
Grâce aux sensations tactiles et motrices, « l'âme de
Marthe Obrecht, dit Duilhé de Saint-Projet, longtemps
isolée dans les profondeurs de la matière et de la nuit,
a été laborieusement rendue au jour, mise en contact
avec le monde extérieur, avec d'autres âmes, a pu se
manifester peu à peu avec ses propriétés essentielles et
s'épanouir enfin dans les régions les plus hautes de la
pensée (1) ». C'est aussi le cas de Marie Heurtin, éle-
vée comme Marthe Obrecht par les Sœurs de la Sa-
gesse de Larnay (2). On pourrait citer encore Hélène
Keller (3) et Laura Bridgman (4). La vie mentale des

(1) *Apologie scientifique de la foi chrétienne.* Voir les premières éditions. La récente édition revue par M. Senderens (Paris, 1908) ne contient pas l'étude sur Marthe Obrecht.
(2) *Une âme en prison,* par Louis Arnould, Paris, 1904.
(3) *Histoire de ma vie : sourde, muette, aveugle,* par Hélène Keller,
traduit de l'anglais, Paris, 1904.
(4) *Laura Bridgman.* Eine psychologische Studie, par W. Jerusalem,
Vienne, 1890.

sourds-muets et aveugles débute par des sensations
tactiles et motrices unies aux sensations viscérales, et
se développe, au point de vue de la connaissance, par
des images et des souvenirs de mouvements, images et
souvenirs qui constituent la base de leur vie intellectuelle supérieure.

Enfin les *illusions des amputés* établissent d'une
façon irrécusable l'existence des images kinesthésiques.
La plupart des amputés sentent encore leur jambe
longtemps après l'amputation. L'un d'eux étant assis
et croyant avoir ses deux jambes se lève et tombe. On
applique l'électricité sur le moignon d'un autre, il crie :
« Ma main, ma main ! » Il y a donc reviviscence des
images kinesthésiques et tactiles du membre absent.

Quel est le rôle des images motrices dans la vie de
l'esprit ?

Le groupe des images motrices est plus difficile à analyser que les groupes précédents. Pour étudier les images visuelles, nous avions les peintres ; pour étudier
les images auditives, les musiciens. Les moteurs se
rencontrent surtout parmi ceux qui exercent le plus
leurs muscles. L'ouvrier qui se livre à des travaux manuels, le gymnaste, le chorégraphe, l'écuyer et la balle-
rine disposent d'images motrices, solidement organisées et promptes à renaître. Or, ces personnes
s'observent très peu, et sont plus portées à l'action
qu'à la contemplation.

Nous avons un excellent exemple du type moteur
dans M. Stricker, dont il a été parlé à propos des images auditives. Il a publié en 1883 une monographie

d'autant plus intéressante qu'elle est l'étude d'un moteur par lui-même (1). Il passe successivement en revue les représentations des mouvements des objets extérieurs et celles des mouvements volontaires ou involontaires de son propre corps.

M. Stricker se représente très bien les mouvements volontaires. Couché dans son lit, immobile, les yeux fermés, il éprouve, s'il s'imagine marcher, le sentiment d'un certain mouvement dans le haut de la cuisse droite. « Si je me représente, dit-il, que je fais de l'escrime, j'ai une sensation très nette qui se localise dans le bras droit. »

Il prend pour type des mouvements involontaires ceux du cœur. On peut, en effet, les considérer comme le type des mouvements soustraits à la volonté, bien que Fontana, Bell et quelques autres aient prétendu jouir de la faculté de gouverner les mouvements de leur cœur. En sa qualité d'anatomiste, M. Stricker a vu beaucoup de cœurs ; aussi la première représentation qu'il en a est-elle *visuelle ;* mais s'il insiste, il obtient une représentation *motrice :* il sent un mouvement, tantôt, dans les muscles des yeux qui voient les mouvements de systole et de diastole du cœur ; tantôt, dans les muscles de l'appareil respiratoire.

Quant aux mouvements des objets extérieurs, s'il se représente un soldat et surtout un grand nombre de soldats en marche, il sent très nettement un mouvement dans la cuisse ; s'il se représente un cheval traînant une voiture, le sentiment de l'effort se localise dans la poitrine et les épaules.

---

(1) *Studien über die Association der Vorstellungen,* Wien, 1883.

Nous avons dit précédemment que M. Stricker ne voit dans la parole intérieure, dans l'audition et la musique, que des séries d'articulations. Aussi ne peut-il penser à deux choses différentes en même temps, ne pouvant avoir au même moment deux articulations motrices différentes.

Il y a donc des personnes chez qui les images motrices jouent un rôle équivalent à celui des images visuelles et auditives chez les visuels et les auditifs.

Dans le dessin et en général dans toutes les représentations des formes et des contours, les images motrices ont une part de collaboration plus ou moins importante avec les images visuelles.

Lecoq de Boisbaudran habituait ses élèves à dessiner de mémoire, en leur faisant suivre avec un crayon les contours des figures : il les obligeait à associer à la vision l'image motrice.

Galton raconte qu'un jeune Indien, qui s'intéressait beaucoup aux gravures qu'on lui montrait, suivait le contour du dessin à l'aide d'un couteau pour le découper avec plus de facilité à son retour chez lui. La mémoire musculaire renforçait la mémoire visuelle (1).

Il y a dans la peinture, à côté du génie, la part du métier. On apprend à peindre comme on apprend à coudre. L'apprentissage consiste sans doute à mélanger les couleurs et à « poser le ton », mais il consiste aussi à acquérir une mémoire graphique, une dextérité manuelle, qui n'est pas la même chez tous les peintres : il y a parmi eux les maladroits et les virtuoses. Michel-

(1) *Psychologie du raisonnement*, par A. BINET, Paris, 1896, c. II, p. 27.

Ange reprochait à Raphaël son éducabilité, son extraordinaire souplesse pour imiter et traduire par le crayon
les mille variétés de la nature ou les chefs-d'œuvre
des anciens. Albert Dürer, Horace Vernet, Henri Regnault, Ingres et son école ont une habileté de main
surprenante.

L'image motrice arrive même à s'affranchir presque
entièrement de l'image visuelle. Konewka « pouvait,
tout en causant, découper dans du papier sous la
table, avec des ciseaux, des profils ressemblants, sans
y regarder même une seule fois ». Il est vrai que,
d'après les expériences du dessin *sans voir,* l'image
visuelle n'est pas complètement absente : « L'œil suit
et dirige encore la main, quoique sans voir. » Mais il
est des cas où la mémoire motrice semble se suffire.
Le modeleur aveugle reprend le trait abandonné, le
relief met le dessin sous ses doigts, le toucher perçoit,
sauf le jeu des lumières, la forme et le contour (1).

M. Arréat explique par une organisation persistante
de la mémoire motrice le convenu, la marque de fabrique de certaines écoles. Les élèves de David en
étaient venus à avoir le « pompier » au bout des doigts.
Dans les ateliers de décoration, on dit de celui qui
répète les mêmes types, les mêmes gestes, qu' « il a
ça dans le coude ». L'image motrice s'interpose entre
l'œil et le modèle : les premiers traits que jette la main
donnent un corps imaginaire à l'impression visuelle et
l'imposent au détriment de l'image réelle (2).

Telle est l'influence de l'image motrice sur la réalisation de l'image visuelle.

(1) *Mémoire et Imagination,* par L. ARRÉAT, ouv. cité, c. I, p. 6.
(2) P. 8.

L'exécution musicale suppose aussi, comme le dessin, une mémoire des doigts qui s'acquiert par l'étude. Un jour, Mozart jouait devant le pianiste Richter ; celui-ci regardait continuellement ses doigts et disait tout le temps : « Mon Dieu ! que d'efforts ne faut-il pas que je fasse... jusqu'à en suer... et pourtant je n'obtiens aucun succès !... et vous, mon ami, tout cela n'est qu'un jeu pour vous! — Oui, répondit Mozart, mais j'ai dû me donner aussi beaucoup de peine pour arriver à n'avoir plus à m'en donner maintenant (1). » Mozart en était arrivé à une telle spécialisation des images motrices que ses doigts ne le servaient qu'à son clavecin. « A table, par exemple, il ne pouvait découper ses aliments sans risquer de se blesser, et il fallait absolument que sa femme se chargeât de le servir comme un enfant (2). » A ce degré d'automatisme, la mémoire motrice, qui pendant l'apprentissage s'aide des perceptions visuelles et auditives, apparaît aussi dissociée que possible, presque indépendante et autonome.

Le chanteur possède une bonne mémoire des mouvements vocaux. Cette mémoire s'organise sous la direction de l'oreille qui règle l'émission de la voix ; à défaut de cette direction, les vibrations du larynx manquent de mouvement et les sons d'harmonie, comme il arrive chez les sourds-muets. Les hauteurs des sons, que l'œil, en vertu des perceptions motrices acquises, interprète en lisant une notation musicale; ou que l'oreille perçoit, hauteurs qui ont leur origine première dans une échelle intérieure représentée par les différents registres de la voix, le chanteur les transcrit naturelle-

---

(1) *Lettres de W.-A. Mozart*, publiées par H. DE CURZON, Paris, 1888.
(2) W. WILDER : *Mozart, l'homme et l'artiste*, ouv. cité.

ment dans ses muscles vocaux. — Il se peut que l'exécution musicale soit indépendante de toute perception
visuelle ou auditive. Beethoven, devenu sourd, chantait encore, grâce à la coopération de l'audition intérieure et de l'image motrice. Il est difficile de dire si
l'audition intérieure se transcrivait spontanément dans
les muscles du larynx, ou si l'imagination motrice, se
réalisant, faisait revivre l'audition intérieure. Dans
les deux cas, la mémoire des mouvements vocaux est
incontestable (1). Nous avons vu d'ailleurs, à propos
des images auditives, que le langage intérieur est audi-
tivo-moteur.

L'image motrice n'a pas seulement des liens avec
les images visuelles et auditives dans la peinture et
l'exécution musicale, elle en a aussi avec ces images
en général.

Chez les auditifs, l'image motrice joue un rôle
important. Inaudi prononce intérieurement tous ses
chiffres ; même quand ses lèvres sont immobiles, il
articule encore, comme l'a prouvé le graphique de la
respiration établi par M. Binet. Et si on l'empêche
d'articuler, en le priant de chanter une voyelle, il lui
faut beaucoup plus de temps pour son calcul.

La mémoire motrice est partout très utile à la mémoire visuelle. M. Th.-L. Smith a fait apprendre à
cinq sujets d'élite l'alphabet des sourds-muets, d'abord
par la mémoire visuelle, puis par la mémoire visuelle
motrice. Le premier, qui commettait 39, 8 pour 100
d'erreurs avec la mémoire visuelle pure, n'en commettait plus que 27, 4 pour 100 avec la mémoire visuelle

---

(1) L. ARRÉAT, ouv. cité, p. 13.

motrice. Les erreurs diminuaient notablement chaque
fois qu'on doublait l'image visuelle d'une image motrice. Ces expériences ont été confirmées par celles de
M. Cohn (1).

L'image motrice est d'ailleurs impliquée dans toute
image sensorielle. Il suffit de se rappeler que la sensation kinesthésique est mêlée à toute sensation : l'appareil sensoriel est toujours lié à quelque appareil moteur ; aussi l'impression est-elle à la fois sensorielle et
motrice.

C'est même grâce à cette combinaison de l'élément
moteur et de l'élément sensoriel que les sensations
deviennent perceptions. La sensation visuelle, par
exemple, devient perception, lorsque les muscles ocu-
laires sont suffisamment coordonnés. Il y a donc dans
toute perception une mémoire motrice. Aussi n'est-il
pas étonnant que l'image motrice coopère partout avec
l'image sensorielle. Ajoutons qu'elle joue aussi un rôle
important, comme l'a montré avec quelque exagération
M. Th. Ribot, dans le domaine des sentiments et de
l'imagination créatrice.

L'image motrice, en vertu de la tendance inhérente
à toute image, se réalise avec éclat dans l'hallucination
et le rêve.

Les hallucinations du toucher, sous forme de contact et de pression, sont très fréquentes. Des malades
sentent des mains se promener à la surface de leur

(1) Th. L. Smith : *American Journal of Psychology*, juillet 1896. — Jonas Cohn : *Zeitschrift für Psychologie der Sinnerorgane*, fasc. 3, 1897. — J.-J. Van Biervliet : *Revue de Philosophie* décembre 1901.

corps ; d'autres perçoivent des frôlements, des contacts
extrêmement légers : une chauve-souris les touche
de ses ailes ; un souffle, un esprit, passent sur leur
visage. Ces hallucinations se compliquent ordinairement d'hallucinations visuelles. Une femme voit des
serpents et se sent enlacée par eux, elle est en proie à
un véritable supplice et réclame la mort à grands cris.
Les alcooliques voient des rats, des serpents, des araignées, et en ressentent le contact.

Ce sont des hallucinations analogues qui créèrent
le *Vampire*. Au moyen âge, des personnes dépéris-
saient en même temps qu'elles éprouvaient un sentiment
de *succion :* un ennemi, un fantôme, le diable, les
prenait aux mamelles et suçait leur sang. Ces hallucinations étaient épidémiques. Quelqu'un racontait-il
qu'une personne morte récemment venait le tour-
menter ? Ceux qui acceptaient le fait ne tardaient pas à
recevoir la visite du vampire. Pour s'en débarrasser, on
se rendait au cimetière, on le déterrait et on lui enfon-
çait un pieu au milieu du corps, quelquefois on lui
tranchait la tête. Les hallucinations disparaissaient,
jusqu'à ce que survînt un autre vampire.

Cette croyance, basée sur une sensation imaginaire
de succion, se retrouve encore dans quelques pays. On
la rencontre aussi dans les asiles d'aliénés. Ici le vampire n'est plus un mort, mais un ennemi, qui agit par
des moyens magiques et dont l'aliéné voit le spectre
accroupi sur lui. Une malade de l'Asile de Dijon, étudiée par Max-Simon, croyait qu'on suçait son sang,
qu'on lui arrachait le cœur ; elle poussait des cris de
frayeur et de désespoir. Une autre sentait des mains
invisibles poser sur son cœur une sorte de ventouse :

elle s'imaginait qu'on lui ouvrait le ventre pour en extraire divers organes. Une autre enfin croyait qu'un chien lui mangeait le foie, les poumons, le cœur (1). — Dans ces derniers cas, l'hallucination tactile se complique d'hallucinations viscérales.

Les hallucinations du toucher actif ne sont pas moins nettes que celles du toucher passif. Elles sont particulièrement remarquables chez les amputés. « Presque toujours, dit Weir-Mitchell, l'homme qui a perdu un membre traîne avec lui un fantôme du membre absent, qui se dissimule quelquefois, et quelquefois se fait sentir douloureusement, lorsque quelque coup, quelque contact ou un simple souffle du vent vient provoquer son apparition...

« Cette sensation de la présence du membre amputé se manifeste chez certaines personnes immédiatement après l'opération ; chez d'autres, elle n'apparaît que lorsque la douleur a cessé, mais alors même elle ne tarde guère au-delà de trois semaines...

« Souvent l'illusion de la présence du membre est persistante et peut-être plus vive que dans l'état normal. « Je ne dirai que la vérité, assurait un amputé, « en déclarant que je suis plus sûr de l'existence du « membre que j'ai perdu que de celui que j'ai gardé... »

« Le fantôme du pied ou de la main est celui qui se présente avec le plus de netteté et surtout les doigts avec les orteils, puis le pouce, puis la cheville et le poignet ; plus rarement enfin, le genou et le coude...

« Chez quelques-uns, la main amputée semble être au repos dans l'extension ainsi que les doigts : et c'est

_____

(1) *Le Monde des rêves*, par Max-Simon, ouv. cité, c. VII, p. 120.

dans ces cas que la mobilité semble la plus grande. D'autres transportent avec eux leur main plus ou moins fléchie et semblent posséder un certain pouvoir sur ses mouvements. D'autres encore paraissent avoir conservé leur main dans la position douloureuse qu'elle occupait avant l'opération...

« D'ordinaire, les membres perdus, le bras surtout, semblent suivre les mouvements du moignon, que ceux-ci soient actifs ou passifs, tandis que d'autres fois ils paraissent immobiles, ou bien ils donnent lieu à une très vague sensation de déplacement.

« Les mouvements involontaires dans les orteils ou les doigts amputés sont fréquents (1). »

On ne saurait donner de preuve plus convaincante de l'existence des images kinesthésiques que ces hallucinations, où la sensation de mouvement revit avec intensité.

On pourrait invoquer aussi les hallucinations motrices de la maladie de Ménière, où une femme assise croit danser et éprouver un balancement rythmique du corps ; celles des malades qui sentant la légèreté de leurs membres se précipitent par la fenêtre, ou frappant du pied le sol trouvent illusoire sa résistance, ou qui n'ont qu'à fermer les yeux pour se sentir transportés rapidement dans les airs (2) ; celles des persécutés qui se plaignent d'être secoués dans leur lit, ou des sorciers qui affirment s'être rendus au sabbat à travers l'espace sur un manche à balai.

---

(1) WEIR-MITCHELL : *Lésion des ne*?*s*, traduit de l'anglais, p. 380. — Cité par H. BEAUNIS : *Les Sensations internes*, Paris, 1889, c. XI, p. 104.

(2) BEAUNIS, p. 141.

Les hallucinations motrices peuvent avoir pour objet
soit un mouvement sans but, soit un mouvement
défini, soit même une fonction spéciale, comme le langage. Les hallucinations verbales motrices ne sont pas
encore bien connues. Certains aliénés n'entendent pas
parler, mais *sentent* parler. Ils n'écoutent pas des voix,
mais semblent parler intérieurement ; un observateur
peut souvent surprendre leur mouvement d'articulation. Ces hallucinations n'ont pas lieu si le sujet
parle à haute voix. Il y a antagonisme entre l'articulation de la voix et l'hallucination motrice verbale.
Cet antagonisme s'explique si l'hallucination relève
du centre moteur d'articulation : on ne peut exprimer
deux idées différentes par un même mouvement arti-
culatoire.

Les hallucinations hypnagogiques, qui précèdent le
rêve proprement dit, sont rarement motrices. Maury
dit avoir éprouvé des sensations imaginaires de contact
avant de s'endormir. « Je me trouvais un jour dans
une mauvaise auberge du Nord de l'Écosse ; j'étais ap-
pesanti par la fatigue ; j'avais fait une longue marche
à pied dans les Highlands, et cette fatigue avait amené
chez moi une sorte de courbature, accompagnée d'un
prurit général à la peau. Épuisé, je m'endormais sur
ma chaise, attendant que la servante eût fait mon lit.
Des hallucinations hypnagogiques ne cessaient de m'as-
saillir, et dans ces visions, je m'imaginais tantôt sentir
les morsures d'un rat, tantôt les piqûres d'une abeille.
Une autre fois, ayant la peau excitée par un lavage
à l'eau froide, à la suite duquel je m'étais couché, je

sentis comme une main de femme qui passait sur mes épaules (1). »

Dans le rêve proprement dit, les hallucinations du sens du toucher sont fréquentes; tout le monde a senti des contacts. Mais presque toujours la reviviscence des images tactiles est provoquée par des perceptions. Il suffit qu'un drap de lit soit roulé de telle ou telle façon pour éveiller tel ou tel rêve. Le froid aux pieds évoquera une expédition au pôle arctique ou un voyage dans un pays froid, ou la neige, la glace, la pluie; une bouteille d'eau chaude aux pieds fera penser à l'Etna ou au Vésuve.

Les rêves moteurs proprement dits sont nombreux. On rêve qu'on marche, qu'on tombe dans un précipice ou qu'on vole. Il m'arrive quelquefois de voler : je m'élève jusqu'à la hauteur des arbres, puis je descends lentement, je remonte de nouveau à une certaine hauteur, je redescends, etc. Les mouvements exécutés sont aisés et agréables. La base de ce rêve est fournie par les mouvements inspirateurs et expirateurs des organes respiratoires.

On peut avoir des rêves moteurs par suggestion hypnotique. Une jeune fille est endormie, vous lui suggérez qu'elle est au bal et qu'elle valse. Vous lui dites :

— Vous valsez.

— Oui.

Elle est assise et immobile. Peu à peu sa respiration s'accélère, sa figure se colore, elle paraît un peu essoufflée.

(1) *Le Sommeil et les Rêves*, par Alfred MAURY, ouv. cité, c. IV, p. 96.

— Arrêtez-vous, ne valsez plus.

— Non, je veux continuer.

— La tête va vous tourner.

— Non.

— Arrêtez-vous.

Elle s'arrête, sa figure reprend le calme impassible du sommeil hypnotique (1).

Les premières images motrices étudiées en pathologie mentale ont été les *images motrices d'articulation*. Les maladies de la faculté du langage, à l'origine, étaient désignées par le terme aphasie au singulier. Cette faculté était considérée comme une faculté motrice, et on croyait que Broca en avait pour toujours déterminé le siège au pied de la troisième circonvolution frontale gauche. A la suite des travaux de M. Pierre Marie, cette localisation célèbre est aujourd'hui contestée.

On distingua, de bonne heure, dans la faculté du langage, le langage parlé, le langage écrit, le langage lu et le langage entendu.

On y remarqua aussi deux aspects : l'aspect sensoriel et l'aspect moteur, le langage consistant à percevoir et à exprimer.

Wernicke distingua en 1874 deux sortes d'aphasie : l'aphasie motrice et l'aphasie sensorielle.

Kussmaul, en 1876, dédoubla l'aphasie sensorielle en cécité verbale et surdité verbale.

L'aphasie motrice fut dédoublée à son tour, en 1881,

(1) *Les Sensations internes*, par H. BEAUNIS, ouv. cité, p. 142.

5

par Exner, qui distinguait à côté des images motrices
d'articulation, les images de l'écriture ; il localisait ces
dernières dans le pied de la deuxième circonvolution
frontale gauche.

La faculté du langage comprenait donc quatre centres : centre des images motrices d'articulation, F^3 ;
centre des images motrices de l'écriture, F^2 ; centre des
images visuelles verbales, pli courbe ; centre des images auditives verbales, T^1, T^2.

M. Pierre Marie nie aujourd'hui l'existence de ces
quatre centres.

Charcot croyait non seulement à l'existence, mais
encore à l'autonomie de ces centres. D'après lui, la
lésion d'un centre ne produit directement qu'un symptôme unique, toujours le même... De plus, nous nous
habituons à nous servir de tel centre plutôt que de tel
autre : d'où les types psychologiques de visuel, auditif, moteur d'articulation, moteur de l'écriture, enfin
type indifférent.

La distinction de ces centres n'est plus admissible en
ce qui concerne la mémoire des mots, qui est ordinairement auditivo-motrice, comme l'a prouvé Déjérine.

On a déjà parlé, à propos des images visuelles et
auditives, des aphasies sensorielles, cécité verbale et
surdité verbale, qui consistent dans l'impuissance de
comprendre la signification de la parole lue ou entendue. Il reste à parler des aphasies motrices, l'*aphémie*
et l'*agraphie*.

1° L'aphémie ou perte des images motrices d'articulation n'est pas le résultat d'une paralysie des muscles.
Les malades qui en sont atteints peuvent remuer la
langue, les lèvres, etc. Si on leur montre une clé, ils

ne sont pas capables d'en trouver le nom, mais si on leur dit que cet objet s'appelle chapeau, encrier, ils répondent : « Non. » Si on leur dit : « C'est une clé », ils répondent : « Oui. » Quelques-uns conservent leur intelligence : et, tout en n'ayant que deux ou trois mots à leur disposition, gèrent parfaitement leurs affaires.

Ce que les aphasiques ont perdu, c'est de *savoir* parler.

Un des deux sujets dont l'autopsie servit de base à Broca pour sa localisation du langage articulé était un fermier paralysé à l'âge de trente ans, avec troubles de la parole. Il ne lui était resté aucune trace de cet accident, sauf la perte du langage. Il n'avait plus qu'un mot à son service. Il put néanmoins remplir pendant vingt ans l'office d'infirmier à Bicêtre.

Un autre aphémique n'avait conservé que deux mots : *soir, jument*. Le premier désignait l'avenir, et le second, sa femme et ses filles.

Baudelaire, mort d'hémiplégie droite avec aphasie, par ramollissement, passa les deux dernières années de sa vie, lui dont le vocabulaire est un des plus riches de la littérature contemporaine, sans pouvoir prononcer d'autres mots que : *cré nom, cré nom*.

Quelques aphémiques conservent la faculté de chanter avec ou sans paroles. Les muscles, les nerfs et la région de l'écorce qui servent au chant seraient respectés, tandis que tout ce qui sert au langage parlé serait altéré.

2° L'agraphie est la perte des images motrices de l'écriture. A la suite d'accidents cérébraux, un homme instruit, sachant écrire, perd la faculté d'écrire. Son bras et sa main ne sont nullement paralysés. Mais il a perdu la mémoire des mouvements à exécuter pour former les lettres. Il déclare lui-même qu'il ne *sait plus écrire*.

Exner et quelques autres assignent un centre spécial à l'écriture.

Wernicke et Déjérine estiment que la main qui écrit reproduit sur le papier les images visuelles verbales. C'est aussi la thèse d'un élève de Déjérine, M. Mirallié. L'agraphie serait une suite de la cécité verbale : le malade serait incapable de voir idéalement les caractères qu'il doit reproduire; l'écriture dépend de la vision mentale.

M. Preyer a démontré qu'on peut écrire, non seulement avec la main, mais avec toutes les parties mobiles du corps, avec la pointe de la langue, avec l'extrémité du nez, avec les pieds. Or, les déformations que l'on fait subir aux modèles classiques sont les mêmes dans tous les cas. On en conclut que nous déformons les lettres parce que nous les voyons mal. Il n'y aurait donc point de centre spécial ni d'images motrices spéciales pour l'écriture.

« En résumé, dit Déjérine, l'observation clinique, l'anatomie pathologique et la psychologie montrent qu'il n'existe pas un centre graphique spécialisé et autonome, qui jouerait pour l'écriture le rôle que joue la circonvolution de Broca pour le langage articulé (1). »

L'agraphie s'expliquerait donc, d'après Déjérine,

---

(1) *La Séméiologie du Système nerveux*, t. V. *Traité de Pathologie générale*, par Bouchard, pp. 432 et 455, Paris, 1905. — Pierre Marie : *Presse médicale*, 1897, p. 397. — *De l'aphasie sensorielle*, par Mirallié, Paris, 1896.

comme la cécité verbale, par une lésion du pli courbe ou des fibres qui mettent en relation le pli courbe avec le centre de Broca.

La zone du langage comprendrait trois centres situés dans l'hémisphère gauche : le centre des images motrices d'articulation ou centre de Broca, le centre des images auditives verbales ou centre de Wernicke, et le centre des images visuelles verbales. Ils auraient leur siège dans la circonvolution qui entoure en haut, en bas, en arrière, la scissure de Sylvius. Voici, d'après Déjérine, la raison de cette localisation. Le centre des images motrices d'articulation est voisin des origines corticales des nerfs du grand hypoglosse, facial et masticateur, qui innervent tous les muscles nécessaires à l'articulation des sons. Le centre des images visuelles des lettres et des mots est en contact avec le centre de la vision générale qui comprend les bords de la scissure calcarine, les lobules lingual et fusiforme. Le centre des images auditives verbales est en rapport avec la partie supérieure de la région où est situé le centre de l'audition générale. Chacun de ces centres n'est qu'une spécialisation de la zone générale correspondante.

Cette conception de la zone du langage est très logique au point de vue anatomique. De plus, ces centres sont unis entre eux par des fibres d'association, et dépendent les uns des autres ; toute altération de l'un d'eux retentit sur les autres. L'autonomie, dont parlait Charcot, doit être corrigée par l'idée de solidarité.

La réduction du centre moteur de l'écriture au centre visuel des mots ne fut jamais acceptée par tous. MM. Grasset, Pitres et Brissaud continuent d'admettre l'existence d'un centre indépendant de l'écriture situé au pied de la deuxième circonvolution frontale gauche. Ils invoquent des faits d'agraphie pure sans cécité verbale et sans aphasie motrice, et réciproquement des faits de cécité verbale et d'aphasie motrice sans agraphie. « Quoique l'union soit très intime, dit M. Grasset, entre le centre de l'écriture d'une part et le centre de la vision verbale et de la parole de l'autre, on doit admettre l'indépendance de ce centre et la possibilité de sa lésion isolée en clinique (1). »

Je répète que toute la question des aphasies doit être revisée au point de vue des localisations, comme j'aurai l'occasion de le montrer dans la seconde partie de cet ouvrage.

Les *images motrices communes* peuvent être considérées comme les représentations d'un acte accompli ou d'un acte à accomplir. Dans les deux cas, elles sont sujettes à des troubles pathologiques.

L'*agnosie tactile* est l'équivalent de la *cécité* et de la *surdité psychiques,* qu'on pourrait appeler des *agnosies visuelles* et *auditives.* Les malades qui en sont atteints ne reconnaissent plus les objets au toucher. Ils sont incapables d'interpréter leurs sensations thermiques, musculaires, osseuses, articulaires, etc. L'agnosie tactile a surtout été étudiée sous le nom de *stéréoagnosie.* Les stéréoagnostiques ne font aucun effort pour reconnaître ce qu'ils touchent et ne semblent avoir aucune idée de la fonction qui leur manque. « La

(1) *Les Centres nerveux,* par le Dr GRASSET, Paris, 1905, c. III, p. 292. — *Leçons de Clinique médicale,* par le Dr GRASSET, troisième série, p. 118. — PITRES : *Rapport au Congrès de Lyon,* 1894. — BRISSAUD : *Leçons sur les maladies nerveuses,* 1895, t. Ier, p. 532.

perte d'une fonction, par destruction d'un territoire cérébral dont cette fonction dépend, semble entraîner avec elle l'ignorance absolue de la possibilité de cette fonction (1). » Dans l'hémiplégie, la main malade reste apathique, dénuée de toute curiosité devant un objet à reconnaître, tandis que l'autre est active et reconnaît.

Quand l'agnosie porte à la fois sur la vision, l'audition et le toucher, en d'autres termes, quand elle est générale, on a le syndrome de l'*apraxie*. Le malade ne sait plus se servir des objets les plus usuels et les confond tous : il urine dans son verre et boit dans son urinoir; il prend une fourchette pour un crayon, une chemise pour une serviette; il ne sait plus s'habiller, se coucher, etc. Cette confusion mentale produit une désorientation générale, un état chaotique s'accompagnant de réactions affectives d'ordre dépressif ou anxieux (2).

D'après M. H. Verger, les stéréoagnosies seraient dues tantôt à des lésions, dans la région rolandique, des éléments récepteurs des impressions tactiles et kinesthésiques des membres, tantôt à des lésions des associations transcorticales entre les centres tactiles et les autres centres sensoriels, suivant qu'il s'agit d'une perte de la reconnaissance sensorielle ou d'une perte de la reconnaissance intellectuelle.

Les troubles pathologiques de l'image motrice dans l'apraxie et l'agnosie supposent des lésions anatomiques. Voici d'autres troubles qui semblent purement fonctionnels et d'ordre psychologique. Ils concernent

---

(1) Brissaud et Marie : *Société de Neurologie*, décembre 1903.
(2) *Psychopathies organiques*, par E. Dupré, dans le *Traité de Pathologie mentale*, Gilbert Ballet, l. VI, c. II, § 2, p. 1094.

l'image motrice commune envisagée en tant que représentation d'un acte à accomplir. Je citerai seulement quelques syndromes de la dégénérescence.

Dans l'*impulsion,* le dégénéré sait qu'il va mal faire et que rien ne justifie son acte ; il ne veut pas le faire, il résiste ; mais au moment où il croit avoir réfréné son idée, elle se présente de nouveau, il lutte, et finalement elle se présente à lui avec une telle intensité et un tel éclat qu'il succombe.

Dans les *tics* et les *stéréotypies,* le dégénéré est obsédé par un acte comme dans l'impulsion, mais par un acte moins compliqué, un acte musculaire, un mot, une phrase. Il répète un même mouvement à intervalles plus ou moins rapprochés, quoiqu'il ait conscience que ce mouvement est inutile ou même inconvenant. Une lutte se livre en lui entre le besoin d'accomplir l'acte et la volonté d'y résister. Mais la représentation motrice revient à la conscience toujours plus intense, jusqu'à sa réalisation. Souvent les tics et les stéréotypies s'exécutent inconsciemment ; la lutte alors n'a pas lieu. La représentation inconsciente du mouvement en provoque l'exécution inconsciente. Le sujet finit, sous l'influence de l'automatisme, par devenir la proie de ses images motrices obsédantes et angoissantes.

On observe toutes sortes de tics et de stéréotypies. Un sujet se lève plusieurs fois de suite pour aller fermer une porte, un robinet. D'autres montent des escaliers en sautant régulièrement une marche toutes les quatre ou cinq marches, refont les mêmes contorsions pour passer une porte, les mêmes gestes inutiles et grotesques pour prendre un chapeau.

Toutes les obsessions motrices provoquent des troubles variés. Un acte est en train de s'accomplir, lorsqu'il est arrêté soudain à une de ses phases : une représentation motrice parasitaire vient s'intercaler, et ce n'est que lorsqu'elle se sera réalisée que l'acte s'accomplira. Ces représentations motrices peuvent être des mots, des phrases, sans relation aucune avec l'acte ou la phrase interrompus. Ces paroles parasitaires et ordinairement ordurières sont décrites sous le nom de *coprolalie*. Quand les paroles sont provoquées par le besoin d'imiter un son perçu, c'est l'*écholalie*. Si les mouvements qu'on imite ne sont pas des paroles, mais de simples mouvements, nous avons l'*échokinésie*.

Le bégaiement ou répétition de la même syllabe s'explique comme les troubles moteurs précédents. Une même syllabe se présente plusieurs fois de suite à la conscience ou y persiste, le sujet la répète jusqu'à ce que la représentation ait repris son évolution naturelle.

Le même mécanisme pathogénique explique donc tous ces troubles moteurs, malgré leurs variétés symptomatiques extérieures. L'image motrice est morbide par son éclat et son intensité relativement à l'ensemble des représentations (1).

En résumé, l'image motrice, comme toute image, soutient les rapports les plus étroits avec la sensation. Elle tend à se réaliser et elle se réalise en fait dans des états plus ou moins morbides. Son rôle est universel en psychologie : non seulement elle constitue la forme prédominante de la mémoire et de l'imagination chez certains sujets, mais de plus elle pénètre de son influence tous les modes d'activité de la vie intérieure.

(1) Voir un intéressant article du D^r Cl. VURPAS : *L'État moteur des aliénés* (*Revue de Psychiatrie*, août 1904).

CHAPITRE IV

LES IMAGES OLFACTIVES

L'existence des images olfactives peut être établie par deux sortes de preuves tirées de la mémoire des odeurs et de la reviviscence spontanée de ces sensations.

Nous reconnaissons tous plus ou moins une odeur que nous avons perçue. Beaucoup peuvent dire : c'est une odeur d'œillet, de musc, de violette, de feuilles desséchées, de bois, de champs, etc... Quelques-uns même possèdent une telle finesse de discernement qu'on pourrait les comparer aux visuels, aux auditifs ou aux moteurs, et les appeler des *olfactifs*.

Les *parfumeurs* distinguent avec une remarquable précision les plus délicates nuances des odeurs et des parfums.

Les *dégustateurs* discernent toutes les qualités d'un vin : son cru, son âge, la façon dont il a été traité. D'après Carpenter, un individu, qui dégustait le sherry à Cadix ou à Séville, était capable de déterminer entre cinq cents variétés de vins l'échantillon qui lui était présenté. N. Vaschide cite le cas d'un dégustateur qui a réussi à distinguer devant lui, les yeux bandés, trente-trois nuances de vins de Bordeaux ; il ne s'est jamais trompé sur la qualité du vin, sauf une fois où le vin avait été dilué dans des quantités différentes d'eau (1). On pourrait croire, comme le nom semble l'indiquer, que les dégustateurs ont une mémoire surtout gustative. Il n'en est rien : leur principale mémoire est une mémoire d'odeurs. C'est, en effet, par le sens de l'odorat beaucoup plus que par celui du goût que se perçoivent le bouquet et l'arome. Un rhume de cerveau ne fera pas confondre le bordeaux avec l'huile de foie de morue, mais il empêchera d'en percevoir le fumet. Les dégustateurs eux-mêmes commettent des erreurs grossières, dès qu'ils dégustent avec le nez bouché.

La mémoire des odeurs est également très riche chez certains *sourds-muets* et certains *aveugles*. Laura Bridgman, sourde-aveugle et muette, reconnaît les personnes à leur odeur propre — on sait qu'il y a une odeur humaine variable selon la race et l'individu — et les classe en deux catégories, celles qui sont sympathiques et celles qui ne le sont pas. Il en était de même d'un aveugle-né cité par D. Stewart.

Certains *sauvages,* au dire des voyageurs, ont la mémoire des odeurs très développée. De Humboldt prétend que leur odorat égale celui des chiens de chasse. Les Indiens de l'Amérique du Sud connaîtraient rien qu'à l'odeur si la personne qui vient est un autre Indien, un nègre ou un blanc.

Le P. du Tertre, missionnaire dominicain, qui a séjourné longtemps aux Antilles, a vu des nègres distinguer par l'odorat la piste du blanc de celle du noir (2). Si ce sens est moins développé chez l'homme

---

(1) Article sur le *Goût*, du *Dictionnaire de Physiologie* de M. Charles RICHET, p. 676.

(2) *Histoire générale des Antilles habitées par les Français*, 1667-1671.

civilisé, c'est qu'il nous est beaucoup moins utile. Mais sous l'influence des circonstances ou dans certains états semi-pathologiques, il est susceptible d'un développement considérable.

Le bulbe olfactif des *chiens* est si développé qu'il constitue comme un petit cerveau. Aussi ont-ils l'odorat extrêmement fin. Buffon avait raison de dire que « l'odorat est l'œil du chien ». On s'est demandé si les chiens n'auraient pas une notion osmatique de l'espace. Pour l'homme, l'espace est un ensemble de couleurs, de formes et de résistances. Ne serait-il pas, pour les chiens, un *continuum* d'odeurs? Il est du moins vraisemblable que tout dans la nature est odeur pour eux. Leur maître a une odeur particulière, et ils le suivent à la piste aussi bien que le gibier.

Les animaux inférieurs ne sont pas dépourvus de représentations olfactives. Les fourmis reconnaissent leurs routes, non pas avec leurs gros yeux myopes, mais par l'odorat. Elles exhalent une assez forte odeur. Si vous interceptez, en y introduisant une odeur particulière, une des petites routes qui conduisent à la fourmilière, elles ne retrouveront pas leur chemin. Transportez-les d'une fourmilière à une autre, elles seront mal reçues, expulsées et écrasées. John Lubbock prenait des fourmis, les imprégnait d'odeur, puis les replaçait dans leur fourmilière. Prises pour des intruses, elles étaient chassées ou tuées

Il existe donc une expérience olfactive. Or cette expérience n'a pu s'organiser sans la survivance des sensations sous forme d'images. La perception des odeurs n'est qu'une synthèse de sensations et d'images olfactives.

Les faits de représentation olfactive spontanée ne sont pas rares. Il n'est plus possible de les contester. M. Th. Ribot, qui les avait d'abord niés parce qu'il est lui-même incapable de raviver une seule odeur, même à un très faible degré, a dû reconnaître son erreur après une enquête portant sur un certain nombre de sujets.

Voici deux observations qu'il a recueillies :

Obs. I. « J'étais allé voir à l'hôpital mon ami B. atteint d'un cancer à la face... Lorsqu'il parle, il faut s'approcher tout près pour saisir des intentions de mots, et alors, en dépit des pansements antiseptiques, une odeur âcre, fétide, vous prend aux narines... Je devais aller le revoir : chose promise ; mais cette perspective me répugnait. Me promenant dans un endroit de Paris où ne manque ni l'air, ni l'espace, je m'adressais le secret reproche de ne pas aller visiter le pauvre malade... Au même moment, je perçois, comme si j'étais auprès de lui, cette odeur âcre, très reconnaissable, de tumeur cancéreuse, — si brusque, que instinctivement j'approche ma manche de mon nez pour flairer et voir si mon vêtement n'a pas conservé l'odeur ; mais la réflexion vient aussitôt que, depuis cinq jours, je ne suis pas allé à l'hôpital et que d'ailleurs je portais un autre paletot. »

Obs. II. « Je ne me rappelle que *deux odeurs :* l'une invinciblement liée au souvenir d'une chambre de malade, odeur fade de pharmacie, d'air vicié, vraiment désagréable quand elle renaît, comme en ce moment.

« Il m'est arrivé de trouver à un magnétiseur (M. R.) une odeur très particulière et indéfinissable, lorsqu'il m'endormait et que je n'étais pas encore parvenu à l'état léthargique. J'ai remarqué depuis que bien souvent — pas toujours — la mémoire de cette odeur bizarre accompagnait le souvenir du magnétiseur. Ceci me paraît d'autant plus probant que l'odeur, étant très subtile déjà quand M. R. est auprès de moi, il faut que la sensation renaisse, si faible soit-elle, que la reviviscence soit absolue (1). »

Une enquête que j'ai instituée moi-même m'a fourni des résultats analogues. Voici quelques réponses pour les mots : rose, tabac, civet de lièvre. *Rose :* 1) « sensation de parfum et vision de la rose-rose » ; 2) « son parfum pénétrant » ; 3) « J'ai d'abord vu un rosier chargé de fleurs, puis j'ai senti l'odeur des roses » ; 4) « Oh ! la plus odorante des fleurs. » — *Tabac :* 1) « odeur répugnante » ; 2) « odeur agréable » ; 3) « fumée de tabac dans un appartement, vous prenant à la gorge ». — *Civet de lièvre :* « Je vois quelque chose de noir et d'épais, je le goûte, j'en ai le fumet, je commence à saliver. »

La reviviscence volontaire est assez rare. Cependant, je connais des personnes qui peuvent à volonté faire revivre certaines odeurs. Je me représente, quand je veux, une odeur de foin coupé ; je viens à l'instant même d'évoquer une odeur d'avril, en insistant j'ai senti l'odeur des pommiers et des pruniers en fleurs.

L'existence des images olfactives n'est donc pas douteuse. Leur rôle se borne surtout à des utilités matérielles, en attendant que Galton ait perfectionné

(1) *La Psychologie des sentiments*, par Th. RIBOT, Paris, 1899, c. XI, p. 145.

« l'Arithmétique par l'odorat ». On sait qu'il a essayé d'opérer quelques petites additions au moyen d'images olfactives (1).

L'image d'odeur peut se réaliser. On exhumait le corps d'un petit enfant pour l'autopsie. A mesure qu'il creusait, le fossoyeur sentait une odeur infecte, il finit par tomber en syncope. Or le cadavre était desséché et ne répandait aucune odeur.

Dans le cas cité plus haut, l'odeur caractéristique du cancer revêt une forme hallucinatoire.

Voici un exemple frappant d'hallucination olfactive suggérée. M. Glosson a exposé, dans la *Psychological Review*, une expérience faite en 1899 à l'Université de Wyoming. « J'avais, dit-il, préparé une bouteille remplie d'eau distillée, soigneusement enveloppée de coton et enfermée dans une boîte. Après quelques autres expériences au cours d'une conférence populaire, je déclarai que je désirais me rendre compte avec quelle rapidité une odeur se diffusait dans l'air, et je demandai aux assistants de lever la main aussitôt qu'ils sentiraient l'odeur... Je déballai la bouteille et je versai l'eau sur le coton en éloignant la tête durant l'opération; puis, je pris une montre à secondes, et attendis le résultat : j'expliquai que j'étais absolument sûr que personne dans l'auditoire n'avait jamais senti l'odeur du composé chimique que je venais de verser... Au bout de quinze secondes, la plupart de ceux qui étaient en avant avaient levé la main, et en quarante secondes,

(1) *Psychological Review*, janvier 1894.

l'*odeur* se répandit jusqu'au fond de la salle par ondes parallèles assez régulières. Les trois quarts environ de l'assistance déclarèrent percevoir l'*odeur*... Un plus grand nombre d'auditeurs auraient sans doute succombé à la suggestion, si, au bout d'une minute, je n'avais été obligé d'arrêter l'expérience, quelques-uns des assistants des premiers rangs se trouvant déplaisamment affectés et voulant quitter la salle... (1) »

Dans la deuxième période du délire de persécution à évolution systématique (Ballet), les hallucinations de l'odorat ne sont pas rares. Les malades se plaignent qu'on leur envoie des odeurs désagréables, des puanteurs. L'une d'elles se plaint qu'on lui jette des bêtes sous la porte, à travers la muraille ; on en met dans son matelas qu'elle a cousu et recousu à points très serrés de la laine verte, on en jette dans ses aliments, on veut l'empoisonner. Elle voit ces bêtes et elle leur trouve une odeur répugnante.

Des hallucinations semblables se produisent dans le délire hypocondriaque systématisé et dans d'autres espèces de psychoses constitutionnelles. Des hypocondriaques prétendent que leur sueur a une odeur de cadavre. Dans le délire systématisé religieux, le théomane, qui voit ou entend la Sainte Vierge ou le Christ, perçoit en même temps une odeur embaumée. Le démoniaque, au contraire, vit dans une atmosphère empestée, où il respire l'odeur du soufre ou celle du bouc. Baillarger parle d'une dame continuellement obsédée par une odeur infecte qu'elle croyait s'exha-

(1) *Revue scientifique*, 28 octobre 1899. — *Bulletin de l'Institut général psychologique*, juin 1903, p. 21.

ler de son corps. Un jour qu'on l'engageait à se promener dans un jardin potager, elle refusa, craignant
de faire mourir les plantes par l'odeur empestée qu'elle
répandait.

Ne pourrait-on pas expliquer par les hallucinations
délirantes du sens olfactif ce que Dom Calmet dit de
certains hommes « qui n'osaient entrer en aucun lieu
qu'ils n'avertissent auparavant qu'on en fit sortir les
enfants, les nourrices, les animaux nouveau-nés et
généralement toutes les choses qu'ils pouvaient infec-
ter par leur haleine ou leur regard (1) » ?

Les hallucinations hypnagogiques de l'odorat sont
très fréquentes au début de certaines maladies, et en
particulier au commencement de l'aliénation mentale.
Elles sont plus rares à l'état sain. Une femme, qui
avait une très grande peur des incendies, sentait,
quand elle avait un coryza, une odeur de brûlé. Elle
se levait pour voir si sa maison ne brûlait pas. Las-
signardie raconte qu'un de ses amis ayant des con-
victions religieuses très fortes jeûna d'une façon absolue pendant quarante-huit heures. Le second jour, un
peu avant de s'endormir, il eut une hallucination. « Je
croyais me trouver dans une chambre au milieu de
laquelle était dressée une table chargée des mets les
plus succulents ; l'odeur du rôti venait flatter mon odorat, mais il m'était défendu d'y toucher. Une grille me
séparait des plats tentateurs (2). »

(1) *Traité sur les apparitions*, t. I, p. 163.
(2) *Influence de l'estomac et du régime alimentaire sur l'état mental
et les fonctions psychiques*, par le Dr Lucien PROS, Paris, 1901, p. 64.

Une fois le sommeil établi, les images d'odeurs peuvent se réaliser et entrer, comme toutes les autres, dans la constitution du .rêve. D'après Brillat-Savarin, lorsque nous rêvons que nous nous promenons dans un parterre de fleurs, nous voyons les fleurs, nous ne les sentons pas. Il n'en est rien. Maury rapporte un certain nombre d'expériences faites sur lui-même. On lui fit respirer de l'eau de Cologne pendant son sommeil. On le réveilla : il rêvait qu'il était dans la boutique d'un parfumeur ; l'idée de parfum éveilla sans doute celle de l'Orient : il était au Caire. L'odeur de phosphore d'une allumette brûlée le fit rêver à l'odeur de poudre : il voyageait sur mer, la *Sainte-Barbe* sauta (1).

Si les rêves olfactifs sont moins fréquents que les rêves visuels, auditifs ou moteurs, cela tient à ce que le sens de l'odorat a rarement l'occasion chez l'homme endormi de recevoir des excitations — tout le monde connaît le rôle des impressions sensorielles dans la genèse des rêves — et ensuite à ce que l'expérience olfactive est moins systématisée par l'intérêt à l'ensemble de la vie psychologique.

(1) MAURY : *Le Sommeil et les Rêves*, ouv. cité, c. VI, p. 154-155.

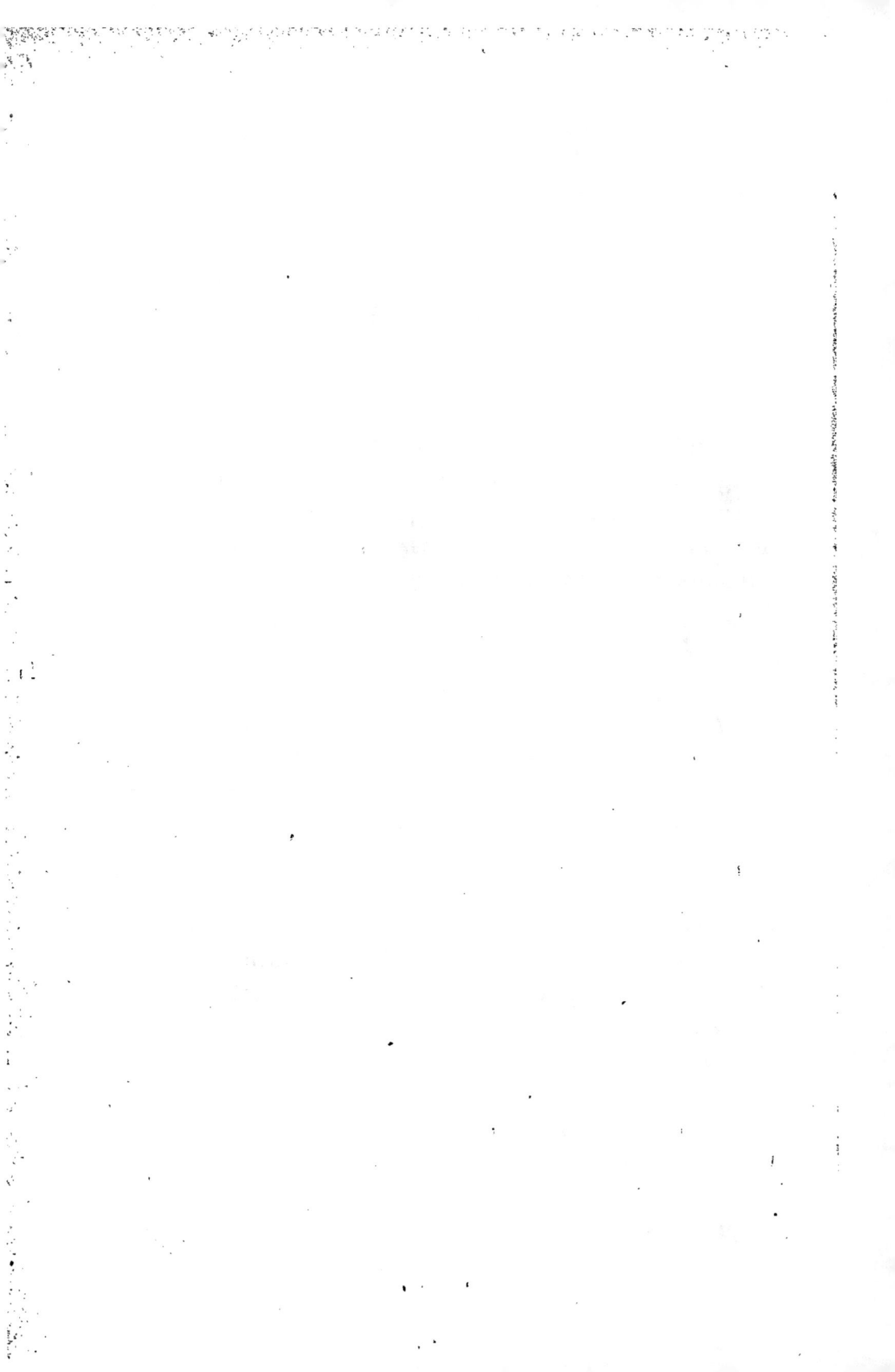

CHAPITRE V

LES IMAGES GUSTATIVES

L'étude des images olfactives, comparée à celle des images visuelles, auditives et motrices, était déjà bien pauvre en recherches méthodiquement conduites. Celle des images gustatives est plus pauvre encore ; les documents manquent de contrôle scientifique, tout est à faire.

Il n'est pas d'abord facile de dissocier les saveurs d'avec certaines sensations qui se combinent avec elles, comme les sensations olfactives, tactiles, thermiques et musculaires. Ce que nous appelons un *goût* n'est pas quelque chose de simple, mais un système plus ou moins complexe de sensations hétérogènes. Considérées à part des odeurs qui réagissent constamment sur elles, et des impressions de la sensibilité générale qui les accompagnent, les sensations gustatives ont paru à quelques-uns dépourvues de tout élément spécifique, elles ont été contestées. Tout le monde admet aujourd'hui que le goût constitue une sensibilité spéciale. On n'est pas d'accord pour classer les saveurs. Certains physiologistes prétendent que le salé et l'acide sont des « sensations de contact » particulières à la langue. D'autres admettent que le salé est une sensa-

tion spécifique du goût, tandis que l'acide apparticn-
drait à la sensibilité générale. La plupart reconnaissent
quatre sortes de sensations gustatives : le *doux*, l'*amer*,
le *salé* et l'*acide* (1).

Peut-on remémorer ces sensations ? Il n'est plus permis de nier ni la mémoire des saveurs ni leur reviviscence spontanée. Il existe une *expérience gustative*.

Les cuisiniers et en général les dégustateurs sont,
dans l'ordre gustatif, l'équivalent des peintres, des
musiciens et des gymnastes, dans l'ordre visuel, auditif ou moteur. Gall avait prétendu que l'homme est
très mal doué sous le rapport du goût. Brillat-Savarin,
au contraire, réclama pour l'homme, en matière de
goût, la prééminence sur tous les animaux. L'homme
est le seul animal qui ait inventé la cuisine. Sans
doute, l'art culinaire suppose l'imagination visuelle
pour l'arrangement des plats, mais il consiste surtout
dans la combinaison des saveurs. Il y a pour les
gourmets des gammes de saveurs, des accords et des
désaccords entre saveurs. L'art culinaire tient compte
des phénomènes de *contraste ;* il sait aussi *compenser*
les saveurs les unes par les autres, comme l'art pharma-
ceutique qui masque les saveurs désagréables par les
solutions sucrées. Le dégustateur en vin n'est pas
moins riche en représentations sapides que le chef
de cuisine. Ils sont l'un et l'autre des dégustateurs
professionnels. Leur art ne va pas, au moins au début,
sans effort d'attention ni de synthèse. Ils prennent, au
moment de la dégustation, une attitude extérieure

(1) G.-F.-W. PATRICK : *On the analysis of perception of Taste* (Univ.
of Iowa Stud. in Psychology, II, 85).

typique ; leur attitude mentale se résout en une projection d'images gustatives ayant pour but de compléter et d'interpréter les impressions sapides. N. Vaschide a connu un chef de cuisine qui avait distingué dans une sauce à la crevette, où il y avait plus de vingt-quatre goûts différents, la présence d'un léger goût de vanille.

Brillat-Savarin n'est-il pas, entre tous les gourmets, un excellent exemple du *type gustatif?* Il faisait jouer dans la vie un grand rôle aux sensations et aux représentations du goût. « L'homme d'esprit seul sait manger », disait l'auteur de la *Physiologie du goût.* « La gourmandise est un acte de notre jugement. » — « La table est le seul endroit où l'on ne s'ennuie jamais pendant la première heure. » — « La découverte d'un mets nouveau fait plus pour le bonheur du genre humain que la découverte d'une étoile. » — « Prétendre qu'il ne faut pas changer de vin est une hérésie, la langue se sature, et, après le troisième verre, le meilleur vin n'éveille plus qu'une sensation obtuse. » Si, d'après notre auteur, beaucoup de personnes manquent de finesse de goût, c'est que leur attention ne s'est pas portée sur des objets sapides, les seuls où l'homme trouve de la consolation et du bonheur ! Brillat-Savarin aurait approuvé Luys de faire remonter aux sensations gustatives l'origine première des notions morales du *bien* et du *mal.* Personne ne saurait lui dénier une expérience gustative, ni la mémoire des saveurs. Tous les gourmets possèdent plus ou moins cette expérience et cette mémoire.

Il existe enfin des *variétés* d'expérience gustative. On contracte des habitudes en matière de goût. Les plats nationaux, les plats de famille ne plaisent pas toujours

aux étrangers, surtout la première fois. Le *liquamen*
des Romains était préparé avec des intestins de pois-
son à moitié pourri. Il y a des peuplades sauvages qui
ont un goût prononcé pour la viande en décomposition.
Les amateurs de bonne cuisine ont des appréciations
toutes différentes de celles des mangeurs vulgaires. On
trouve des répugnances communes à tous les membres
d'une même famille. Le Dr · Marchand a observé une
« famille où bisaïeux, grands-parents, enfants et 'pe-
tits-enfants avaient de la répulsion pour la même saveur (1) ». Il se forme donc sous l'influence du milieu
physique et social des habitudes, c'est-à-dire des expériences et des mémoires gustatives spéciales.

Les enquêtes sur la reviviscence spontanée des saveurs n'ont donné que des résultats vagues. Une personne se rappelle à volonté « le goût du sel avec impression visuelle très nette », et moins aisément le
doux et l'amer. Une autre, entendant prononcer le mot
citron, perçoit un goût aigrelet.

On pourrait invoquer en faveur de l'existence des
images gustatives une expérience faite sur les chiens
décérébrés. Dans des cas de lésion du lobe occipital,
N. Vaschide a observé que les aliments sont reconnus
par le goût, indépendamment de l'odorat (2). Si cette
observation est exacte, l'existence des images gustatives
serait établie non seulement par les faits de mémoire
et de reviviscence spontanée, mais encore par l'*expérimentation.*

(1) L. MARCHAND : *Le Goût* (Bibliothèque intern. de psych. expéri-
ment.), un vol. de 328 pages, p. 275.

(2) *Le Goût,* par N. Vaschide, dans le *Dictionnaire de physiologie,*
de Charles Richet, p. 671.

Il existe donc une expérience gustative. Si elle est peu remarquée, c'est qu'elle est presque entièrement l'esclave du mécanisme psychologique de la dégustation.

Les illusions et à plus forte raison les hallucinations du goût sont très rares à l'état normal. On connaît le cas de Flaubert, qui, en décrivant l'empoisonnement de Mme Bovary, avait dans sa bouche le goût de l'arsenic (1).

Par suggestion, on arrive quelquefois à tromper les enfants et à leur faire trouver délicieux des médicaments désagréables. La suggestion hypnotique va plus loin, elle transforme l'amertume en douceur, et réciproquement. Bernheim faisait boire de l'eau en guise de vin; son sujet avait un crayon dans la bouche et croyait fumer un cigare. M. Charles Richet composait des ragoûts détestables d'huile, d'encre, de café et de vin que les malades endormis se disputaient comme un délicieux chocolat (2). L'hypnotiseur produit l'hallucination gustative à volonté.

Les substances toxiques peuvent provoquer des hallucinations du goût. Wernicke rapporte deux observations d'après lesquelles des injections sous-cutanées de morphine firent naître une sensation d'amertume. L'hallucination apparut, dans un cas, dix secondes après l'injection. La santonine produirait aussi des hallucinations gustatives (3).

(1) MAX-SIMON : *Le Monde des rêves*, ouv. cité, c. VIII, p. 142.
(2) H. BERNHEIM : *De la suggestion*, 1891, p. 44. — Charles RICHET : *L'homme et l'intelligence*, p. 182.
(3) N. Vaschide, article cité, p. 696.

La pathologie mentale nous montre des hallucinés du goût qui trouvent à leurs aliments une saveur particulière, âcre, amère, acide, de phosphore. Ces hallucinations s'accompagnent souvent d'idées d'empoisonnement. Certains malades, dans la première période de la démence avec paralysie générale, expriment leur satisfaction des bons repas qu'ils viennent de faire : ils vantent la saveur des mets, l'arome des vins, et cependant ils n'ont ni bu, ni mangé. Une dame qui a été remarquable par son esprit passe des journées à savourer des mets imaginaires. D'autres lèchent des murailles, croyant qu'elles sont de sucre, mangent de la terre, des ordures, etc... Les persécutés et les mélancoliques se plaignent souvent d'illusions gustatives. Les sensations que leur fournissent les aliments et les boissons sont interprétées dans le sens de leur phobie et de leur rêve interne, de là une construction imaginaire où entrent comme élément plus ou moins important des images gustatives nuisibles. Dans les fièvres graves comme la fièvre typhoïde, dans les affections bulbaires, dans le tabès, dans l'hystérie et dans les perversions de la vie sexuelle, on trouve aussi des cas fréquents d'illusions ou d'hallucinations du goût.

Il est bon de noter qu'il est souvent très difficile de dire, surtout quand il s'agit d'aliénés, si l'on est en présence d'une illusion ou d'une hallucination. Cette distinction devient d'ailleurs de moins en moins importante en pathologie mentale. Bien plus, l'illusion pourrait bien être, dans beaucoup de cas, en matière de saveur surtout, une sensation réelle, objective, provenant d'une perturbation organique. Quoi qu'il en soit, il y a des faits assez nombreux et assez précis pour affirmer que l'image gustative peut présenter l'état hallucinatoire.

Les hallucinations hypnagogiques du goût sont rares. Maury, arrivant en Espagne, était persuadé qu'il ne rencontrerait dans les hôtels qu'une cuisine à l'huile rance. Le soir, sans avoir d'ailleurs rien mangé qui pût justifier ce préjugé, comme il fermait les paupières, le goût d'huile rance lui vint à la bouche avec persistance (1).

Les hallucinations proprement dites de saveurs ne sont pas non plus très fréquentes dans le rêve. Brillat-Savarin estime que, lorsqu'on rêve d'un parterre ou d'une prairie, on voit les fleurs sans en sentir le parfum ; si l'on croit assister à un repas, on voit les mets sans en savourer le goût. On s'explique très bien, à mon avis, la rareté du rêve gustatif et du rêve olfactif. Le plus souvent les sens de l'odorat et du goût manquent des impressions accidentelles qui provoquent les images du rêve.

Voici un pourcentage approximatif, dû à des psychologues américains, sur la fréquence des images sensorielles dans le rêve (2).

Les images visuelles et auditives sont les plus fréquentes.

Images tactiles 10 0/0
Images olfactives 7 0/0
Images gustatives 6 0/0

(1) MAURY : *Le Sommeil et les Rêves*, ouv. cité, ch. IV, p. 98.
(2) *A Study of Dream Consciousness, in American Journal of Psychology*, 1896, VII, p. 405-411.

Les images gustatives sont les plus rares. D'après M. J. Séglas, elles sont la plupart du temps élémentaires. Elles peuvent cependant se présenter sous la forme d'hallucinations différenciées (1).

Les rêves d'origine digestive contiennent souvent des images de saveurs à l'état hallucinatoire. Ils consistent ordinairement en images gustatives accompagnées d'images visuelles qui se rapportent à l'exercice du goût. Une jeune dame, atteinte de dyspepsie, rêve qu'elle se trouve dans la boutique d'un pâtissier et qu'elle mange toutes espèces de pâtisseries fortement aromatisées avec de la fleur d'oranger. L'impression gustative, d'abord assez agréable, devient bientôt extrêmement pénible et nauséeuse (2).

Le jeûne provoque des rêves composés à la fois d'hallucinations gustatives et d'hallucinations olfactives. On a devant soi les mets les plus délicats et les vins les plus fins.

Maury rêva un jour qu'il était en Italie, qu'il faisait très chaud et qu'il buvait du vin d'Orvietto (3).

Gratiolet rapporte qu'un de ses amis souffrait de l'albuminerie et par suite éprouvait une soif ardente. Il voyait dans ses rêves des fontaines, des avalanches de glace, il buvait d'une certaine bière qu'il se rappelait avec délices.

Les homéopathes affirment enfin que leurs remèdes produisent des rêves spécifiques, auxquels se mêlent des hallucinations gustatives.

(1) *Séméiologie des affections mentales*, dans le *Traité de pathologie mentale*, de Gilbert BALLET, ouv. cit., p. 201.
(2) MAX-SIMON : *Le Monde des rêves*, ouv. cité, ch. III, p. 41.
(3) MAURY, ouv. cité, ch. VI, p. 156.

Quoi qu'en aient pensé certains auteurs, les images gustatives et olfactives sont des images réelles et spécifiques. Comme les autres images, elles tendent vers la sensation dont elles sont issues, elles cherchent à se réaliser et elles se réalisent dans l'hallucination et le rêve. Si elles n'ont pas, au même degré que les autres, la propriété de s'objectiver, on peut en donner deux raisons. D'abord, les éléments d'affectivité prédominent dans les sensations qu'elles prolongent ; ces sensations servent de transition entre les sensations de la vue, de l'ouïe et du tact, dites sensations objectives, et les sensations qu'on appelle subjectives, à cause de leur pauvreté en éléments objectifs. Ensuite, les images de saveurs et d'odeurs ne s'associent pas, ne forment pas entre elles des systèmes aussi facilement que les autres : elles sont beaucoup plus individualistes, elles semblent même s'exclure. « Une des personnes que j'ai interrogées, dit M. Ribot, ressuscite à volonté l'odeur d'œillet qu'elle aime beaucoup ; elle a essayé de la raviver en se promenant dans un bois plein de feuilles flétries de l'automne et de leur odeur : sans succès, une odeur excluait l'autre (1). » On ne saurait nier cependant toute ordonnance des images olfactives. D'après une enquête, où j'ai réuni une centaine de dossiers, il y a des personnes qui peuvent se représenter deux odeurs à la fois. Certains auteurs prétendent qu'on parvient à faire des additions au moyen de représentations olfactives. Quoi qu'il en soit de cette arithmétique, leurs éléments objectifs étant très pauvres et les associations dont elles sont capables très restreintes, on comprend

(1) *Psychologie des sentiments*, ouv. cité, 1ʳᵉ partie, ch. xi, p. 157.

que les images d'odeurs et de saveurs aient plus de difficulté à se produire en nous, au gré de notre volonté.
Elles portent la marque de leur origine, des sensations
qu'elles représentent : elles sont surtout subjectives,
agréables ou désagréables ; elles nous affectent plus
qu'elles ne nous instruisent.

CHAPITRE VI

LES IMAGES CÉNESTHÉSIQUES

Les sensations de faim et de soif, de fatigue et de dégoût, et, d'une manière générale, les sensations qui dérivent des organes et des tissus, à l'exclusion des organes des sens spéciaux, sont groupées sous les différents noms de *sensibilité générale, sensations organiques, sensations internes, sensations viscérales.* Comme ces sensations sont transmises au cerveau de tous les points de la périphérie interne du corps, elles nous donnent le sentiment de l'existence de notre corps, sentiment ou conscience désigné sous le nom de cénesthésie, κοινός, αἴσθησις. Les sensations cénesthésiques sont à la limite de la perception et du sentiment. États indécis et flottants, on les comprend tantôt dans le groupe des sensations, tantôt dans celui des pures affections. Elles jouent un rôle des plus importants dans la constitution de la personnalité. Le moindre trouble peut ici altérer gravement le sentiment du moi.

Peut-on faire revivre sous forme d'images les impressions cénesthésiques ?

La preuve tirée de la mémoire est ici peu instructive, elle signifie simplement que nous reconnaissons ces sensations, ce qui suppose l'existence des images correspondantes. Les faits de reviviscence spontanée sont peu nombreux et peu clairs. Quelques personnes se représentent la sensation de faim. Un sujet affirme qu'il peut à volonté ressentir la faim et la soif, après avoir mangé et bu, lorsqu'il n'éprouve certainement pas ces sensations. Il semble qu'en général on se représente mieux la soif que la faim. On se représente encore mieux la fatigue et le dégoût.

Les images cénesthésiques prennent facilement la forme hallucinatoire.

Ces hallucinations sont très nombreuses. Nous ne pouvons les passer toutes en revue ; quelques-unes méritent plus particulièrement d'être mentionnées.

Les hallucinations du sens *génital* sont très fréquentes dans la folie. L'aliéné subit des embrassements voluptueux ou désagréables ; il éprouve des impressions qui peuvent être les plus vagues ou les plus précises. Ces hallucinations, qui ont donné lieu aux légendes des incubes et succubes du moyen âge, dont les *Annales de la sorcellerie* ont conservé la collection, existent encore aujourd'hui. « Rien n'est plus commun, dit J. Séglas (1), que d'entendre les malades, hommes ou femmes, accuser des personnes de leur entourage, ou même éloignées, de se livrer sur eux à toutes sortes d'actes érotiques ; et quelquefois même aller jusqu'à provoquer l'intervention de la justice par leurs dénonciations calomnieuses, précises et circonstanciées ».

Les hallucinations de *grossesse* et *d'enfantement* se

_____

(1) *Séméiologie des affections mentales*, dans le *Traité de pathologie mentale*, de G. BALLET, ouv. cité, p. 203.

produisent dans les deux sexes. C'est ordinairement la nuit que l'aliéné s'imagine mettre au monde un certain nombre d'enfants ; le jour venu, il cherche les nouveau-nés, et se plaint qu'on les a tués, brûlés, noyés, etc... Max-Simon a connu une pauvre malade qui était persuadée qu'elle allait mettre au monde une dizaine de minuscules créatures ; elle préparait des robes, bonnets, brassières, qui auraient habillé des poupées de la grandeur et de la grosseur du doigt (1). Un malade de l'asile de Blois appela un jour le docteur pour lui confier un secret : il était en état de grossesse, il portait trois apôtres, les sentait remuer, etc...

Les hallucinations de la *lycanthropie* et du *zoomorphisme* ont surtout régné au moyen âge. En France, certains démoniaques se croyaient transformés en loups ; les sorcières d'Écosse s'imaginaient être changées en lièvres, corneilles, chats, etc... Saint Augustin cite, d'après Varron, des femmes qui se changeaient en cavales. « Il y avait à Padoue, en 1541, un homme qui se croyait changé en loup et qui courait la campagne, attaquant et mettant à mort tous ceux qu'il rencontrait. Après bien des difficultés, on parvint à s'emparer de lui. Il dit en confidence à ceux qui l'arrêtèrent : « Je « suis vraiment un loup, et si ma peau ne paraît pas être « celle d'un loup, c'est parce qu'elle est retournée et que « les poils sont en dedans. » Pour s'assurer du fait, on coupa ce malheureux aux différentes parties du corps ; on lui emporta les bras et les jambes. Alors, ne trouvant pas ce que l'on cherchait, et croyant à son innocence, on le remit à un chirurgien, qui, malgré ses soins, ne

_____

(1) MAX-SIMON : *Le Monde des rêves*, ouv. cité, ch. VII, p. 13.

7

put l'empêcher de succomber aux suites des atroces blessures qu'on lui avait faites (1). »

Cet exemple semble prouver que l'hallucination cénesthésique entre comme élément essentiel dans le délire des lycanthropes. Il est possible qu'en l'absence de toute sensation anormale il se forme un « délire purement psychique, suscité en partie par des impulsions maladives » qui portent à des actes de férocité en rapport avec les mœurs des loups. Mais l'analyse découvre ordinairement dans ces métamorphismes quelque trouble hallucinatoire de la sensibilité générale.

Dans les *hallucinations de resserrement ou de dilatation,* les hallucinés se persuadent qu'ils grossissent, grandissent ou se rapetissent à volonté. Mégalomanes, ils grandissent quand il leur plaît ; persécutés, ils se voient réduits à une petite taille ou à un état de maigreur ridicule ; hallucinés mystiques, ils se sentent dilatés par la grâce et se font délacer.

Il faut signaler enfin une autre catégorie d'hallucinations. Des malades croient avoir des animaux dans la tête, dans la poitrine, dans le ventre, dans un organe quelconque. Un des malades de Max-Simon a cru longtemps avoir dans le ventre une légion de serpents ; un autre sentait des chiens lui ronger l'estomac, les intestins, le foie, tous les organes essentiels à la vie. Quelquefois même ces malades s'imaginent porter en eux des personnages qu'ils connaissent, qu'ils peuvent nommer et dont ils entendent la voix, ou bien des démons. « Tel aliéné, dit J. Séglas, croit avoir le ventre plein d'animaux, de démons ; tel autre a des trous dans

(1) MAX-SIMON, ouv. cité, ch. VII, p. 126.

le cerveau, des vers dans le poumon, du pus dans les
veines, ou bien l'estomac bouché (1). »

Beaucoup de rêves sont dus à des impressions plus
ou moins sourdes des viscères. Les maladies de cœur
s'accompagnent de rêves d'un caractère effrayant et en
général sanglant. Les organes respiratoires provoquent
les rêves où l'on est poursuivi, en proie à des voleurs,
essoufflé. Une mauvaise digestion cause des cauche-
mars. Les organes génitaux, surtout à l'époque de la
puberté, suscitent des images voluptueuses.

C'est encore par des impressions cénesthésiques que
s'expliquent certains *rêves prophétiques* ou prophéties
naturelles. Il y a de très nombreux exemples de rêves
annonçant des maladies à évolution rapide. Hippocrate
trouvait dans les songes des indications diagnostiques
et pronostiques. Et de nos jours encore, les médecins
auraient au moins autant d'avantages à interroger le
malade sur ses rêves qu'à lui tâter le pouls.

Un des malades de Galien rêva qu'il avait une jambe
de pierre ; quelques jours après il fut paralysé. Une
jeune femme rêve qu'elle voit les objets confus et
brouillés ; elle perd la vue. Une autre femme a des rêves sanglants ; elle consulte le médecin, qui lui trouve
une lésion cardiaque. Teste, l'ancien ministre de Louis-
Philippe, rêva qu'il avait une attaque d'apoplexie ; trois
jours après, il succomba à cette affection. Les aliénistes
prouvent que très souvent, dans la période d'incubation de la folie, les futurs fous se sentent fous.

---

(1) *Séméiologie des affections mentales*, dans le *Traité de pathologie
mentale de G. Ballet*, ouv. cité, p. 203.

Il est facile, sans recourir au surnaturel, d'expliquer ces prophéties. Pendant la veille, la conscience est absorbée par les perceptions ; la vie des viscères est tout à fait à l'arrière-plan. Dans le sommeil, au contraire, la vie bruyante disparaît, la vie interne passe au premier plan et occupe la conscience. Les sensations cénesthésiques ressemblent aux étoiles, qu'on ne voit pas en plein midi, parce que l'éclat du soleil les éclipse, mais qu'on voit la nuit. Elles révèlent l'état des organes à l'homme endormi avant de le révéler à l'homme éveillé.

Des sensations olfactives aux sensations gustatives et des sensations gustatives aux sensations cénesthésiques nous allons comme par degrés de l'objectif au subjectif. Aussi devient-il de plus en plus difficile de faire revivre, à volonté, ces sensations. Pouvons-nous nous représenter des états passés qui sont affection pure ? L'image, qui est coextensive aux sensations, est-elle aussi coextensive aux sentiments ?

C'est le problème des *images affectives*.

CHAPITRE VII

LES IMAGES AFFECTIVES

Les représentations que nous avons étudiées jusqu'ici sont plus ou moins imprégnées d'objectivité. Elles ne méritent même ce nom que dans la mesure où elles sont objectives. Une représentation sans objet semble un non-sens.

Or, les sentiments, en tant qu'ils sont considérés comme des éléments distincts de la connaissance, sont dépourvus de tout caractère objectif. Ils n'ont rapport qu'au moi : ils sont essentiellement subjectifs et personnels.

Qu'y a-t-il donc en eux de représentable ?

Les détacher de la conscience et les traiter comme des *objets* reviendrait à les supprimer : les phénomènes psychologiques sont des *processus* ou des *progrès* ; on ne saurait les arrêter dans leur évolution, ni les fixer entre des limites précises.

Parler d'images affectives, c'est donc, semble-t-il à première vue, énoncer une contradiction ?

Ce problème a été très peu étudié jusqu'à ces dernières années. Avant d'essayer de le résoudre, interrogeons les faits.

On fait revivre assez bien les douleurs *physiques*, surtout leurs éléments moteurs. Voici une auto-observation très intéressante de M. Fouillée sur le mal de dents :

« Pour me souvenir de tel mal de dents, il faut que je me représente les dents où j'ai jadis localisé la douleur, puis le mot de douleur même, qui sert de signe ; mais comment arriver à me représenter ce mal *en lui-même ?* Pour cela il faut que je reproduise incomplètement la douleur. Il est des philosophes qui déclarent la chose impossible et qui prétendent que l'on reproduit seulement les perceptions et états intellectuels concomitants ainsi que les mots. C'est, en effet, ce qui a lieu d'ordinaire ; mais, selon nous, on peut aussi reproduire incomplètement dans la conscience l'élément *pénible* du mal de dents. Pour cela, il faut employer un procédé indirect, et ce procédé consiste à évoquer d'abord les images des réactions motrices qui accompagnent ou suivent le mal de dents. Je fais l'expérience : je fixe fortement ma pensée sur une des molaires de droite, je localise d'avance la douleur que je vais essayer d'évoquer ; puis j'attends. Ce qui se renouvelle d'abord, c'est un état vague et général de la conscience qui est commun à toutes les sensations pénibles, et qui doit correspondre à la notion générale provoquée par la douleur. Puis cette réaction se précise, à mesure que je fixe mon attention sur la dent. A la longue, je sens un afflux plus grand du sang dans la gencive, et même des battements. Puis, je me représente un certain mouvement qui s'accomplit d'un point à l'autre de la dent ou de la gencive, comme quand quelque chose de lancinant traverse de part en part un organe : c'est le *trajet* de la douleur. Je n.º représente aussi la réaction motrice occasionnée par le mal, le grincement de dents, la convulsion de la mâchoire, etc... Enfin, si je pense fortement à toutes ces circonstances, je finis par sentir d'une manière plus ou moins sourde le rudiment même de l'élancement. Dans une expérience que je viens de faire, j'ai provoqué un réel mal de dents dans une molaire qui y est d'ailleurs sujette... Je retire de l'expérience un agacement général des dents et une impulsion à passer ma langue sur les gencives (1). »

M. Fouillée fait remarquer que le souvenir du mal de dents *comme tel*, indépendamment des perceptions, idées et circonstances concomitantes, n'est pas une représentation, mais un renouvellement, une reproduction sensible, c'est-à-dire une production incomplète et avortée de la souffrance même.

Il semble que la nature de la représentation en général ait échappé à M. Fouillée comme à tant d'autres. La représentation est toujours une reproduction plus ou moins complète d'un état ou d'un événement passé. Ce caractère a seulement ici plus de relief.

Les douleurs *morales* revivent avec non moins d'intensité. Elles peuvent même reproduire leur état initial.

Littré perdit, à l'âge de dix ans, une jeune sœur dans des circonstances très pénibles ; il en ressentit une vive douleur. « Mais le chagrin d'un garçon, dit-il, ne dure pas beaucoup. » A un âge fort avancé, la douleur revint brusquement. « Tout à coup, sans le vouloir ni le chercher, par un phénomène d'automnésie affective, ce même événement s'est reproduit avec une peine non moindre, certes, que celle que j'éprouvai au moment

(1) Fouillée : *La Psychologie des idées-forces*, Paris, 1893, t. I, p. 200.

même et qui alla jusqu'à mouiller mes yeux de lar-
mes (1). » Le souvenir, dans ce cas, rejoint la sensation.

Les états agréables, physiques ou moraux, sont susceptibles de reviviscence, comme les états pénibles. Ici
encore les éléments moteurs sont plus facilement évoqués que le caractère proprement affectif.

Quand on pense au plaisir du patinage ou de la natation, on se rappelle surtout les mouvements exécutés.

Beethoven, sourd, entendait intérieurement ses mélodies et ravivait par cette audition intérieure les sentiments correspondants. Un musicien, cité par M. Ribot,
ne peut penser à la *Chevauchée des Walkyries* sans se
sentir comme « soulevé par des impulsions motrices (2) ».

Certaines personnes prétendent se rappeler les émotions avec la même intensité, sinon avec une intensité
plus grande, que la première fois qu'elles les ont éprouvées. La lettre de M. Sully-Prudhomme à M. Ribot est
à ce point de vue des plus instructives.

«... J'ai l'habitude de me séparer des vers que je viens
de faire avant de les achever, de les laisser quelque
temps dans mes tiroirs. Je les y oublie même parfois
quand la pièce m'a paru manquée et il m'arrive de les
retrouver plusieurs années après. Je les recompose
alors et *j'ai la faculté d'évoquer avec une grande netteté le sentiment qui les avait suggérés.* Ce sentiment,
je le fais poser pour ainsi dire dans mon for intérieur,
comme un modèle que je copie avec la palette et le
pinceau du langage. C'est exactement le contraire de

---

(1) *Revue Positive*, 1877, p. 660. — Cité par M. Ribot : *La Psychologie
des sentiments*, Paris, 1899, première partie, ch. XI, p. 153.

(2) *La Psychologie des sentiments*, ouv. cit., p. 151.

l'improvisation. Il me semble que je travaille alors sur le souvenir d'un état affectif.

« Quand je me rappelle l'émotion que m'a causée l'entrée des Allemands dans Paris, après nos dernières défaites, il m'est impossible de ne pas en même temps et indivisément *éprouver de nouveau cette émotion même;* tandis que l'image mnémonique du Paris d'alors demeure dans ma mémoire très distincte de toute perception actuelle. Quand je me rappelle l'espèce d'affection que j'éprouvais dans mon enfance pour ma mère, il m'est impossible de ne pas redevenir en quelque sorte enfant dans le moment même où j'évoque ce souvenir; de ne pas laisser mon cœur d'aujourd'hui participer à ma tendresse ancienne due au souvenir. J'en viens presque à me demander si *tout souvenir de sentiment ne revêt pas un caractère d'hallucination.*

« Quand j'étais étudiant, j'ai eu une liaison dans laquelle j'ai été trompé : phénomène trop banal pour que l'observation n'en puisse être contrôlée par mes semblables sur eux-mêmes. Mon amour n'avait rien de profond, l'imagination en faisait presque tous les frais et j'ai pardonné l'injure qui n'intéressait guère que ma vanité. La rancœur et l'affection ont depuis bien longtemps disparu. Dans ces conditions, si j'en évoque les souvenirs, tout d'abord je me reconnais aujourd'hui étranger aux sentiments dont je me souviens ; mais je remarque bientôt que je n'y demeure étranger qu'autant que ces souvenirs demeurent vagues, confus. Dès que, par un effort de réminiscence, je les précise, ils cessent par cela même de n'être que des souvenirs, et *je suis tout surpris de sentir en moi se renouveler les mouvements de la passion juvénile et de la jalousie courroucée.* C'est même cette reviviscence qui seule me permettrait de retoucher les vers que cette petite aventure, si ancienne, m'a fait commettre et de faire bénéficier de l'expérience que j'ai acquise dans mon art l'expression de mes sentiments d'autrefois (1). »

Ces faits nous montrent qu'il est possible de faire revivre non seulement les circonstances d'un plaisir, d'une douleur, d'une émotion, mais encore le plaisir, la douleur, l'émotion mêmes.

Sans doute, la reviviscence de l'état affectif est plus rare que celle des circonstances. D'ordinaire, on se rappelle les circonstances et on *sait* seulement qu'on a éprouvé tel sentiment : le sentiment lui-même ne se représente pas, ne se reproduit pas. Tel est le souvenir d'une passion éteinte. Mais il arrive souvent que le sentiment revit avec les circonstances. Le souvenir d'une passion qui dure encore n'entraîne pas seulement les conditions extérieures et accessoires de l'émotion, mais l'état émotionnel lui-même plus ou moins complet, quelquefois même, au dire de certains sujets, plus complet que l'émotion réelle.

Quelques psychologues attendent, pour admettre la reviviscence affective, qu'on leur ait apporté un cas de reviviscence du sentiment en l'absence de toute sensation ou de toute idée, une reviviscence du sentiment comme tel, *as such.* M. Titchener reproche à M. Ribot de ne pas citer un seul exemple de mémoire affective pure (2). N'est-ce pas demander une chose

(1) *La Psychologie des sentiments,* ouv. cit., ch. xi, p. 153-154.
(2) *Philosophical Review,* 1895, t. IV, p. 65.

impossible? Le sentiment est inséparablement lié à des éléments intellectuels et moteurs. Exiger un cas de reviviscence du sentiment pur, c'est-à-dire, dépouillé de ses éléments, c'est exiger que le sentiment se produise en dehors de ses conditions essentielles. Tout état de conscience, en effet, se compose d'un élément intellectuel et d'un élément affectif. Le sentiment est un état mixte où prédomine le dernier de ces éléments, mais d'où le premier n'est pas exclu. Le sentiment sans accompagnement objectif n'est qu'une abstraction. De même, sans accompagnement moteur. L'état affectif pur ne peut se *représenter*, parce qu'il ne se *présente* pas, parce qu'il n'est pas.

Il suffit, pour qu'il y ait restauration du sentiment, que l'état de conscience rappelé ait une coloration, une marque affective. Or, d'après les exemples cités, certains états de conscience revivent avec un caractère affectif si prépondérant qu'ils méritent d'être appelés des sentiments reproduits, ressentis, revécus.

Le sentiment qui revit ainsi peut-il être assimilé à une représentation ou image?

S'il était dans la nature de l'image de se former directement comme il arrive pour les images visuelles et auditives, on ne saurait appeler de ce nom les états affectifs. Mais, dans ce cas, beaucoup d'images tactiles et motrices et la plupart des images olfactives et gustatives ne mériteraient pas non plus d'être appelées images. Elles doivent leur existence à la reviviscence des objets. La loi de *totalisation* veut qu'une partie de l'expérience étant rappelée, les autres parties le soient également. Or, il est certain que la partie objective de la connaissance est plus facilement rappelée que la partie subjective. Elle a des nuances, des détails, des attaches nombreuses qui en facilitent le rappel ; l'autre partie, au contraire, considérée en elle-même, est essentiellement individualiste, sans rapport avec d'autres éléments, sans organisation : ce manque de complexité en rend le retour difficile et le retour direct impossible. Ce n'est donc que par l'intermédiaire des perceptions ou des états physiologiques que les sentiments peuvent être évoqués. Mais peu importe, la question n'est pas là. Le sentiment revit indirectement, mais il revit. Cette reviviscence est-elle une représentation ?

Si par représentation on entend une connaissance, il est certain que le sentiment évoqué n'est pas une représentation. C'est un sentiment. Un état de conscience ne change pas de nature en étant rappelé. Mais si l'on entend par représentation la reproduction, on doit dire que le sentiment reproduit est une représentation. Qu'il s'agisse d'un état objectif ou d'un état subjectif, la reproduction d'un état c'est cet état même : ce qui a été *connu* est *reconnu*, et ce qui a été *senti* est *ressenti*.

Nous avons constaté en étudiant les groupes d'images qui précèdent que toute représentation tend à devenir *actuelle,* à se réaliser. L'antagonisme des perceptions la réduit et l'empêche de se poser comme réalité. Quand cette réduction fait défaut, l'image devient hallucinatoire, elle produit l'illusion de la perception, elle se double de croyance et se fait accepter comme une réalité actuelle. C'est ce que Dugald Stewart faisait observer de son temps à l'encontre de l'opinion commune qui admettait avec Th. Reid que l'imagination n'est accompagnée d'aucune croyance ou persuasion quelconque. « Je suis porté à croire, dit l'auteur de la

Philosophie de l'esprit humain, après m'être rendu compte avec une attention réfléchie de ce qui se passe en moi, que les actes de conception et d'imagination sont toujours accompagnés de la persuasion de l'existence réelle de l'objet qui les occupe... Les objets imaginaires, lorsqu'ils absorbent l'attention, produisent, pendant ce temps-là, la persuasion de leur existence réelle (1). »

Cette loi se vérifie dans la reviviscence des sentiments. Un état affectif une fois vécu peut s'évoquer, se reproduire, redevenir actuel, comme tout état objectif. L'émotion reproduite est même toujours une émotion réelle et actuelle, puisqu'elle ne peut exister sans ses conditions organiques. A cause de ce caractère qui est moins saillant dans la reviviscence des perceptions, on a dit que toute émotion qui se reproduit est hallucinatoire. C'est exagéré. Elle est nécessairement actuelle, réelle ; mais elle est plus ou moins vive ; elle ne s'accompagne pas nécessairement de la croyance qu'elle est provoquée par des circonstances réelles. L'hallucination affective vraie suppose, semble-t-il, l'état hallucinatoire des représentations objectives.

M. Höffding, qui admet la reproduction des sentiments dans la mémoire, estime que le sentiment reproduit est un *nouveau* sentiment. La disposition affective fondamentale du moment actuel modifie plus ou moins l'évocation du sentiment antérieur : il en résulte un sentiment nouveau formé par la combinaison des deux autres (2).

---

(1) *Éléments de la Philosophie de l'esprit humain,* trad. Pierre PRÉVOST, Genève, 1808, t. I, pp. 217, 219. — Cf. TAINE : *De l'Intelligence,* t. I, liv. I, c. I, § III.

(2) *Esquisse d'une Psychologie fondée sur l'expérience.* ouv. cité, VI, — B, 4, p. 322.

Il est hors de doute que l'image affective n'est pas la reproduction brute de l'émotion primitive. Aucune image n'est d'ailleurs, comme nous le verrons plus loin, la simple répétition d'un état antérieur : le même phénomène psychologique ne se joue pas deux fois dans la conscience. Le sentiment qui se reproduit ressemble moins encore que les images objectives à l'état initial : il est toujours plus ou moins modifié par le sentiment qui domine au moment actuel.

Voici un cas de reviviscence affective qui a été parfaitement analysé. Il s'agit d'une personne fort intelligente et douée d'une vive sensibilité. Elle a noté ses impressions dans une affaire de cœur. « Après chacune de mes visites, ou après chaque lettre reçue, j'ai écrit, pendant un mois environ, mes impressions. Le jour des grands aveux, j'ai même écrit la conversation pour ne pas l'oublier. Bien souvent depuis, j'ai relu ce carnet, chaque fois j'éprouve une impression délicieuse, il me semble revivre le moment où j'étais près de lui.. Mais cette émotion est bien moins intense que le jour même ; c'est-à-dire qu'à présent je vois tout cela plutôt en spectateur, et comme si je *regardais* lui et moi-même. C'est une représentation visuelle, chez moi, plutôt qu'une émotion. L'émotion est plus réelle quand je relis une lettre ou plutôt quand je me la rappelle. Je sais telle lettre par cœur ; en me la répétant, j'éprouve une émotion de *même nature* que celle que j'ai éprouvée en la lisant pour la première fois (avec la surprise en moins naturellement, car il y a toujours dans une première impression une légère surprise). Mais cette émotion est *réduite,* pour ainsi dire, c'est comme une ombre de l'autre, ombre assez nette de contour, mais un peu floue dans les détails. Je remarque encore que ces deux genres d'émotions dont j'ai parlé (la représentation visuelle et l'émotion vraie), peuvent gagner beaucoup en intensité, si j'y applique habituellement ma pensée. Lorsque plusieurs fois de suite je relis mon carnet, à la cinquième ou sixième fois l'émotion devient plus forte ; et peu à peu l'imagination est très surexcitée, la sensibilité très émue ainsi que tous les sens. »

D'après cette observation, où le document écrit est comparé au souvenir actuel, le sentiment rappelé n'est que l'écho du sentiment primitif, mais il est susceptible de s'aviver et de ramener les anciennes émotions. Il peut consister en un très vague rappel, comme il peut être aussi une reproduction de *même nature* que l'émotion première. Le degré de ressemblance entre la copie et l'original importe peu pour notre sujet. Le sentiment rappelé est toujours en partie nouveau, l'essentiel est qu'il soit identifié au sentiment primitif et qu'il porte la marque du *déjà senti*, du *déjà vécu*.

L'image affective est une reproduction actuelle et une reproduction suffisamment exacte pour être reconnue. Elle mérite donc le nom de représentation.

Quelques psychologues s'obstinent à nier l'existence de l'image affective. D'après M. Mauxion, « l'émotion *ne revit point;* c'est un phénomène entièrement nouveau qui apparaît et qui, semblable ou dissemblable d'ailleurs au sentiment primitif, n'a pas plus sa condition d'existence dans ce sentiment que la tempête d'aujourd'hui dans la tempête du mois passé (1) ». Ainsi donc le prétendu souvenir affectif se résout en deux éléments : un élément intellectuel qui est remémoré, et un élément affectif qui est un effet nouveau et actuel de l'élément intellectuel.

M. Ribot, qui avait déjà consacré à la mémoire affective un chapitre important de la *Psychologie des Sentiments*, est revenu tout récemment sur cette question avec un choix de faits qui semblent établir définitivement l'existence des représentations affectives (2).

Toutes les fois qu'on fait une *comparaison* entre un sentiment *présent* et un sentiment *passé,* comme lorsqu'on observe que l'amour n'est jamais ressenti deux fois de la même manière, ou que le souvenir du bonheur passé rend plus cuisant le malheur présent, il y a nécessairement reviviscence d'états affectifs. Ces états affectifs ne sont pas des états qui se produisent à nouveau, ils ont été, ils sont reconnus, ils ne peuvent plus être, d'où parfois le regret, la rage et le désespoir. Quand Saint-Preux comparait la promenade qu'il venait de faire avec Julie indifférente, à une promenade semblable faite auparavant avec elle durant le charme de leurs premières amours, tous les sentiments qui avaient d'abord rempli son âme s'y retraçaient pour l'affliger. « Tous les événements de notre jeunesse, nos études, nos entretiens, nos lettres, nos rendez-vous, nos plaisirs, ces foules de petits objets qui m'offraient l'image de mon bonheur passé, tout revenait, pour augmenter ma misère présente, prendre place en

(1) *La vraie mémoire affective,* par MAUXION, dans la *Revue philosophique,* 190?, !, p. 147.
(2) *Problèmes de Psychologie affective,* par Th. RIBOT, Paris, 1910, c. II, p. ?9-82.

mon souvenir. Il me semblait que j'aurais porté plus patiemment sa mort ou son absence et que j'avais moins souffert tout le temps que j'avais passé loin d'elle... Mais se trouver auprès d'elle, mais la voir, la toucher, lui parler, l'aimer..., et la sentir perdue à jamais pour moi, voilà ce qui me jetait dans des accès de fureur et de rage qui m'agitèrent par degrés jusqu'au désespoir (1). »

Le désespoir de Rousseau est le résultat d'une comparaison entre l'état d'amour partagé et l'état d'abandon ; l'état d'amour partagé est remémoré, il porte la marque du passé, il est reconnu, il contraste avec l'état actuel qui en est la négation : comment lui refuser le caractère du souvenir ou de la représentation ?

M. Ribot voit dans la *nostalgie* (mal du pays) la preuve la plus solide du souvenir affectif. « C'est une mélancolie de forme précise qui a sa cause unique dans le rappel du passé. L'immense majorité des nostalgiques se nourrit de souvenirs assez simples : la famille, la maison paternelle, les anciennes habitudes. Quelques-uns plus affinés regrettent leurs paysages et leurs montagnes... Mais chez tous, le sauvage, le paysan, le poète, la *Mignon* de Gœthe, le mécanisme psychologique est identique : antagonisme entre le présent et le passé. Il surgit des désirs dont la satisfaction actuelle est impossible, mais qui *là-bas* deviendraient une réalité (2). » Sans la mémoire affective, sans la mémoire du cœur, la nostalgie est incompréhensible.

Le désir irrésistible de revoir les personnes ou les

---

(1) *La Nouvelle Héloïse*, par J.-J. ROUSSEAU, partie IV, lettre XVII. — Cité par PILLON : *La Mémoire affective*, dans la *Revue Philosophique*, 1901, I, p. 122.

(2) *Problèmes de Psychologie affective*, ouv. cité, p. 65.

objets qui sont chers produit la nostalgie, la certitude
d'un prompt retour la calme, le retour la guérit. Il arrive
que le retour réservait une déception et qu'on repart
volontiers et tout à fait guéri. L'imagination avait
dépassé la mémoire et grandi toutes choses à l'excès.
Ce qui prouve bien que « d'une part le souvenir affectif, d'autre part le sentiment suscité par l'impression
actuelle des mêmes personnes et des mêmes choses
sont — quoi qu'on ait dit — distincts et indépendants
l'un de l'autre ».

On peut enfin citer des cas où le souvenir affectif,
quoiqu'incomplet, apparaît le *premier,* avant les éléments intellectuels qui s'adjoignent peu à peu pour
l'achever. M. Ribot en rapporte plusieurs très intéressants. M. Dauriac fait observer qu'on peut les « puiser
à pleines mains dans la mémoire musicale » et conclut
ainsi : « Un état affectif se produit en nous sans cause
apparente. Nous le reconnaissons : fait de mémoire.
C'est lui que nous reconnaissons, et non pas les circonstances de son apparition première, puisque ces circonstances nous les cherchons longtemps sans les trouver : fait de mémoire affective. Preuve : après que
nous avons renoncé à chercher, les circonstances
reviennent, la mémoire se complète, et cela prouve la
liaison à ces circonstances du sentiment reconnu. La
vérité est que, dans les faits de mémoire affective, la
localisation n'a jamais lieu, tant que se prolonge l'oubli des circonstances. Mais ce qui constitue un phénomène de mémoire affective comme tel, c'est de pouvoir
se passer du rappel des circonstances pour reconnaître
le sentiment (1). »

(1) *Essai sur l'esprit musical,* par DAURIAC, Paris, 1904, p. 258.

M. Ribot ramène les preuves *indirectes* qu'on pourrait donner de l'existence de la mémoire affective à cette formule générale : « La vie individuelle et sociale de l'homme est pleine de faits qui, sans l'existence de la mémoire affective, sont inexplicables. » Supposez que les sentiments ne se fixent point, qu'ils s'évanouissent sans retour possible ; rien dans la vie affective ne s'acquiert, ne s'organise, ne se consolide, ne se constitue en habitude, n'a d'influence sur le caractère : ce qui est contraire à l'analyse psychologique la plus rudimentaire. Notre passé affectif retentit longtemps et profondément sur l'ensemble de notre vie. On sait aussi que nos sentiments évoluent, croissent ou décroissent ; ce qui serait inintelligible sans leur persistance.

Il résulte de tous ces faits que les sentiments s'enregistrent, se conservent, évoluent, sont susceptibles de reviviscence et même de reconnaissance.

M. Ribot estime qu'il existe « un type affectif aussi net, aussi tranché que le type visuel, le type auditif et le type moteur. Il consiste dans la reviviscence aisée, complète et prépondérante des représentations affectives (1) ».

Ce type comprendrait des variétés. La mémoire des pessimistes n'est pas celle des optimistes. Les uns se rappellent plus aisément les plaisirs que les douleurs ; les autres, au contraire, plus facilement les douleurs que les plaisirs. Les optimistes évoquent mal leurs rares chagrins ; les pessimistes se souviennent très peu des rares moments de joie. M. Ribot cite une observation relative à la crainte seule : « Je ne suis pas, déclare un sujet, ce que l'on pourrait appeler un

---

(1) *La Psychologie des sentiments*, ouv. cité, p. 166.

type général affectif, j'ai une mémoire affective spéciale, celle de la crainte. » Élève d'un lycée, il redoutait tout le personnel à cause d'une certaine punition, la consigne les jours de fête. Plus tard, il conserva des relations amicales avec ses anciens maîtres, il retournait au lycée, « mais jamais sans ressentir une sorte de frisson de crainte en y entrant ». Ce souvenir affectif a duré de longues années.

Le problème de la mémoire affective est un problème tout récent. M. Ribot a beaucoup contribué à attirer l'attention sur lui et a commencé à le débrouiller : l'existence de la mémoire affective paraît établie.

On trouverait des renseignements très utiles, pour une étude détaillée et approfondie de ce problème, dans les écrits des auteurs ascétiques et mystiques. Les « Maîtres de la vie spirituelle » ne pouvaient traiter de la « purification » de l'âme sans parler des sentiments et des souvenirs qu'ils laissent en nous. Qu'il me soit permis de citer cet extrait d'une lettre de M. Dugas à M. Ribot.

« Il me semble que les catholiques ont connu la mémoire affective et l'ont même soumise à une culture méthodique. Ils ont pratiqué, selon moi, une double *mnémothérapie* : l'art d'*oublier* et celui de se *souvenir*; la première non moins précieuse que l'autre.

« L'art d'oublier les émotions jugées dangereuses ou funestes, c'est l'art de combattre ce qu'ils appellent la « tentation ». Ils ont très bien vu qu'on ne fait pas sa part à la mémoire affective, qu'on ne transige pas avec les sentiments, qu'il faut arriver pour eux à

l'oubli *total;* autrement on est victime de la loi de réintégration. Cela me paraît très juste et très bien observé.
La littérature mystique serait à consulter sur ce point ;
on la trouverait, je crois, abondante et explicite.

« Quant à l'art d'entretenir les bons sen .ments, de
les faire *revivre,* et de les fixer, c'est la direction spirituelle tout entière considérée dans sa partie positive.
Pillon a cité à cette occasion les *Exercices spirituels*
d'Ignace de Loyola ; c'est très juste, mais ce n'est
qu'un échantillon — l'échantillon le plus matérialiste
d'ailleurs et le plus grossier... Je suis de plus en plus
persuadé que la psychologie-*science* a beaucoup à attendre de la psychologie-*art ;* ainsi il n'y a pas en un sens
de plus grands psychologues que les catholiques, ces
pétrisseurs d'âmes... L'*imagination* affective, ses créations savantes seraient encore bien mieux représentées par les mystiques (1). »

On peut donc conclure que nous avons la faculté de
nous représenter, sous forme d'images, non seulement
les perceptions, mais encore les sentiments. Toute
expérience passée peut revivre. Il reste à examiner
à quelles conditions.

(1) *Problèmes de Psychologie affective*, ouv. cité, p. 82.

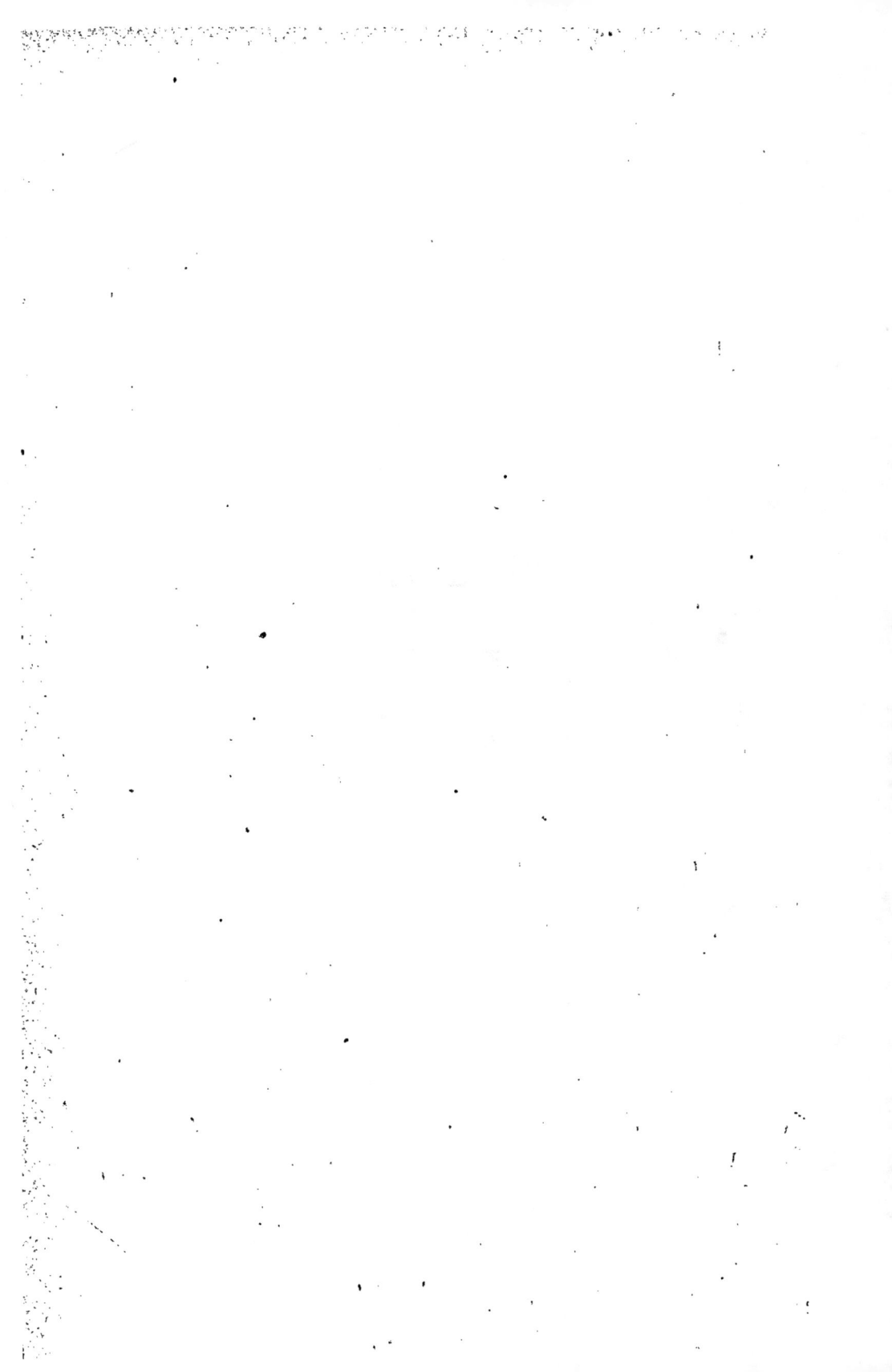

DEUXIÈME PARTIE

LA SYNTHÈSE DES IMAGES

DEUXIÈME PARTIE

LA SYNTHÈSE DES IMAGES

CHAPITRE PREMIER

LA FIXATION DES IMPRESSIONS

Dans la phase initiale de l'évolution des images s'organisant en mémoire et en imagination, les impressions, après leur apparition dans la conscience, n'en disparaissent pas entièrement, mais y laissent quelque chose d'elles-mêmes, qui sera l'embryon de l'image et du souvenir. C'est la phase de *fixation*.

L'image embryonnaire, comme l'expression le fait supposer, n'a rien de commun avec un résidu d'impressions, ni avec une trace, ni avec un cliché de photographie ou d'imprimerie. Elle participe à la vie psychologique, elle est active comme elle et, comme elle, tend par nature à une organisation assez précise. Placée dans un milieu où ses congénères sont déjà organisées ou en train de s'organiser, elle perd quelques-uns de ses rapports et en contracte de nouveaux. Elle se désagrège pour s'agréger. Ce travail se poursuit pendant une période plus ou moins longue dite de *latence*.

Il vient un moment où l'image fait effort pour s'évoquer. Elle veut redevenir actuelle et se « jouer » de nouveau. C'est la phase d'*évocation*.

L'image finit par se reproduire. Elle le fait d'après des lois qu'il faudra déterminer. L'organisation qu'elle présente à ce moment rappelle l'événement initial. C'est la phase de *reproduction*.

Le travail de la mémoire n'est pas achevé. La représentation peut se former en nous, sans être connue de nous, sans être rapportée au moi personnel. Pour être assimilée par le « je », elle doit réunir des conditions qui, parfois, lui font défaut. Elle n'est pas nécessairement consciente, si par conscience on entend la conscience de soi. Il y a donc une phase de *conscience personnelle*.

Consciente, l'image aurait une tendance à se réaliser et à prendre la forme hallucinatoire. Elle en est empêchée par les impressions actuelles qui la refoulent dans le passé. Et, au lieu de voir dans l'image un événement présent, nous y reconnaissons un événement de notre vie antérieure. C'est la phase de *reconnaissance*.

L'organisation des images en souvenir atteint sa dernière étape avec la *localisation dans le passé*. La représentation ne porte pas seulement la marque un peu vague du déjà vécu ; elle est rattachée à un point très précis du temps passé, par exemple, à une date. Le souvenir est, à ce moment, parfait, définitivement construit.

Enfin, à une dernière phase d'évolution, l'expérience est dissociée au profit d'une expérience nouvelle qui n'est plus une répétition, mais une invention, une création. L'activité de l'esprit, que nous constaterons à chaque étape de l'évolution des images au cours du temps, a son triomphe, au point de vue de la connaissance, dans l'*invention* ou *création*.

Toutes nos impressions se fixent-elles en nous ? Suffit-il qu'elles soient entrées, ne serait-ce qu'une fois, dans notre vie, pour en faire désormais partie, ou bien faut-il qu'elles réalisent certaines conditions ? Dans ce dernier cas, quelles sont ces conditions ?

Des disciples de Herbart ont prétendu que toute impression qui vient se mêler à notre vie intérieure y est assurée d'une existence et d'une immortalité individuelles. D'autres philosophes ont rejeté cette survie individuelle ; ils soutiennent seulement que toute impression se fixe et se perpétue, de quelque manière. Les uns et les autres admettent que toutes nos impressions sont immortelles ; ils appuient cette opinion sur des raisons d'ordre théorique et sur des faits d'observation qu'on peut résumer ainsi.

1° Le principe de la conservation de la matière et de l'énergie, d'après lequel rien ne se crée et rien ne se perd, s'opposerait à la disparition complète, à l'effacement absolu d'un phénomène de conscience. Tout ce qui existe doit continuer d'exister.

D'après les Herbartiens, les représentations sont des forces qui luttent entre elles pour conserver ou conquérir l'hégémonie. Celles qui sont contraintes à s'exiler du champ de la conscience ne perdent jamais l'espoir d'y rentrer et ne cessent de faire effort dans ce but. Dès que les représentations antagonistes laissent

la place libre, elles reviennent d'*elles-mêmes,* comme
« un ressort qui a été comprimé ». Ce n'est donc que
par violence et momentanément qu'elles peuvent se
trouver en dehors de la conscience. Dans ce cas, d'ailleurs, elles n'en continuent pas moins d'exister sous
forme d'*énergie potentielle.*

Un principe plus intime peut être invoqué en faveur
de la perpétuité de toutes les impressions. Si la conscience est mémoire, il en résulte que la durée est essentielle au fait psychologique et que les impressions
durent parce qu'elles se produisent. Le problème de la
mémoire n'est pas de chercher comment des impressions peuvent se fixer, mais plutôt comment elles pourraient ne pas se fixer. Le vrai problème est celui de
l'oubli. L'oubli ne peut être qu'apparent, et si quelque
impression semble perdue, elle ne saurait l'être qu'en
apparence et pratiquement. Absente, elle est présente.
Là résiderait le mystère de la mémoire.

2° Les faits d'observation qui confirmeraient la thèse
de l'immortalité de toutes les impressions sont empruntés aux cas d'exaltation de la mémoire, où revivent soudain des événements qu'on aurait crus oubliés, qu'on
n'aurait même pas reconnus si quelqu'un nous avait
affirmé qu'ils avaient fait partie de notre expérience.

Les hypermnésies des noyés sont très connues. Au
moment où commence l'asphyxie, ils voient, comme
dans un miroir, en tableaux successifs ou en un seul
tableau, les moindres détails de leur existence, avec
quelquefois le sentiment du bien ou du mal accompli.
« Le livre du jugement, le livre de comptes, dont parlent les Écritures, était ouvert devant mes yeux »,
disent la plupart d'entre eux.

Le célèbre mangeur d'opium Thomas de Quincey raconte dans ses *Confessions* que, sous l'action du « juste, subtil et tout-puissant opium », il croyait parfois avoir vécu soixante-dix ou cent ans dans une nuit : « Les plus petits incidents de l'enfance, déclare-t-il, des scènes oubliées qui dataient des premières années étaient ressuscités. On ne peut dire que je les rappelais à ma mémoire ; car, si on me les avait décrits pendant mon état de veille, je n'aurais pu reconnaître en eux des fragments de mon existence passée. Disposés comme ils l'étaient devant moi, dans des rêves semblables à des intuitions, revêtus de tous leurs détails évanouis, de tous les sentiments qui les avaient accompagnés, je les *reconnaissais* immédiatement (1). »

Abercrombie rapporte un exemple d'exaltation partielle de la mémoire à l'état sain. « Une dame, à la dernière période d'une maladie chronique, fut conduite de Londres à la campagne. Sa petite fille, qui ne parlait pas encore (infant), lui fut amenée, et, après une courte entrevue, elle fut reconduite à la ville. La dame mourut quelques jours après. La fille grandit sans se rappeler sa mère jusqu'à l'âge mûr. Ce fut alors qu'elle eut l'occasion de voir la chambre où sa mère était morte. Quoiqu'elle l'ignorât, en entrant dans cette chambre, elle tressaillit ; comme on lui demandait la cause de son émotion : « J'ai, dit-elle, l'impres-« sion distincte d'être venue autrefois dans cette « chambre. Il y avait autrefois une femme couchée,

_____

(1) *Confessions of an English Opium-Eater.* Traduit en français par V. Descreux, Paris, 1890, p. 285.

« paraissant très malade, qui se pencha sur moi et
« pleura (1). »

Ne pourrait-on pas expliquer par de semblables
hypermnésies, par des reviviscences de lectures, de
visions, de conversations, l'impression de « déjà vu »
que nous font des paysages, des personnes, des objets
que nous croyons voir pour la première fois ?

Le sentiment de « déjà vu » n'est pas toujours une
fausse mémoire. Il peut être la reviviscence d'une expérience totalement oubliée.

Il en est de même, conclut-on, de toutes les impressions. Elles existent en nous, à notre insu : comme dit
Malebranche, nous ne connaissons qu'une partie de
notre âme. Le champ de la conscience obscure est
beaucoup plus étendu que celui de la conscience
claire. De ce qu'un souvenir ne réapparaît pas, il ne
s'ensuit pas qu'il ne se soit point fixé.

Ni ces faits ni ces raisonnements ne paraissent dé-
cisifs.

L'argument théorique tiré du principe de la conservation de la matière de l'énergie ne prouve pas du
tout ce qu'on voudrait lui faire prouver. D'abord, on
devrait bien laisser aux chimistes et aux biologistes les
principes de méthodologie qui n'ont donné de résultats
et n'ont un sens précis que dans les sciences de la
matière. Si l'on se fait une idée de l'énergie potentielle
du système nerveux et de l'équilibre plus ou moins
facile à rompre de ses molécules, comment se représenter l'énergie potentielle de la conscience, et donner un

---

(1) ABERCROMBIE : *Essay on intellectual Powers*, p. 120. Cité par
M. RIBOT : *Les Maladies de la mémoire*, p. 143.

sens suffisamment clair à cette expression? Ensuite, en supposant même qu'un principe de ce genre soit recevable en psychologie, arrivera-t-on jamais à prouver que tout état de conscience est impérissable comme état de conscience? On prouvera seulement qu'il ne peut être annihilé, qu'il doit subsister sous une forme ou sous une autre, par exemple, sous la forme de dispositif cérébral. On ne saura pas, d'ailleurs, si ce dispositif cérébral se conserve indéfiniment ni s'il garde, à travers les variations infinies auxquelles il est exposé, quelque rapport avec l'état de conscience dont il est le corrélatif, ni, par conséquent, s'il lui reste quelque valeur comme souvenir.

Quant au raisonnement qu'on essaie de fonder sur la durée de la vie psychologique, la conclusion en est plus large que les prémisses. Tout phénomène de conscience a bien une certaine épaisseur de durée. Mais s'ensuit-il qu'il dure toujours ou même suffisamment pour se fixer? Il est facile de concevoir qu'une impression, entrée soudain dans la conscience, en disparaisse avec la même rapidité, si elle vient à manquer de quelques-unes des qualités qui lui sont nécessaires pour s'incorporer aux systèmes d'états de conscience préexistants.

Que faut-il penser des faits de survivance inespérée?

Personne ne met en doute que le nombre des souvenirs qui revivent n'est rien en comparaison de ceux qu'un acte de volonté ou qu'une circonstance favorable pourraient restaurer. Mais on n'en saurait conclure à la survivance de toutes les impressions. Je crois qu'il y a, dans beaucoup de cas, oubli profond et absence de

toute fixation. M. Ribot a bien montré que l'oubli est
une condition de la mémoire. Les souvenirs *complets*
devraient remplir le même temps que les faits eux-
mêmes. Aussi la mémoire, loin d'enregistrer automatiquement, résume-t-elle en supprimant de nombreux
détails.

La meilleure preuve du défaut de fixation dans certains cas est tirée des *amnésies continues* de M. Pierre
Janet, que le Dr Sollier appelle *amnésies antérogrades
de conservation ;* et M. Pitres, *amnésies de fixation.*

.Les amnésies portent ordinairement sur le passé, qui
ne peut revivre : on a perdu les souvenirs *anciens ;*
mais la faculté d'apprendre n'est pas lésée. Dans l'amnésie de fixation, au contraire, ce sont les souvenirs
anciens qui sont conservés ; ce qui est troublé, c'est le
pouvoir d'en acquérir de nouveaux : tout ce qui vient
de se passer est oublié, on n'enregistre plus, on n'apprend plus.

Le délire toxique peut amener une exaltation de la
mémoire, comme faculté de rappel des souvenirs anciens, et en même temps une diminution du pouvoir
de fixation pour tous les événements présents ; l'instruction peut même s'arrêter complètement. L'alcoolique utilise le capital acquis, raisonne quelquefois
judicieusement, peut parler avec esprit, jouer aux
dames et aux cartes. Mais il oublie ce qu'il' a fait
dans la journée et même ce qu'il vient de faire. Le
présent ne se conserve pas. Un malade lit une histoire à sa mère chaque fois qu'il jette les yeux sur
la page du livre où elle est racontée; il se rappelle
très bien l'histoire, mais il oublie qu'il vient de la

lire à quelqu'un. Les événements antérieurs immédiats ne se fixent pas (1).

Dans les névroses, l'amnésie de fixation existe toujours à quelque degré. Une femme mordue par un chien enragé fut fortement cautérisée et en souffrit beaucoup ; l'instant d'après, elle s'étonnait d'avoir un bandage à la main. En quelques secondes, elle oubliait les impressions : on la présentait à Charcot, elle le saluait ; on la faisait retourner et on la présentait de nouveau, elle ne le reconnaissait déjà plus.

Sans être hystériques, d'autres malades qui comprennent bien ce qu'on leur dit sont incapables de s'en souvenir. Si on leur dit de se lever, de marcher, ils se préparent à exécuter l'acte, mais presqu'aussitôt ils oublient ce qu'ils doivent faire (2).

La vieillesse n'est pas un âge favorable à l'acquisition des souvenirs. Le passé y détermine la plupart des actes. Nous commençons d'assez bonne heure à vivre sur le passé. Nous n'aimons pas les situations nouvelles, qui dérangent nos habitudes ; nos habitudes sont plus ou moins des névroses. Nous avons de la peine à comprendre le présent, à moins qu'il ne soit la répétition du passé. Nous finissons par ressembler à ce malade qui acceptait encore de jouer aux dames, parce que le damier présentait à chaque instant une situation dont il se tirait avec honneur, grâce à l'habitude. L'intelligence perd et n'est plus capable que de vieux raisonnements. C'est ordinairement une perte de temps

---

(1) KORSAKOFF : *Étude médico-psychologique sur une forme des maladies de la mémoire* (*Revue philosophique*, 1889, t. II, p. 501).

(2) Henri COLIN : *État mental des hystériques* (*Traité de pathologie mentale*, de M. Gilbert BALLET, p. 821).

que de vouloir convaincre un vieillard d'erreur. Il répond à toutes les objections qu'on peut lui faire, en répétant ses arguments, en formulant de nouveau ses idées.

L'amnésie de fixation peut parcourir tous les degrés, depuis l'oubli superficiel où les faits ne sont pas totalement perdus, comme il arrive dans certaines périodes de rêve, de délire et de somnambulisme, jusqu'à l'oubli profond, lacune qui n'est jamais comblée : il est probable que, dans les cas où l'habitude ne s'acquiert plus, la destruction est complète et l'effacement total.

En résumé, pour qu'un fait de conscience prenne racine dans notre vie psychologique, il ne suffit pas qu'il se produise, il faut qu'il réalise d'autres conditions.

Ces conditions sont de deux sortes : les unes anatomiques et physiologiques, les autres psychologiques.

On en est encore réduit à des généralités sur les conditions anatomiques et physiologiques de la fixation des impressions.

Les amnésies qui portent atteinte à la faculté d'apprendre proviennent en grande partie d'un défaut d'intégrité anatomique ou physiologique de la cellule cérébrale.

Cette cellule est-elle lésée dans sa structure et sa composition, les processus psychologiques, dont elle est la base matérielle, en seront troublés.

Les intoxications cérébrales d'origine externe, qui se produisent dans l'alcoolisme, le chloralisme, le morphinisme, le cocaïnisme, le saturnisme et la pellagre, ne sont pas seulement cause d'accidents fonctionnels ; elles occasionnent parfois des lésions anatomiques durables ou même définitives dans la cellule et ses connexions. Il en est de même des intoxications d'origine interne. Nos organes et nos tissus fabriquent des poisons sans discontinuité. Ces poisons lèsent plus ou moins profondément le cerveau dans le diabète, l'urémie et l'insuffisance hépatique ou thyroïdienne.

De ces intoxications résultent des psychoses, dont un syndrome fondamental, la *confusion mentale,* intéresse notre sujet. Dans les toxémies polynévritiques décrites par Korsakoff, le confus n'enregistre rien, il ne sait ni ce qu'il vient de faire, ni où il est, ni où il va.

Les lésions qui amènent ces psychoses et la confusion mentale seront donc cause de l'amnésie de fixation. Quelles sont ces lésions ?

Les lésions des centres nerveux dans les psychoses endo-toxiques commencent seulement d'être étudiées ; on ne connaît que quelques altérations des neurones centraux dans la « psychose polynévritique (1) ».

Dans les psychoses exo-toxiques aiguës, « les centres nerveux présentent surtout des lésions dégénératives ; ces lésions sont surtout scléreuses dans les formes chroniques. Il se produit, sous l'influence d'une intoxication lente, de l'artério-sclérose, qui engendre à sa suite des lésions dégénératives et scléreuses. L'intensité de ces lésions est en rapport avec la nature de l'agent toxique, les quantités absorbées, l'état des différents organes de défense, les maladies antérieures du sujet ainsi que ses conditions héréditaires. Dans l'appréciation des lésions qu'on trouve en pareille circonstance

(1) Gilbert BALLET : *Lésions corticales et médullaires dans la psychose polynévritique* (*Presse médicale*, 1898, n° 20).

au niveau des centres nerveux, il faut se rappeler qu'à
côté des effets immédiats du poison, il y a les effets
éloignés qui résultent d'intoxications secondaires ; par
exemple, au cours d'une intoxication alcoolique ayant
déterminé une lésion cérébrale quelconque, survient un
ictère grave consécutif à une hépatite alcoolique et qui
peut retentir à son tour sur le cerveau par une nouvelle lésion (1). »

Ces altérations de la substance cérébrale entraîne-
raient, d'après l'hypothèse la plus en faveur, un affaiblissement général de l'écorce ; d'où une diminution de
synthèse psychologique et une augmentation d'automatisme. D'après une autre hypothèse, les communications normales entre les centres d'association et les
centres de projection sensitivo-moteurs de Flechsig seraient rompues. La théorie de Mathias Duval, d'après
laquelle l'agent toxique interromprait par rétraction les
communications des prolongements protoplasmiques et
des prolongements cylindraxiles, est aujourd'hui à peu
près abandonnée. Le neurone ne semble pas jouir de
l'amœboïsme que suppose cette théorie.

La fixation exige l'intégrité anatomique de la matière
cérébrale ; elle requiert aussi son intégrité physiologique.

Les intoxications dont nous venons de parler peuvent
ne pas altérer la structure ou la composition du cerveau : elles en altèrent toujours la fonction, soit par
impulsion, soit par inhibition.

Les substances dites excitantes stimulent la cellule

(1) J. ROUBINOVITCH : *Troubles mentaux dans les intoxications d'origine externe et interne*, c. I, p. 377 (*Traité de pathologie mentale*, de M. Gilbert BALLET).

cérébrale, mais finissent par la rendre impropre à la fixation.

Les névroses s'accompagnent d'amnésie continue : les impressions nouvelles ne se conservent pas.

Une circulation trop active facilite la reproduction, mais empêche la fixation. Les hypermnésies sont fréquentes dans la fièvre ; le malade rappelle des faits qu'on aurait pu croire oubliés, mais il ne conserve aucun souvenir de la plupart de ceux qui se sont passés durant sa maladie. Le ralentissement de la circulation cérébrale, en anémiant les centres nerveux, rend aussi la fixation très difficile. La cellule réagit mal aux excitations et ne conserve rien de l'ébranlement (1).

Il reste acquis que nos événements intérieurs ont besoin, pour se fixer en nous, de l'intégrité anatomique et physiologique de l'écorce cérébrale. D'autres conditions d'ordre psychologique leur sont indispensables : la plus importante est l'intégrité de l'esprit.

La fixation d'une impression dépend, d'un côté, de son origine périphérique et, de l'autre, de la réaction centrale de la conscience.

L'impression, à son origine, est en grande partie constituée par l'*excitation* qui l'a déterminée et par l'*objet* qui a produit l'excitation.

1° Excitation. — On peut considérer dans l'excitation son *intensité* et sa *qualité*. Elle contribue sous ce double rapport à la survivance du fait de conscience.

(1) *Le Problème de la mémoire, essai de psycho-mécanique*, par le Dr Paul SOLLIER, Paris, 1900, c. II, p. 42.

L'excitation la plus favorable aux organes des sens et la plus nette est une excitation d'intensité moyenne. Trop faible, elle est superficielle et ne laisse aucune empreinte. Trop forte, elle a d'autres inconvénients. D'abord, la douleur qu'elle détermine, en désorganisant plus ou moins la matière nerveuse, nuit à la fixation des éléments objectifs ou éléments de représentation. Ensuite, les réactions motrices involontaires qu'elle provoque sont défavorables. La mémoire a besoin, comme la vie intérieure, pour se constituer, qu'il s'écoule un intervalle de temps entre l'excitation et la réaction.

Supposons que le cerveau soit incapable d'inhiber les ébranlements reçus, ou que la conscience soit impuissante à arrêter et à contrôler les impressions qui l'assaillent. Incapable de choisir son mode de réaction, livrée par conséquent à l'automatisme, la vie psychologique n'aura ni personnalité, ni mémoire. La mémoire n'est possible que si l'esprit est capable d'exercer un pouvoir d'arrêt sur les impressions, de s'opposer à ce qu'elles se dépensent immédiatement en réactions motrices, de les analyser, comme le cerveau bien constitué analyse les mouvements, de les rattacher à quelque système de pensées préexistant et de les organiser avec l'ensemble de la vie consciente.

Il faut donc que l'excitation ne soit ni trop faible, ni trop forte, et que, sans troubler leur équilibre normal, elle produise un effet distinct sur le système nerveux et sur la conscience.

La *qualité sensorielle* de l'excitation joue un rôle non moins important que son intensité, dans la fixation des impressions. Selon que l'excitation a rapport à un sens plutôt qu'à un autre, l'aptitude à la fixation augmente ou diminue.

Chez un visuel, la qualité visuelle de l'excitation favorisera la fixation de l'impression correspondante. Les sons, chez un auditif, seront mieux retenus que les couleurs et les formes. Il faut en dire autant des moteurs, des gustatifs et des olfactifs : tous enregistrent de préférence certaines excitations. Indépendamment de ces types sensoriels, il existe un type indifférent, auquel appartiennent la plupart des hommes. Or, là encore apparaît l'influence de la qualité sensorielle de l'excitation. Ce sont les impressions visuelles qui se conservent le mieux. Si vous faites lire à quelqu'un une série de mots, si vous prononcez ensuite devant lui une série de mots analogues, la lecture et l'audition durant le même temps, l'expérience est en faveur de la lecture. On a fait l'expérience suivante, qui comprend trois opérations d'égale durée : un sujet lit des mots, puis il les entend, il voit enfin les objets désignés par ces mots. La mémoire visuelle verbale a été trouvée un peu meilleure que la mémoire auditive ; et la mémoire des objets concrets, sept fois supérieure. L'expérience est évidemment très schématique. Mais, en général, ses résultats sont exacts. Les impressions de couleurs et de formes sont les plus aptes à se conserver ; viennent ensuite les impressions auditives et les impressions tactiles.

Il n'est pas difficile d'expliquer la supériorité de l'impression visuelle. Plus une impression est complexe, plus elle présente d'articulations ou de points d'attache. Or, la plus complexe de toutes les impressions est précisément l'impression visuelle, dont les éléments se juxtaposent et forment des tableaux dans l'espace ; cette multiplicité spatiale se grave plus facilement que les successions dans le temps, et à plus forte raison que les simples rapports de contraste et de différence. Aussi a-t-on basé la mnémotechnie sur les rapports d'espace. Les caractères d'extension et de complexité qui sont prédominants dans la sensation visuelle rendent compte de sa plus grande facilité à survivre sous forme d'image et de souvenir.

2° Objet. — La nature de l'objet qui impressionne les sens le rend plus ou moins apte à s'enregistrer dans la conscience. C'est ainsi que les chiffres, dont la qualité sensorielle varie suivant qu'ils sont lus ou entendus, offrent un intérêt spécial en tant que chiffres. Entre toutes les impressions visuelles, un visuel pourra ne s'intéresser qu'à celles des chiffres ; et, de même, entre toutes les impressions auditives, un auditif préférera celles des chiffres. Un même objet est capable, par sa nature, d'intéresser des types sensoriels différents.

Diamandi est visuel, comme la plupart des calculateurs célèbres ; Inaudi est auditif. L'un et l'autre apprennent cependant les chiffres avec une merveilleuse facilité. Tandis que l'individu normal, après un premier exercice, ne peut répéter en général, que de 6 à 12 chiffres, Inaudi en répète jusqu'à 36 ; Diamandi, après neuf secondes de lecture, en retient 18. La mémoire des chiffres est donc distincte de la mémoire visuelle et de la mémoire auditive : le chiffre par lui-même a une valeur. Inaudi « est incapable de répéter plus de 5 à 6 lettres ; même impuissance pour répéter deux lignes de prose ou de vers ; il hésite, perd son assurance, déclare qu'il ne peut pas répéter, et en somme se dérobe à l'expérience, par crainte de ne pas donner des résultats brillants. Les autres mémoires de M. Inaudi ne présentent rien de remarquable : on l'a longuement interrogé, il ne paraît pas se souvenir d'une manière fidèle des figures, des lieux, des événements, des airs de musique (1). »

Les mémoires extraordinaires de la musique et de la peinture signalées chez les artistes, les mémoires dites absurdes des généalogies, des indicateurs de chemin de fer, des obituaires et des ordo diocésains, s'expliquent de la même manière que la mémoire des chiffres, par l'intérêt accordé à certains objets, par le fait d' « y avoir toujours pensé ». Dès l'enfance, les calculateurs et les musiciens ont la manie des chiffres, du piano ou du violon.

La plupart des hommes ont une grande facilité pour retenir tout ce qui concerne « leur partie ». Le marchand retient des listes de prix, l'homme politique les votes et les discours de ses collègues. « Je ne serais nullement étonné, dit M. William James, que Darwin et Spencer, dont les livres attestent une si grande mémoire des faits, n'aient eu qu'un cerveau à faculté de rétention moyenne. Quand un homme s'est de bonne heure donné pour tâche la vérification expérimentale d'une théorie comme l'évolution, son esprit n'est bientôt plus qu'un cep portant des grappes de faits, reliés ensemble par leurs rapports avec la théorie : tout fait nouveau discerné est un fait agrégé ; et ainsi s'accroît et s'élargit l'érudition (2). »

Il y a donc des objets qui, par leur nature, offrent plus d'intérêt que d'autres, et s'organisent dans la mémoire en raison même de cet intérêt. C'est aussi grâce

(1) Alfred BINET : *Psychologie des calculateurs et joueurs d'échecs*, ouv. cité, c. IV, p. 43.
(2) *Précis de Psychologie*, c. XVIII, p. 385. Traduit par E. BAUDIN ET G. BERTIER. 1 vol. de la Bibliothèque de Philosophie expérimentale, Paris, RIVIÈRE, 1909. — *Text Book of Psychology*, c. XVIII, p. 295, London, 1908.

à l'intérêt que l'intensité et la qualité sensorielle de l'excitation influent sur l'organisation de l'impression.

Or, l'intérêt n'a de valeur que parce qu'il provoque l'attention, ou la réaction de l'esprit. Les conditions externes de la fixation ont donc pour fin les conditions internes : cette finalité constitue leur valeur de synthèse psychologique dans la formation de la mémoire.

Le mot attention peut servir à résumer les réactions de l'activité de l'esprit en présence de l'impression. L'attention est le fait capital dans la synthèse de la mémoire. Les conditions externes de la fixation n'ont de sens que par rapport à elle ; et, ces conditions restant les mêmes, l'impression se fixe dans la proportion où l'attention se concentre.

Quel est donc l'effet produit par l'attention sur l'impression ?

On n'est pas d'accord sur sa nature. D'après les uns, l'attention rend l'impression plus intense ; d'après les autres, plus claire et plus distincte.

Stumpf prétend que l'attention augmente directement l'intensité de la sensation (1). Wundt estime qu'elle ne l'augmente qu'indirectement, en diminuant l'intensité des autres éléments de la conscience (2). Ribot et Charles Richet soutiennent aussi, sous des formes différentes, que l'attention intensifie les états de conscience.

Il est difficile d'admettre dans la sensation une autre intensité que l'intensité d'origine périphérique, qui cor-

(1) *Tonpsychologie*, I, p. 70 ; II, p. 290, Leipzig, 1890.
(2) *Grundzüge der Physiologische Psychologie*, Bd. III, p. 339, Leipzig, cinquième édition.

respond à la quantité d'énergie physique du stimulant externe. Or, Külpe établit une opposition entre les effets de l'intensité et ceux de l'attention. D'après la loi de Weber, quand la sensation a dépassé l'intensité moyenne, elle perd en clarté ce qu'elle gagne en intensité. On distingue mieux les nuances dans le bourdonnement d'un insecte que dans une canonnade. Il en résulte que si l'attention augmentait l'intensité de la sensation, elle l'obscurcirait, au lieu de l'éclairer. Or, nous savons, au contraire, qu'elle la met en plus vive lumière et en fait une perception nette et précise (1).

L'effet de l'attention ne peut donc consister dans l'intensité, à moins de définir la notion si obscure d'intensité autrement que par la « grandeur ». On peut la concevoir comme une « qualité » des états de conscience ; les degrés d'intensité seraient ou des nuances d'une même qualité, ou des qualités spécifiques distinctes. La sensation plus intense serait celle qui est plus consciente, qui fait plus partie de notre expérience, qui aspire à la maîtrise sur l'ensemble des phénomènes internes et tend à leur donner sa coloration. Dans ce sens, on pourrait dire que l'attention communique à la sensation un surcroît d'intensité. Mais l'intensité psychologique étant ainsi définie, il s'ensuit que l'intensité d'origine périphérique et l'intensité d'origine centrale n'ont plus rien de commun que le nom. La première peut être un obstacle à la netteté de la perception, la seconde ne peut que la favoriser.

Pour éviter toute confusion, il est préférable de dire

_____

(1) *Ueber den Einfluss der Aufmerksamkeit auf die Empfindungsintensität.* Troisième Congrès international de psychologie, p. 180.

avec E. Mach que l'attention ne rend pas la sensation plus intense, mais plus claire, plus facile à discerner (1). Elle obtient cet effet en bannissant du champ de la conscience toutes les images étrangères à celle qui l'intéresse, et en lançant au-devant de la sensation les images capables d'analyser et de reconstruire l'objet. La fixation de l'événement passé dépend de cet acte d'attention qui organise l'expérience et la rapporte au moi. L'attention est essentiellement synthèse, la fixation aussi.

Ce rôle capital de l'attention explique l'influence de l'âge, du rythme, de la répétition et du temps, du degré d'intelligence ou de compréhension et enfin du sentiment dans la fixation des impressions.

1° L'âge. — Les amnésies de fixation de la vieillesse ont leur cause dans un défaut de synthèse mentale, dans une impuissance de l'attention. Si le vieillard s'appuie volontiers sur le passé, dont il vit presque entièrement, c'est que le passé lui offre une synthèse organisée. Le présent, au contraire, par son caractère de nouveauté, se présente à lui comme une synthèse à organiser. Il conserve encore assez de puissance d'attention pour comprendre les synthèses anciennes ; il n'en possède plus assez pour organiser les synthèses nouvelles. Toutefois si l'on réussit à exciter son attention par un intérêt quelconque, celui, par exemple, qu'il peut avoir à cacher son infirmité, il devient capable, dans certains cas, de retenir l'événement présent.

L'enfance n'est guère plus favorable à la fixation des

---

(1) *Analyse der Empfindung*, p. 126, Wien. — Cf. W. B. PILLSBURY : *L'Attention*, c. I, Paris, 1906 ; — Jean-Paul NAYRAC : *Physiologie et Psychologie de l'attention*, c. III, § 2, p. 85, Paris, 1906.

souvenirs (1). L'enfant n'obéit pas volontiers, quand
on lui demande de faire attention. Mais si l'on arrive à
l'intéresser — et c'est le seul moyen de fixer son attention — il montre un pouvoir de conservation des sensations supérieur à celui de l'adulte. Il retient mieux
que lui une pièce de poésie, et il ne l'a peut-être pas
comprise. C'est assurément sans les avoir compris qu'il
retient une foule de mots nouveaux. Toutefois, son état
habituel de distraction, joint à son faible développement
intellectuel, fait qu'il ne garde aucun souvenir distinct
d'une multitude d'impressions, qui se déchargent en
lui sous la forme de réflexes.

2° Le rythme. — Une série de mots chantés ou pro-
noncés deux à deux se retient plus facilement qu'une
série dépourvue de rythme. La difficulté d'apprendre
tient en partie à la difficulté d'organiser le rythme.
Si, d'un côté, il suffit, par exemple, d'une lecture pour
retenir douze mots et si, d'un autre, il ne suffit pas de
deux lectures pour en retenir vingt-quatre, c'est que
l'organisation du rythme devient de plus en plus difficile à établir avec le nombre des termes ou des matériaux.

Il y a deux sortes de rythmes : le rythme volontaire
et le rythme involontaire. Le premier est un produit
de l'attention réfléchie : le second, de l'attention spontanée. Ils présentent l'un et l'autre un degré de synthèse qui a son utilité pour la fixation des souvenirs,
puisque tout degré de synthèse est un commencement
d'organisation.

(1) B. BOURDON : *Influence de l'âge sur la mémoire immédiate* (*Revue
philosophique*, 1894, II, p. 148). — *Année psychologique*, 1895, voir une
enquête de MM. Binet et Henry.

3° La répétition et le temps. — Des répétitions successives produisent, par leur accumulation, des résultats dont chacune prise isolément est incapable.
M. Charles Richet a démontré qu'une excitation qui est
insuffisante pour déterminer une vibration dans un
nerf détermine cette vibration en se répétant (1). On
sait également que si on innerve un muscle par des
actions répétées, les premières contractions sont plus
faibles que les suivantes. Il faut donc que les excitations se conservent et s'ajoutent les unes aux autres.
Un poids d'un milligramme peut être insuffisant pour
faire pencher une balance peu sensible : deux, trois,
quatre milligrammes ne modifieront pas son état
d'équilibre, mais le cinquième déterminera son mouvement.

Par analogie, la vie psychologique a besoin, pour
être modifiée d'une façon durable, de recevoir plusieurs
fois la même impression, à moins qu'une émotion con-
comitante ne grave si profondément cette impression
qu'elle survive, du premier coup, sous forme de disposition ou d'habitude. La répétition d'un événement
intérieur facilite son organisation. Son action est d'autant plus efficace qu'elle collabore davantage avec le
temps, un des grands facteurs de l'organisation et de la
vie de l'esprit. En espaçant les répétitions, on apprend
mieux tout en dépensant moins d'effort. Si, au lieu de
mettre deux jours pour apprendre une pièce de vers,
vous en mettez trois, il vous suffira, par exemple, de
vingt-cinq répétitions au lieu de cinquante. Puis, ce

(1) *Les Origines et les modalités de la mémoire* (*Revue philosophique*, 1886, I, p. 561).

qu'on apprend vite disparaît vite. L'élève qui emploie le temps de la réflexion à se bourrer la tête ne retient pas longtemps sa leçon. Le « chauffage » en vue d'être « reçu » à un examen, le surmenage du dernier moment pour suppléer à des mois de paresse, sont une détestable méthode. La science ainsi acquise est vite oubliée. « On connaît l'exemple de cet acteur, dit le Dr P. Sollier, qui, obligé au pied levé de suppléer un camarade le jour même, apprend son rôle en quelques heures et le sait assez pour le jouer le soir. Mais, le lendemain, il l'a complètement oublié et est obligé de le rapprendre en entier. Et ainsi plusieurs jours de suite (1). »

Dans l'affaiblissement pathologique de la mémoire verbale, les noms propres et les noms communs disparaissent les premiers, tandis que les adverbes, les prépositions, les conjonctions et en général les mots désignant les *idées abstraites* disparaissent les derniers. La raison en est dans l'influence de la répétition et du temps. Plus l'idée est *concrète*, plus le mot fait défaut. « Cela a son origine, dit Kussmaul, dans ce fait que les idées de personnes et de choses sont plus lâchement liées à leurs noms que les abstractions concernant leur état, leurs rapports et qualités. Nous nous représentons facilement, sans aucun nom, des personnes et des choses ; l'image des sens est ici plus réelle que le symbole. » Les idées abstraites, au contraire, sont intimement liées aux mots (2). Il en résulte que, si le mot abstrait est plus stable que le mot concret, c'est qu'il a été répété un plus grand nombre de fois.

(1) *Le Problème de la mémoire*, ouv. cit., p. 47.
(2) *Les Troubles de la parole*, par le professeur Kussmaul, ouv. cité, c. xxvi, p. 211.

4° Le degré de compréhension et d'intelligence. — On retient mieux en général ce que l'on comprend mieux. On apprend plus facilement une phrase que des mots isolés, et un mot plus facilement que des syllabes.

D'après une expérience faite sur des enfants des écoles de Paris par MM. A. Binet et V. Henry, « la mémoire verbale des phrases est environ vingt-cinq fois supérieure à la mémoire des mots isolés ». Ce chiffre est évidemment schématique, comme l'expérience elle-même. Mais il résulte de cette expérience et de beaucoup d'autres instituées par les mêmes auteurs ou par d'autres que la mémoire des mots est bien inférieure à celle des phrases. La première est surtout une mémoire de sensations ; et la dernière, une mémoire d'idées. Aussi la mémoire des phrases présente-t-elle un accroissement constant, quoique faible, à mesure que s'accroissent l'âge de l'enfant et son pouvoir d'attention. Les mots eux-mêmes les mieux retenus, dans une série, sont ceux dont le sens a éveillé un maximum d'attention, soit parce qu'ils étaient les premiers de la série, soit pour toute autre raison. Le degré de fixation des mots et des phrases dépend en partie du sens et de la signification qu'ils ont pour celui qui les apprend (1).

La mnémotechnie ne consiste-t-elle pas à traduire en formules conventionnelles que l'on comprend bien ce qui, pris en soi, n'a pas de sens, par exemple, des séries de noms ?

Il s'ensuit que la capacité de retenir dépend du degré

_____

(1) A. BINET et V. HENRY : *Mémoire des mots, Mémoire des phrases* (*L'Année psychologique*, 1895).

de compréhension et d'intelligence. On objectera que tel individu, qui obtint tous les prix de récitation à quatorze ans est médiocre à quarante ans. Il est facile de répondre d'abord que cet individu a fort bien pu s'arrêter dans son développement, et ensuite qu'il convient de distinguer plusieurs sortes de mémoires. Un enfant peut avoir beaucoup de mémoire et être le plus faible de sa classe. Il y a une mémoire banale, élémentaire, qui dépend d'une forme assez médiocre de synthèse et d'intelligence. Les compositions littéraires ou artistiques, les recherches scientifiques, les inventions industrielles ou commerciales exigent des associations spéciales et supposent une forme plus relevée de synthèse et de mémoire, c'est-à-dire plus d'intelligence. Les formes de la mémoire sont aussi nombreuses que les formes de l'intelligence. Mais le développement de l'une dépend en partie du développement de l'autre.

5° Le sentiment. — Il existe, enfin, pour la fixation des impressions, une condition plus efficace que la perfection de la connaissance : c'est la vivacité et la profondeur du sentiment. La représentation ne peut s'organiser dans la vie consciente qu'en y contractant des rapports. Si elle s'harmonise avec un système psychologique qui concentre l'intérêt et qui par le fait constitue un centre d'association, elle sera dans les conditions les plus favorables pour sa conservation. Nos sentiments, nos tendances profondes, nos besoins gravent le plus profondément les événements intérieurs qui leur sont liés. L'attention volontaire est faible, quand elle n'est pas excitée par quelque intérêt. Nous ne faisons attention qu'à ce qui nous intéresse. Aussi les associations intellectuelles de ressemblance et de

contiguïté n'ont-elles jamais la solidité des associations
affectives : elles sont moins personnelles.

La fixation des impressions dépend, au point de vue
anatomique et physiologique, de l'intégrité, de la fraîcheur et de l'énergie du cerveau ; au point de vue
psychologique, de l'intensité de l'excitation, de la qualité de l'impression, de la nature des objets, et surtout
de l'attention. L'attention ne fait qu'un avec la synthèse
mentale ; elle est l'activité consciente avec l'exposant 2. La conscience n'est pas un simple théâtre où,
comme le veut la psychologie de Herbart, les images
luttent pour l'existence. Elle agit dans chaque image :
aucune d'elles ne peut se fixer que si le cours de la vie
consciente ou le ton général de la pensée le lui permet.

Les représentations habituelles et les sentiments do-
minants dont se compose le cours ordinaire de la conscience, les synthèses rationnelles et affectives qui en
sont comme la forme générale, en un mot, la puissance
d'attention ou de synthèse psychologique, telle est la
condition fondamentale de la conservation des impressions et même de la mémoire en général. Car, après
avoir été le principal facteur de l'organisation au stade
de la fixation, l'attention poursuit cette organisation
aux stades suivants, mettant dans un relief grandis-
sant l'activité consciente.

CHAPITRE II

LA VIE LATENTE DES SOUVENIRS

L'impression s'est fixée en s'organisant avec des systèmes psychologiques préexistants; l'embryon du souvenir est constitué. Avant de développer dans la conscience actuelle tous les principes qu'il renferme, cet embryon vit d'une vie latente, pendant une période de temps indéterminée, qui peut durer plus de cinquante ans, comme aussi quelques minutes seulement.

Une quantité énorme de souvenirs ne connaissent que cette période : faute d'une circonstance favorable, ils ne reparaîtront jamais, ils sont condamnés à la vie obscure de la subconscience. Ils n'en seront pas moins actifs, et leur action retentira sur l'ensemble des faits psychologiques. Même quand il ne doit pas renaître, le passé agit sur le cours de nos pensées ; il ne subsiste que sous forme de virtualités, mais la conscience entend ses suggestions. Aussi devons-nous songer, avant d'agir, à la répercussion de nos actes sur la vie entière, à leur inévitable solidarité et par conséquent à l'étendue de notre responsabilité. L'avenir qu'influence le passé est voulu jusqu'à un certain point avec ce passé.

Cette activité du souvenir, assez incompatible avec certaines comparaisons d'ordre matériel qui assimilent la représentation d'un événement passé à une trace, à un résidu ou à un cliché, ne peut s'exercer sur la masse des phénomènes intérieurs ni les orienter vers un but, sans modifier du même coup le souvenir lui-même, qui apparaît comme un germe soumis à l'évolution et tendant à son complet développement.

L'évolution du souvenir s'opère de deux façons : l'une *négative,* et l'autre *positive.*

L'évolution négative représente une perte : des traits sont supprimés, des rapports s'évanouissent, une partie de l'expérience s'efface et disparaît. Grâce à cette désassimilation, le champ de la conscience, qui est en somme très restreint, n'est pas encombré par le détail. Il y a des gens qui sont doués d'une mémoire incroyable et qui s'en plaignent. Le Dr Leyden, qu'on félicitait pour la fidélité de sa mémoire, disait que cette fidélité était pour lui un grand inconvénient : quand il voulait citer une partie seulement d'un écrit qu'il avait lu une fois, tout cet écrit se présentait à son esprit, et force lui était de le répéter en entier, depuis les premiers mots jusqu'à ceux qu'il avait à rappeler (1). Il aurait eu besoin d'oublier : l'oubli est nécessaire à la mémoire.

L'évolution positive consiste à s'assimiler des rapports nouveaux ; elle constitue un perfectionnement, et le souvenir lui est redevable de la meilleure partie de son organisation.

Cette double évolution s'explique par l'action du temps. Le temps n'est pas seulement un facteur de

---

(1) ABERCROMBIE : *Inquiries concerning the intellectual powers,* London, 1841, eleventh edition, p. 101.

fixation pour les impressions ; il est aussi un facteur d'évolution pour les souvenirs.

Toute représentation qui est nouvelle dans la conscience se trouve en rapport avec d'autres représentations plus anciennes, auxquelles il faut qu'elle s'adapte ou qu'il faut qu'elle s'adapte. Dans les deux cas, elle subit des modifications. S'organiser, c'est s'enrichir de rapports nouveaux et se dépouiller de ceux des rapports anciens qui ne sont plus en harmonie avec la situation du moment. Si l'on compare, après vingt ou trente ans, le souvenir d'un événement à l'événement lui-même, il n'y a jamais identité. L'intervalle de temps qui sépare l'événement et le souvenir rend compte de leur différence. On a prétendu que cette différence provient de ce que l'un est une perception et l'autre une reproduction. Il n'en est rien. Car si l'on reproduit plusieurs fois, à des intervalles différents, un même événement, cet événement varie à chaque reproduction. Or, s'il n'intervenait d'autre facteur capable de le faire varier que la reproduction, il devrait, après avoir subi en se reproduisant une modification, se retrouver toujours le même à chaque reproduction nouvelle. Ce n'est donc pas de se reproduire qui modifie le souvenir, mais de durer : le temps fait quelque chose, comme il est facile de le constater, d'un côté, par l'observation et l'expérimentation, et de l'autre par l'analyse de l'amnésie rétrograde.

M. J. Philippe a publié un article fort intéressant sur les *transformations de nos images mentales*. Cette transformation est difficile à prendre sur le fait quand les points de repère échappent à la conscience. Il existe cependant des cas où l'on peut nettement saisir les transformations qu'a subies, à notre insu, la représentation d'un souvenir.

« Il y a trois ans, observe M. J. Philippe, en excursionnant près d'une ville d'eaux cévenole, j'avais remarqué dans une église de campagne un autel en bois sculpté et doré dont le travail bizarre avait attiré mon attention ; pour diverses raisons, l'image m'en revint plusieurs fois durant les mois suivants, et chaque fois avec une telle netteté que j'aurais cru pouvoir la dessiner de mémoire. Au reste, l'année suivante, je la décrivis, telle que je l'imaginais alors, à des voisins de table en quête d'excursion ; je revoyais très nettement, adossé au mur de chevet de la vieille église, un autel du style Louis XV, avec des ornements rocaille d'un travail assez fin, les dorures un peu rougies par le temps, mais le tout d'un bel aspect. En réalité (je m'en aperçus lorsque je refis l'excursion), j'avais vu un autel doré de style indéfinissable, avec des sculptures plutôt bizarres qu'artistiques, et tout cela n'avait qu'un lointain rapport avec *mon* image que je voyais si nette et qui s'était, dans l'intervalle, plusieurs fois représentée à ma conscience. Que s'était-il donc passé dans l'intervalle ? Il fallait admettre que chacune des rééditions n'avait plus été l'exacte copie de l'édition primitive, mais que des retouches successives étaient venues, entre chaque tirage, modifier profondément le cliché et transformer l'image précédente (1). »

Un travail latent s'accomplit donc au sein du souve-

(1) *Revue philosophique*, 1897, I, p. 482.

nir, dans l'intervalle de temps qui sépare ses diverses reproductions.

M. Philippe a institué quelques expériences dans le but de suivre les étapes successives de ce travail.

On fait d'abord palper, puis regarder un objet, tel qu'une vis à tête plate ou un bouton de tailleur pour pantalon. Lorsque la représentation paraît définitive, le sujet est prié de la dessiner. Quinze ou vingt jours après, on lui demande un nouveau dessin ; la même demande se renouvelle un mois après, et ainsi de suite à intervalles de un à deux mois. On peut grouper de la façon suivante les résultats obtenus par ces recherches.

1° L'image tend à disparaître soit par abstraction, soit par confusion. Dans le premier cas, elle perd les détails qui l'individualisent ; elle n'est à la fin qu'un schème de l'objet. Dans le second cas, les diverses lignes du dessin se fondent et s'embrouillent ; c'est l'aspect d'un dessin mal lavé ou d'un relief écrasé par l'usage ; il devient impossible de se représenter l'objet, le sujet se souvient seulement qu'il a eu une représentation ; c'est le dernier degré du souvenir avant sa disparition complète.

2° L'image tend à changer de type. Certains détails tombent, comme dans le premier cas, par abstraction ; les autres se précisent et constituent les grandes lignes d'un dessin qui diffère complètement du dessin primitif. Une fleur de lis en cuivre estampé, dessinée de mémoire, est d'abord une image vague et flottante, puis une croix grecque, et enfin, à la suite de nombreuses retouches, une fleur de lis. Le sujet est convaincu qu'il reproduit son premier dessin. En comparant ses dessins, on aperçoit les transformations du souvenir.

3° L'image tend à se généraliser ; elle évolue d'un type particulier à un type usuel et familier. Le souvenir d'un masque japonais se transforme graduellement et devient une physionomie européenne.

Ces diverses transformations mises en lumière par les expériences de M. J. Philippe donnent une idée de la vie des représentations et des souvenirs. Notre conscience, au cours du temps, fait une application universelle de la loi d'économie et d'intérêt : ici, comme ailleurs, elle supprime, retient, s'agrège, en un mot, elle s'organise suivant ses tendances profondes et d'après les besoins de l'action présente.

On trouve une autre preuve de l'action du temps sur l'évolution des éléments du souvenir, dans l'*amnésie rétrograde* ou *rétroactive*.

Cette amnésie, d'origine souvent traumatique, porte sur la période de temps qui a précédé immédiatement le choc : sa caractéristique consiste dans la perte des événements antérieurs immédiats.

Un ami m'a raconté le fait suivant : « C'était vers 2 heures, la récréation allait prendre fin. Un de mes camarades, en voulant attraper une balle, me bouscula involontairement. Je ne sais si je suis tombé, mais à partir du moment précis où le choc se produisit, la conscience des choses que je faisais disparut. Non pas complètement. Car, pendant les douze heures que dura l'amnésie, j'eus, à plusieurs reprises, une sorte de réveil de conscience. C'est ainsi que jusqu'à 8 heures, heure probable à laquelle on m'a couché, je compte cinq réveils : 1° Au moment même de l'accident, j'eus une

impression confuse : « Qu'est-ce que j'ai ? C'est absurde » ; 2° une demi-heure après, je me réveillai avec
une impression plus nette : j'assistais à la classe de
mathématiques « de corps », et je me revois, le coude
gauche appuyé sur la table, et pleurant ; 3° l'adminis-
tration a dû enfin se préoccuper de moi. Que s'est-il
passé ? Je n'en sais rien. Je me retrouve dans une salle
du lycée où l'on essaie de me faire prendre une tasse
de thé, impression extrêmement confuse ; 4° il paraît
que j'ai demandé à être ramené chez moi à pied ; c'est
le concierge qui m'accompagne, et, boulevard des In-
valides, le long du mur du Sacré-Cœur, je me rappelle
très bien lui avoir dit, pour la centième fois ou plus,
paraît-il : « Je n'y comprends rien, c'est la première
fois que cela m'arrive » ; 5° à table, à 7 h. 1/2, impression très confuse et, moralement, douloureuse : je sens
que je ne suis plus avec des étrangers, que je fais de
la peine, qu'on est inquiet, je me demande toujours ce
qui est arrivé.

« Pendant les douze heures d'amnésie, je n'eus aucune souffrance physique. Quant à ces réveils, ce sont
eux qui m'ont empêché de dire que j'avais complètement perdu conscience pendant tout ce temps. A 2 heures du matin, je repris définitivement conscience de mes
actes. Dans la matinée, mon père alla au lycée et revint
aussitôt : l'accident me fut expliqué. On me dit : « Hier,
vendredi... » En réfléchissant, j'arrive à comprendre
que c'est aujourd'hui samedi, fin décembre, 1892 ; je
suis élève de 3e classique au lycée Buffon, j'ai une sœur,
un frère. Le rappel de ces choses n'est pas venu de
lui-même, sans effort, j'ai dû réfléchir. C'est la notion
du temps qui m'a donné relativement le plus de mal.

Je déjeunai à midi, comme d'habitude, sans qu'il fût nécessaire de faire à ce point de vue la moindre éducation. De même, le peu de grec, de latin ou de mathématiques que je savais ne s'était pas évanoui. Après trois jours de repos, je retournais au lycée où mes camarades me racontaient que le vendredi précédent je leur avais demandé « 54 fois » quel jour nous étions, c'était déjà la notion du temps qui me préoccupait. Ce n'est qu'en dernier lieu que je me suis rappelé les faits qui avaient immédiatement précédé l'accident, et ce n'est que par le témoignage que je connais les événements qui en furent les plus rapprochés. »

On connaît le cas devenu classique d'un officier de cavalerie tombé de cheval. La commotion fut suivie d'une légère syncope. Revenu à lui, il remonta à cheval pendant trois quarts d'heure, disant de temps en temps à l'écuyer : « Je sors d'un rêve. Que m'est-il donc arrivé ? » De retour chez lui, il reconnaît tout le monde, sa parole est libre, il répond à toutes les questions, mais il se plaint de confusion. Il ne se rappelle aucun des événements qui ont précédé de quelques jours sa chute : ni sa blessure au pied de l'avant-veille, ni son voyage à Versailles de la veille, ni sa sortie du matin, ni les ordres qu'il a donnés avant de sortir, ni sa chute, ni ce qui a suivi. Il a aussi de l'amnésie de fixation : il ne retient plus le présent. Dix heures plus tard, le pouls devient normal, et le malade n'oublie plus rien de ce qu'on lui dit : l'amnésie de fixation a disparu. L'amnésie rétrograde guérit peu à peu. Il se rappelle d'abord sa blessure au pied ; puis sa visite à Versailles, mais avec des doutes. Avant de se coucher, il acquiert la conviction d'être allé à Versailles, sans toutefois pouvoir se rappeler successivement ce qu'il a fait à Versailles, comment il en est revenu, ni une lettre de son père qu'il a trouvée sur la cheminée. Mais tout ce qu'il a vu ou entendu dans la matinée, le jour même de sa chute, il ne le connaît que par des témoins (1).

Ces cas d'amnésie rétrograde sont très instructifs. Ils nous font assister à la fois à la dissolution et à la restauration de la mémoire. La dissolution n'atteint que les événements *récents,* et la restauration commence par les plus anciens de ces mêmes événements, allant progressivement des faits de l'avant-veille à ceux de la veille, pour s'arrêter à ceux qui sont les plus voisins du choc.

Pourquoi l'amnésie rétrograde ne porte-t-elle que sur les événements récents, et pourquoi la mémoire, dans sa restauration, va-t-elle du moins récent au plus récent et même ne parvient-elle pas toujours à retrouver le plus récent?

La réponse nous renseignera sur la nature du travail accompli par le souvenir dans la période de latence et par conséquent sur le rôle du temps dans la formation de la mémoire.

M. Bergson a donné de l'amnésie rétrograde une explication qui ne paraît guère satisfaisante. Les souvenirs récents attendraient en général, avant de se fixer, une image dominante à laquelle ils puissent s'adosser comme à un point d'appui. Jusque-là ils seraient « en l'air ». Dès que l'image se produit, ils s'y accrochent. Ainsi naissent des systèmes d'états de conscience où domi-

---

(1) *Observation sur un cas de perte de mémoire,* par KŒMPFEN (Mémoires de l'Académie de Médecine, 1835, t. IV, p. 489). Cité par M. RIBOT : *Les Maladies de la mémoire,* Paris, 1900, p. 97.

nent quelques souvenirs, « véritables points brillants autour desquels les autres forment une nébulosité vague ». L'événement décisif auquel s'attachent les souvenirs récents est, d'après M. Bergson, tel choc brusque, telle émotion violente. « Si cet événement, en raison de son caractère soudain, se détache du reste de notre histoire, ils le suivront dans l'oubli. On conçoit donc que l'oubli consécutif à un choc, physique ou moral, comprenne les événements immédiatement antérieurs, — phénomène bien difficile à expliquer dans toutes les autres conceptions de la mémoire. Remarquons-le en passant : si l'on refuse d'attribuer quelque attente de ce genre aux souvenirs récents, et même relativement éloignés, le travail normal de la mémoire deviendra inintelligible. Car tout événement dont le souvenir s'est imprimé dans la mémoire, si simple qu'on le suppose, a occupé un certain temps. Les perceptions qui ont rempli la première période de cet intervalle, et qui forment maintenant avec les perceptions consécutives un souvenir indivisé, étaient donc véritablement « en l'air » tant que la partie décisive de l'événement n'était pas encore produite. Entre la disparition d'un souvenir avec ses détails préliminaires et l'abolition, par l'amnésie rétrograde, d'un nombre plus ou moins grand de souvenirs antérieurs à un événement donné, il y a donc une simple différence de degré, et non pas de nature (1). »

M. Bergson explique la disparition des événements récents par leur association en droit à un événement présent qui ne se fixe pas.

---

(1) H. Bergson: *Matière et Mémoire*, c. iii, p. 188.

Ce n'est qu'ingénieux.

Est-il possible que *tous* les faits qui appartiennent à une même période de temps *attendent, en l'air,* un événement *unique,* privilégié, qui leur serve de point d'attache dans la conscience? On pourrait l'admettre pour quelques-uns d'entre eux ; mais l'amnésie les efface tous, qu'ils soient associés ou non au fait dominant. Elle ne choisit pas, elle est aveugle.

De plus, il arrive parfois, dans la restauration de la mémoire, que les souvenirs récents sont reproduits, tandis que le souvenir du choc est à jamais effacé. L'officier de cavalerie parvint à se rappeler ce qu'il avait fait la veille et l'avant-veille, mais non ce qu'il avait fait le matin même de sa chute. Si tous les événements s'étaient effacés par suite d'un défaut d'association avec un événement principal, comment la plupart d'entre eux auraient-ils pu revivre, en l'absence de cet événement principal?

L'amnésie rétrograde s'explique par une désagrégation du contenu de la conscience, désagrégation qui *s'étend régulièrement de l'instable au stable.*

M. Ribot a su dégager, des nombreuses observations des aliénistes sur la démence, la loi de la dissolution de la mémoire appelée *loi de régression :* la marche de l'amnésie suit la ligne de la moindre résistance ou de la moindre organisation, s'attaquant successivement aux événements récents, aux acquisitions intellectuelles, aux sentiments, et enfin aux acquisitions presque entièrement organiques.

Si l'on étudie la marche de la démence en général, on trouve que les faits récents sont les premiers oubliés. Une lésion anatomique grave se produit au début de la

maladie, les cellules nerveuses dégénèrent et les excitations qu'elles reçoivent ne se fixent pas ; ajoutez à ce
défaut d'intégrité anatomique que les impressions manquent d'une autre condition, la répétition. Il s'ensuit que
les phénomènes psychologiques correspondants manquent d'organisation suffisante : d'où ce paradoxe que
« le nouveau meurt avant l'ancien ».

Les connaissances scientifiques, professionnelles, la
connaissance des langues étrangères, etc., sont enta-
mées à leur tour. « Les souvenirs personnels s'effacent
en descendant vers le passé. Ceux de l'enfance disparaissent les derniers. »

Nos facultés affectives résistent mieux que nos facultés intellectuelles. Les connaissances sont acquises,
elles sont en quelque sorte extérieures à nous. Tandis
que nos sentiments, il ne s'agit que des plus profonds,
sont l'expression de nos tendances, de nos besoins, de
nos appétits, en un mot, de nous-mêmes. Avec eux « la
personnalité commence à tomber par morceaux ». Il
ne peut être question, comme nous le verrons plus tard,
que de la personnalité empirique et sociale.

La routine journalière et les habitudes contractées
depuis le premier âge disparaissent en dernier lieu :
beaucoup de déments peuvent encore se lever, se coucher, s'habiller, soigner leur toilette, prendre régulièrement leurs repas, s'occuper à des travaux manuels,
jouer aux cartes et au billard. Ces habitudes représentent l'organisation de la mémoire à son degré le plus
fort et constituent une sorte de mémoire organique (1).
Grâce à cette activité automatique, surtout chez les gens

(1) RIBOT : *Les Maladies de la mémoire,* ouv. cité, p. 93.

instruits et bien élevés, l'affaiblissement intellectuel, durant la période d'état, est moins apparent que réel. L'attitude extérieure est une sorte de vernis à la surface de la démence. A la période terminale, le dément se trouve dans les mêmes conditions que l'idiot.

Si donc, dans l'amnésie rétrograde, les souvenirs récents sont les seuls à s'effacer, c'est qu'ils sont les plus instables, les moins organisés ; le temps leur a manqué.

On comprend dès lors que, dans le cas où la mémoire se reconstitue, où les événements récents commencent à être restaurés, les plus anciens d'entre eux revivent les premiers et que les plus voisins de nous revivent les derniers ou même pas du tout. Il faut moins d'attention pour reproduire un souvenir plus ancien qu'un souvenir moins ancien, parce qu'il en faut moins pour reproduire ce qui est plus organisé que ce qui l'est moins.

La mémoire est en raison directe de la synthèse des souvenirs, et la synthèse de ces derniers en raison directe de leur durée.

Le temps n'est pas seulement un facteur de mémoire, il est aussi un facteur d'oubli. L'évolution du souvenir pendant la période de latence s'accompagne de pertes plus ou moins importantes. Au bout de deux heures, on peut être incapable de répéter convenablement une leçon apprise ; il faudra, pour la rapprendre, un certain nombre de répétitions, quinze, par exemple : la perte est représentée par quinze. Au bout d'une journée, il en faudra vingt-cinq : la perte est de vingt-cinq. Des expériences ont montré qu'il y a toujours une perte dans

la période de latence et que cette perte suit une loi :
au début, la mémoire perd beaucoup, elle perd ensuite
de moins en moins. Lorsque le souvenir s'est suffisamment organisé, ses pertes deviennent insensibles : elles
coïncident avec le travail de synthèse et en sont même
une condition. La mémoire se fortifie par sélection.
Lorsque ce travail est achevé, le souvenir est relativement stable, sans être jamais inerte.

On peut conclure que la période de latence est une
période d'organisation, de travail et de tension. L'éco-
lier qui, après sa leçon ou son examen, a le droit d'oublier, éprouve une détente et pousse un soupir de sou-
lagement. Retenir un souvenir, c'est travailler. C'est
aussi travailler que de l'*évoquer*. Comme nous sommes
loin de la constitution et de la dissolution *mécaniques*
de la mémoire !

CHAPITRE III

Une fois fixé et construit, au cours du temps, comme système psychologique, le souvenir *tend* à se reproduire. C'est cette tendance qu'on désigne sous le nom d'*évocation*.

L'évocation est un commencement de reproduction ; mais ce n'est pas encore la reproduction. Ces deux phases de l'évolution du souvenir peuvent même exister l'une sans l'autre. Nombreux sont les cas de reproduction sans évocation, comme ceux de l'aphasie amnésique, et, inversement, les cas d'évocation sans reproduction, comme ceux de la cécité et de la surdité verbales. Dans l'aphasie amnésique, où il y a reproduction, l'effort d'évocation n'est qu'apparent ; en réalité, il est nul. Dans la cécité et la surdité verbales, au contraire, l'effort d'évocation est réel ; mais la reproduction est difficile ou impossible.

L'évocation d'un souvenir peut être active ou passive.

L'évocation passive s'accomplit en nous à notre insu, en dehors de la conscience personnelle. Quand nous avons vainement recherché un souvenir, au lieu de nous obstiner à cette recherche, nous disons : « Il

11

reviendra quand je n'y penserai plus. » Nous savons
que nous pouvons compter sur l'automatisme de l'esprit. Cet automatisme est surtout visible dans les tics,
les stéréotypies et, en général, dans les impulsions
morbides, comme celles de cette jeune fille qui ne put
s'empêcher de dévorer une partie de la redingote de
son professeur de dessin. Mais il apparaît aussi dans
le travail de la pensée normale, où les représentations
sont sujettes à un certain déterminisme et susceptibles
de s'évoquer indépendamment de la volonté. La récitation de l'alphabet dans le sens où nous l'avons appris est une opération automatique.

L'évocation active, au contraire, est affaire d'attention et de volonté. Je n'en veux d'autre preuve que la
récitation de l'alphabet au rebours. Autant l'effort intellectuel est inutile pour évoquer chaque lettre dans la
récitation ordinaire, autant il devient ici nécessaire.

L'évocation dite passive se ramène donc à l'automatisme ; et l'évocation active, à la volonté.

Que faut-il entendre par les termes d'automatisme
et de volonté ? L'automatisme, tel du moins qu'il existe
dans la pensée, serait-il la négation absolue de la
volonté, et la volonté, à son tour, exclurait-elle tout
automatisme?

Cette question sera résolue plus tard. Mais je dois
en indiquer déjà la solution pour fixer le sens des
mots. Ces deux termes ne sont contradictoires qu'en
apparence ; en réalité, il n'y a pas d'opposition absolue
entre eux. Le déterminisme et l'automatisme perdent
leur rigidité, dès qu'on passe de l'expérience externe
à l'expérience interne. Les faits psychologiques ne sont
pas des atomes de conscience, séparés les uns des autres,

extérieurs les uns aux autres, s'influençant en quelque
sorte du dehors, comme l'a imaginé l'associationnisme,
cet atomisme psychologique qui, loin d'expliquer la
conscience, n'explique pas même l'association des
idées, une des opérations cependant les plus automatiques de la pensée.

L'automatisme psychologique, à proprement parler,
n'est ni inertie, ni passivité. C'est de l'activité mentale
diminuée, dégradée, analogue à l'activité de l'esprit
considérée à ce stade de l'évolution psychologique, où
la volonté comme faculté spéciale n'a pas encore fait
sentir son influence et ne s'est pas même développée.

Notre corps n'attend pas pour agir sur le monde
extérieur d'être provoqué par une excitation externe,
il agit de lui-même poussé par le besoin de dépenser son énergie ; notre activité psychologique n'attend
pas non plus pour s'exercer sur le cours de la vie consciente d'être provoquée par la volonté. Dans l'ordre
de la pensée aussi bien que dans l'ordre des mouvements, l'activité involontaire précède l'activité volontaire et lui sert de base. Nous débutons par des
mouvements spontanés, réflexes et instinctifs dus principalement à des explosions d'énergie nerveuse et à la
réaction de mécanismes montés situés aux différentes
régions de la moelle et du bulbe ; la volonté intervient
plus tard, elle modifie et utilise les mouvements pri-
mitifs, elle n'en crée aucun, à rigoureusement parler.
Notre vie intérieure commence elle aussi par s'organiser
elle-même : le courant de la conscience s'établit d'abord,
avant que la volonté soit capable d'intervenir ; son
intervention se bornera d'ailleurs à modifier les conditions d'existence des phénomènes psychologiques.

Si par volonté nous entendons, non plus une faculté spéciale, mais l'activité consciente elle-même, le pouvoir de faire des liaisons et des synthèses, nous dirons que l'évocation prétendue passive et automatique est l'effet d'une activité inférieure à celle qui produit l'évocation active et volontaire, mais l'effet d'une activité. Dans un cas, il y a plus d'activité ; dans l'autre, il y en a moins. Ce n'est qu'une différence de degré.

Les termes d'automatisme et de volonté étant ainsi précisés, étudions les conditions de l'évocation des souvenirs, en interrogeant deux catégories de faits : les faits négatifs et les faits positifs d'évocation. Les premiers nous montreront pourquoi l'évocation est difficile ou impossible ; et les seconds, pourquoi elle a lieu. Dans les deux cas, nous saisirons sur le vif le mécanisme de l'évocation des souvenirs.

On peut distinguer deux sortes d'amnésies relatives à l'évocation des souvenirs : l'*obsession-interrogation* ou *folie du doute* et l'*aphasie amnésique.*

1° L'obsession-interrogation.

Pour se rendre compte de la nature de l'amnésie qui résulte de l'obsession-interrogation, il est utile de considérer les effets généraux de cette « psychose constitutionnelle ».

Il y a des individus continuellement obsédés par le doute, l'incertitude et l'hésitation. Les *douteurs,* en général, sont incapables d'arriver à des états de conscience nets, déterminés et complets. Ils sont impuissants à aimer comme à haïr complètement, à admirer comme à mépriser tout à fait. Ils ne savent ni commencer, ni terminer la moindre action ; ils ne peuvent, par exemple, se décider à s'asseoir, mais dès qu'ils sont assis, ils ne peuvent plus se lever. Il arrive que cette instabilité générale se systématise sur certaines séries d'idées, avec un besoin anxieux d'interroger.

Les *douteurs métaphysiciens* posent des questions incessantes sur la créature, la nature, la vie, Dieu, etc. « Pourquoi les arbres sont-ils verts ? Pourquoi l'arc-en-ciel est-il de sept couleurs ? Pourquoi les hommes ne sont-ils pas aussi grands que des maisons ? »

Les *scrupuleux* sont dans un état d'hésitation intérieure perpétuelle sur l'accomplissement de leurs devoirs moraux et religieux. Cette hésitation va jusqu'à la folie : elle ne cesse pas devant les marques les plus évidentes du devoir accompli.

Enfin, il y a des doutes et des interrogations qui portent sur des objets plus terre à terre. Un malade ne peut se décider à cacheter une lettre sans la rouvrir dix fois pour s'assurer qu'il n'a rien oublié. Un autre « se demande sans cesse si son mouchoir, si sa montre, si son porte-monnaie, sont bien dans sa poche ; si sa cravate et ses boutons sont bien en place ; si ses dents n'ont pas disparu, etc., et il ne peut résister au besoin de s'en assurer vingt fois en une heure. Ces malades recommencent indéfiniment les mêmes actes, dans l'impossibilité où ils sont d'acquérir la certitude que ce qu'ils veulent faire est vraiment fait ; ils passent tous les jours quelques heures à leur toilette, non pas du tout par coquetterie, mais parce qu'ils boutonnent, déboutonnent, reboutonnent sans cesse leurs vêtements (1). »

_____

(1) *Psychoses constitutionnelles*, par F.-L. ARNAUD, dans le *Traité de pathologie mentale*, de Gilbert. BALLET, ouv. cité, p. 707.

Quelquefois les interrogations obsédantes accaparent tout l'esprit et l'empêchent de penser à autre chose. D'après Legrand de Saulle, qui appelle ce travail monotone de la pensée une « rumination psychologique », une jeune artiste ne pouvait se trouver seule dans la rue sans se demander : « Ne va-t-il pas tomber quelqu'un du haut d'une fenêtre à mes pieds ? Sera-ce un homme ou une femme ? Cette personne se blessera-t-elle ou se tuera-t-elle ? Si elle se blesse, sera-ce à la tête ou aux jambes ? Est-ce qu'il y aura du sang sur le trottoir ? Si elle se tue sur le coup comment le saurai-je ? Devrai-je appeler du secours, prendre la fuite et réciter un *Pater* et un *Ave ?* Ne m'accusera-t-on pas d'être la cause de cet événement ? Mes élèves ne me quitteront-elles pas ? »

Ces malades finissent par avoir besoin, pour triompher de leur incertitude angoissante, d'une affirmation étrangère. Ils n'examinent pas la valeur de l'affirmation, qui leur importe peu. Il suffit que le ton soit affirmatif : « Mon bon docteur, disait une malade à Falret, je vous en supplie, répétez-moi quarante fois : Non, Madame, en faisant ce que vous venez de faire, vous n'avez pas eu de mauvaises intentions. » Et il fallait chaque fois appuyer énergiquement sur la liaison : mauvai*ses intentions*, ou bien recommencer la série tout entière (1). La facilité avec laquelle on se contente d'une affirmation étrangère prouve avec évidence l'impuissance de la volonté.

La même obsession-interrogation peut porter plus directement sur le souvenir. Un individu lit dans un

(1) *Loc. cit.*, p. 710.

journal qu'une fillette est tombée dans une bouche
d'égout. Il est réveillé la nuit par l'irrésistible besoin
de savoir le nom de cette petite fille, il ne peut plus
dormir, l'anxiété la plus grande s'empare de lui. Le
lendemain matin, il retrouve son nom dans les jour-
naux, elle s'appelait Georgette, il éprouve un grand
calme et une vive joie (1).

Un malade ne pouvait parler à quelqu'un sans lui
avoir préalablement demandé son nom et son adresse :
il savait trop bien qu'il serait ensuite obligé de les
rechercher constamment. Beaucoup de ces malades,
quand ils sont absolument impuissants à retrouver le
souvenir, tombent dans une extrême anxiété, en arrivent même à une véritable crise, deviennent stupides
et ne peuvent plus ni parler, ni manger, ni dormir.

Une variété d'aura intellectuelle chez les épileptiques consiste dans la recherche de quelque événement antérieur ; la réminiscence se poursuit dans un
état de rêve. Dès que le souvenir est retrouvé, l'accès
a lieu.

L'obsession-interrogation envisagée au point de vue
de la mémoire, comme amnésie d'évocation, comprend
trois éléments : 1° la recherche d'un souvenir ; 2° l'impuissance de le retrouver ; 3° le besoin irrésistible de
le rechercher, accompagné d'un état d'anxiété et d'angoisse.

La recherche du souvenir suppose que l'amnésie est
incomplète. On ne recherche pas ce dont on n'a aucune
idée. Le souvenir provoque l'attention, parce qu'il n'est

(1) CHARCOT et MAGNAN : *L'Onomatomanie* (*Archives de Neurologie*,
septembre 1885).

pas entièrement oublié. L'impossibilité ou seulement l'insuffisance de l'évocation ont leur cause dans une impuissance de la volonté, dans un phénomène d'aboulie : les douteurs sont des abouliques. C'est également par l'aboulie que s'expliquent et le besoin irrésistible de l'évocation et l'angoisse de son impuissance : ces malades sont des impulsifs et, par conséquent, des abouliques (1). L'*aboulie* est donc à l'origine de notre amnésie d'évocation.

M. Pierre Janet a montré un des premiers le vrai caractère de l'aboulie, qui ne consiste pas, comme semblerait l'indiquer son nom, dans une absence totale de volonté, mais seulement dans un affaiblissement de cette activité.

On connaît depuis longtemps l'*aboulie motrice* ou impuissance à accomplir un acte conçu et désiré : le malade qui en est atteint n'est pas paralysé, il n'a pas non plus perdu ses images motrices; mais il est incapable de l'*effort intérieur* qui provoque la réalisation de l'idée.

Il existe une autre espèce d'aboulie : l'*aboulie intellectuelle* ou *aprosexie* (α privatif et προσέχειν, s'attacher à, faire attention à). « La volonté, dit M. Pierre Janet, n'a pas uniquement une action motrice; elle joue un rôle essentiel dans l'intelligence, et je suis même disposé à croire avec Wundt et avec Bastian que cette fonction intellectuelle est la première, et que les actes en sont seulement la manifestation extérieure. Quand on la considère à ce point de vue, la volonté prend le

(1) Professeurs F. RAYMOND et Pierre JANET : *Les Obsessions et la Psychasthénie,* Paris, 1903, II, p. 293.

nom d'attention, et son résultat principal est de nous faire comprendre en les synthétisant (*comprehendere*) les phénomènes psychologiques inférieurs, sensations et images, de nous donner l'intelligence des choses (1). »

L'aprosexie est la raison psychologique de l'obsession interrogative. Les douteurs n'ont pas le pouvoir de fixer leur attention, d'où l'hésitation de la pensée.

Au fond, ces deux formes de l'aboulie sont identiques : le doute est l'équivalent intellectuel de l'incertitude des mouvements. Il n'y a qu'une aboulie (2).

M. Ribot et M. Paulhan ont donné de l'aboulie une théorie qui ne répond pas aux faits. Le premier voit en elle un amoindrissement de la sensibilité, de la vie affective, à la suite d'une dépression notable des actions vitales (3). Les obsédés ont, au contraire, une exagération de la sensibilité. Le second l'explique par un effet du contraste. Un acte vient d'être accompli, aussitôt des idées de contraste s'élèvent, et « l'esprit oscille entre l'affirmation et la négation, sans pouvoir se fixer sur l'une ou sur l'autre. L'idée de l'acte commis ou de la perception éprouvée évoque sans cesse l'idée contraire que cet acte *n'a pas* été commis, que cette perception *n'a pas* été éprouvée (4). » Malheureusement pour cette théorie, l'aboulie est toujours *antérieure* aux idées obsédantes. M. Pierre Janet semble avoir cherché dans la bonne direction la cause de l'aboulie : il l'attribue à un rétrécissement du champ

(1) P. JANET : *État mental des hystériques, les stigmates mentaux*, Paris, 1892, p. 133.

(2) F.-L. ARNAUD : *Les Psychoses constitutionnelles*, article cité, p. 700.

(3) RIBOT : *Les Maladies de la volonté*, ouv. cité, p. 53.

(4) Fr. PAULHAN : *L'Activité mentale et les éléments de l'esprit*, Paris, 1889, l. III, c. I, p. 342.

de la conscience, à une lésion de la synthèse psychologique. L'affaiblissement de la volonté se ramènerait
à un affaiblissement de l'activité synthétique de l'esprit. Le terme de volonté serait impropre, si l'on en
restreignait le sens au choix réfléchi entre diverses
possibilités. Il a ici un sens plus large et signifie
l'activité consciente également propre à l'intelligence
et au vouloir.

L'aboulie atteint donc un élément commun à ces
deux facultés : le fond synthétique de la vie de l'esprit. Les abouliques font des efforts pour évoquer,
mais ces efforts ne sont qu'apparents. Ils ne savent
pas évoquer ; suivant l'expression de M. Pierre Janet,
ils ont une « crampe de l'attention ». Ils se fixent sur
un détail qui n'est pas en rapport avec le souvenir
cherché, et ils ne savent pas diriger leur attention ailleurs. Cette « fixité maladive de l'attention » produit
l'amnésie d'évocation.

2° L'aphasie amnésique.

Cette amnésie verbale par défaut d'évocation, rangée
quelquefois dans les aphasies, fut d'abord étudiée par
Ad. Kussmaul sous le nom d'aphasie amnésique (1)
(aphasie psychonucléaire de M. Pitres). Elle consiste
dans la rupture des communications normales entre
l'idée et le mot.

« Quand nous voulons parler, dit M. Pitres, l'idée
éveille les images des mots qui la doivent revêtir.
Mais si, pour une raison quelconque, l'idée présente

---

(1) Ad. KUSSMAUL : *Les Troubles de la parole,* ouv. cité, c. XXVI, p. 203.

n'éveille pas les images verbales qui lui sont adéquates, le langage est compromis. Il l'est autrement et par un autre mécanisme que si les centres des images sensorielles ou motrices des mots étaient détruits ; mais il l'est tout de même. Le malade conserve *in posse* la faculté de parler ou d'écrire ; il peut répéter les mots qu'on prononce devant lui, écrire d'après copie ou sous dictée ; mais il ne peut plus évoquer spontanément, au moment opportun, les images verbales qui lui seraient nécessaires pour revêtir sa pensée par des mots appropriés (1). »

Il existe une classe spéciale d'aphasiques qui ne peuvent évoquer certains mots, certaines catégories de mots et de lettres, sans toutefois avoir perdu la mémoire. Les mots les plus oubliés sont les noms propres et les substantifs et, en premier lieu, les substantifs désignant des objets concrets. On oublie quelquefois aussi les verbes, les adjectifs et les pronoms, et même, dans des cas plus rares, tous les mots. On connaît le cas de cet ambassadeur qui, au cours d'une visite, ne pouvant trouver son nom, disait à la personne qui l'accompagnait : « Au nom du ciel, dites-moi comment je m'appelle ? » Un curé de campagne, à qui l'on demandait dans un salon parisien le nom de sa paroisse, fut obligé de le demander lui-même à un ami qui l'accompagnait.

Il arrive qu'on ne se rappelle que les initiales des mots. Un individu s'était fait un dictionnaire des mots les plus usuels ; quand il voulait prononcer un mot,

_____

(1) *L'Aphasie amnésique et ses variétés cliniques* (*Progrès médical*, 1898).

il en cherchait la première lettre et parcourait tous
ceux qui commençaient par cette lettre, jusqu'à ce
qu'il l'eût trouvé. Alors seulement il pouvait le prononcer. D'autres fois, au contraire, ce sont les initiales
qu'on oublie. On se rappelle le mot *couleur*, excepté
la première consonne.

Cette amnésie s'explique, comme la précédente, par
un défaut d'attention et de synthèse mentale. Les mots
peuvent être reproduits et reconnus, mais non pas
évoqués.

Le malade a bien l'idée de l'objet qu'il veut nommer, il en a aussi l'image verbale. Ce qui lui manque,
c'est le pouvoir de passer de l'idée au mot. Il a seulement le pouvoir de passer du mot à l'idée, l'association
étant plus facile dans ce sens. Le mot, en effet, est une
synthèse d'images visuelles, auditives et motrices, qui
n'a de sens que par l'idée. L'idée, au contraire, est une
synthèse qui se suffit. Le mot s'ajoute à l'idée comme
élément composant. L'idée ne s'ajoute pas ainsi au
mot, elle en fait partie essentielle, si on entend par
là, non un simple *flatus vocis*, mais un symbole ou un
substitut. Or, la puissance d'attention dont quelqu'un
dispose peut être suffisante pour aller du mot à l'idée
et tout à fait insuffisante pour aller de l'idée au mot.
C'est ce qui arrive dans l'amnésie verbale d'évocation.

Considérée sous son aspect anatomo-pathologique,
l'impuissance de l'attention dans l'aphasie amnésique
résulte de lésions cérébrales, dont le siège n'est pas
déterminé. On en est réduit à des hypothèses.

Dans les dix cas rapportés par Pitres et soumis à
l'examen histologique, les lésions « siégeaient sur
l'écorce de l'hémisphère gauche, au niveau des régions

pariétale et temporale, dans l'aire ou sur les confins immédiats des centres de la vision et de l'audition des mots. Le plus souvent (huit fois sur dix), elles portaient sur le lobule pariétal inférieur, y compris le pli courbe, mais quelquefois elles ne s'étendaient pas jusque-là. Il ne semble donc pas que ce lobule puisse être considéré comme le centre unique et exclusif de l'évocation mnésique des mots, puisqu'il n'est pas toujours altéré quand cette évocation est compromise (1). »

D'après M. Pitres, les lésions provocatrices de l'aphasie amnésique auraient leur siège dans le voisinage immédiat des centres sensoriels des images verbales. Elles ne détruisent pas un « centre spécialisé exclusivement affecté à l'évocation »; elles rompent une partie des voies commissurales qui relient les centres des images de mots aux parties de l'écorce où s'opèrent les « actes psychiques supérieurs ».

Pour expliquer comment la rupture de ces voies commissurales empêche l'idée d'évoquer le mot sans empêcher le mot d'évoquer l'idée, M. Pitres imagine que vraisemblablement les communications de l'idée au mot ne seraient pas les mêmes que les communications du mot à l'idée. M. le Dr Sollier admet, lui aussi, l'existence de voies différentes pouvant être interrompues indépendamment l'une de l'autre (2).

D'après ces recherches et ces conjectures, les lésions de l'aphasie amnésique consisteraient en des altérations des connexions nerveuses reliant les « neurones

---

(1) *L'Aphasie amnésique et ses variétés cliniques*, ouv. cité.
(2) *Le Problème de la mémoire*, p. 101.

psychiques », où s'élaborent les idées, aux « centres
du langage ». Je crois qu'il est plus prudent de se borner à dire que l'attention, la volonté, l'activité synthétique de la conscience et par conséquent l'évocation
des souvenirs n'ont pas de centre cortical différencié
connu, et que l'impuissance de la synthèse mentale
provient d'un affaiblissement général de l'écorce, insuffisant pour empêcher l'évocation des idées, mais suffisant pour empêcher l'évocation des mots.

Dans l'aphasie amnésique comme dans l'obsession-
interrogation, l'affaiblissement cérébral est cause de
l'impuissance de l'attention et de la volonté. L'amnésie d'évocation est un phénomène d'aboulie. L'évocation sera un phénomène d'activité et de volonté.

Entre l'évocation automatique et irréfléchie et l'évocation volontaire et libre, il y a de nombreux intermédiaires.

La volonté est réduite à son minimum et ne compte
pas dans l'impulsion, le rêve, la folie et l'habitude. Au
contraire, elle a son maximum et est presque tout dans
la résolution proprement dite. Entre ces deux extrêmes,
elle parcourt tous les degrés. Voici, par exemple, une
représentation qui prend racine dans un de ces états de la
volonté irréfléchie appelés sentiments, passions, désirs,
répulsions. Elle acquiert, de ce chef, un certain pouvoir
de sélection : elle inhibe toutes les représentations qui
ne l'intéressent pas et provoque en même temps toutes
celles qui l'intéressent. Il est difficile de ne pas voir
dans cette action une sorte de *choix;* ce n'est pas
assurément le choix libre, il n'en est pas moins vrai

qu'il enveloppe quelque élément de volonté et exclut
par conséquent le pur automatisme ou réflexe psychologique qui, nous le verrons, est un non-sens psychologique, en contradiction avec les lois fondamentales
de la conscience.

Pour qu'il y ait choix au sens large du mot, il n'est
pas nécessaire qu'il y ait liberté. Il suffit que l'atomisme mécanistique soit exclu de la vie de l'esprit, dont
le fond est essentiellement finalité et volonté.

Les premières expériences de l'enfant ont peu d'étendue. Tout ce qui est blanc évoque nécessairement,
mais non mécaniquement, l'image du sucre. Il apprend
d'assez bonne heure que cette association n'est pas
nécessaire : il goûte la neige, par exemple, elle n'est
pas sucrée. Le blanc n'évoquera plus désormais nécessairement la représentation du sucre. Les termes de
l'association primitive liés l'un à l'autre deviennent
de plus en plus indifférents à s'associer entre eux.
L'antagonisme des associations libère les représentations et leur permet de contracter indéfiniment des
rapports nouveaux.

On arrive par transitions insensibles au choix proprement dit, à la synthèse de la volonté réfléchie, de
la volonté libre.

En quoi consiste l'évocation volontaire libre et réfléchie ? Nous étudierons au chapitre suivant, sous le
nom d'association des idées, l'évocation volontaire nécessaire et irréfléchie.

La volonté réfléchie intervient dans le cours de la
pensée pour susciter les représentations et les souvenirs. Elle ne peut les inhiber directement. Aussi
a-t-elle recours à l'évocation des représentations et des

souvenirs antagonistes. L'*art de l'oubli* revient à l'art
de provoquer de nouvelles séries d'images et de pensées assez puissantes pour détrôner celles précisément
qu'on veut oublier. Il en est de même de l'*art de se
former soi-même,* de se créer une individualité. Au
lieu de se contenter de réagir passivement sous l'influence de causes physiques ou morales extérieures à
soi et de se laisser imposer des habitudes qui deviennent plus ou moins des névroses, on peut engager la
lutte et choisir entre toutes les représentations celles
qui sont le plus en rapport, non pas seulement avec
ce que l'on est, mais surtout avec ce que l'on
voudrait être. La force et l'étendue des représentations évoquées dépendent de la richesse psychologique
de l'individu, de son fonds personnel, constitués non
seulement par ses états présents et passés, mais aussi
ses tendances libres et volontaires.

Le mécanisme de l'évocation volontaire suppose trois
éléments : 1° une idée de ce que l'on cherche ; 2° un
intérêt à le rechercher ; 3° une certaine puissance d'attention.

Nous avons d'abord une idée plus ou moins vague
de ce que nous cherchons. Si nous ne connaissions
déjà à quelque degré le souvenir que nous voulons
rappeler, il nous serait impossible de vouloir même le
rappeler. Or, si pauvre que soit la connaissance que
nous avons du souvenir à évoquer, elle enveloppe
nécessairement l'idée d'un rapport du souvenir à d'autres représentations, de la place qu'il occupe dans un
ensemble de pensées.

Nous ne chercherions pas, si nous n'avions aucune
idée de ce que nous voulons trouver, par conséquent

si nous n'avions déjà trouvé en partie. Nous ne chercherions pas non plus, si nous n'y avions quelque intérêt ; nous avons un but quelconque. Alors, l'intérêt
que nous attachons à l'évocation du souvenir s'étend
aux représentations avec lesquelles il est en rapport.
Soit x le souvenir à évoquer et a le groupe de représentations avec lesquelles on le croit en relation.
L'intérêt qui enveloppe x enveloppe a, qui devient un
centre d'évocation privilégié. Si nous sommes capables d'attention ou d'effort intellectuel, nous dépense-
rons notre activité mentale en suppositions, en hypothèses de toutes sortes, jusqu'à ce que la représentation
désirée soit évoquée. Toutes les représentations qui
ne sont pas avec a dans le rapport cherché et qui ne
comblent pas autour d'a la lacune dont nous avons le
sentiment, sont rejetées au fur et à mesure qu'elles
surgissent. L'essentiel est donc de mettre le problème
en équation aussi bien que possible, d'établir, autant
qu'on peut les connaître, les relations de l'inconnue x
avec le connu a, puis de creuser sous a pour en faire
jaillir x.

Tel est, d'ailleurs, le travail de la pensée en général. Quand nous cherchons la solution d'un problème
qui nous intéresse, nous souhaitons « que les idées ne
se lient pas comme elles le feraient d'elles-mêmes,
mais bien de manière à nous fournir une réponse à
une question déterminée. Nous négligeons alors tout
ce qui n'a pas de rapport à la question, tandis que
notre attention favorise toutes les associations qui peuvent amener les idées que nous cherchons (1). »

(1) HÖFFDING : *Esquisse d'une Psychologie*, ouv. cité, p. 231.

En ce sens, on peut dire que la pensée et surtout l'évocation active sont *affaire de volonté*. Elles dépendent du degré d'attention et de puissance de synthèse psychologique dont on dispose. L'amnésie d'évocation a sa cause dans la faiblesse de la volonté, dans la difficulté ou l'impuissance de l'attention et de la synthèse. Le mot volonté a donc plusieurs sens. Il désigne tantôt l'activité synthétique de la conscience et est alors synonyme d'attention et de synthèse, et tantôt la faculté spéciale du vouloir, qui, à son tour, se subdivise en vouloir nécessaire et en vouloir libre. La synthèse intellectuelle dépend toujours de l'une de ces formes du vouloir. L'attention est un renforcement de synthèse sous l'influence du vouloir.

Telles sont les conditions générales de l'évocation des souvenirs. Il y a lieu d'en rechercher les conditions particulières : comme elles sont les mêmes que celles de l'association et de la reproduction, elles seront étudiées au chapitre suivant.

CHAPITRE IV

Système construit aux périodes de fixation et de latence, le souvenir tend à réaliser dans la période d'évocation les éléments qu'il contient. Les impressions passées s'efforcent de redevenir présentes sous forme d'images ; ce qui s'est une fois présenté ou produit veut se représenter ou se reproduire. Mais cette volonté ne suffit pas à ramener le passé sur le plan du présent ; le mécanisme de la reproduction des souvenirs est distinct de celui de leur évocation : l'un peut être lésé et l'autre rester intact. Si l'évocation prépare en général la reproduction, celle-ci peut avoir lieu sans celle-là.

Il y a des faits négatifs et des faits positifs de reproduction. Les faits négatifs constituent les *amnésies de reproduction*. Les faits positifs les plus instructifs semblent consister en certains modes bizarres de reproduction connus sous le nom de *synopsies*.

L'analyse de ces faits, et surtout des derniers, mettra en relief des formes spéciales de liaison et de synthèse, qui éclairent le mécanisme de l'*association des idées* et par conséquent celui de la reproduction des souvenirs.

I. LES AMNÉSIES DE REPRODUCTION. — 1° L'*Aphasie*. — L'aphasie est un trouble du langage qui consiste en ce que les images *verbales* se reproduisent difficilement, ou même pas du tout.

On a cru pendant longtemps connaître le mécanisme psychologique et la localisation cérébrale des aphasies. Les récents et beaux travaux de M. Pierre Marie ont tout remis en question.

Dans la théorie classique, la fonction du langage était due à l'activité d'un certain nombre de centres cérébraux. On comptait deux centres *sensoriels* ou de *réception* au moins, dont l'un, le centre visuel verbal, recueillait les images visuelles des mots ; et l'autre, le centre auditif verbal, les images auditives des mots, des bruits et de la musique. Il y avait, en outre, deux centres *moteurs* de *transmission* ou d'*émission*. Le centre verbal d'articulation présidait au langage parlé ; et le centre verbal graphique, au langage écrit : ce dernier n'était plus adopté que par quelques rares neurologistes.

Tous ces centres du langage étaient localisés dans l'hémisphère gauche du cerveau :

Le centre visuel verbal, dans le lobule pariétal supérieur, avec ou sans participation du pli courbe ;

Le centre auditif verbal, dans la première et la deuxième circonvolution temporale gauche, et plus spécialement dans la première ;

Le centre moteur verbal, au pied de la troisième circonvolution frontale gauche ;

Le centre de l'écriture, au pied de la deuxième circonvolution frontale gauche.

A la lésion de chacun de ces centres correspondait une forme spéciale d'aphasie.

La lésion du centre des images visuelles verbales produisait la *cécité verbale*. Le sujet, pensait-on, n'est

pas physiquement aveugle : il voit les mots, il en a la
perception visuelle brute. Mais il ne peut ni les comprendre, ni les lire à haute voix, ni les écrire, du moins
quand ils lui arrivent par la vue. Le trouble psychique
porte sur l'interprétation de la sensation visuelle des
mots, des lettres, des dessins, des chiffres, et en général des graphiques. Il prend différents noms suivant
son objet. Il s'appelle, par exemple, *cécité musicale*,
quand il enlève la connaissance de la notation des sons,
des clés, bémols, dièzes, etc., sans enlever celle des
mots imprimés.

La cécité, soit verbale, soit musicale, ne s'expliquait
ni par un défaut d'intelligence, ni par un défaut de
mémoire, mais par l'abolition des représentations.

La lésion du centre des images auditives verbales
déterminait la *surdité verbale*. Dans cette aphasie, le
sens de l'ouïe est intact ; mais les mots entendus n'ont
plus de signification, ils ne peuvent être répétés, ni co-
piés. Les mots lus, au contraire, sont compris et peuvent être écrits. Selon les trois degrés du symptôme
psychique admis par Brissaud, le sujet peut entendre
simplement du bruit, sans savoir qu'on lui parle ; ou
bien, savoir qu'on lui parle, sans distinguer la langue
ou bien enfin, reconnaître la langue, sans la comprendre. La surdité verbale est souvent incomplète,
comme d'ailleurs la cécité verbale; elle se limite à certains mots, à certaines syllabes. Quand elle atteint les
sons musicaux, elle s'appelle *surdité musicale* ou *amu-
sie*. L'apparition brusque de la surdité verbale entraîne
quelquefois de la « logorrhée ». Le malade devient ver-
beux et est exposé à la « jargonaphasie » ou création de
mots de toutes pièces, et de syllabes sans suite.

La surdité verbale pure n'était due ni à un trouble intellectuel, ni à un manque de mémoire ; le langage articulé, la lecture et l'écriture étaient conservés. La réception psycho-sensorielle des mots faisait seule défaut.

La lésion du centre cortical des images motrices d'articulation produisait l'*aphasie motrice* corticale ou *aphémie :* abolition ou difficulté de la parole spontanée, de la lecture et de l'écriture, avec trouble dans la compréhension du langage parlé.

L'aphasie motrice pure, due à la lésion isolée des fibres de la substance blanche sous-jacente à la troisième circonvolution frontale, était considérée comme une altération de la parole articulée seulement : le sujet lisait, écrivait et comprenait le langage parlé.

Enfin, la lésion du centre des images motrices graphiques était cause de l'*agraphie,* variété motrice d'aphasie d'ailleurs très contestée.

M. le Dr Grasset a exposé et défendu avec beaucoup de talent la doctrine classique des aphasies, dans son beau volume : *Le Psychisme inférieur* (1).

M. le Dr Pierre Marie a publié dans la *Semaine médicale* (2), et dans la *Revue de Philosophie* (3), une série de travaux sur la *Revision de la question de l'aphasie* et sur la *Fonction du langage,* qui ont opéré une vraie révolution dans les études anatomo-cliniques courantes. M. Pierre Marie n'admet plus un seul des quatre centres du langage. « Il n'en est pas moins vrai, écrit-

---

(1) Paris, Rivière, 1906, 1 vol. de la *Bibliothèque de Philosophie expérimentale.*

(2) *Semaine médicale,* 23 mai, 17 octobre, 28 novembre 1906.

(3) *Revue de Philosophie,* 1er mars 1907, p. 207.

il dans la *Revue de Philosophie,* que certaines lésions
en foyer de l'hémisphère gauche du cerveau déterminent des troubles plus ou moins intenses du langage,
à caractère aphasique (1). » Il nie avec les quatre
centres du langage les quatre aphasies. Pour lui, il n'y
a plus qu'une aphasie et qu'un centre cérébral : l'*aphasie de Wernicke* et la *zone de Wernicke,* du nom de
celui qui a le premier étudié la *surdité verbale.*

M. Pierre Marie déclare qu'il n'a jamais rencontré
de cas de *surdité verbale pure,* c'est-à-dire l'impossibilité de comprendre le langage parlé avec conservation
de la parole spontanée, de la lecture, de l'écriture, et
de l'intégrité de l'intelligence. « Ma conviction bien ar-
rêtée, dit-il, est que la *surdité verbale pure* est un simple mythe. » Quant à la lésion du prétendu siège des
images auditives verbales, elle ne détermine nullement
les phénomènes décrits sous le nom de surdité verbale.

Ce qu'il y a de vrai, c'est que certains aphasiques, à
la suite d'une lésion de la *zone de Wernicke,* comprend-
nent mal ou pas du tout le langage parlé. On sait que
la zone de Wernicke est constituée à peu près par le
gyrus supramarginalis, le pli courbe et le pied des deux
premières circonvolutions temporales. « Lorsque cette
zone est atteinte par une lésion en foyer (lésion intéressant toujours plus ou moins la substance blanche),
il se produit une réunion de symptômes constituant le
syndrôme connu sous le nom d'*aphasie de Wernicke:*
le malade peut parler, parfois même il parle trop, mais
les paroles qu'il profère, tout en étant bien prononcées,
sont souvent méconnaissables (jargonaphasie), ou tout

(1) *Revue de Philosophie, loc. cit.,* p. 211.

au moins déformées (paraphasie) ; la lecture et l'écriture sont, soit abolies, soit plus ou moins pénibles ; le malade comprend mal ou pas du tout le langage parlé (1). »

D'où vient ce manque de compréhension du langage parlé ?

Cela ne vient ni de la lésion d'un centre hypothétique de l'audition des mots, ni de la destruction des images auditives consécutive à cette lésion ; mais d'un déficit d' « intelligence », d' « élaboration intellectuelle ». « Sauf dans des cas assez rares, écrit M. Pierre Marie, où la non-compréhension du langage parlé est absolue, on constate, dans l'aphasie de Wernicke, ce fait que le malade comprend des mots isolés, des phrases brèves, des ordres simples ; par conséquent, on ne peut dire qu'il y ait imperméabilité complète des voies auditives intra-cérébrales. Mais, pour peu que les phrases s'allongent, que le nombre des mots augmente et que les ordres se compliquent, la compréhension n'a plus lieu. Prononce-t-on de nouveau isolément chacun des mots, scinde-t-on la phrase en ses propositions élémentaires, décompose-t-on les ordres en indications successives, on constate que le malade est derechef en état de les comprendre. Ce qui le déroute le plus, c'est en somme la *complication* du langage. » Ces troubles de l'intelligence des aphasiques ne sont pas des troubles de l'intelligence en général : ils portent seulement sur « tout le stock des choses apprises par des procédés didactiques ». Un aphasique de M. Pierre Marie, assez intelligent pour se mêler à la vie commune quotidienne,

---

(1) *Revue de Philosophie, loc. cit.*, p. 214.

est incapable, lui, ancien chef de cuisine, de faire « un œuf sur le plat (1) ».

M. Pierre Marie nie l'existence de *centres spéciaux pour la lecture et l'écriture*. Il en donne deux raisons. D'abord, il n'a jamais vu « une lésion *corticale* du pli courbe déterminer à elle seule, et à l'état isolé, la suppression de la lecture (ou cécité verbale pure). Ensuite, puisque l'homme a joui du langage oral depuis l'antiquité la plus reculée, on comprend qu'il possède un centre spécial pour cette fonction ; mais « *l'accession de chacun de nous à l'aristocratique usage de la lecture et de l'écriture est de date éminemment récente.* Recueillons nos souvenirs de famille, et nous constaterons qu'il y a quatre ou cinq générations nos grands-pères ne savaient pas lire ou si peu ! Et, dans ces conditions, on voudrait parler d'un centre pour la lecture et d'un centre pour l'écriture ! Il aurait donc fallu que ces centres vinssent à pousser, dans nos cerveaux à nous, comme des champignons. Puisque nos grands-pères étaient des illettrés, il ne pouvait être question, chez eux, d'un organe pour une fonction qui n'existait pas (2). »

M. Pierre Marie s'attaque ensuite au centre des *images motrices d'articulation*, au CENTRE DE BROCA. Le cerveau du grand aphasique Leborgne, d'après lequel Broca fixa la localisation du langage dans la troisième circonvolution frontale gauche, présentait un vaste ramollissement de l'hémisphère gauche, ayant amené sans doute la destruction de F^3 dans sa moitié postérieure, mais aussi la destruction des circonvolutions

---

(1) *Revue de Philosophie, loc. cit.,* p. 215
(2) *Loc. cit.,* p. 218.

rolandiques, de T¹ et d'une partie du Gyrus supramarginalis. En somme, la lésion la plus étendue se trouvait dans la zone de Wernicke. Le second cas sur lequel s'est basé Broca est encore moins probant. Ici, il
n'y a plus de lésion en foyer au pied de la troisième
frontale, mais une simple *atrophie sénile* du cerveau.
Après avoir critiqué les bases mêmes du dogme de la
localisation du langage dans la troisième frontale,
M. Pierre Marie apporte deux catégories de cas : *Cas
d'aphasie de Broca sans lésion de la troisième frontale
gauche ; cas de lésion de la troisième frontale gauche
sans troubles du langage.* M. Grasset a objecté que, de
l'aveu de M. Pierre Marie lui-même, la troisième frontale gauche participe aux lésions dans la moitié des cas
au moins. M. Pierre Marie explique, sur un dessin de
l'artère sylvienne, artère nourricière du territoire cortical du langage, pourquoi cette lésion F³ se rencontre
si souvent dans les cas d'aphasie, bien qu'elle ne joue
aucun rôle dans la production de l'aphasie elle-même (1).

« On voit sur ce dessin, dit M. Pierre Marie, que l'artère de la troisième circonvolution frontale est la première branche qui, sur la face externe de l'hémisphère,
naisse du tronc de la sylvienne, puis viennent les branches pour la première et la deuxième temporales, puis
les branches pour les circonvolutions motrices FA, PA,
et aussi pour la zone lenticulaire, et enfin les branches
pour le gyrus supramarginalis GSM et pour le pli
courbe (zone de Wernicke).

« L'interruption de la circulation peut avoir lieu dans

---

(1) *Revue de Philosophie,* loc. cit., p. 224. Cf. François MOUTIER :
L'Aphasie de Broca, thèse de Paris, 1908,

des points très divers du trajet de l'artère sylvienne.
Si cette interruption se produit en EH, c'est-à-dire en
aval du point où naît la branche de la troisième frontale, et porte sur la branche de bifurcation de la sylvienne qui fournit aux circonvolutions motrices et à la
zone lenticulaire ainsi qu'à la zone de Wernicke, on
observera cliniquement tout le tableau de l'aphasie
de Broca la mieux caractérisée ; à l'autopsie on trou-

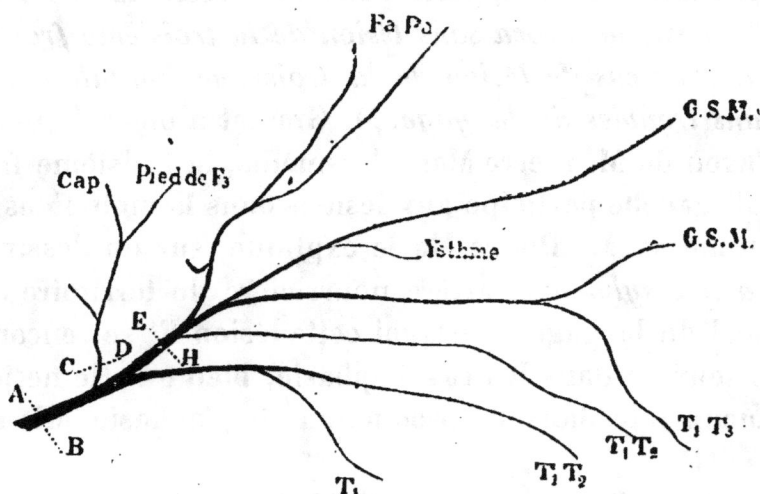

vera une lésion de la zone lenticulaire et de la zone de
Wernicke, mais *la troisième frontale sera absolument
intacte*. Il en était ainsi dans le cas de Souques et
dans mon cas Riout... Si au contraire l'interruption de
la circulation se fait en AB, c'est-à-dire en amont du
point où naît la branche de la troisième frontale, cette
circonvolution participe forcément au ramollissement
sans que cela ajoute d'ailleurs, au point de vue clinique, un appoint à l'aphasie. En effet, cette circonvolution ne contenant pas de centre du langage, l'aphasie

qui se produit est due toujours et uniquement à l'interruption de la circulation à partir de EH ; quant à l'interruption de la circulation dans le segment situé entre AB et EH, elle a déterminé un ramollissement plus étendu du cerveau, mais n'a pas influencé particulièrement le trouble de la parole.

« Enfin, dans certains cas plus rares, il est vrai, l'interruption de la circulation ne se fait pas sur le tronc de la sylvienne, ni sur ses grosses branches ; — seule la branche de la troisième frontale est intéressée en CD. En pareille occurrence, il se produit un ramollissement isolé de la troisième frontale, et alors... on ne constate pas d'aphasie (1). »

Pour M. Pierre Marie, l'*aphasie de Broca c'est l'aphasie de Wernicke avec la parole en moins.* Si la lésion cérébrale n'intéresse que la *zone de Wernicke,* on aura l'*aphasie de Wernicke* pure et simple, c'est-à-dire un trouble du langage « intérieur » ; si elle n'atteint pas cette zone, seul le langage articulé « extérieur » pourra être troublé, on aura une variété d'*anarthrie* produite par la lésion de la *zone lenticulaire.* « Si la lésion intéresse à la fois la *zone de Wernicke* et la *zone lenticulaire,* on observera cliniquement l'APHASIE DE BROCA. De sorte que j'ai pu donner comme résumé de ma doctrine la formule suivante : Aphasie de Broca = Aphasie de Wernicke + Anarthrie (2). »

Il résulte de cette nouvelle théorie qu'il faut parler de l'aphasie au singulier et qu'elle se réduit à un trouble du langage intérieur, à une impossibilité ou à une

(1) *Revue de Philosophie, loc. cit.*, p. 224.
(2) *Ibid., loc. cit.*, p. 228.

difficulté de comprendre les images des mots. Nous verrons bientôt que ce trouble dans la compréhension a sa cause psychologique dans un défaut de reproduction. Mais auparavant il convient de considérer les troubles connus sous le nom d'*agnosies*.

2° Les *Agnosies*. — L'aphasie peut être considérée comme une variété de l'agnosie, l'agnosie des images *verbales*. Les agnosies désignent ordinairement des troubles qui concernent les images *communes* : *agnosie visuelle* ou *cécité psychique*, *agnosie auditive* ou *surdité psychique*, *agnosie tactile*, *agnosie gustative*, *agnosie olfactive* (1).

L'*agnosie visuelle* est connue sous le nom de *cécité psychique*. Cette dernière expression fut d'abord employée par Munk, dans un sens général, pour désigner l'état psychique d'un chien après l'ablation des deux « lobes occipitaux ». Ce chien ne comprenait ni ce qu'il voyait ni ce qu'il entendait. Dans le langage actuel, la cécité psychique est limitée aux objets *vus*. C'est seulement l'impossibilité de comprendre ce qui est perçu par le sens de la vue, cette impossibilité s'étend à tout ce qui relève de la vue. Le *sens topographique* en est profondément troublé; au commencement surtout, le malade ne sait plus s'orienter.

Comme l'agnosie visuelle, l'*agnosie auditive* porte un nom spécial : la *surdité psychique*. Le sujet entend, mais ne comprend plus ce qu'il entend, il ne distingue

(1) Nodet : *Les Agnosies, la cécité psychique en particulier*, thèse de Lyon, 1899. — Freud, Claparède et Grasset écrivent *agnosie*.

plus entre une cloche, un tambour et une voix humaine. Il est sourd psychiquement. Il se comporte vis-à-vis des sensations sonores comme dans sa prime enfance, il réagit par automatisme ou instinct. Il aura besoin de rapprendre à entendre, comme celui qui est atteint de cécité psychique doit rapprendre à voir.

L'*agnosie tactile* est l'impossibilité de reconnaître un objet au toucher. Elle peut se subdiviser en *stéréoagnosie* (1) ou impossibilité de reconnaître les dimensions et les formes (τὸ στερεόν, ce qui est corporel, solide, dur), et en *asymbolie* ou impossibilité de reconnaître l'objet lui-même, quand on en peut apprécier les dimensions et les formes.

Les *agnosies gustative* et *olfactive* n'ont pas encore été étudiées, à notre connaissance du moins. Ces troubles psychiques sont réels cependant et consistent, comme ceux qui précèdent, dans la difficulté de la reconnaissance ou de la compréhension. Il y a des individus qui sont incapables non seulement d'évoquer volontairement une odeur ou une saveur, mais aussi de les discerner dans la perception. M. Claparède appelle cette impuissance *agueusie psychique* et *anosmie psychique*.

On ne sait à peu près rien des lésions qui déterminent les agnosies. Dans la cécité psychique, on a trouvé, suivant les cas, une lésion de la substance blanche des lobes occipitaux, une lésion de la substance grise et blanche de ces mêmes lobes, une double lésion du lobule pariétal inférieur, etc... Dupré pré-

---

(1) Mlle Klavdia MARKOVA : *Contribution à l'étude des perceptions stéréognostiques*, thèse de Genève, 1900. — CHRÉTIEN : *De la perception stéréognostique*. thèse de Paris, 1903.

tend que les tumeurs temporales bilatérales, lorsqu'elles détruisent les segments postérieurs des circonvolutions temporales, entraînent la surdité psychique. Les lésions de la stéréoagnosie portent tantôt sur la zone périrolandique, tantôt sur le lobe pariétal. On ne sait rien des lésions des agnosies olfactive et gustative.

Je dirais volontiers des agnosies ce que M. Pierre Marie a dit de l'aphasie. Ce ne sont pas des troubles de réception sensorielle, mais des troubles mnésiques. Si l'on arrive, par quelque artifice, à exciter l'intérêt ou l'attention du sujet, les objets sont mieux reconnus, les perceptions mieux interprétées.

Comment peut-on expliquer l'impossibilité où se trouvent certains individus de comprendre le mot ou l'objet dont ils ont cependant la perception brute ?

Par un défaut de reproduction des sensations passées. D'où vient, par exemple, que la cécité psychique soit suivie d'un trouble profond de l'orientation? La représentation des lieux, originairement constituée par des images tactiles, articulaires et musculaires, s'enrichit peu à peu d'images visuelles ; ces dernières étant plus commodes pour les besoins de la vie finissent par supplanter les premières. De tactile et moteur l'espace devient surtout visuel. Aussi, lorsque l'agnosie atteint les objets perçus par la vue, elle atteint du même coup l'espace où ils sont situés. Les images visuelles se désagrègent de la représentation totale qui se trouve réduite aux images primitives plus ou moins atrophiées et incapables de représenter l'espace.

« Notre vieil atlas tactile de l'espace, dit M. Jules

Soury, est peu à peu envahi et recouvert par les signes de l'espace visuel ; il en résulte que, quand nous perdons la mémoire visuelle des lieux, ce qui subsiste des éléments tactiles, articulaires et musculaires de ce genre, a subi trop profondément les effets de l'atrophie d'inactivité pour nous être d'un grand secours dans les premiers temps qui suivent la cécité (1). »

La perception normale, humaine, est une opération essentiellement complexe. Aussi n'est-elle possible que lorsque les sens se sont exercés et que la mémoire à commencé de se former. Pendant quelques semaines et, pour certains sens, pendant quelques mois, l'enfant en est réduit à une phase de sensation sans perception. Sans doute, la mémoire ou plutôt l'activité synthétique de l'esprit intervient dès la première sensation pour en lier les éléments multiples et les divers moments. Mais les sensations passées ne peuvent modifier les sensations présentes qu'après s'être organisées dans la mémoire. Aussi la richesse de la perception dépend-elle en grande partie de la richesse des images. Plus les images ont de force et de compréhension, plus elles nous font pénétrer dans la signification des sensations. La perception est donc une synthèse plus ou moins riche de sensations et d'images.

Les troubles de la compréhension des mots et des objets perçus par les sens proviennent d'un défaut de synthèse : les images ne rejoignent plus les sensations. A la suite de lésions cérébrales, sur le siège desquelles

---

(1) Jules SOURY : *Système nerveux central.* Structure et fonctions. Histoire critique des théories et des doctrines. Paris, 1899. Page 1187.

on ne sait encore à peu près rien, la puissance de
synthèse personnelle se trouve diminuée ; le malade
ne jouit plus d'une activité mentale suffisante pour
lancer au-devant des sensations les images qui lui per-
mettraient de 'les interpréter. L'aphasie et les agnosies se réduisent donc à l'impossibilité quelquefois
absolue, la plupart du temps relative, de faire attention, de greffer sur une perception brute les images
qui la complètent et lui donnent un sens. Ce n'est pas
que les images soient « détruites ». Car, outre la difficulté de comprendre ce que peut être une « destruction » d'images, les malades conservent le pouvoir de
décrire les objets ou les choses, alors même qu'il leur
est impossible de les reconnaître dans la perception.
Ce qui manque, c'est donc seulement la puissance de
reproduire les représentations dans l'instant de la perception. Les causes psychologiques de l'aphasie et des
agnosies rentrent dans les causes générales des amnésies de reproduction, que nous aurons bientôt à déterminer.

3° Les *Amnésies systématisées*. — L'amnésie de reproduction peut porter sur les images verbales et sur
les images communes. Elle peut porter aussi sur des
systèmes d'images. Certains malades se voient privés
peu à peu ou tout d'un coup de souvenirs liés entre
eux, se rapportant à un même but, formant un système
psychologique : d'où le nom d'*amnésie systématisée*.

Cette amnésie est dite *sensorielle* ou *motrice*, selon
que les souvenirs disparus appartiennent à l'une ou à
l'autre sensibilité.

Une femme se plaint qu'elle ne peut se représenter, malgré des efforts continuels d'évocation, la figure de son mari. Elle sait bien qu'il a les yeux bruns, mais elle le sait par raisonnement : elle est incapable d'en avoir la vision mentale. Même en voyant un portrait, elle ne reconnaît pas son mari. Il est à remarquer qu'elle peut parfaitement bien se représenter la figure des autres personnes. Son amnésie n'a trait qu'à son mari ; elle n'atteint d'abord que les images visuelles, le son de la voix est reconnu, bientôt elle s'étend et gagne les images auditives. La malade oublie alors la voix de son mari, elle est incapable de se la représenter volontairement et même de la reconnaître quand elle l'entend. Elle finit par ne plus évoquer aucune figure d'homme ; elle conservera toujours la faculté de se représenter une figure de femme. Elle en vient, enfin, à ne plus savoir qu'elle a été mariée (1).

On suit facilement la marche de cette amnésie : elle détruit progressivement toutes les images groupées autour de la notion de mariage. L'amnésie systématique sensorielle est donc une amnésie partielle, elle ne porte pas sur tous les souvenirs acquis dans une période déterminée, mais seulement sur une catégorie d'idées de même genre organisées en système, par exemple, sur le groupe des souvenirs relatifs à la famille, au mariage, à telle personne.

Dans l'*amnésie systématisée motrice*, les souvenirs perdus sont des groupes de mouvements collaborant à une même fin, organisés en vue d'une même action.

---

(1) Professeurs F. RAYMOND et Pierre JANET : *Les Obsessions et la Psychasthénie*. Observation 141, p. 314.

Tel individu ne sait plus marcher, ne sait plus coudre, ne sait plus écrire, etc. Il n'est nullement paralysé; il peut, mais il ne sait pas : il a perdu les images des mouvements qui concernent ces actes.

Les causes psychologiques des amnésies systématisées seront étudiées en même temps que celles des autres amnésies de reproduction, quand nous établirons les conditions générales de la reproduction des souvenirs et de l'oubli.

4° Les *Amnésies périodiques*. — Les troubles de la reproduction des souvenirs, au lieu de se limiter à un système d'événements d'un caractère particulier, peuvent s'étendre à tous les événements quels qu'ils soient appartenant à une période déterminée. Ce sont les *amnésies périodiques*. On les rencontre dans les divers *somnambulismes,* dont le caractère commun est l'*oubli* au réveil. Commençons par les somnambulismes les plus simples, les moins complets, c'est-à-dire ceux qui ont le moins de durée, la richesse d'un état psychologique se reconnaissant à sa puissance d'adaptation et par conséquent à sa durée. Nous examinerons ensuite des somnambulismes plus étendus et plus complets.

Fugues hystériques ou Somnambulismes monoïdéiques. — Les fugues des hystériques sont des somnambulismes simples, remplis par une seule idée : d'où leur nom de somnambulismes monoïdéiques.

Dans ses *Leçons du mardi,* Charcot a décrit les fugues d'un livreur de marchandises à Paris. Envoyé pour porter des objets à livrer rue de Villiers, au lieu de monter chez son client, il partit dans la direction du

Mont-Valérien, passa la Seine au pont de Saint-Cloud et se réveilla place de la Concorde. Une autre fois, ayant à faire des courses dans le quartier du Marais, il s'en alla près de Meaux, commanda un déjeuner qu'il ne mangea pas, revint aux environs de Paris et se réveilla sous le pont d'Asnières. Il allait voir un jour la tour Eiffel en con-truction, lorsqu'il fut pris d'un nouvel accès ; il se réveilla dans la Seine, où il s'était jeté du haut du pont de Bercy. Un an plus tard, il s'endormit rue Mazagran et reprit conscience dix jours après dans une prison de Brest. Au réveil qui suivit sa première fugue, il conserva un souvenir vague de ce qui s'était passé ; les fugues suivantes furent caractérisées, comme tous les vrais somnambulismes, par l'oubli au réveil. Il exécuta d'autres fugues encore. La dernière eut lieu le 30 juin 1890 ; puis, malgré les recherches de la police, on n'entendit plus parler de lui (1).

Un sous-chef de gare de Nancy, présenté par M. le professeur Raymond dans ses leçons à la Salpêtrière, perdit tout à coup, sans raison en apparence, la conscience de ses actes, il quitta son domicile et, huit jours après, se réveilla couché dans la neige, au milieu de la campagne, sur le bord d'un petit ruisseau ; c'était la nuit : tout courbaturé, ne sachant pas le moins du monde où il était, il chercha à s'orienter et rencontra une ligne de tramway qui lui servit de guide ; il parvint ainsi devant un grand bâtiment qui était la gare du Midi de Bruxelles : c'était onze heures du soir, le journal lui

(1) *Leçons du mardi,* 31 janvier 1888, t. I, p. 112 ; 22 février 1889, t. II, p. 313 ; 5 mars, p. 372. — G. SOUS : *De l'automatisme comitial ambulatoire,* thèse de Paris, 1890. — Leçon de M. le professeur Raymond recueillie par M. le Dr Pierre Janet, à l'Hospice de la Salpêtrière, *Gazette des Hôpitaux,* mardi 2 juillet 1895.

indiqua la date du mardi 12 février ; il avait quitté Nancy le dimanche 3 février. Il n'avait aucun souvenir des pays traversés, ni de la façon dont il avait vécu. L'oubli s'étendait exactement sur huit jours et quatre heures (1).

Un garçon épicier du boulevard Saint-Germain avait à seize ans exécuté plusieurs fugues : il voulait être mousse, et chaque fois il se dirigeait du côté de la mer. Un jour, il partit, s'engagea sur un bateau qui remontait la Seine et les canaux et qui se dirigeait vers le Midi. Il espérait arriver ainsi jusqu'à la Méditerranée, puis ce serait déjà un début de navigation. Il tirait sur la corde du bateau en compagnie d'un âne appelé Cadet. Arrivé à Montceau-les-Mines, le bateau n'avança plus. Notre marinier s'engagea comme aide d'un raccommodeur de vaisselle qui parcourait la campagne et se dirigeait vers le Midi. Il était content, tout allait bien, lorsqu'une aventure mit un terme au voyage et le tira de son sommeil : « A Four, dans la Nièvre, raconte M. Pierre Janet qui a connu ces détails en hypnotisant notre voyageur un an après à la Salpêtrière, les deux compères avaient fait de bonnes affaires, ils avaient sept francs en poche, aussi décident-ils de faire un bon dîner. « D'ailleurs, dit le raccommodeur, nous sommes « le 15 août, c'est jour de fête. — Tiens, c'est vrai, « répond étourdiment Rou, c'est la fête de ma mère. » Immédiatement il prend une figure si ahurie que son compagnon lui dit : « Es-tu malade ? » En effet, Rou s'est assis par terre, il pleure et demande : « Où suis-je « encore ? Qu'est-ce que je fais loin de mes parents ?

_____

(1) Leçon déjà citée.

« Qui êtes-vous? » Le raccommodeur a beau lui expliquer la situation, l'autre n'y comprend rien du tout et
finit pas passer pour fou. On s'explique tant bien que
mal chez le maire du village, où l'on conduit ce pauvre
Rou. » Notre fugueur, bien réveillé, écrivit à ses parents pour se faire rapatrier (1).

Le cas du pasteur de M. William James est un des
plus typiques. Un jeune homme, charpentier de profession, libertin et irréligieux, se targuant de libre pensée, entendit une voix qui lui reprochait sa conduite et
lui prédisait qu'en punition il serait aveugle, sourd et
paralysé. Les prédictions s'étant réalisées, il se convertit
de l'athéisme au christianisme, et à trente ans il commença une vie de prédicateur ambulant. Il était sujet
à des maux de tête, à des attaques de dépression mentale et même de léthargie ; il était anesthésique de la
cuisse gauche. Sa santé était bonne, sa force musculaire
excellente, son caractère ferme et loyal. Le 17 janvier 1887, il retira les dollars qu'il avait dans une
banque et disparut. On n'entendit plus parler de lui
pendant deux mois. Le matin du 14 mars, à Norristown, en Pensylvanie, un homme qui avait dit s'appeler Brown, qui avait loué une petite boutique six
semaines auparavant, l'avait approvisionnée de divers
articles et s'occupait de son commerce sans que personne
n'eût remarqué en lui rien d'anormal, fut pris de
frayeur à son réveil et demanda aux personnes de la
maison où il était. Il dit qu'il s'appelait Ansel Bourne,
qu'il ne connaissait pas Norristown, qu'il ne comprenait

(1) Professeur F. RAYMOND et Dr Pierre JANET : *Névroses et Idées fixes*,
1898, p. 256.

rien à ce magasin et que la dernière chose qu'il se rappelait c'est qu'il avait retiré — et il lui semblait que
c'était hier — son argent d'une banque. Il ne voulait pas
croire que deux mois s'étaient écoulés. Il refusa de
rentrer dans sa boutique et partit avec son neveu, qui
était venu le chercher. Les voisins racontèrent qu'il
parlait peu, qu'il était aimable, bien rangé; il était allé
plusieurs fois à Philadelphie renouveler ses marchandises, il faisait sa cuisine dans l'arrière-boutique, où il
dormait, il allait régulièrement à l'église. En juin 1890,
il fut hypnotisé. La mémoire de Brown revint avec une
surprenante facilité et remplaça celle de Bourne. L'hypnotisé ne se rappelait aucun des faits de la vie normale. Il avait entendu parler d'Ansel Bourne, mais il
ne savait pas s'il l'avait jamais rencontré; confronté
avec Mᵐᵉ Bourne, il dit qu'il n'avait jamais vu cette
femme. Il se rappelait, dans le détail, les événements
de sa vie à Norristown. Mais c'est en vain qu'il essayait
de se rappeler ce qui s'était passé avant et après les deux
mois de sa fugue. On avait espéré, par suggestion, de
faire fusionner les deux personnalités, d'établir la continuité des deux mémoires. Mais Brown ne put jamais
faire revivre en lui le souvenir d'Ansel Bourne [1].

Nous ne faisons que rappeler les nombreuses fugues
d'Albert, de Bordeaux. A douze ans, il quitta brusquement Bordeaux et se réveilla chez un marchand de para-
pluies ambulant. Employé à la Compagnie du gaz à
Bordeaux, il partit et reprit connaissance sur un banc
de la gare d'Orléans, à Paris. Une autre fois, il se trouva

___

[1] Williams JAMES : *The Principles of Psychology*, I, 391. — On trou-
vera le récit *in extenso* fait par Mr R. HODGSON dans les *Proceedings of
the Society for Psychical Research*, 1891.

sur une place inconnue : il était à Pau. Il s'engagea,
déserta et parvint à Vienne, où il travailla à la Compagnie du gaz : il partit tout à coup et se réveilla sur un
bateau qui arrivait à Buda-Pesth. On le renvoya à Vienne,
où il travailla de nouveau à la Compagnie du gaz ; un
jour, il se réveilla à Prague. Il alla à Moscou, à Con-
stantinople, et finit par rentrer à Bordeaux. Il était sur
le point de se marier, lorsqu'il exécuta une dernière
fugue, après laquelle il rentra à l'hôpital de Bordeaux,
dans le service de M. Pitres (1).

Ces faits suffisent à caractériser la fugue hystérique ;
c'est une impulsion irrésistible à un acte plus ou moins
compliqué, accompli avec intelligence dans un état
somnambulique, suivi d'amnésie au réveil. Les fugues
des épileptiques sont beaucoup moins intéressantes :
elles sont courtes, ordinairement grossières et peu adap-
tées au milieu (2).

Le phénomène essentiel au point de vue qui nous
intéresse, c'est l'oubli, au réveil, d'une période de
temps, la période somnambulique. Dans les somnambulismes qui suivent, l'oubli s'étend à une plus longue
période ; la pluralité d'idées qui les caractérise leur
donne une plus grande puissance d'adaptation et par
conséquent de durée.

Somnambulismes polyidéiques. — Nous n'en citerons
que deux cas, l'un emprunté à M. Pierre Janet, l'autre
à Mesnet.

(1) Dr Philippe Tissié : *Les Aliénés voyageurs. Essai médico-psychologique,* p. 56, Paris, 1887.
(2) *Des fugues inconscientes hystériques et diagnostic différentiel avec
l'automatisme de l'épilepsie,* par Louis Saint-Aubin, thèse de Paris, 1890.
— *Automatisme ambulatoire chez un hystérique,* par le professeur
Proust. (*Bulletin médical,* p. 107, 2 février 1890).

Une jeune fille fut exposée à des outrages dans des attaques convulsives, provoquées dans ce but par un hypnotiseur. Elle put se défendre. Au réveil, elle ne conserva aucun souvenir ; mais, au milieu de la nuit, « elle s'agitait dans son lit, pleurait, appelait au secours, se débattait convulsivement et, dressée sur son séant, restait les yeux fixes et les bras tendus comme si elle repoussait une personne. Puis elle sautait à bas du lit, et courait au travers de la chambre, enfin se précipitait en dehors. » A ce moment, elle passait de l'idée de viol à d'autres idées. Elle regardait les objets environnants, prenait un objet usuel, comme un balai, et se mettait tranquillement à balayer le parquet. « Une nuit, elle sortit de la maison et, rencontrant une brouette dans la cour, se mit à la remplir de sable et la porta au fond du jardin (1). »

Le changement d'idée ou le passage de l'idée fixe à une autre idée ne réveille pas le sujet, dont l'état peut comprendre une pluralité d'idées.

Le sergent de Bazeilles étudié par Mesnet fait la guerre dans la première période de son délire : il prend une canne en guise de fusil, charge son arme, se met à plat ventre, épaule, suit les mouvements de l'ennemi, etc... « Bientôt il se laisse suggestionner par les objets qu'il rencontre. S'il trouve une plume, il cherche du papier et écrit une lettre à son général, en lui demandant de s'occuper de lui pour la médaille militaire. Un cahier de papier à cigarettes lui donne l'idée de fumer, et il fume. On lui met entre les mains un rou-

_____

(1) Pierre JANET : *L'État mental des hystériques. Les accidents mentaux*, c. VI, p. 194. Paris, 1894.

lcau de papier, il rentre aussitôt dans son ancien rôle de chanteur de café-concert. Il fredonne doucement un air, parcourt des yeux les pages qu'il feuillette lentement, marque avec la main une mesure parfaitement rythmée, puis chante à pleine voix d'une manière fort agréable (1). »

Les idées se modifient, se transforment au contact des objets. Et quoique le champ de la conscience du sujet soit assez restreint, il comprend cependant une pluralité d'idées.

Doubles existences. — Quand le champ de la conscience s'élargit, que la multiplicité des éléments qu'il contient s'accroît et que la durée de l'état somnambulique augmente, le somnambulisme polyidéique s'accompagne du phénomène de la double personnalité ou de la double existence.

Mary Reynolds, étudiée par Weir Mitchell, qui lui a consacré un volume entier (2), perdit à dix-huit ans l'usage des sens. Après six semaines, l'ouïe revint tout à coup, la vue graduellement. Mais elle savait à peine parler et n'avait presque plus aucune notion des choses. Elle avait tout oublié, ses parents, ses frères, ses sœurs, ses amis, et elle ne les reconnaissait plus, elle ne les avait jamais vus, jamais connus. Elle n'avait pas la moindre conscience qu'elle avait existé avant son mystérieux sommeil. C'était comme un enfant né dans l'âge de maturité. La première leçon de sa rééducation

---

(1) MESNET : *De l'automatisme de la mémoire et du souvenir dans le somnambulisme pathologique* (*Union médicale*, juillet 1874). — Reproduit *in extenso* par BINET : *Les Altérations de la personnalité*, I⁰ partie, c. II, p. 37.

(2) Weir MITCHELL : *Mary Reynolds.* — *Transactions of the College of Physicians of Philadelphia*, 1888 ; — *Harper's Magazine*, 1860.

eut pour but de lui apprendre quels étaient les liens qui
la rattachaient aux personnes de son entourage et par
conséquent ses devoirs. Ce fut très long, et elle ne comprit jamais bien les rapports de consanguinité ou d'ami-
tié et regarda ceux qu'elle avait connus auparavant
comme des étrangers ou des ennemis. Dans la leçon
suivante, on lui enseigna à lire et à écrire : ce qu'elle
apprit assez vite, mais, comme les petits enfants, elle
avait une tendance à écrire de droite à gauche. Elle
changea entièrement de caractère. De mélancolique et
taciturne qu'elle était dans son premier état, elle devint
joyeuse à l'excès, vive et sociable. Elle ne demandait
qu'à courir, monter à cheval, aller à la chasse. Quelques
mois après, elle fut prise d'un nouveau sommeil. Au
réveil, elle ne conserva aucun souvenir de la période
précédente. Mais elle reconnut ses parents, ses amis, et
se rappela tous les événements de son premier état.
Ces deux états alternèrent, à des intervalles qui variaient
de cinq à six ans. L'état dit second finit même par devenir prépondérant vers trente-cinq ou trente-six ans.
Elle mourut à soixante et un ans, subitement.

Un autre cas typique est celui de Félida, observé par
le Dr Azam, de Bordeaux (1). A l'état de veille, Félida
pensait constamment à sa maladie, elle était triste,
morose, parlait peu et travaillait beaucoup. Tout à coup,
elle avait sa crise, c'est-à-dire quelques minutes ou quelques secondes d'abattement profond voisin du sommeil.
Au réveil, elle était toute changée. Elle chantait, vaquait
aux soins du ménage et faisait des visites ; elle était

(1) *Hypnotisme, double conscience et altération de la Personnalité.*
Paris, 1887.

gaie, sensible, aimante. Elle avait toutes les allures
d'une jeune fille bien portante. Dans cet état, elle se
souvenait de tout ce qui s'était passé dans les états semblables ; elle se souvenait aussi de sa vie « normale ».
Cet état « dominateur » devint prépondérant. Mariée et
mère de deux enfants, elle dirigea d'abord un magasin
d'épicerie; à la suite de circonstances diverses, elle reprit son ancien métier de couturière, elle dirigeait ces
dernières années un petit atelier. Elle est devenue très
habile à dissimuler le passage d'un état à l'autre et vit
presque toujours dans son état « second », beaucoup
plus commode, puisqu'elle s'y souvient de l'ensemble
de sa vie, tandis que, dans l'état « premier », elle ne
conserve le souvenir que des états analogues.

Somnambulismes artificiels. — On peut reproduire
artificiellement tous les somnambulismes naturels.

On connaît le cas si curieux de Louis V..., qui présenta six existences successives. Les D⁰ˢ Bourru et Burot,
qui l'ont étudié d'une manière très complète, ont réussi
à reproduire ces existences, soit au moyen d'agents physiques, soit par suggestion. En appliquant un barreau
d'acier sur le bras droit, on obtient l'état d'hémiplégie
gauche avec hémianesthésie ; Louis est alors âgé de
vingt et un ans, il est doux, réservé, poli, ne tutoie personne, il se croit à Bicêtre et n'a aucun souvenir d'être
allé à Rochefort, où il est en réalité. — Si on applique
un aimant sur la nuque, on obtient l'état de paraplégie;
Louis est à l'asile de Bonneval, son langage est incorrect
et enfantin, son intelligence obtuse, il ne connaît que
deux endroits : Bonneval et Saint-Urbain, il est tailleur
de profession. — Une application de fer doux sur la
cuisse droite fait disparaître la paralysie et l'anesthé-

sie : il a vingt-deux ans, il est soldat d'infanterie de marine, il connaît les hommes au pouvoir, il se rappelle tous les événements de sa vie, excepté ceux de Saint-Urbain et de Bonneval, époque où il était paraplégique, où on le portait sur l'atelier de couture, aussi prétend-il n'avoir jamais été tailleur.

Ainsi, en se servant des procédés physiques de transfert, on a pu reproduire les différentes existences de Louis V... On a obtenu le même résultat par la suggestion hypnotique. Il suffit de lui dire : « Tu vas te réveiller à Bicêtre », pour que Louis V... se croie à Bicêtre et revive son existence morale et physique de Bicêtre : il se trouve hémiplégique et hémianesthésique à gauche. On lui suggère qu'il est tailleur; il se réveille à Bonneval avec sa paraplégie (1).

Les *amnésies périodiques,* qui constituent, au point de vue de la mémoire, le caractère essentiel des divers somnambulismes, peuvent recevoir, avec les *amnésies systématisées,* les *agnosies* et l'*aphasie,* une même interprétation générale.

Toutes ces amnésies sont des amnésies de reproduction soit par impuissance d'attention, soit par défaut de ressemblance entre le moment de la vie psychologique où un événement se produit et celui où nous voudrions le reproduire.

L'oubli est le contraire du souvenir. Or, le souvenir est une synthèse. Se rappeler un événement, c'est dans

---

(1) H. BOURRU et P. BUROT : *Variations de la Personnalité.* Paris, 1888. — Cf. RIBOT : *Les Maladies de la Personnalité,* p. 80.

l'instant présent, c'est-à-dire dans un état psychologique particulier, faire revivre un fait de conscience qui
appartient à un autre temps et, par conséquent, à un
autre état de la vie intérieure. La difficulté de la synthèse mentale peut provenir d'une impuissance de l'attention; elle peut provenir aussi de la matière à synthétiser. Si l'activité synthétique de l'esprit est faible
ou même nulle, le souvenir sera difficile ou impossible.
Si les deux états qu'il s'agit de synthétiser sont très
différents, la difficulté du souvenir sera extrême. Que
la difficulté de la reproduction puisse provenir d'un
défaut d'attention, et que, dans les cas d'amnésie cités
plus haut, en particulier dans l'aphasie et les agnosies,
la puissance d'attention soit diminuée, cela est évident
et n'a pas besoin de démonstration. Mais il faut démontrer que la reproduction dépend du degré de ressemblance entre l'état présent et l'état passé : ce qui revient
à déterminer les conditions psychologiques fondamentales qui, jointes à l'attention, expliquent la reproduction. Il sera facile de voir ensuite que les amnésies
dont nous avons parlé manquent de ces conditions.

1° *La reproduction dépend du degré de ressemblance
de l'état présent et de l'état passé.* — Un état de conscience
ou un moment de la vie psychologique se compose
d'une pluralité d'éléments intellectuels, émotifs, sensoriels et cénesthésiques. C'est une systématisation de
connaissances, de sentiments, de sensations et d'états
organiques internes ou externes. Les ressemblances
ou les différences entre l'état présent et l'état passé
peuvent donc être d'ordre intellectuel, d'ordre affectif,
d'ordre sensoriel ou d'ordre cénesthésique.

Que les dissemblances intellectuelles et affectives soient un obstacle à la reproduction des souvenirs, il n'est pas besoin de le prouver. Triste et abattu, on n'est guère disposé à faire revivre des événements joyeux : l'état présent et l'état passé sont incompatibles. Comment ce qui appartient à un état et en porte la marque générale pourrait-il appartenir à l'état contraire et en porter la marque? Le joueur de Monte-Carlo, assis à sa table de jeu, n'est pas dans des conditions favorables, serait-il philosophe, pour évoquer des souvenirs scientifiques.

Les dissemblances d'ordre sensoriel et cénesthésique ne constituent pas un moindre obstacle à la reproduction des souvenirs. Mais la preuve en est moins saillante, quoique facile à établir. L'individu sujet aux anesthésies est sujet aux amnésies de reproduction. Être privé d'un genre de sensibilité, c'est manquer d'une condition importante pour restaurer des souvenirs acquis avec cette sensibilité. M. Pierre Janet a bien mis en relief cette influence de l'anesthésie dans la disparition des souvenirs (1), quoiqu'il y ait peut-être des cas, comme le prétend M. William James, d'anesthésie sans amnésie (2).

A la suite d'une attaque léthargique, survenue vers la fin de septembre, Rose, le sujet bien connu de M. Pierre Janet (3), perdit les souvenirs des mois de juillet, août et septembre. La suggestion ne put les raviver. Beaucoup plus tard, la pratique du magnétisme

---

(1) Pierre JANET : *L'Automatisme psychologique,* ouv. cité, p. 94.
(2) William JAMES : *Principles of Psychology,* ouv. cité, I, p. 390.
(3) Pierre JANET : *L'Automatisme psychologique,* p. 98. — Dr A. PITRES : *Des anesthésies hystériques,* Bordeaux, 1887.

amena chez Rose un grand nombre d'états somnambu-
liques divers, séparés par des périodes de catalepsie.
Or, dans un de ces nouveaux états, elle se rappela tout
à coup les trois mois qu'elle avait oubliés. Avec la disparition de cet état disparut aussi le souvenir ; mais
chaque fois que cet état fut restauré, le souvenir
réapparut. Qu'avait donc de particulier cet état privilégié ? Dans tous les autres, Rose était anesthésique ;
dans ce dernier, elle recouvrait la sensibilité tactile
du côté droit. Or, pendant les trois mois oubliés, elle
avait retrouvé cette même sensibilité. Ne semble-t-il
pas que les sensations tactiles qui avaient été mêlées
à l'acquisition des souvenirs étaient nécessaires à leur
reproduction?

On dira peut-être qu'un homme devenu subitement
aveugle conserve ses images visuelles. Mais, dans ce
cas, c'est l'organe périphérique seul qui est lésé. Si
l'organe central était atteint, il n'aurait pas plus d'images visuelles que l'aveugle-né non opéré. Or, dans les
anesthésies des hystériques, c'est le centre cortical qui
est lésé. On en peut donner deux preuves. D'abord, les
hallucinations correspondantes aux sens perdus sont
également perdues. Aucune suggestion n'est capable de
les produire sans ramener la sensibilité. Ce qui suppose que les images ont disparu avec les sensations et
que cesser de disposer des sensations c'est, dans la
paralysie hystérique, cesser de disposer des images.
Ensuite, l'indifférence des malades pour leurs anesthésies prouve qu'ils n'ont conservé aucun souvenir des
sensations perdues. On fait observer à Rose qu'elle ne
distingue aucune couleur ; elle répond qu'elle n'en
savait rien. « Quand j'ai montré à Lucie, dit M. Pierre
Janet, qu'elle ne sentait aucune douleur ni aucun con-

tact, elle m'a répondu : « Tant mieux. » Quand je l'ai
amenée à constater qu'elle ne savait jamais la position
de ses bras sans les voir, et qu'elle perdait ses jambes
dans son lit, elle m'a répondu : « Mais c'est tout natu-
« rel, du moment que je ne les vois pas; tout le monde
« est comme cela. » En un mot, ces malades ne peuvent
pas faire de comparaison entre une sensation ancienne
dont elles ont complètement perdu le souvenir et leur
état présent, et elles ne souffrent pas plus de leur
insensibilité que nous de ne pas entendre « l'harmonie » des sphères célestes. » Dans les paralysies organiques, les malades s'efforcent de remuer leurs membres, parce qu'ils se souviennent des mouvements à
exécuter. Dans les paralysies hystériques, l'effort est
rendu impossible par l'amnésie.

On comprend facilement que la perte des sensations
entraîne la perte des souvenirs qui s'y rattachent. Sensations, images et souvenirs forment un bloc, une systématisation particulière des états psychologiques à un
moment donné. Cette systématisation venant à changer, les souvenirs étant détachés des sensations, il est
naturel qu'on ne puisse plus les retrouver. Si, par un
courant électrique, on rend à Rose la sensibilité tactile
du bras droit, elle reconnaît, sans le regarder, un
crayon. Une heure après, quand la sensibilité a disparu,
elle ne se souvient de rien. Le lendemain, on lui rend
sa sensibilité, la mémoire aussitôt réapparaît. Louis
V... « récupère toutes ses sensibilités par le bain électrique... et quand son cerveau est ainsi ouvert, il se
rappelle toute sa vie (1) ».

La reproduction des souvenirs dépend de la sensibi-

_____

(1) Bourru et Burot, ouv. cité, pp. 52 et 135.

lité. Elle dépend aussi de cet ensemble de variations organiques et viscérales qui constituent le sentiment vital ou la cénesthésie. Plus le cours général de la vie, au moment de la restauration des souvenirs, ressemble à celui où les souvenirs furent acquis, plus cette restauration est facile. Entre deux intervalles de fièvre, le délire est oublié. Vienne un nouvel accès, il est aussitôt rappelé. L'hypnotisé perd ordinairement au réveil le souvenir de ce qui s'est passé. Un nouvel état hypnotique en amène le retour.

C'est uniquement pour le besoin de l'étude que nous avons décomposé l'état psychologique. En réalité, ses éléments s'unissent dans une systématisation plus ou moins forte qui dirige le cours de la vie intérieure. Il n'y a pas d'altération de la sensibilité sans altération de la cénesthésie, que cette dernière soit cause ou effet de la première, ni sans une modification des facultés émotives et intellectuelles. Il en résulte que deux états de la vie consciente ne peuvent jamais être entièrement semblables et que se rappeler, sauf les cas d'automatisme, c'est toujours faire effort, effort d'autant plus grand que les deux états sont plus dissemblables.

2° *Dans les amnésies de reproduction, le défaut de ressemblance entre l'état présent et l'état passé est trop grand pour la somme d'attention dont le sujet dispose.*

Une femme atteinte d'amnésie systématisée était incapable de se représenter la figure et la voix de son mari. Cette amnésie s'explique par un trouble psychologique profond survenu dans l'existence de cette femme. Elle soignait son mari très malade. Comme elle ne soupçonnait pas la gravité de sa maladie, elle demanda

au médecin si, dans une quinzaine de jours, il pourrait
l'accompagner à la campagne. « Mais vous n'y songez pas, ma bonne dame, répondit le médecin, dans
quinze jours, votre mari sera enterré. » La pauvre
femme ressentit un choc dans la tête, le choc des
grandes émotions, et présenta dès lors des symptômes
qui ne furent ni modifiés, ni aggravés par la mort
du mari. Il lui sembla « qu'elle perdait son mari,
qu'il disparaissait et s'effaçait de sa pensée ». Elle eut
recours à la photographie. Mais sa tête, ses yeux fai-
saient des mouvements convulsifs pour ne pas voir;
et ensuite, si elle parvenait à regarder, cela ne lui
disait rien. L'ouïe et la vue étaient troublées, aussi
éprouvait-elle une difficulté énorme à fixer l'attention
sur ces sensations.

MM. Raymond et Pierre Janet, à qui nous avons emprunté cette « Observation », estiment que cette malade présente « un certain degré d'amnésie visuelle, un
certain degré de dissociation des synthèses mentales,
des souvenirs. L'image du mari est devenue moins
nette, moins émotionnante, moins capable d'évoquer
les autres souvenirs et les autres émotions, elle a perdu
une partie de sa puissance d'action, de son coefficient
de réalité. Si l'amnésie était plus complète, elle serait
beaucoup moins remarquée ; une amnésie complète,
comme une anesthésie complète, laisse le sujet tout à
fait indifférent. Au contraire, ce genre d'amnésie incomplète des psychasthéniques est douloureux, pénible, laisse un sentiment d'incomplétude tout à fait
caractéristique, qui excite des efforts et des recherches
bizarres (1). »

(1) Les Obsessions et la Psychasthénie, ouv. cité, p. 317.

L'état psychologique de cette femme, depuis son amnésie, est donc tout à fait différent de son état précédent. L'émotion a retenti sur les éléments intellectuels, sensoriels et cénesthésiques, et bouleversé la systématisation qui exprimait alors sa personnalité. Il s'est formé depuis une nouvelle organisation et un commencement de nouvelle personnalité.

Avec les fugues hystériques et les somnambulismes, l'écart ne fait qu'augmenter entre la systématisation psychologique passée et la systématisation psychologique présente.

La circonstance la plus fréquente qu'on rencontre au début des fugues hystériques est l'ivresse. Mais ce n'est qu'une cause accessoire. La vraie cause réside dans une *idée fixe,* dans une idée qui se développe automatiquement dans l'esprit, en dehors du contrôle de la volonté et de la conscience normale. Le jeune marinier, au début de sa fugue, se dirigeait toujours vers la mer. Étant enfant, il se grisait avec de vieux marins qui racontaient leurs voyages. Il fut tout à coup hanté par l'idée des voyages et alla demander des renseignements au ministère de la Marine pour s'engager comme mousse. Cette idée sembla disparaître, mais elle revenait toujours dans ses rêves d'ivresse.

Durant la fugue, les sujets n'ont qu'une idée en tête. Cette idée s'assimile toutes les pensées, tous les événements de la vie, devient de plus en plus envahissante et aboutit à un délire systématique. L'individu vit plus ou moins longtemps dans ce délire, gagne sa vie, apprend un métier, paraît normal, jusqu'à ce qu'une circonstance dissocie son système délirant et ramène la systématisation normale de ses états psychologiques.

Notre marinier, devenu pendant sa fugue raccommodeur de vaisselle, entendit un jour prononcer le nom de sa mère et se réveilla.

L'oubli, pendant la fugue, des événements de la vie ordinaire, et, au réveil, l'oubli de la fugue elle-même, s'expliquent par la différence profonde qui sépare l'état somnambulique de l'état de veille ; ces deux états consistent en des systèmes psychologiques totalement différents, la différence y est surtout d'ordre intellectuel et tient à l'idée fixe.

Les somnambulismes polyidéiques vont encore accentuer la différence des deux états : ce qui n'était d'abord que dualité de systématisations deviendra dualité ou même pluralité d'existences et de personnalités.

L'état créé par le somnambulisme polyidéique simple ne constitue pas encore une existence ou personnalité. Il a cependant sa mémoire. Si, au réveil, le malade ne conserve aucun souvenir des événements du rêve, — ce qui s'explique par la différence des deux états, — il se rappelle dans un nouveau somnambulisme tout ce qui s'est accompli dans l'ancien. Pendant une crise délirante, un sujet commence un roman sur la Salpêtrière. Il en écrit douze pages. On le réveille. Trois jours après, il est repris du même délire. On lui glisse du papier dans la main et il écrit le chiffre 13 au haut de la page et continue son roman. Ce jour-là, il s'arrêta à la page 19, vers le milieu. Le lendemain, même somnambulisme. Il numérota son feuillet : 19 *bis*, et écrivit une demi-page. Le surlendemain, il continua la page 19 *bis* inachevée et numérota 19 *ter*, puis s'arrêta à la page 20. Au bout de vingt jours, on attira de nouveau son attention sur le roman : il prit la plume et numérota un feuillet 21 (1).

Il y a donc mémoire, dans les somnambulismes nouveaux, des somnambulismes anciens, pourvu toutefois que les somnambulismes soient du même genre. La ressemblance de ces accès permet d'en reproduire le souvenir.

Quand les somnambulismes sont différents, la reproduction n'a pas lieu. Il est rare cependant que l'un de ces états ne vienne pas à l'emporter sur l'autre par sa durée et par son contenu psychologique. C'est l'état « dominateur ». Mary Reynolds et Félida vivent presque entièrement dans la seconde forme de leur existence ou personnalité. C'est là que leur intelligence a pris son plus grand développement, là qu'elles retrouvent les souvenirs de cette même forme d'existence et même tous ceux de leur vie. N'y a-t-il pas cependant une grande différence entre l'état second et l'état premier ? Et ce retour de la mémoire de l'état premier dans l'état second n'est-il pas en contradiction avec tout ce que nous avons dit jusqu'ici ?

M. Pierre Janet, qui a jeté tant de lumière sur toutes ces questions, fait observer que ce retour de la mémoire accompagne « une restauration de toutes les sensibilités ; tous les stigmates hystériques, l'anesthésie, le rétrécissement du champ visuel, les troubles du mouvement ont complètement disparu... La personnalité semble reconstituée d'une manière parfaite (2). »

---

(1) Guinon : *Progrès médical*, 1891, nᵒˢ 20 et sq. — Cité par M. Binet : *Les Altérations de la Personnalité*, p. 57, ouv. cité.

(2) Dʳ Pierre Janet : *État mental des hystériques. Accidents mentaux*, p. 210, ouv. cité.

De cette reconstitution de la personnalité résulte un pouvoir de synthèse mentale qui n'existait pas précédemment et qui réalise dans l'état second, malgré les différences, les souvenirs de l'état premier.

Les somnambulismes artificiels ne s'obtiennent que chez un petit nombre de sujets prédisposés, habituellement distraits, incapables de grande attention. A la suite de certaines fatigues, on détermine de petites amnésies. L'éducation agrandit ces lacunes et parvient à créer de toutes pièces la seconde existence. Le mécanisme est au fond le même que dans le somnambulisme naturel : c'est toujours une idée fixe, suggérée ou non, qui joue le principal rôle. Le pouvoir de synthèse est si faible que cette idée se développe d'elle-même en dehors de la conscience normale, s'agrège d'autres états et forme un système psychologique. Isolé de la personnalité, ce système psychologique tend à en constituer une nouvelle et, s'il dure assez longtemps, y réussit. Les amnésies de reproduction et les restaurations de souvenirs se produisent ici de la même manière que dans les somnambulismes naturels.

En résumé, la reproduction des souvenirs est une synthèse que la différence entre l'état présent et l'état passé peut rendre difficile ou même impossible. Les hystériques, qui sont le type de l'instabilité psychologique, ne sont presque pas capables de synthèse. Leurs états de conscience étant toujours dispersés, leur personnalité manquant de cohésion, ils sont la proie de la première idée fixe qui s'empare d'eux et qui organise, à leur insu, en dehors de leur volonté, une nouvelle systématisation de la vie psychologique. Ils sont naturellement prédisposés aux amnésies de reproduction.

Il nous reste à interroger les faits positifs de la reproduction des souvenirs.

II. Les faits positifs de reproduction. — 1° Les *Synopsies colorées*. — Les faits positifs de la reproduction des souvenirs ne sont pas moins significatifs, pour celui qui recherche les conditions de cette reproduction, que les faits négatifs. Il convient de connaître non seulement ce qui manque à un souvenir quand il ne se reproduit pas, mais encore ce qui s'ajoute à lui quand il se reproduit. La reproduction des souvenirs est un cas particulier de l'association des idées.

Les phénomènes les plus instructifs de la reproduction des souvenirs paraissent être les *synopsies*. Quelques définitions ne seront pas inutiles.

On désigne sous le nom général de *synesthésie* (σύν,αἴσθησις) une association de deux termes, qui peuvent être deux sensations, deux images, deux idées, ou une sensation et une image, une idée et une image : le premier terme est quelquefois appelé inducteur; et le second, induit. La *synopsie* (σύν,ὄψις) est une synesthésie visuelle : l'inducteur est une sensation ou une image quelconque; l'induit peut être soit une image de couleur, soit une image visuelle de forme : dans le premier cas, nous avons la *synopsie colorée*; et, dans le second, la *synopsie figurée*. Les phénomènes de synopsie sont encore appelés *photismes* (φῶς, φωτός).

La synopsie colorée est surtout connue sous le nom d'*audition colorée*, expression impropre qui ne désigne qu'une espèce de synopsie, la coloration des sons, mais qui s'explique très bien, puisqu'on n'a connu pendant longtemps que cette sorte de synopsie. Nous colorons non seulement les sons, mais encore les images des sons, ainsi que la plupart des sensations et des images : d'où la *gustation colorée* et *l'olfaction colorée*.

L'homme, en général, fait un grand usage des couleurs et des formes; il est avant tout un voyant : ses rêves sont composés en majeure partie d'images visuelles; ses pensées s'expriment le plus souvent dans le langage de la vue : nous disons que nous voyons clair dans une question, la certitude est pour nous une vision claire ; dans l'ordre pratique, nous sentons l'avantage qu'il y a à parler aux yeux, à faire toucher des yeux. Nous répétons constamment : « Figurez-vous », alors qu'il n'y a rien à se figurer. L'abus des images visuelles amène les bizarreries dont nous allons parler.

Commençons par les synopsies colorées en les étudiant sur l'exemple précis de l'audition colorée.

Beaucoup de personnes, en percevant un son ou seulement en l'imaginant, se représentent en même temps une couleur. Cette couleur peut être objectivée et perçue; dans ce cas, la représentation est hallucinatoire. Ordinairement, elle est simplement imaginée. Interrogeons les faits, avant de chercher à les interpréter.

J'ai eu la bonne fortune de rencontrer un excellent sujet, instruit, intelligent et capable de s'analyser. Il m'a fourni les faits les plus significatifs d'une enquête, au cours de laquelle j'ai pu recueillir cent vingt-cinq observations.

Un jour, l'attention de M. Ch... fut attirée sur la bizarrerie de l'association des couleurs et des sons, qui jusque-là lui avait semblé naturelle. « J'ai été fort surpris, déclare-t-il, le jour où j'ai découvert que je con-

stituais une exception. Il m'avait paru jusqu'alors naturel d'assimiler les sons aux couleurs et je croyais que
tout le monde en avait toujours fait autant. Nous étions
en train, mon frère et moi, d'essayer un harmonium
dont nous venions de faire l'acquisition. Enchanté de
la sonorité de l'instrument, je déclarai qu'il avait, dans
les basses, de belles notes *violettes*. Mon frère se récria
sur la bizarrerie du qualificatif. Étonné de son étonnement, j'en appelai au témoignage d'autres personnes
et fus stupéfait de les voir encore plus ahuries que ne
l'avait été mon frère. Ce fut pour moi une première
révélation et je commençai alors à m'observer et à préciser ce qui jusque-là avait été plutôt confus au regard
de ma conscience. »

M. Ch... colore surtout les voyelles, il colore aussi les
sons des divers instruments de musique. D'autres colorent les consonnes, les diphtongues, les prénoms, les
mots et les chiffres.

Voyelles. — Pour M. Ch... A est bleu pâle ; E, jaune,
plus ou moins clair suivant que E est plus ou moins
ouvert ; I, vert cinabre ou plutôt vert très vif ; O donne
une sensation plus vague qui oscille entre le rouge
et le brun ; U donne nettement la vision du violet.
M. Ch... n'est pas bien sûr que chaque son ait toujours
évoqué en lui la même couleur. Il lui semble qu'autrefois A lui paraissait blanc ou gris très pâle, et, quelquefois, même aujourd'hui, il lui produit cet effet. Ces
changements proviennent des variations de la sensibilité. Selon l'âge et surtout selon les personnes, les colorations varient, comme il est facile de s'en rendre compte
par le tableau suivant où nous avons consigné les
réponses fournies par quatre sujets.

A = Blanc, rouge, rouge, noir.
E = Gris, gris-bleu, jaune, blanc.
I = Rouge-violet, jaune, blanc, rouge.
O = Jaune, gris-fer, noir, bleu.
U = Noir très vague, brun, bleu, vert.

Certains sujets ne colorent pas les voyelles, lorsqu'elles sont prononcées isolément. M. Ch..., au contraire, a de la peine à évoquer une couleur dans le corps d'un mot, il voit plutôt l'objet concret désigné par le mot. L'image visuelle de l'objet prend chez lui la place des images chromatiques des voyelles.

Consonnes. — En général, elles n'ont pas de couleur. S final a souvent un éclat métallique. « R, dit Mlle M..., devant une voyelle fonce la couleur ; après la voyelle, il la fait briller : c'est ainsi que A qui est rouge devient grenat dans *crâne* et rouge d'or dans *art*. »

Il y a cependant des sujets qui colorent toutes les consonnes. Pour M. A..., *b* est brun-noir ; *c*, jaune ; *d*, brun ; *f*, gris ; *g*, noir ; *h*, noir ; *j*, blanc ; *k*, vert ; *l*, noir ; *m*, brun ; *n*, brun ; *p*, jaune ; *q*, noir ; *r*, bleu ; *s*, vert ; *t*, jaune pâle ; *v*, orangé ; *x*, vert ; *z*, jaune.

Diphtongues. — Pour M. Ch..., *Au* est blanc argenté ; *Ou*, velours rouge ; *Oi*, gris blanc sale ; *In*, jaune cuivré ; *On*, vert cuivreux.

La diphtongue a tantôt une couleur particulière, tantôt la couleur qui résulte de la combinaison des deux voyelles composantes.

Prénoms et *Mots* en général. — Mlle M... voit *Marie* rouge et jaune ; *Ursule*, brun ; *Pauline*, grenat et jaune ; *Marcel*, rouge d'or ; *Geneviève*, couleur paille ; *Marthe*, rouge et blanc. Elle obtient ces couleurs en combinant les couleurs des voyelles composantes. Il arrive souvent que les voyelles et la finale donnent la couleur définitive du mot. Pour un sujet, *Pie Dix* est tout blanc, parce que *I* est blanc. Les consonnes jouent également un rôle dans la coloration des mots, du moins chez quelques sujets.

Les mots et les langues ont une couleur. « Je ne me rappelle pas le mot, dit un sujet, mais je sais qu'il est jaune. » Ce même sujet, qui était polyglotte, voyait l'allemand d'un gris moyen ; l'anglais, presque noir ; le français, gris tournant au blanc ; l'italien, jaune, carmin et noir.

Gounod préférait la langue française à la langue italienne pour rendre les nuances. « Elle est moins riche de coloris, soit, mais elle est plus variée et plus fine de teintes ; elle a moins de rouge sur sa palette, j'y consens, mais elle a des violets, des lilas, des gris-perle, des ors pâles que la langue italienne ne connaîtra jamais ! Dans une de mes mélodies, *le Vallon*, se trouve ce vers :

> Mais la nature est là qui t'invite et qui t'aime !

Une cantatrice italienne fort habile vint me chanter ce morceau traduit en italien. Arrivée au mot : *che t'ama,...* elle enleva avec force la première syllabe... *T' ama.* « Ah ! Madame, m'écriai-je, ce n'est pas cela. Pourquoi « tant de force sur cet accent ? Éteignez ! Éteignez ! Il « ne s'agit pas d'une déclaration d'amour ! La nature « ne vous aime pas avec tant de passion ! C'est une « affection maternelle, contenue !... Voilez l'accent ! » Mais elle ne put ni voiler, ni éteindre ! La loi inflexible de la prosodie italienne la forçait d'enlever le *T'ama,* et je compris qu'il n'y avait rien de tel, pour rendre ma phrase musicale, que notre petite syllabe modeste et un peu grise de qui *t'aime*... C'est une femme en demi-deuil. »

Gounod cite un autre exemple, où *chaste* a été traduit par *casta :*

Salut, demeure chaste et pure !

« *Casta*, dit-il, est le contraire de chaste. Cet accent expansif, qui éclate comme une fusée sur *casta,* détruit tout le mystère, toute la pudeur de mon harmonie ! Ce terrible *casta* fait trop de bruit autour de la petite maison, elle en trouble le repos... tandis qu'avec mon modeste mot *chaste,* avec son *a* un peu terne, et comme (pardonnez-moi cette expression) comme ouaté par cet *s,* ce *t* et cet *e* final, j'arrive à peindre le demi-silence, la demi-ombre qui est l'image de ce qui se passe dans l'âme de Marguerite ! » — « Savez-vous, continue-t-il, à quoi je compare la langue italienne ? A un magnifique bouquet de rosès, de pivoines, de crocus, de rhododendrons... mais auquel il manque des héliotropes, des résédas, des violettes ! » Et Legouvé, qui rapporte cette conversation, ajoute : « Oui, les timbres sont des teintes (1) ! »

Il est donc certain qu'il existe un lien intime entre les tons et les couleurs, qu'on peint les mots avec la voix, qu'on les revêt de toutes les couleurs du prisme.

Instruments de musique. — Il y a des sujets qui colo-

_____

(1) *L'Art de la Lecture*, par Ernest LEGOUVÉ, c. x, p. 200, seizième édition.

rent les notes musicales d'après la hauteur, le timbre et la nature des instruments.

Pour M. Ch..., dans le *clairon*, les notes basses sont rouges, les moyennes jaunes, les plus aiguës vertes ; dans la *trompette de cavalerie*, ce sont les mêmes couleurs, mais ternies, passées et fondues dans une sorte de demi-teinte grise. La *clarinette* lui semble parcourir toute la gamme des jaunes depuis les plus foncés jusqu'au plus clair. — Pour d'autres sujets, la *clarinette* est rouge ; le *piano*, blanc ; le *violon*, bleu ; la *flûte*, rouge ; le *cor de chasse*, pourpre. Pour Huysmans, les *harmonicas* sont verts. « Un chant lent, désolé, montait, le *De profundis !* Des gerbes de voix filaient sous les voûtes, fusaient avec les sons presque verts des harmonicas, avec les timbres pointus des cristaux qu'on brise (1). » — Certains attachent même des couleurs à un morceau de musique et à un ensemble de morceaux. Ils diront que *Mozart* est bleu ; *Beethoven*, blanc ; *Chopin*, jaune. Le compositeur Louis Ehlert écrit ainsi ses impressions à l'audition de la symphonie en *do majeur* de Schubert : « L'air en *la majeur*, dans le scherzo, est d'une chaleur si ensoleillée et d'un vert si tendre qu'il me semble, en l'entendant, respirer la senteur des jeunes pousses de sapin... Non ! en vérité, si *la majeur* ne ne dit pas vert, je n'entends rien à la coloration des sons (2). » — Dans *Ariane et Barbe-Bleue*, Dukas a coloré d'une manière prodigieuse par les différents timbres de l'orchestre le ruissellement des pierreries, émeraudes, rubis, saphirs, qui s'offrent aux yeux d'Ariane émerveillée, puis l'obscurité et la nuit épaisse

---

(1) *En Route*, c. 1, p. 2.
(2) Louis EHLERT : *Lettres sur la musique à une amie*, Berlin, 1859.

du cachot où elle découvre les six premières femmes
de son mari, enfin la vive clarté du jour lorsqu'elle
ouvre une fenêtre sur la campagne ensoleillée. A l'audition de ces merveilleuses pages, il semble que les
timbres multiples de l'orchestre ne pouvaient être autrement employés. La musique a ses coloristes, comme
la peinture.

Chiffres. — M. A..., qui colore les consonnes, colore
aussi les chiffres : *1* est noir ; *2*, bleu pâle ; *3*, rouge ;
4, bleu foncé ; *5*, brun ; *6*, vert terne ; *7*, jaune ; *8*, vert
éclatant ; *9*, brun ; *0*, blanc. D'après les observations
que j'ai recueillies, la coloration des chiffres, en tant
qu'elle se distingue de la coloration des mots qui les
désignent, est assez rare. Elle a eu lieu cependant,
comme la coloration des consonnes.

L'image visuelle colore tous les sons quels qu'ils
soient. Elle colore même les goûts et les odeurs, bien
que l'olfaction et la gustation colorées soient assez rares. Comment expliquer cet emploi de l'imagination
visuelle, ces *photismes* ou *synopsies colorées* ?

Il existe plusieurs explications :
L'explication *anatomique* suppose que l'organe visuel
et l'organe auditif sont en communication, en continuité : il s'établirait entre les deux des anastomoses.
C'est une pure hypothèse. Sans doute, les fibres sensitives optiques sont très voisines des fibres sensitives
acoustiques dans les tubercules quadrijumeaux, puisque les premières passent par les éminences antérieures
et les secondes par les éminences postérieures. Mais
rien ne prouve l'existence d'anastomoses entre ces fibres.
Il faudrait d'ailleurs admettre ces anastomoses, non seu-

lement entre l'organe de la vue et l'organe de l'audition, mais encore entre l'organe de la vue, d'une part, et les organes de l'olfaction et de la gustation, d'autre part. Cette hypothèse en entraînerait une autre : comme nous colorons les sons, les goûts et les odeurs que nous *imaginons,* il faudrait supposer les mêmes anastomoses entre les divers éléments nerveux qui servent de base physique aux images visuelles, auditives, gustatives et olfactives, éléments nerveux que nous ne connaissons pas ou que nous connaissons seulement d'une façon très imprécise. L'explication anatomique consiste donc en un ensemble d'hypothèses.

L'explication *embryologique* fait de l'audition colorée un phénomène primitif universel : tout le monde aurait eu d'abord l'audition colorée. La différenciation, qui s'est produite peu à peu chez la plupart, ne se serait pas produite chez quelques-uns. C'est une hypothèse bizarre que rien ne justifie.

L'explication *pathologique* est le contraire de la précédente : au lieu d'être un phénomène naturel, l'audition colorée serait un phénomène morbide, une hallucination. Ce qui est inadmissible, l'audition colorée se rencontrant chez des sujets tout à fait normaux. Cependant, lorsque la représentation devient hallucinatoire, elle constitue un cas pathologique. Dans une intoxication de haschich, « mon ouïe, dit Théophile Gautier, s'était prodigieusement développée : *j'entendais le bruit des couleurs.* Des sons verts, rouges, bleus, jaunes, m'arrivaient par ondes parfaitement distinctes (1) ».

L'explication *physiologique* rend compte des synop-

_____

(1) *La Presse,* 10 juillet 1843.

sies colorées par la *diffusion nerveuse*. Toute sensation, en même temps qu'elle met en jeu ses organes propres, agirait sur les autres au moyen des fibres commissurales ; dans les cas d'audition, d'olfaction et de gustation colorées, la diffusion serait extrême.

Cette hypothèse est insuffisante, comme d'ailleurs toute hypothèse physiologique, pour expliquer adéquatement un fait de conscience. Elle ne fournit de ce phénomène que la *base physique générale*. Elle n'explique pas le phénomène psychologique lui-même.

Toutes les synopsies colorées paraissent résulter d'une *association médiate* et *inconsciente par ressemblance affective* (1).

Deux termes hétérogènes x et y s'associent entre eux en vertu de leur analogie affective avec un troisième terme *a*, qui peut ne pas être aperçu : tel est le type d'association auquel appartiennent les synopsies. L'intermédiaire qui unit la couleur aux sons, aux saveurs et aux odeurs, est inconscient, et la ressemblance, qui donne à cet intermédiaire sa valeur associative, d'ordre affectif.

Nous avons des émotions à propos de tout. Les couleurs ne nous laissent pas indifférents ; elles sont agréables ou désagréables. Qui n'a pas sa couleur préférée ? Quelqu'un me disait : « Le rouge éclatant, vif, pourpre, est pour moi une allégresse, une joie extrême. Mon idéal serait d'avoir une chambre en rouge, une bibliothèque reliée en rouge, de travailler en veston rouge,

---

(1) Quoi qu'en dise M. Henry Laures dans son intéressant petit volume sur les *Synesthésies* (*Bibliothèque de Psychologie expérimentale et de Métapsychie* de Raymond Meunier), je ne crois pas qu'il existe des synesthésies dépourvues de tout caractère affectif.

Le rouge, c'est une ivresse ! » Paul de Saint-Victor raconte, dans les *Deux Masques*, que les Indiens tendent leur théâtre aux couleurs de la passion qui domine dans le drame. Pour eux, l'*amour* est bleu foncé ; la *gaieté*, blanche ; la *tendresse*, rose ; la *fureur*, rouge ; l'*héroïsme*, gris ; la *terreur*, noire ; le *dégoût*, bleu pâle ; l'*étonnement*, jaune. Quoi qu'il en soit de l'exactitude de ce récit, il est certain que les couleurs provoquent en nous des états affectifs divers.

Ce que nous disons des couleurs est également vrai des sons et de toute sensation. C'est une propriété commune aux sensations de s'accompagner d'une certaine tonalité affective plus ou moins consciente. Ce coefficient émotif provient du retentissement de la sensation en tant qu'excitation sur l'ensemble de la masse encéphalique et des organes internes ; il consiste en une sorte d'auréole cénesthésique. S'il est vrai que toute sensation ait sa répercussion dans la cénesthésie, on s'explique que deux sensations qualitativement hétérogènes, comme la sensation auditive et la sensation chromatique, puissent jouir d'une tonalité affective commune. Les sensations cénesthésiques, en effet, sont extrêmement pauvres ; elles oscillent entre ces deux pôles : augmentation ou diminution du sentiment vital. Selon la remarque très juste de M. Th. Flournoy, qui a écrit sur les phénomènes de synopsie une excellente monographie, que nous mettons à contribution, le coefficient affectif cénesthésique ne varie guère que quantitativement (1). Ses oscillations répondent aux oscillations organiques, accélération ou ralentissement du

(1) Th. FLOURNOY : *Des phénomènes de synopsie*, p 24, Paris et Genève, 1893.

cœur et de la respiration, augmentation ou diminution
de la tonicité musculaire, des sécrétions, etc. Le son
bas et sourd tend à relâcher la tonicité musculaire et
les battements du cœur ; de même, la couleur sombre.
Si, au point de vue objectif, le son bas est beaucoup
plus voisin du son aigu que de la couleur sombre, il
n'en est pas de même au point de vue subjectif et émotionnel : l'hétérogénéité objective peut se résoudre en
homogénéité subjective, grâce au caractère vague,
confus et peu compliqué du sentiment cénesthésique.
Ce même caractère explique aussi que la ressemblance
affective soit la plupart du temps inconsciente et
que beaucoup de personnes s'étonnent d'entendre dire
que le sentiment accompagne toute perception. L'existence de ce sentiment n'est cependant pas douteuse.
Suivez le conseil de Gœthe et par un soir d'hiver regardez un paysage à travers un verre *jaune : «* L'œil se ré-
jouit, le cœur se dilate, l'esprit se rassérène ; une chaleur instantanée semble nous animer. » Au verre jaune
substituez un verre *bleu : «* De même que nous voyons
en bleu le ciel profond, les montagnes lointaines, de
même aussi une surface bleue semble fuir devant nous...
Le bleu nous donne un sentiment de froid, d'ailleurs il
fait songer à l'ombre... Un verre bleu nous montre les
objets sous un jour triste (1). » Mais rien ne prouve
mieux que les instruments de précision la présence de
l'émotion dans la perception. Ils permettent de constater, à chaque perception nouvelle, des variations musculaires, respiratoires, circulatoires, vasculaires, viscérales, etc., correspondantes.

Supposez que deux sensations hétérogènes produisent

(1) Höffding : *Esquisse d'une psychologie,* ouv. cité, p. 306.

le même sentiment. Ces deux sensations pourront être considérées, non plus en elles-mêmes, mais dans leur rapport au sentiment, comme fonction du sentiment. L'une évoquera l'autre, grâce à cette commune ressemblance affective : le son, le goût et l'odeur seront associés à la couleur. Ces sensations seront analogues, équivalentes, elles représenteront ce que Charles Baudelaire appelle des « Correspondances (1) ».

> La nature est un temple où de vivants piliers
> Laissent parfois sortir de confuses paroles ;
> L'homme passe à travers des forêts de symboles
> Qui l'observent avec des regards familiers.
>
> Comme de longs échos qui de loin se confondent
> En une ténébreuse et profonde unité,
> Vaste comme la nuit et comme la clarté,
> Les parfums, les couleurs et les sons se répondent.
>
> Il est des parfums frais comme des chairs d'enfant,
> Doux comme des hautbois, verts comme les prairies,
> — Et d'autres, corrompus, riches et triomphants,
>
> Ayant l'expansion des choses infinies
> Comme l'ambre, le musc, le benjoin et l'encens,
> Qui chantent les transports de l'esprit et des sens.

M. Pierce cite le cas d'une jeune femme qui associe des saveurs à la parole et aux sons musicaux. Elle a parfois conscience de ces sensations involontaires, avant même de savoir ce qui les a provoquées. Un jour qu'elle lisait à la bibliothèque, elle sentit une odeur de roast-beaf ; comme elle s'en étonnait, elle s'aperçut qu'on avait parlé auprès d'elle (2).

---

(1) Ch. BAUDELAIRE : *Les Correspondances. Fleur du mal.*
(2) A.-H. PIERCE : In *American Journal of Psych.*, juillet 1907.

L'analogie affective peut être poussée plus loin, au-delà des sensations et des perceptions. « Rien ne fait mieux entendre, dit Pascal, combien un faux sonnet est ridicule que de s'imaginer une femme ou une maison faites dans le même goût ou sur le même modèle. »

Le sentiment explique non seulement la synopsie, mais encore la *variabilité* des synopsies d'un individu à l'autre et, chez le même individu, d'un moment à l'autre ou d'une période de la vie à l'autre.

« Les couleurs claires, dit M. Th. Flournoy, tendent d'une manière générale à se souder avec les sons élevés en vertu de leurs réactions semblables ; mais qui décidera quelle couleur claire en particulier va, à l'exclusion des autres, s'attacher à tel son déterminé plutôt qu'à vingt autres sons d'une acuité peu différente ? Il y a là une latitude considérable laissée au hasard ou aux caprices individuels... Les uns renoncent à toute audition colorée spécifiée, et se contentent du vague rapprochement (universellement senti et admis, comme en font foi les métaphores du langage usuel et le jargon des critiques d'art) que notre constitution nous impose à tous entre les sons aigus, les couleurs éclatantes et criardes, les sensations tactiles perçantes, certaines odeurs piquantes ou pénétrantes, etc... Ces analogies, faibles et indistinctes, mais bien réelles, sont en somme de l'audition colorée à l'état naissant, embryonnaire, enveloppé ; et il y a une suite continue, une gradation insensible de cette synesthésie en germe, dont certainement personne n'est exempt, jusqu'aux phénomènes induits les plus étonnants par leur précision et leur vivacité. Les autres, ceux qui s'accordent le luxe d'une audition colorée bien définie, usent de la liberté que

leur laisse la nature élastique des réactions émotionnelles, pour se décider de la façon la plus variée et la
plus arbitraire en apparence dans le choix illimité des
liaisons possibles (1). » Les termes de choix et de liberté
s'opposent ici à mécanisme et déterminisme rigoureux ;
ils ne signifient pas libre arbitre, la réflexion consciente
ne jouant aucun rôle dans la formation des synopsies.

Deux termes sont associés à cause de leur ressemblance affective. Ils peuvent l'être aussi en vertu de
l'habitude, surtout quand ces termes sont des mots :
c'est ainsi que le chiffre *deux* paraîtra bleu et que di-
m*anche* aura la couleur blan*che*. Enfin, il suffit que les
deux termes aient été associés une fois seulement par
une forte émotion pour que désormais l'un rappelle
l'autre ; cette émotion a été oubliée dans la plupart des
cas, la liaison qu'elle a établie n'en subsiste pas moins.
Association habituelle et *association privilégiée,* pour
employer la terminologie même de M. Flournoy, telles
sont les causes particulières qui viennent s'ajouter à
l'*association par ressemblance affective* pour expliquer
la genèse et la variabilité des synopsies.

Les résultats de mon enquête confirment l'explication psychologique précédente.

Pour M. Ch..., les *notes graves* de l'orgue sont *violettes*. Pourquoi ? « Les notes graves de l'orgue, dit-il,
sont à la fois *douces et profondes*. Or le violet, surtout
le violet velouté, est une couleur très *douce* à regarder,
caressante pour l'œil. C'est en même temps une couleur
profonde, une couleur sombre qui fait que l'objet s'en-
fonce sous le regard, au lieu de venir en avant, comme
s'il était blanc, par exemple. »

C'est donc par l'intermédiaire des sentiments *doux* et *profond* que s'associent chez notre sujet le son grave et la couleur violette.

« Si je cherche pourquoi *A* me paraît *bleu clair*, continue M. Ch..., un bleu non pas azuré comme le bleu du ciel, mais laiteux comme du bleu à repasser, c'est que *A* me semble une lettre *fade* dans *douceâtre, blanchâtre*, dans le mot *fade* lui-même ou le mot *pâle*. Or, le bleu laiteux est lui aussi une couleur *fade*. » On se rappelle que les Indiens ont pris le *bleu pâle* pour la couleur emblématique du dégoût.

U est *violet*. Pourquoi ?

« La lettre *U* est sourde, et la voix en la prononçant donne une note *grave*. Donc *U* me paraîtra *violet*. » Nous savons que pour notre sujet les notes graves de l'orgue sont violettes.

« *I* est *vert très vif*, parce que c'est une lettre vive et que le vert clair est pour moi une couleur *vive et gaie*.

« *Ou* est *velours rouge*, peut-être à cause de la consonnance répétée dans ces deux mots. » — « Cette association si bizarre, ai-je demandé au sujet, n'est-elle pas postérieure à cette comparaison? — Non, m'a-t-il répondu, il m'a fallu beaucoup de réflexion pour arriver à découvrir ce qui se cachait sous cette association. Encore n'en suis-je pas entièrement certain. »

« *E* est *jaune, O* est *rouge brun*, mais je ne sais pas pour quelle raison. »

Il résulte de cette analyse que les deux termes extrêmes sont accolés dans la conscience, tandis que le terme intermédiaire, l'état affectif, est sous la conscience et n'est saisi, quand il peut l'être, que par réflexion.

Interrogé sur le procédé dont il se sert pour découvrir l'intermédiaire, « ce qui m'a mis sur la voie, répond M. Ch..., ce sont les cas dans lesquels il me fallait tâtonner pour trouver la couleur correspondante à un son. Alors, au moment où, parcourant la série des couleurs, j'arrivais à la couleur cherchée, il me semblait s'établir un contact entre les deux images. Or, ce contact était tout à la fois comme un choc cérébral et la conscience obscure d'une raison d'être de ce rapprochement. En cherchant davantage, j'arrivais à voir apparaître cette raison d'être. Quant au choc ressenti, je l'explique, hélas ! par ce fait que j'ai le cerveau très fatigué. Or, dans une machine mal graissée et en mauvais état, tous les rouages grincent, et la transmission du mouvement devient sensible. Même choc, quand je retrouve un souvenir péniblement cherché. »

Cette observation rappelle que les synopsies colorées ont une base physiologique, comme tous les phénomènes intérieurs. Mais, elles sont elles-mêmes des synthèses psychologiques, des associations par ressemblance affective ; la ressemblance affective ne suffit pas toujours à constituer la synopsie, elle n'est souvent qu'une base émotionnelle générale que viennent déterminer et spécifier l'association habituelle et l'association privilégiée. La ressemblance affective fera associer, par exemple, les sons élevés et les couleurs vives ; une circonstance fera que *i* paraîtra *jaune*, une autre circonstance le fera paraître *rouge*.

2° *Les synopsies figurées.* — En passant des synopsies colorées aux synopsies figurées, nous ne changeons pas au fond de sujet ; nous allons retrouver des phé-

nomènes tout à fait analogues et les mêmes explications,
Les images visuelles de formes peuvent accompagner
les idées, comme les images chromatiques accompagnent les sensations et les images; les lois qui président à la reproduction des dessins visuels sont celles
qui régissent la reproduction des couleurs; et, quoiqu'il s'agisse de représentations spatiales et de constructions géométriques, c'est toujours le sentiment qui joue
le principal rôle.

On peut distinguer trois sortes de schèmes visuels,
accompagnant des idées plus ou moins complexes: les
symboles, les *diagrammes* et les *personnifications*.

Le *symbole* sert à traduire une idée relativement simple, il représente un objet déterminé. Une ligne droite
peut être le symbole d'une étude particulière; une cou-
ronne royale fera penser à François Ier; tel ne peut penser au mercredi sans imaginer un peigne à glace, ou au
mois de septembre sans se représenter un capricorne;
une jeune fille trouve que le mois de février ressemble
à un œuf, celui de janvier à une longue ligne, celui de
juin à un angle.

A ce symbolisme psychologique il faut ajouter le
symbolisme artistique : les peintres ont des figures de
convention, ils ont un symbole du cheval, du mouton,
du guerrier, etc., auquel ils ramènent inconsciemment
tous les chevaux, tous les moutons, tous les guer-
riers, etc. Le schème s'interpose entre l'œil et l'image
réelle et s'impose plus ou moins à la plupart des artistes. « Ainsi s'explique, dit M. Lucien Arréat, le convenu, la marque de fabrique de certaines écoles. Les
élèves de David en étaient venus à avoir le « pompier »
au bout des doigts. Dans les ateliers de décoration, on

dit de celui qui répète les mêmes types, les mêmes gestes, qu'il « a ça dans le coude (1) ».

Le *diagramme,* dont F. Galton a parlé le premier (2), est plus intéressant que le symbole. Il accompagne une idée plus complexe, une idée qui n'est pas achevée, qui change et s'enrichit constamment au cours de la vie. Aussi a-t-il une allure mouvementée, un déroulement dans l'espace que n'a pas le symbole. Il représente des changements successifs, des séries, des groupements de termes similaires, tandis que le symbole se rapproche plutôt des photismes et exprime comme eux une impression totale et unique. Une personne a deux représentations différentes du mois, selon qu'elle le considère en lui-même, isolément, ou comme faisant partie de l'année ; dans le premier cas, le schème s'appelle symbole ; et, dans le second, diagramme (3).

Le diagramme de l'année affecte les formes les plus variées : cercle, ligne droite, courbe ou brisée, ellipse, etc. Le diagramme des âges consiste chez un sujet en « une ligne brisée et s'élevant de gauche à droite jusqu'à vingt-cinq ans seulement ». Le diagramme des nombres s'élève, par exemple, de 1 à 19, « puis s'infléchit brusquement à gauche en formant une légère oblique montant jusqu'à 50, pour, de là, s'élever à peu près perpendiculairement jusque vers 100, lequel déjà s'est infléchi à droite (4) ». Il est inutile de multiplier les exemples. Toute série peut être représentée par un

(1) Lucien ARRÉAT : *Mémoire et Imagination,* ouv. cité, p. 8.
(2) *Inquiries into human Faculty.* London, 1883.
(3) FLOURNOY, ouv. cité, p. 142.
(4) Aug. LEMAITRE : *Audition colorée et phénomènes connexes,* p. 21, Paris, Genève, 1901. — Cf. Aug. LEMAITRE : *La Vie mentale de l'adolescent et ses anomalies,* Sainte-Blaise, 1910.

diagramme, et le diagramme peut revêtir les formes
spatiales les plus fantaisistes et les plus complexes. Au
point de vue de leur contenu psychologique, les diagrammes diffèrent avec les individus qui se les représentent « *tracés, écrits, colorés, illustrés et conçus* (1) ».

Les *personnifications* sont des bizarreries qui tournent à la manie. Une dame, raconte M. Flournoy, a de
tout temps personnifié les chiffres, au point qu'elle pourrait facilement écrire le roman de plusieurs d'entre eux :
1, 2, 3 sont des enfants qui jouent ensemble ; 4 est une
bonne femme paisible, absorbée par des occupations
matérielles ; 5 est un homme jeune, commun, dépen-
sier, égoïste ; 6 est un jeune homme de seize à dix-sept
ans, très bien élevé, poli, agréable, orphelin ; 7 est un
mauvais sujet, quoique bien élevé, spirituel, prodigue,
capable de bonnes actions à l'occasion ; 8 est une dame
très digne et comme il faut, elle est liée avec 7 et a
beaucoup d'influence sur lui, elle est la femme de 9 ;
9 est le mari de Madame 8 et n'est pas du tout satis-
fait du mariage, car s'il s'était marié avec un autre 9
ils auraient fait 18, tandis qu'avec elle il n'arrive qu'à 17 ;
10 et les autres nombres ne sont l'objet d'aucune personnification (2).

Pour un enfant de treize ans, janvier est un homme
très vieux, à longue barbe blanche ; mars, un homme
tout rouge avec de longues cornes, rouges aussi ; juillet, une jeune fille vêtue d'une longue robe blanche et
tenant une serpe d'or. Pour un autre de quatorze ans,
les siècles sont un grand vieillard à barbe blanche

(1) FLOURNOY, ouv. cité, p. 170.
(2) IDEM, *Ibid.*, p. 219.

très grande, qui se promène dans les cieux ; les années
sont ses serviteurs... Janvier est un seigneur qui
impose sa volonté aux autres mois (1). — Un professeur de mathématiques ne peut se réconcilier avec le
chiffre 8, qui le fait beaucoup se souvenir.

La formation des schèmes visuels s'explique, comme
celle des colorations, par une communauté de sentiments entre l'inducteur et l'induit et, dans certains
cas, par les lois de répétition et d'intérêt privilégié.

A première vue, ni l'inducteur ni l'induit ne paraissent susceptibles de nous émouvoir. Si l'on excepte
les symboles où l'inducteur peut être le souvenir d'une
chose agréable ou la perception d'un objet, rien ne
semble plus dépouillé de valeur émotionnelle qu'une
série comme l'année, la semaine, le mois, le nombre,
ou qu'une figure géométrique comme la ligne, le trian-
gle, le carré ou le cercle. Il n'en est rien. L'existence
d'une auréole affective dans les deux cas a été démontrée par M. Flournoy, tant au point de vue physiologique qu'au point de vue psychologique.

De même que toute sensation, considérée indépendamment de son contenu objectif, consiste en une
excitation périphérique qui se diffuse dans tous les
organes de la vie végétative et animale et y provoque
des réactions multiples ; de même, les représentations
des séries ou des figures, grâce à leur substrat matériel
dans les centres supérieurs du cerveau, qui agissent
sur les centres d'innervation des organes, ont leurs
réactions et leur contre-coup dans la cénesthésie. Il en
résulte que les séries et les figures peuvent présenter
des analogies physiologiques et affectives.

---

(1) LEMAITRE, ouv. cité, p. 9.

Au point de vue psychologique, les figures peuvent nous affecter de deux manières. D'abord, les formes géométriques ne se rencontrent jamais seules dans la vie quotidienne, elles sont inséparables des *objets matériels*. Or, ces objets, si l'on y réfléchit, ne nous sont pas indifférents, ils ont un coefficient affectif, dont la forme géométrique reste imprégnée, même quand elle en est abstraite. C'est ainsi qu'un « angle aigu, en évoquant le vague souvenir de tous les instruments pointus et agiles, nous met dans une légère disposition de crainte salutaire ou de prompt élan, bien différente de celle où nous place l'aspect inoffensif et tout empreint de bonhomie du cercle, qui rappelle confusément les assiettes et la pleine lune, la monnaie et les toupies, le jeu de paume et les fonds de tonneaux (1) ». Chacun pourra retrouver la valeur affective des formes spatiales qu'il emploie comme schèmes, en pensant aux objets matériels où il a coutume de les rencontrer. Inséparable des objets, la forme géométrique l'est aussi des *sensations du mouvement,* sans lesquelles elle ne saurait être ni réalisée, ni même imaginée. Or, ces sensations ont une valeur émotionnelle. On est autrement impressionné, quand on lève les bras ou qu'on les laisse retomber, quand on lève le bras droit ou qu'on lève le bras gauche, quand on monte ou qu'on descend, quand on marche en avant ou à reculons. Suivre des doigts ou des yeux une circonférence dans le sens opposé à celui des aiguilles d'une montre donne en petit à M. Flournoy « l'impression que doit éprouver un chat qu'on caresse à rebrousse-poil (2) ».

(1) FLOURNOY, ouv. cité, p. 32.
(2) IDEM, *ibid.*, p. 34.

L'induit dans les schèmes a donc un coefficient affectif. Il en est de même de l'inducteur. Dans le cas du symbole, l'inducteur a une valeur que nous connaissons déjà ; tel mois, tel jour, telle année, rappellent des souvenirs agréables ou désagréables. Dans le cas des diagrammes, l'inducteur consiste en une série considérée en tant que série. Or, toute série possède une certaine valeur subjective qui émane à la fois de la nature individuelle des termes et de leurs rapports dans la série totale. Tantôt les termes se succèdent avec une monotonie qui rappelle la ligne droite ; tantôt surgissent des accidents, des complications, qui peuvent s'exprimer par des changements de direction. Quelquefois la série se déroule aisément comme si la mémoire descendait le courant ; d'autres fois, avec effort, comme si elle le remontait. Partout le courant de la pensée s'exprime instinctivement par une certaine direction de lignes dans l'espace (1).

Somme toute, les symboles et les diagrammes s'expliquent par une ressemblance affective entre l'inducteur et l'induit. Quant à leurs variétés, elles ont leur source, comme celles des photismes, dans les lois de répétition et d'intérêt privilégié.

Les personnifications résultent d'un ensemble de facteurs analogiques étroitement liés entre eux. Une première analogie consistera à attribuer un sexe à ce qui n'en a pas : dans l'exemple cité plus haut, 9 est le mari de 8 ; une dame déclare que lundi, mercredi et vendredi sont masculins, mardi et samedi féminins, et que le dimanche est neutre. Supposez que l'on colore l'objet auquel on accorde un sexe, cet objet deviendra

(1) FLOURNOY, ouv. cité, p. 35.

un personnage humain : un siècle sera un vieillard à barbe blanche. Qu'on lui attribue des qualités physiques et morales, le personnage sera achevé. Charlotte, dit une dame, est trop lourd ; Adèle, trop léger ; Hélène, transparent comme une glace (1).

L'individualité créée à l'inducteur est, donc le résultat d'un certain nombre d'analogies et d'assimilations. Nous avons des sympathies et des antipathies que nous ne soupçonnons pas, pour les choses aussi bien que pour les personnes. Nous ne sommes jamais indifférents, nous prenons parti même sans le savoir, inconsciemment. Et lorsqu'on a la tendance naturelle à tout colorer et à tout schématiser, ce sont surtout les réactions émotives qui déterminent les associations. Ces associations peuvent paraître bizarres, inexplicables : au fond, ce sont des associations pures et simples, avec ceci de particulier que la plupart se sont formées dans la première enfance et qu'on en a oublié les origines. Nos sympathies et nos antipathies instinctives ne sont-elles pas des synesthésies ? Une personne que nous voyons pour la première fois nous est sympathique ou antipathique, sans que nous sachions pourquoi. La raison en est bien souvent dans une association qui date de fort loin. Il suffit qu'étant enfant nous ayons eu un gros chagrin causé par une personne dont le nez, par exemple, affectait telle forme particulière, pour qu'une liaison se soit établie entre une forme spéciale de nez et un sentiment désagréable. Cette association aura beau être oubliée ensuite, elle n'en subsistera pas moins.

On peut conclure de l'étude des faits négatifs et des

_____
(1) FLOURNOY, p. 222.

faits positifs de reproduction que la *ressemblance* est une condition essentielle du souvenir-représentation.

Les amnésies de reproduction, aphasie, agnosies, amnésies systématisées, amnésies périodiques, démontrent que lorsque la ressemblance vient à faire défaut sous une de ses formes, intellectuelle, émotive, sensorielle ou cénesthésique, la reproduction fait défaut dans la même proportion.

Les faits positifs de reproduction mettent en vive lumière le rôle actif de la ressemblance, et, surtout, de la ressemblance affective et cénesthésique.

Toutefois, la ressemblance n'explique pas tous les faits de reproduction. Beaucoup doivent leur origine à la loi de *répétition* et à la loi d'*intérêt privilégié*.

La reproduction des images souvenirs est donc un phénomène d'*association*.

Qu'est-ce que l'association?

La réponse à cette question nous montrera la nature intime de la reproduction.

III. L'ASSOCIATION DES IDÉES. — L'état psychologique que nous avons appelé inducteur opère une *sélection* parmi les souvenirs et rend ceux qu'il a *choisis* actuels et conscients comme lui. Notre état présent a la propriété de s'assimiler les états passés qu'il a évoqués. Or, notre état présent n'est qu'une toute petite partie de nous-mêmes; aussi le choix qu'il fait est-il à peine notre œuvre et représente-t-il ce qu'il y a dans la conscience de plus automatique.

Beaucoup de psychologues n'ont même vu dans cette opération que l'automatisme; ils estiment que l'association ne peut s'expliquer par les *relations intimes* des idées ou états psychologiques. Il faut avouer que la conception que se sont faite de ces relations certains philosophes écossais, comme Dugald Stewart, leur donne raison. MM. Brochard (1), Rabier (2), William James (3) et Ward (4) ont montré que des rapports logiques et abstraits ne sauraient être cause de l'association. Pour établir un rapport causal entre deux termes, il est nécessaire que les deux termes soient d'abord donnés ; le rapport causal est postérieur à l'association, il en est l'effet, au lieu d'en être la cause. Si l'un des termes est seulement présent, tout ce que je pourrai dire, en vertu du principe de causalité, c'est que ce terme a une cause, mais je ne connaîtrai jamais cette cause. La *colonnade du Louvre* pourra me faire penser à son architecte : l'histoire seule m'apprendra le nom de Claude Perrault.

On en a conclu que l'association ne saurait se fonder sur les relations internes, mais seulement sur les relations externes et accidentelles, sur la *contiguïté*. Le principe unique de toute espèce d'association serait la loi de *réintégration* ainsi formulée : « Quand deux ou plusieurs idées ont fait partie du même acte intégral de cognition, chacune d'elles rappelle naturellement les autres (5). » Proposée par Hamilton, cette loi avait déjà été énoncée par Wolf sous la forme sui-

---

(1) *De la loi de similarité dans l'association des idées* (Revue philosophique, t. IX, 1880, p. 257).
(2) *Psychologie*, p. 187-192.
(3) *Principles of Psychology*, t. Ier, p. 560.
(4) *Assimilation, Association* (Mind, juillet 1893 et octobre 1894).
(5) Note D, *Outline of a theory of mental reproduction, suggestion or association.* Vol. II, p. 910, septième édition des *Œuvres* de Th. Reid, Édimbourg, 1872.

vante : *Perceptio præterita integra recurrit, cujus præsens continet partem* (1).

La loi de contiguïté explique-t-elle toute espèce d'association et implique-t-elle l'automatisme absolu de l'esprit?

Tout ce que nous avons dit dans ce chapitre s'oppose à une semblable conclusion. La ressemblance ne joue pas un moindre rôle que la contiguïté dans la reproduction des faits de conscience passés. Quand nous étudierons l'imagination créatrice, nous verrons que l'invention est surtout le résultat de la *pensée par analogie*.

On a dit que la ressemblance était un rapport et que le rapport ne pouvant être la cause, mais seulement l'effet de l'association, la ressemblance ne saurait avoir d'action sur l'association. Si ce raisonnement valait contre toute espèce de rapport, il vaudrait contre la contiguïté, qui n'est pas moins que la ressemblance un rapport. Mais il n'a de valeur que contre les rapports abstraits et les liaisons rationnelles de Dugald Stewart. Les relations ne sont pas nécessairement abstraites, elles ont aussi une forme concrète, et, sous cette forme, elles peuvent exercer une action sur l'association. L'action de la relation concrète n'est pas plus facile à comprendre dans le cas de la contiguïté que dans celui de la ressemblance. Elle est de même nature dans les deux cas.

Quelques auteurs, comme M. Höffding, soutiennent que l'association par ressemblance est impliquée dans l'association par contiguïté.

___

(1) Ch. Wolf : *Psychologia empirica*, c. III, *de Imaginatione*, § 104. — Cf. Luigi Ambrosi : *La psicologia dell' immaginazione nella storia della filosofia*, p. 110, Roma, 1898.

Voici le raisonnement du psychologue danois. Une pomme *A* me fait penser à la scène de l'Éden, soit à *b*. Comment cela ? *A* n'a jamais été associé à *b*, c'est seulement *a*, c'est-à-dire la pomme que j'ai vue dans une gravure représentant Adam et Ève. *A* ne peut donc reproduire *b* qu'après s'être associé par ressemblance avec *a*, comme le prouve le phénomène de la *reconnaissance immédiate*, où le sentiment du déjà vu résulte de la fusion de la perception présente et de la perception passée conservée sous forme d'image (1).

M. Höffding a tort d'invoquer le phénomène de reconnaissance. Quand nous traiterons, dans un des chapitres qui suivent, de la *reconnaissance*, nous aurons à réfuter la théorie de la double image. D'ailleurs *A* peut s'associer directement avec *b*. Sans doute, *A* n'a pas fait partie de la même expérience que *b*. Mais est-ce que l'expérience passée, telle qu'elle a été, peut être intégralement rappelée ? Cet *a* que je fais revivre ne peut pas être identique à celui qui a été perçu avec *b* : un état psychologique ne se répète pas à proprement parler ; l'état ancien, rappelé, sera toujours nouveau. Si donc *a*, malgré sa nouveauté, peut rappeler *b*, pourquoi *A* ne le pourrait-il pas (2) ?

Il ne faut pas exagérer le rôle de l'association par ressemblance. Mais elle est un fait aussi réel que l'association par contiguïté. Contre ce fait, il convient de se défier d'un argument purement logique, qui ruinerait du même coup l'association par ressemblance et

(1) *Esquisse d'une psychologie*, ouv. cité, p. 208. — *Ueber Wiedererkennen*, in *Vierteljahrsschr. für wissenschaftliche Philosophie*, 1889-1890. Cf. DEFFNER : *Die Aehnlichkeitsassociation*, Munich, 1898.

(2) Dr Edouard CLAPARÈDE : *L'Association des idées*, p. 33, Paris, 1903.

l'association par contiguïté, puisque la contiguïté, aussi bien que la ressemblance, est un rapport. Une idée en appelle une autre, non en raison de ses rapports abstraits avec elle, mais en raison de ses relations concrètes. Voici deux idées présentes entre lesquelles existe un rapport intérieur clairement aperçu. Supposons qu'au lieu d'être en possession de ces deux idées, je n'en possède qu'une et que je cherche l'autre. Je sens que l'idée présente ne me suffit pas ; j'ai le sentiment qu'elle n'est pas complète, que quelque élément lui manque ; j'ai conscience d'une lacune, et d'une lacune active, qui me guide dans la recherche de l'idée absente. Muni des relations générales de cause à effet, de moyen à fin, etc., je cherche dans plusieurs directions pour compléter mon idée. Les souvenirs jaillissent, et la recherche se poursuit jusqu'à ce que j'aperçoive l'idée qui répond précisément à mon appel en vertu d'une relation déterminée. Si rapide que soit cette opération, il y a en elle, suivant la remarque de Leibnitz, une imitation de la raison. *La présence d'une idée, l'intuition de certains rapports généraux, le besoin ou le désir de compléter l'idée actuelle par une autre idée qu'il faudra choisir parmi les souvenirs,* tels sont les éléments qui constituent l'association des idées.

On comprend dès lors pourquoi une idée s'associe à une autre idée plutôt qu'à mille autres avec lesquelles elle a aussi des rapports. Sans doute, l'*habitude,* la *proximité,* la *vivacité,* le *ton affectif,* pour suivre l'énumération de M. William James, expliquent jusqu'à un certain point pourquoi l'état actuel reproduit, par ressemblance ou contiguïté, tel état passé plutôt que tel autre ; mais cette explication a besoin d'être complétée

par la précédente. Si vous supposez qu'une association
d'idées n'ait aucun fondement dans le rapport intime
des idées, toute association devient un accident et un
mystère. Admettez, au contraire, que le rapport des deux
idées préexiste à leur association effectuée et que nous
recherchions l'une d'elles à la lumière d'un rapport, on
comprend qu'un choix s'opère ; le rapport qui le détermine dépend des besoins du moment.

L'association des idées n'est donc pas une opération
purement automatique. Elle implique une sélection
et par conséquent une manifestation, quelque humble
qu'elle puisse être, de l'activité intellectuelle et volontaire. La reproduction des souvenirs dépend de la synthèse personnelle, et la grande part d'automatisme
qu'elle comprend s'explique par une diminution de l'attention.

CHAPITRE V

LA CONSCIENCE DES SOUVENIRS

L'événement passé est reproduit. Cette reproduction qui a lieu en nous peut s'accomplir sans nous, c'est-à-dire, sans que nous en soyons avertis. Un souvenir n'est pas rattaché nécessairement au moi par le fait de sa reproduction. Une fois reproduit, quelque chose peut lui faire défaut et l'empêcher d'être assimilé par la conscience personnelle ; en attendant ce complément de perfection, il reste sous le seuil ou en marge de la conscience : d'où les noms de *subconscient, subliminal, marginal,* ou simplement d'*inconscient.*

Que manque-t-il donc au souvenir inconscient, et qu'est-ce qui s'ajoute à lui quand il devient conscient ?

Pour répondre à cette question, il est nécessaire d'abord de définir les termes si équivoques de conscient et d'inconscient et d'établir l'existence toujours contestée des représentations inconscientes.

Conscience est souvent synonyme de vie intérieure : ce mot désigne alors l'existence interne des états psychologiques, dont c'est un des caractères essentiels de n'être directement saisissables que par introspection ; conscient dans ce cas est identique à psychologique, et il devient contradictoire de parler de phénomènes psychologiques inconscients : car, ce serait affirmer à la fois que ces phénomènes sont et ne sont pas des éléments de la conscience.

La signification du mot inconscient dépend de l'hypothèse que l'on a adopté sur l'origine de la vie consciente.

L'excitation nerveuse doit posséder un minimum d'intensité et de durée pour provoquer une modification dans la conscience. Comparez une excitation qui a juste ce minimum avec l'humble sensation à peine perceptible qui lui correspond. D'un côté, l'excitation a été préparée par d'autres excitations de moindre intensité et de moindre durée ; on peut du moins faire décroître ses degrés de façon continue. De l'autre côté, le phénomène de conscience n'offre rien de semblable : il n'a été préparé par rien et semble naître de rien ; à la série décroissante des excitations nerveuses, rien ne correspond du côté psychologique, si ce n'est un vide, un néant de conscience. Pour les auteurs qui estiment que la conscience naît d'un seul bloc, l'inconscient ne peut être qu'un mouvement cérébral, un phénomène physiologique. Ceux qui prétendent, au contraire, que la conscience ne peut commencer sans être préparée, — « Rien ne saurait naître tout d'un coup, disait Leibnitz, la pensée non plus que le mouvement (1) » — admettent, parallèlement à la série continue des excitations nerveuses, une série continue de corrélatifs psychiques qui ont pour but de préparer le phénomène de conscience. « L'inconscience ne serait donc pas, dit

_____

(1) *Op. phil.*, édition Erdmann, p. 226.

Höffding, qui soutient cette hypothèse, la négation de la conscience, mais un de ses degrés inférieurs, elle aurait sa place dans la série descendante des degrés de la conscience (1). » L'inconscient et le conscient seraient homogènes et régis à peu près par les mêmes lois; ils ne présenteraient qu'une différence de degré.

Cette relation entre l'inconscient et la conscience n'intéresse pas directement notre sujet. Il existe, au contraire, une autre relation et une autre définition de ces termes qui nous importent beaucoup.

Il ne s'agit plus de la conscience en général, mais de la *conscience de soi* ou de la *conscience personnelle*. C'est la conscience dite du « second degré », la *Selbstbewusstsein* des Allemands, la *Consciousness of self* des Anglais. Cette conscience n'embrasse pas la totalité de la vie psychologique, elle ne comprend qu'un certain nombre d'états particulièrement systématisés entre eux et rapportés au moi personnel. Elle s'accompagne du sentiment de la personnalité.

Ceux des états intérieurs qui échappent à la synthèse de la conscience personnelle peuvent être appelés inconscients ou subconscients. Ce terme signifie qu'ils ne sont pas actuellement compris dans le champ de vision de la conscience personnelle. Ils sont conscients au premier sens du mot, en tant qu'ils sont des éléments de la vie psychologique et qu'ils possèdent une existence interne. Mais ils ne sont pas conscients, au dernier sens, n'étant pas aperçus. Lorsqu'un effort d'attention ou une circonstance favorable les feront passer sous le regard interne, ils deviendront con-

_____

(1) *Esquisse d'une psychologie*, ouv. cité, p. 105.

scients. La conscience est donc la systématisation personnelle de nos états psychologiques ; ceux qui ne font pas partie de cette systématisation — et c'est la grande masse — constituent la sphère de l'inconscient.

Le Dr J. Grasset appelle « inconscient tout ce qui est ignoré du moi ». M. Pierre Janet entend par « acte inconscient une action ayant tous les caractères d'un fait psychologique sauf un, c'est qu'elle est toujours ignorée par la personne même qui l'exécute au moment même où elle l'exécute (1) ». Au fond, ces deux auteurs sont d'accord sur la définition de l'inconscient. Il n'y a entre eux qu'une différence verbale : l'inconscient est pour M. Pierre Janet un élément de la conscience en général, tandis que pour le Dr Grasset qui réserve le mot conscience à la conscience de soi, l'inconscient appartient à la vie psychique, mais non à la conscience. Le Dr Grasset dit lui-même que sa divergence avec M. Pierre Janet sur ce point « est plutôt dans les mots que dans les idées (2) ».

Pour notre part, nous employons le mot conscience dans les deux sens : dans le sens de conscience en général, lorsque nous parlons indifféremment de vie psychologique, de vie intérieure et de vie consciente ; et dans le sens de conscience personnelle, lorsque nous disons que la conscience ne nous fait pas connaître tous les phénomènes psychologiques qui sont en nous. Dans la terminologie que nous avons adoptée, le mot inconscient signifie toujours un état intérieur, psychologique, et par conséquent conscient au sens de con-

---

(1) *L'Automatisme psychologique*, ouv. cité, p. 225.
(2) *Le Psychisme inférieur*, ouv, cité, p. 15.

science en général, mais un état qui échappe à la conscience personnelle et qui, pour cette raison seulement, peut être dit inconscient. La conscience personnelle n'étant au fond qu'une spécialisation de la conscience en général, que la vie psychologique ou consciente se saisissant elle-même et se connaissant d'une façon précise comme personnalité, l'inconscient ne peut être qu'un état qui n'est pas encore systématisé avec le moi, à qui manque quelque chose pour être assimilé par la conscience personnelle : l'inconscient est une *conscience inférieure, élémentaire,* échappant à la synthèse actuelle de l'esprit.

La conscience personnelle ou la conscience de soi est susceptible de degrés très variés : elle peut croître ou décroître en intensité et en richesse d'organisation. Je regrette de ne pouvoir être sur ce point de l'avis du Dr Grasset, qui « aime mieux admettre la conscience comme quelque chose d'invariable et d'immuable sans nuances et sans degrés (1) ».

La conscience supérieure et parfaite suppose une concentration de la vie intérieure qui n'est réalisable que dans certaines circonstances. On a alors le sentiment clair de sa personnalité, le moi se connaît distinctement dans son unité. Cette conscience renforcée par l'attention est la conscience avec l'exposant 2. On l'appelle quelquefois *conscience réfléchie.* Dans le cours ordinaire de la vie nous sommes moins concentrés, moins unifiés. Nous nous laissons vivre, confondus que nous sommes avec le flot des événements internes. Nous sommes dispersés. Le polyidéisme et un certain

(1) *Le Psychisme inférieur,* ouv. cité, p. 14.

relâchement de la synthèse psychologique représentent notre état habituel. Le moi se saisit encore, mais confusément et à travers la multitude et la succession de ses états. Son unité est surtout sentie et vécue. Cette nouvelle forme de la conscience est souvent désignée sous le nom de *conscience spontanée* : c'est la conscience supérieure avec la réflexion en moins. Chez l'animal, l'absence ou mieux l'impossibilité de la réflexion fait que la conscience spontanée, à laquelle il est réduit, est d'une autre nature que la conscience réfléchie. Chez l'homme, au contraire, ces deux formes de la conscience coexistent et ne présentent qu'une différence de degré ; il suffit d'un léger effort pour passer de l'une à l'autre.

Enfin, par une série de transitions insensibles, la conscience se perd dans l'inconscient. Au-dessous de la conscience spontanée, on peut distinguer une conscience *évanescente*. Lorsqu'un état psychologique a une durée trop courte pour faire corps avec les autres et affirmer sa parenté avec eux, il brille un instant et disparaît, sans qu'on ait pu distinguer ni son commencement ni sa fin. Ces états faibles et rapides sont sur les confins de la conscience et de l'inconscient.

Dans certains cas, non seulement des états éphémères, mais encore des états durables peuvent se détacher de la masse, se conserver, se développer et vivre d'une vie indépendante : ils forment des systématisations et, si leur organisation est assez riche, des *sub-consciences* ou des *moi secondaires*.

L'inconscient peut donc se concevoir, suivant une comparaison de MM. William James et H. Bergson, comme la zone obscure de la conscience. Autour de la région éclairée, formée par la conscience personnelle, on devine confusément autre chose, comme une frange moins visible qui va se perdre dans une zone obscure. Il n'y a pas de limite précise entre le point où finit le conscient et celui où commence l'inconscient. Un effort d'attention peut agrandir la sphère éclairée en y faisant entrer la « partie utile ou utilisable » de la vie psychologique. La conscience réfléchie peut mettre en lumière, dans des circonstances favorables, les états obscurs, les états inconscients.

La notion d'inconscient est donc cohérente et intelligible : elle désigne un état inférieur et automatique de la vie consciente, existant sous le seuil de la conscience personnelle : d'où les noms de « Psychisme inférieur », d' « Automatisme psychologique », de « Subconscient » et de « Subliminal ». On peut illustrer cette notion par des exemples tirés des *sensations inconscientes*.

Dans sa crise de somnambulisme, lady Macbeth entre un flambeau à la main; elle voit le médecin et la dame suivante, « puisqu'elle les évite en marchant; elle n'en a pas conscience, puisqu'elle laisse échapper son secret devant eux (1) ».

M. Pierre Janet met sur les genoux de Lucie en somnambulisme cinq cartes blanches dont deux sont marquées d'une croix. Il lui défend de voir au réveil ces deux cartes. Réveillée, elle s'étonne de voir ces papiers sur ses genoux, et, comme on la prie de les compter et de les remettre, elle en trouve trois et les remet. On lui demande les autres, elle soutient qu'il n'y en a

(1) *Le Psychisme inférieur*, ouv. cité, p. 10.

plus. On étale les papiers à l'envers, de manière à dissimuler les croix, elle en compte cinq. On les retourne,
elle n'en compte plus que trois. Ne faut-il pas que les
croix soient vues et reconnues pour être ainsi suppri-
mées? On l'endort de nouveau et on met sur ses genoux
vingt petits papiers numérotés. On lui défend de voir
les papiers qui portent des chiffres multiples de trois.
Au réveil, elle remet quatorze papiers et en laisse six
qu'elle a eu bien soin de ne pas toucher, ce sont les
multiples de trois. Ici encore n'a-t-il pas fallu voir les
chiffres pour reconnaître les multiples de trois? Lucie
a donc des sensations visuelles sans le savoir. L'emploi
de l'*écriture automatique* en a permis la vérification.
Lucie a encore sur ses genoux les papiers marqués
d'une croix, elle ne les a pas remis. Dans un moment
de distraction, on lui demande de prendre un crayon et
d'écrire ce qu'il y a sur ses genoux. La main droite
écrit : « Il y a deux papiers marqués d'une petite croix. »
— « Pourquoi Lucie ne les a-t-elle pas remis? — Elle
ne peut pas, elle ne les voit pas (1). » Elle les voit,
mais elle ne sait pas qu'elle les voit.

Dans le somnambulisme artificiel comme dans le
somnambulisme spontané, le sujet ne perçoit que ce
qui intéresse son état présent ; il est distrait par rapport à tout le reste : il en reçoit des sensations, mais
il ne les remarque pas.

Le sens de la question : « Y a-t-il des représentations
inconscientes ? » ne présente plus de difficulté. Quant
à la réponse, elle n'est pas douteuse : il y a des représentations inconscientes.

---

(1) *L'Automatisme psychologique*, ouv. cité, p. 276.

Nombre de souvenirs se reproduisent en nous, à notre insu, en dehors de la conscience personnelle.

Cette reproduction inconsciente des souvenirs n'est pas nécessairement pathologique. Elle est fréquente chez l'homme bien portant; mais comme la pathologie mentale est une méthode de grossissement, il y a avantage à la considérer d'abord dans les cas morbides, tels que les *idées fixes* et *la suggestion posthypnotique.*

Les *idées fixes subconscientes* (idées fixes polygonales de Grasset) font partie de l'état mental des hystériques; elles constituent un système psychologique isolé de la conscience personnelle et assez riche en organisation pour maintenir son existence parasitaire. La présence de ces idées explique la plupart des troubles même physiques que présentent ces malades.

Une malade de M. Pierre Janet, connue sous le nom de Marie, présente trois catégories d'accidents dus à la reproduction des souvenirs inconscients. A l'approche de ses règles, elle change de caractère et éprouve des douleurs et des secousses nerveuses dans tous ses membres. Vingt heures après, les règles s'arrêtent subitement; un grand frisson secoue tout le corps, et les grandes crises d'hystérie commencent. Dans son délire, tantôt elle pousse des cris de terreur et parle de sang, tantôt elle joue comme une enfant. La scène dure deux jours et se termine par quelques vomissements de sang. Peu à peu Marie se calme et ne se souvient de rien. Dans l'intervalle de ses grands accidents mensuels, elle conserve des contractures, des anesthésies variées, et surtout une cécité absolue et continuelle de l'œil gauche.

L'arrêt des règles et la crise qui suit ont leur cause

dans la reproduction inconsciente d'un souvenir. Marie a raconté, dans un somnambulisme provoqué, que lorsqu'elle fut réglée pour la première fois elle s'était plongée dans un baquet d'eau froide pour arrêter l'écoulement; le succès avait été complet, mais elle avait eu un grand frisson, puis un délire de plusieurs jours. Les menstrues ne reparurent que cinq ans après et ramenèrent les mêmes troubles : arrêt subit, frisson, douleur. Le retour des règles chaque mois évoque la scène du bain froid. « Dans sa conscience normale, dit M. Pierre Janet, elle ne sait rien de tout cela et ne comprend même pas que le frisson est amené par l'hallucination du froid. » En modifiant l'idée fixe on est arrivé à faire disparaître les attaques et le délire. — Les crises de terreur s'expliquent aussi par la reproduction subconsciente du souvenir. Marie avait vu une vieille femme se tuer en tombant d'un escalier et en avait éprouvé une forte émotion. Le sang, dont elle parlait dans ses crises était un souvenir de cette scène. On parvint par la suggestion à modifier cette représentation : la vieille avait trébuché et ne s'était pas tuée. La conviction terrifiante s'effaça entraînant la disparition des crises de terreur. — La cécité de l'œil gauche provient également de la persistance d'une ancienne image. Marie avait été contrainte, malgré ses cris, à coucher dans le même lit avec un enfant de son âge qui avait de la gourme sur tout le *côté gauche de la face*. Elle eut quelque temps après des plaques de gourme à la *même place*, puis elle fut *anesthésique de la face du côté gauche et aveugle de l'œil gauche*. On lui imposa par suggestion une image antagoniste de celle qui avait occasionné ces troubles.

Marie vit dans une hallucination l'enfant dont elle avait horreur, on lui persuada qu'elle s'était trompée, qu'il était très gentil et qu'il n'avait pas de gourme ; après quelque résistance, elle se laissa convaincre et se mit à caresser et à embrasser l'enfant imaginaire. Au réveil, Marie avait récupéré la vue : la cécité avait disparu avec le souvenir (1).

On voit par cet exemple que les idées fixes des hystériques sont des souvenirs très actifs, capables de provoquer des convulsions, des délires, des anesthésies et des contractures, sans que cependant le malade soupçonne même leur présence. Ce sont des souvenirs reproduits, mais inconscients.

Les *suggestions posthypnotiques* ou *suggestions à échéance* fournissent aussi des exemples typiques de représentations inconscientes. Un ordre a été donné à un sujet dans un état de somnambulisme quelconque ; cet ordre ne doit s'exécuter que plus tard, à l'état de veille. Au réveil, le sujet ne se souvient ni de son somnambulisme ni du commandement qu'il a reçu. Il exécutera cependant les actes commandés, quand le moment sera venu, et sans savoir qu'il les exécute. Certains sujets, au moment de l'exécution, retombent en somnambulisme et oublient au réveil ce qu'ils viennent de faire. D'autres conservent leur état de veille et comme par distraction accomplissent les actes commandés, dont ils ne gardent après l'exécution aucun souvenir ; ils paraissent même les ignorer pendant l'exécution. « Tout ce qui a rapport, dit M. Pierre Janet,

---

(1) *L'État mental des hystériques. Les Accidents mentaux*, ouv. cité, p. 58.

à la suggestion posthypnotique semble ne plus faire partie de leur conscience (1). »

Comment une pareille suggestion peut-elle être exécutée au moment prescrit, puisque le sujet n'en a conservé aucun souvenir? En réalité le sujet compte les jours et les heures. Si vous l'interrogez dans un nouveau somnambulisme ou par le procédé de la distraction, vous apprendrez qu'un acte doit être accompli à telle époque et qu'il y a encore tant de jours et d'heures avant son échéance. Le sujet se souvient donc de son commandement, mais il ne s'en souvient que dans l'état de subconscience. Le souvenir est dans l'esprit du sujet, il est cause de l'action accomplie, mais il échappe entièrement, dans certains cas du moins, à la conscience personnelle.

Nous pourrions continuer à relever des cas de reproduction inconsciente des souvenirs. Nous en trouverions tant que nous voudrions parmi les accidents psychiques de l'hystérie. Mais ces cas ne nous apporteraient rien de nouveau.

Le moment est venu d'interroger la psychologie normale.

La *distraction* de l'homme normal est analogue, malgré des différences, à la distraction de l'hystérique; la distraction est toujours un état favorable à la reproduction inconsciente des souvenirs.

Des impressions se fixent en nous en dehors de la sphère de l'attention et de la perception personnelle; de même, elles revivent et agissent à notre insu.

Dostoïewski a décrit, dans *Crime et Châtiment*, une

---

(1) *Loc. cit.*, p. 32.

reproduction inconsciente du souvenir qui peut servir de transition entre les cas anormaux et les cas normaux.

« J'allais chez vous, commença Raskolnickoff, mais comment se fait-il qu'en quittant le Marché-au-Foin, j'aie pris la perspective ***? Je ne passe jamais par ici, je prends toujours à droite au sortir du Marché-au-Foin. Ce n'est pas non plus le chemin pour aller chez vous. A peine ai-je tourné de ce côté que je vous aperçois ! c'est étrange ! — Vous avez apparemment dormi tous ces jours-ci, répond Svidrigaïloff. Je vous ai moi-même donné l'adresse de ce traktir, et il n'est pas étonnant que vous y soyez venu tout droit. Je vous ai indiqué le chemin à suivre et les heures où l'on peut me trouver ici. Vous en souvenez-vous ?

— Je l'ai oublié, répondit Raskolnickoff avec surprise.

— Je le crois. A deux reprises, je vous ai donné ces indications. L'adresse s'est gravée machinalement dans votre mémoire, et elle vous a guidé à votre insu. Du reste, pendant que je vous parlais, je voyais bien que vous aviez l'esprit absent (1). »

L' « esprit absent », c'est l'esprit distrait pour certaines impressions qui, à cause même de cette distraction, sont ignorées de la conscience et restent sous le seuil. Que ces impressions aient agi immédiatement, par leur reproduction inconsciente, sur Raskolnickoff, pour lui indiquer son chemin, ou qu'elles aient envoyé un message à la conscience au moment où il quittait le Marché-au-Foin, il est certain que le souvenir s'est conservé et reproduit inconsciemment.

(1) Dostoïewski : *Crime et Châtiment*, t. II, p. 219-220.

Que d'impressions naissent et se développent en nous, sans que nous en soyons avertis ! La distraction ne produit l'anesthésie que pour la perception personnelle. Elle favorise la sensibilité subconsciente. Lorsque des pensées nous arrivent en foule, nous voudrions n'en laisser perdre aucune ; mais, dans l'impossibilité de maintenir l'attention, plusieurs nous échappent, qui cependant se conservent en nous ; les oscillations de l'attention engendrent de courtes distractions, qui ne sont des amnésies que pour la conscience personnelle. Or, ces impressions et pensées subconscientes peuvent renaître et, à notre insu, déterminer des actes, compléter des perceptions et faire éclore des sentiments.

La reproduction inconsciente des souvenirs est remarquable dans l'*habitude*. Nous accomplissons automatiquement certains actes, et, si l'on nous demande comment nous les accomplissons, nous sommes obligés de nous rappeler les sensations qui accompagnent leur exécution : le souvenir des détails de nos habitudes est subconscient. Ce souvenir peut se conserver longtemps. Miss Cobbe raconte que, s'étant assise, après une huitaine d'années, à une table où elle avait eu l'habitude d'écrire et d'étudier, elle s'aperçut que ses pieds s'agitaient constamment ; ils cherchaient un tabouret dont elle avait l'habitude de se servir à cette époque. Le professeur Münsterberg a soumis à l'épreuve expérimentale cette reproduction inconsciente des souvenirs dans l'habitude. Si vous avez l'habitude de vous servir d'un encrier placé à votre gauche, vous vous surprendrez souvent à y plonger votre plume, même s'il est vide et que vous ayez eu soin de mettre un encrier rempli à

votre droite. Au commencement de chaque année,
nous écrivons plus ou moins longtemps, à moins
d'une attention particulière, le millésime de l'année
précédente (1).

L'association des idées fournit de nombreux exemples
d'associations inconscientes de souvenirs.

On passe d'une représentation dont on a conscience
à une autre représentation dont on a également conscience, sans apercevoir entre ces deux représentations
un rapport quelconque. On sent cependant que l'association n'est pas immédiate et qu'elle suppose des intermédiaires inconscients. Un jour que Hamilton pensait
au *Ben Lomond*, il passa tout à coup de cette représentation à une autre qui semblait n'avoir aucun rapport
avec la montagne qui domine le beau lac du même
nom : le système d'éducation usité en Prusse. Il finit
par se rappeler qu'il avait rencontré sur cette montagne un officier allemand et qu'ils avaient parlé d'éducation. Je connais quelqu'un dont la conversation fourmille d'associations inconscientes, qui déconcertent
par le défaut de liaison : ce défaut n'est qu'apparent,
la liaison existe, mais sous la conscience, et, la plupart
du temps, dans l'ordre affectif.

Dugald Stewart prétend que dans ce cas et les cas
analogues l'intermédiaire est dans la conscience, quoiqu'à un degré très faible d'intensité. Stuart Mill
réplique que l'association est parfois si rapide qu'il
est impossible que les représentations intermédiaires
soient dans la conscience. Les recherches psychomé-

(1) *La Subconscience*, par Joseph IASTROW, traduit de l'anglais par
E. Philippi, Paris, 1908, c. IV, p. 28.

triques ont montré qu'il n'y a pas de faits de conscience instantanés et qu'une excitation quelconque,
pour pénétrer dans la conscience, doit remplir certaines conditions d'intensité et de durée. Hamilton compare la série des termes associés à une rangée de six
billes de billard placées l'une contre l'autre : « Si l'on
pousse une bille contre celle qui forme la tête de
ligne, le choc ne divise pas la rangée des billes, l'impulsion se transmet invisible à travers les billes intermédiaires jusqu'à la dernière qui seule suit l'impulsion (1). »

D'après les définitions données plus haut de la
conscience et de l'inconscient, les représentations
intercalaires sont inconscientes si elles restent ina-
perçues au moment même où elles nous conduisent
d'une pensée à l'autre. « Dans les courants qui composent le souvenir et la réflexion, dit Höffding, il ne
se produit pas seulement des ondes positives, états
d'une intensité peu ordinaire, mais aussi des ondes
négatives, états ou éléments qui peuvent s'enfoncer
jusque tout à fait sous le seuil de la conscience, sans
que pourtant la continuité soit interrompue pour celui
qui se représente le courant entier, composé de termes à la fois conscients et inconscients. Dans chaque
état de conscience important, beaucoup d'éléments
sont donc mis en action, sans que cette action arrive
jusqu'à notre conscience (2). »

L'inconscience des représentations intermédiaires
tient à la rapidité de la pensée. La conscience person-

---

(1) *Exposition de la philosophie de Hamilton*, par S. MILL, ch. xv.
(2) *Esquisse d'une psychologie*, ouv.-cité, p. 95.

nelle exige un certain temps pour distinguer un phénomène et suppose une certaine mémoire. Si donc les
intermédiaires, sans être instantanés, n'ont pas une
durée qui leur permette de se fondre avec les représentations moins rapides, la conscience ne peut les
connaître. Ce sont des souvenirs inconscients.

Toute association qui a été médiate à l'origine ne
l'est pas nécessairement dans la suite. Deux représentations à mesure qu'elles sont mieux assimilées par la
conscience contractent des rapports d'intelligibilité, qui
conduisent naturellement la pensée de l'une à l'autre.
Les relations de ressemblance et de contiguïté, deve-
nant plus étroites par le fait de l'habitude, rapprochent
des idées qui paraissaient d'abord très éloignées.

Les *raisonnements inconscients* et, d'une manière
générale, le *travail inconscient de la pensée* supposent
la reproduction subconsciente des souvenirs.

Quand on s'applique longtemps à l'étude d'une question, on arrive à une période de confusion et de chaos.
Le meilleur parti à prendre est d'abandonner le sujet
et de penser à autre chose. Après quelque temps, la
lumière jaillit et un plan se dessine. Le temps écoulé
représente la période d'incubation ou de latence, pendant laquelle les idées continuent à se développer et à
s'organiser. L'arbre pousse, a dit quelque part M. Ribot,
quand on ne le regarde pas, aussi bien que quand on
le regarde. Il en est de même des idées. Négociants,
mathématiciens, artistes, inventeurs, après une période
plus ou moins longue de malaise et d'anxiété, voient
soudain d'un seul bloc la solution ou l'idéal cherchés,
au moment où ils y pensent le moins. C'est en jouant
au billard que Mozart trouva la mélodie du quintette

de la « Flûte enchantée » ; c'est en se promenant dans les rues de Dublin avec lady Hamilton que sir William Rowan Hamilton conçut la théorie des quaternions.

On a voulu expliquer cette élaboration de l'esprit en disant, dans le cas, par exemple, où elle a lieu durant le sommeil, qu'elle ne manque pas de conscience, mais seulement de mémoire, par suite de la discontinuité entre la conscience onirique et la conscience de l'état de veille. Le travail serait conscient dans le rêve, mais nous l'oublierions au réveil et nous croirions avoir trouvé dans un état de subconscience. Si cette explication est plausible pour certains cas, elle ne vaut pas assurément pour tous. On dit encore qu'on trouve, parce qu'on cherche dans de meilleures conditions : on a *dormi* sur le sujet, il y a dans le cerveau et dans l'esprit plus de fraîcheur. Cette explication ne convient pas davantage à tous les cas. On ne reprend pas toujours son étude après l'avoir interrompue, on passe à un autre sujet ; or, il arrive souvent qu'au moment même où l'esprit est occupé à ce nouveau sujet, le premier se présente tout à coup, s'éclaire et livre ses secrets : il avait continué à s'élaborer sous le seuil de la conscience. Schopenhauer appelle cette maturation de la pensée une « rumination inconsciente (1) ».

Le processus de la *perception* en général serait impossible sans la reproduction inconsciente des sensations passées. Percevoir un objet extérieur, une orange, par exemple, c'est greffer sur une sensation visuelle présente des éléments anciens, des sensations anté-

_____

(1) *Esquisse d'une psychologie*, ouv. cité, p. 94.

rieures de goût, d'odorat, de pesanteur. La perception
n'est pas possible, — il ne s'agit que de la perception
de l'adulte, — sans la reproduction de quelques-unes
des sensations qui constituent en partie nos diverses
expériences. Or, nous n'avons aucune conscience de
cette reviviscence d'images et de souvenirs. Les recherches qui nous ont fait connaître cet apport inconscient
de la mémoire dans la perception sont même relativement récentes.

Somme toute, les souvenirs inconscients, dont on
vient de constater l'existence, sont des représentations
dissociées de la conscience personnelle, à divers degrés, depuis celui où elles ont formé avec elle un commencement de synthèse, jusqu'à celui où elles se sont
organisées en systèmes indépendants. Toutes ces représentations sont conscientes en elles-mêmes et pour
elles-mêmes, elles ont une existence interne ; mais
elles sont inconscientes pour la conscience normale et
personnelle.

Que manque-t-il à un souvenir inconscient et que
s'ajoute-t-il à lui quand il devient conscient?

Quelques psychologues ont prétendu que ce qui fait
défaut aux représentations restées sous le seuil de la
conscience, c'est un degré d'*intensité*. Ils considèrent
les phénomènes internes comme des grandeurs ou des
quantités, susceptibles de *plus* et de *moins;* leur progrès consisterait en un progrès intensif : *subconscience,*
conscience et *réflexion* différeraient par l'intensité. En
passant de l'état subconscient à l'état conscient, le souvenir acquerrait simplement plus d'intensité.

Il n'y a peut-être pas de notion plus obscure en psychologie que la notion d'intensité. Prise au sens de grandeur et de mensuration possible des faits de conscience, l'intensité non seulement n'explique rien, mais n'a aucun sens. On comprend l'intensité de l'excitation, puisque l'excitation est mesurable. Mais quelle signification pourrait-on donner à l'intensité d'une sensation, d'un sentiment, d'une représentation, d'un souvenir, si par ce mot on désigne la grandeur, la quantité? Les faits psychologiques se révèlent à la conscience, pour celui qui sait distinguer le *donné* du *construit,* sous la forme de la qualité et de la qualité seulement. Les phénomènes matériels, au contraire, se présentent sous l'aspect de la quantité.

Parler d'intensité, au sens de quantité, à propos de la vie intérieure, c'est transporter dans le monde de l'esprit une observation du monde physique, comme l'ont fait remarquer MM. Bergson, Höffding, Pierre Janet et nombre de psychologues.

Cette notion d'intensité s'est surtout introduite en psychologie à la suite de Herbart et de Fechner. Herbart, après avoir réduit tous les éléments de la vie psychique à un seul, la représentation, conçut celle-ci sous la forme d'un *objet* ou d'une *chose* et imagina de la traiter comme la matière, par le calcul mathématique, la physique et la mécanique. Il se proposait d'établir une statique et une mécanique de l'esprit. Fechner, le fondateur de la psychophysique, ambitionna lui aussi d'appliquer à l'étude de la conscience les méthodes de la physique, de la physiologie et de l'anatomie du système nerveux. Ces deux métaphysiciens entreprirent de faire de la psychologie une science positive et expérimentale. La psychologie leur doit beaucoup pour cette impulsion scientifique. Mais plus elle se constitue comme science, plus elle veille sur son objet propre et sa méthode propre. Elle tient, aujourd'hui plus que jamais, à restituer aux sciences de la matière les notions qui leur appartiennent et à se réserver celles qui ne conviennent qu'à elle seule, qui sont les siennes.

L'intensité psychologique considérée comme grandeur est inintelligible. Envisagée comme *complexité,* elle a un sens, c'est une notion psychologique ; mais elle n'explique ni la conscience ni l'inconscience des souvenirs. Sans doute, une des conditions essentielles de la conscience réside dans la *multiplicité* de ses éléments. Le monoïdéisme ou absorption en un point unique tend à l'abolir et la fait glisser peu à peu dans l'inconscient. La diversité, au contraire, la ramène à son état normal et la développe. La multiplicité psychologique est donc essentielle à la conscience, et plus un état a d'aspects, plus il est facile d'en constater la présence. Mais la complexité ne suffit pas. Les souvenirs les plus complexes ne sont pas nécessairement les plus conscients.

Il existe un autre aspect de la conscience non moins essentiel que la multiplicité : c'est l'*unité.* Les débuts de la conscience individuelle sont constitués par un commencement de synthèse ; son progrès consiste en une augmentation de synthèse et son déclin en une diminution de synthèse. Imaginez une conscience dépourvue de toute unité, les éléments psychologiques à l'état de spores, sans aucune réaction des uns sur les autres, sans lien, sans relation. Non seulement les sensations ne seront pas interprétées, puisque l'interprétation des sensations présentes se fait au moyen des sensations passées organisées en expérience, mais elles ne seront pas même possibles, car toute sensation, si humble soit-elle, porte la marque de l'unité. « Si l'on voulait soutenir, dit Höffding, que la conscience n'est qu'une somme de sensations, il faudrait en tout cas ajouter que les termes de cette somme ne sont pas absolument simples, mais qu'ils portent déjà la marque d'une synthèse (1). »

Les lois de relation, qui sont les lois les plus générales de la psychologie, et qui, avec les fonctions de reproduction, de reconnaissance, de comparaison et de concentration, constituent l'esprit, supposent dans la vie consciente une *activité synthétique fondamentale* capable de maintenir ensemble, sans juxtaposer ses éléments, une multiplicité donnée.

Si la vie psychologique consiste surtout dans la synthèse, la perfection d'un souvenir dépendra en grande partie de son degré d'organisation.

Cette organisation présente deux degrés. A un premier degré, les représentations se déterminent et s'évoquent les unes les autres, elles s'associent et se groupent entre elles. A un second degré, elles s'organisent avec la conscience personnelle et font partie du moi individuel.

Les représentations subconscientes ne possèdent que l'organisation du premier degré. Les idées fixes sont organisées seulement entre elles et se développent suivant un certain déterminisme, en dehors de la conscience normale. Dans le cas de Marie cité plus haut,

---

(1) *Esquisse d'une psychologie*, ouv. cité, p. 135.

l'hallucination du bain entraîne la série des images qui s'y rattachent ; le souvenir de la femme qui se tue en tombant d'un escalier ramène l'émotion et les états connexes Il suffit qu'une des image faisant partie du souvenir vienne à se réaliser pour que les autres se réalisent. L'ordre donné dans la suggestion persiste durant l'état de veille comme un rêve dont on n'a pas conscience ; il s'exécute malgré le sujet. Dans les divers somnambulismes, la systématisation subconsciente des phénomènes psychologiques atteint son apogée.

Ce premier degré de l'organisation psychologique comprend une grande variété d'associations. Certains phénomènes intérieurs détachés de la conscience personnelle sont capables de se développer à part et de former un système. Le plus souvent cette agglomération conserve un point d'attache avec la personne actuelle et peut être utilisée par une sensation, un sentiment, un acte volontaire. Parfois aussi elle demeure étrangère au moi. Et si elle possède suffisamment de complexité et de durée, elle parvient à une systématisation douée de personnalité. Il peut se former ainsi, à côté de la personnalité principale, une ou plusieurs personnalités secondaires. Il est, en effet, dans la nature d'un état de conscience, de tendre à la forme personnelle ; séparé de la masse des autres états dont la systématisation constitue le moi, il tend à se constituer centre et à faire converger vers lui les autres états de conscience. Lorsqu'il arrive à une systématisation suffisante, il s'érige en personnalité secondaire. Toute organisation des phénomènes psychologiques, si rudimentaire soit-elle, est donc une tendance à la formation d'une conscience.

Mais il ne suffit pas, pour faire partie de la conscience normale, que les souvenirs se rattachent par association à d'autres souvenirs, il faut de plus qu'ils se rattachent à des *états présents* ou, comme s'exprime M. Bergson, à *l'action présente* (1).

Le « moment présent » est l'instant où le temps s'écoule, non l'instant mathématique, idéal, indivisible, mais l'instant réel, concret et vécu. « Mon présent » occupe de la durée et empiète à la fois sur ce qui précède et sur ce qui suit immédiatement mes actes. Il ne comprend pas seulement les sensations qui proviennent de l'intérieur et de l'extérieur du corps, ni les mouvements au moyen desquels je réagis, il s'étend à tous les états et à tous les actes qui font partie de ma personnalité. Cette personnalité est une systématisation d'événements intérieurs plus profonds les uns que les autres, de sensations, de sentiments, de besoins, de représentations et de choix. C'est en entrant dans cette systématisation, c'est-à-dire en s'organisant avec les états présents que le passé devient conscient. Le souvenir passe de la subconscience dans la conscience, lorsqu'il s'associe non plus avec d'autres souvenirs, mais avec cette partie de la vie intérieure qui est engagée dans l'action du moment et constitue le moi *agissant*.

L'assimilation du souvenir par la conscience personnelle est d'autant plus facile que ce souvenir lui offre un intérêt plus grand, ou qu'il est plus capable de provoquer son attention. Il en est des souvenirs comme des sensations. C'est moins l'intensité de l'excitation

_____

(1) *Matière et Mémoire*, ouv. cité, ch. III, p. 162.

que son intérêt ou sa *relation psychique* avec le moi individuel, qui la rattache à la conscience. Une mère est réveillée par le cri de son enfant, même quand ce cri est beaucoup plus faible que d'autres qui, n'ayant point d'intérêt pour elle, ne la réveillent pas. Tout ce qui nous intéresse ou a rapport à ce qui nous intéresse, provoque notre attention et augmente l'activité synthétique de la conscience.

Le pouvoir d'attention et de synthèse est extrêmement réduit chez les hystériques. Dans l'état de relâchement et de dispersion où se trouve leur conscience, les impressions s'organisent librement, sans le contrôle du moi, en systèmes ou même en personnalités. Le rêve ne peut donner qu'une faible idée de leur désagrégation psychologique. Une jeune fille déclare qu'elle n'est plus elle, que ce n'est pas elle qu'on pince à la main gauche, mais une autre, qu'elle a fait hier telle chose, mais que c'est une autre qui se souvient. Les souvenirs existent, mais elle n'a pas le sentiment qu'ils lui appartiennent : ils sont mal rattachés à la conscience personnelle, mal assimilés.

A un degré plus élevé, l'attention donne au souvenir la forme de la personnalité normale ; mais elle ne le fait que par intermittence. A certains moments, le malade se rappelle ; à d'autres, il ne se rappelle rien. Ses souvenirs oscillent comme son attention.

L'attention du scrupuleux n'oscille pas comme dans le cas précédent. elle monte d'un degré. Mais elle est encore bien imparfaite. Quelquefois le malade se souvient et est convaincu de la réalité de son souvenir. D'autres fois il *doute*. Ce doute, qui suppose que l'amnésie n'est que partielle, peut avoir tous les degrés. A ses degrés les plus faibles, il ne se distingue plus du doute tel qu'on le rencontre chez l'homme normal.

L'attention parfaite s'accompagne de la croyance à la réalité du souvenir; elle atteint, dans la sphère de la mémoire, son degré le plus élevé avec la *reconnaissance*.

Prendre conscience d'un souvenir exige donc un effort d'attention dont on peut n'être pas capable; la subconscience est le fruit de la distraction, la conséquence d'un défaut de systématisation ou de synthèse personnelle.

CHAPITRE VI

La phase de *reconnaissance* et la phase de *localisation* constituent la mémoire proprement dite, la mémoire comme *connaissance du passé*. La phase d'*invention* ou de *création*, qui est la dernière phase de l'évolution des images, constitue l'imagination comme fonction distincte de la mémoire.

Les opérations qui précèdent la reconnaissance sont communes à l'imagination et à la mémoire, considérées avant leur différenciation, alors qu'on peut les appeler indistinctement mémoire imaginative ou imagination reproductrice.

La différenciation commence avec l'acte de reconnaissance qui fait de l'image un *souvenir*. Si le mot souvenir a déjà été employé dans le sens de représentation, à propos des phases de fixation, de latence, d'évocation, de reproduction et d'assimilation, c'était pour indiquer qu'il s'agissait d'une représentation d'origine sensorielle, de la restauration d'une sensation antérieure, et, par conséquent, d'un événement passé. Mais l'événement, qui, en droit, est un phénomène passé, n'apparaît pas nécessairement en fait comme passé. Il peut se présenter comme une simple image, abstraction faite de son caractère d'expérience déjà vécue. Que faut-il donc ajouter à l'image pour en faire

18

un souvenir, pour en prendre conscience comme d'un événement passé ? Nous répondrons à cette question en étudiant la reconnaissance et la localisation des souvenirs.

La reconnaissance n'est qu'une ébauche du souvenir. L'image peut être reconnue, sans être rattachée d'une façon précise au passé. Elle enveloppe alors le passé, sans en donner encore une notion explicite ; elle s'accompagne d'un sentiment de familiarité, de déjà connu, qui la distingue des images pures et des perceptions nouvelles. La notion distincte du temps passé n'intervient qu'à la phase de localisation pour achever le souvenir.

La thèse de Reid et de Garnier sur la connaissance immédiate et primitive du passé par la mémoire n'est pas soutenable. Comment le passé, c'est-à-dire ce qui a été, mais ce qui n'est plus, serait-il l'objet d'une perception directe et actuelle ? L'image est un fait psychologique présent, actuellement donné ; en en prenant conscience on ne peut percevoir que le présent et l'actuel. Si elle apparaît avec un caractère d'ancienneté, ce caractère ne saurait être directement perçu. La connaissance exacte du passé exige des opérations intellectuelles, des comparaisons et des classifications, comme l'ont vu Locke et Leibnitz. M. Ribot dit que la reconnaissance est l'apport de l'intelligence dans la mémoire. Il paraît du moins certain que la connaissance du passé (reconnaissance et localisation) suppose l'intervention de l'intelligence proprement dite.

Les images peuvent être reconnues dans deux états différents, à l'état d'*images impliquées* et à l'état d'*images libres*.

Cette distinction, mise en lumière par M. Höffding dans sa théorie de la *mémoire impliquée* et de la *mémoire libre*, a donné lieu en Allemagne à des travaux importants, peu connus en France.

Les images évoquées par une sensation et désormais faisant corps avec elle sont dites impliquées dans cette sensation. La vue d'un objet éveille un ensemble de sensations passées. Ces sensations sont des images impliquées. Sans elles, la perception serait impossible, du moins la perception normale, celle qui nous permet de connaître et de classer les objets. Elles font de la perception une sorte de reconnaissance dans le présent, qui ne consiste ni en une sensation, ni en une représentation indépendante, mais en un groupe d'images impliquées dans une sensation et fondues avec cette sensation.

La perception d'une table peut éveiller une série d'images libres, qui n'ont aucun rapport aux sensations visuelles et tactiles que sa surface continue à produire en moi. A propos de cette surface en bois et par association verbale, je puis me représenter une forêt, celle, par exemple, où j'ai passé une partie de mes vacances; je pénètre sous des sapins géants, je cueille des airelles, des fraises, des framboises, des cèpes, je m'assieds sur la mousse, près d'une source, je m'abandonne à la rêverie : des émotions passées revivent dans le souvenir; mais elles sont passées comme passent les feuilles qui tombent! Le mystère de la forêt saisit mon imagination, qui me rappelle les

légendes des grands bois : dans le grand-duché de
Luxembourg, quand la buée bleue s'élève sur les bois
de Holz, les renards font leur pain ; les bois de la Flan-
dre sont hantés par les « femmes de mousse », par
des dames vertes ou blanches. La pensée des dames
blanches me transporte dans un asile d'aliénés où une
malade chante : « La dame blanche vous regarde. »
Dans cet état de relâchement et de dispersion de la
conscience qui constitue la rêverie, l'association peut
aller dans tous les sens. Les images ainsi évoquées
sont détachées des impressions visuelles et tactiles de
la table, elles sont dites des images libres.

La formation d'un *champ de représentations libres*
dans la conscience nous affranchit dans une certaine
mesure des sensations du moment. « Il devient possible, dit M. Höffding, de mener une vie de souvenirs
ou de pensées, et non plus exclusivement de sensations et de perceptions. On a très justement comparé
le cercle des représentations au sang. Dans le sang,
qui est formé de substances nutritives empruntées au
monde externe, l'organisme trouve une sorte de monde
interne, de « milieu intérieur », qui le rend dans une
certaine mesure indépendant du dehors. La conscience
trouve de même en ses représentations libres un
milieu interne, formé de sensations antérieures, et qui
la rend capable de vivre sa vie propre, même quand
l'afflux des représentations nouvelles diminue (1). »

Les représentations libres ne portent pas nécessairement la marque du passé. Elles sont : ou des
souvenirs, ou des représentations présentes, ou des

(1) *Esquisse d'une psychologie,* ouv. cité, p. 164.

représentations possibles, ou des représentations imaginaires. Comment une image libre prend-elle l'aspect
non du présent, ni du possible, ni de l'imaginaire,
mais du passé, comment devient-elle souvenir?

Les représentations impliquées constituent la perception. Or, toute perception ne s'accompagne pas du
sentiment du *déjà vu* ou mieux du *déjà connu*. Il y a
des perceptions nouvelles. D'où vient ce caractère
d'ancienneté qui s'attache à certaines perceptions?

Nous avons donc à étudier : 1° la reconnaissance
des images impliquées ou des perceptions; 2° la reconnaissance des images libres.

1° RECONNAISSANCE DES IMAGES IMPLIQUÉES OU RECON-
NAISSANCE DES PERCEPTIONS. LES PARAMNÉSIES. — Reconnaître un objet, ce n'est pas seulement le percevoir,
c'est surtout éprouver l'impression qu'il n'est pas
nouveau, qu'on l'a déjà vu. Il y a des malades qui se
figurent avoir déjà vu tout ce qu'ils voient pour la
première fois; d'autres, au contraire, s'imaginent ne
l'avoir jamais vu. Les *illusions du déjà vu* et du *jamais
vu,* ou plus exactement du *déjà connu* et du *jamais
connu,* ont amené les psychologues à approfondir la
question de la reconnaissance dans la perception.
L'étude du mécanisme de la reconnaissance à l'état
pathologique servira à vérifier la théorie qu'on aura
adoptée sur la reconnaissance à l'état normal.

D'après une hypothèse de Wolf, reprise avec des
modifications par MM. Ribot et Höffding, la reconnaissance s'expliquerait par une double image. Nous avons
rencontré une personne dans une circonstance déter-

minée. Quand nous la rencontrons de nouveau dans une autre circonstance, la première revient à l'esprit ; et, comme elle ne saurait sans contradiction s'identifier avec la dernière, nous faisons une comparaison, d'où il résulte que cette personne ne peut se trouver en même temps dans les deux circonstances ; nous sommes amenés à des réflexions, et par ces réflexions à la reconnaissance. Reconnaître une perception présente, ce serait insérer cette perception dans un cadre qui n'est pas le cadre actuel, ou lui associer des images différentes des représentations du moment, mais qui lui ont été primitivement associées.

Il n'est pas nécessaire que l'objet reconnu soit associé à deux groupes de faits. Il suffit, d'après M. Höffding, qu'il évoque une image identique à la première perception. « La sensation ou représentation primitive doit d'abord être évoquée à l'état de représentation libre pour que la sensation ou représentation, actuelle puisse nous apparaître comme déjà vue (1). » La reconnaissance consisterait dans une association libre par ressemblance. Il ne s'agit pas de la reconnaissance immédiate identique à la perception, qui résulte, d'après M. Höffding, d'une association de la sensation présente avec les images impliquées.

Cette théorie de la *double image* explique la reconnaissance par une association de l'image actuelle avec l'image primitive, restaurée sous la forme d'image libre. La théorie de Wolf pourrait être appelée la théorie des *associations doubles*.

M. Pillon, dans un article important sur la *forma-*

---

(1) *Esquisse d'une psychologie*, ouv. cité, p. 202.

tion des idées abstraites et générales, où il défend contre Brochard l'association par ressemblance, a fait observer que la perception renouvelée ne peut suggérer le cadre de la perception primitive, sans être d'abord identifiée à cette perception. Le cadre ancien est associé par contiguïté à la perception ancienne, il ne peut l'être à la perception actuelle que lorsque celle-ci aura été associée par ressemblance à la perception ancienne (1).

La théorie des associations doubles suppose donc une association par ressemblance et se ramène à la théorie de la double image.

Il ne suffit pas, pour réfuter cette dernière théorie, de déclarer avec Brochard, au nom de la pure logique, que la ressemblance est un effet et non pas une cause de l'association. La ressemblance, dit-on, est un rapport, et un rapport n'est aperçu que lorsque les termes sont déjà rapprochés (2). M. Pillon a montré qu'il y a, en outre du rapport abstrait de ressemblance, qui suppose évidemment l'association, une ressemblance concrète. M. Bergson admet, lui aussi, « une ressemblance vague et en quelque sorte objective, répandue sur la surface des images elles-mêmes, et qui pourrait agir comme une cause physique d'attraction réciproque (3) ».

L'argument logique dirigé contre l'association par ressemblance n'atteint donc pas la théorie de la dou-

(1) *Critique philosophique,* 1885, t. I, p. 208. — Cf. Ward, dans le *Mind,* juillet 1893 et octobre 1894.

(2) *La Loi de similarité,* dans la *Revue philosophique,* 1880, t. IX, p. 258.

(3) *Matière et Mémoire,* ouv. cité, p. 90. — Cf. James SULLY : *The human Mind,* 1892, t. I, p. 331.

ble image. Les associations par ressemblance sont un fait, mais elles n'expliquent pas le souvenir.

M. Bergson, en se plaçant au point de vue des faits, semble avoir prouvé que la reconnaissance a lieu le plus souvent avant l'apparition de l'image ancienne. L'objet est d'abord reconnu, l'image apparaît ensuite. Répondre avec M. Höffding (1) que la perception renouvelée met en jeu les mouvements cérébraux de la perception primitive, ou avec Munk (2) que les cellules de perception communiquent avec les cellules du souvenir, c'est substituer à des associations de phénomènes psychologiques des associations de mouvements, sans rendre compte de ce fait que, « le plus souvent, le souvenir ne surgit qu'une fois la perception reconnue ».

Bien plus, M. Bergson a montré, d'une part, que l'intervention des images anciennes ne suffit pas pour la reconnaissance, et, d'autre part, que celle-ci est possible quand celles-là sont perdues. La cécité psychique peut se produire malgré la conservation des images visuelles. Dans des cas observés par Wilbrand (3), Fr. Müller (4) et Lissauer (5), les malades ne reconnaissent pas les objets qu'on leur présente, ils sont cependant capables de les décrire quand on les leur nomme. « La conservation même consciente d'un sou-

(1) *Ueber Wiedererkennen*, dans le *Vierteljahrsschrift für wissen-schaftliche Philosophie*, 1889, p. 433.

(2) *Ueber die Functionen der Grosshirnrinde*, 1881, p. 108.

(3) *Die Seelenblindheit als Herderscheinung*, 1887, p. 56.

(4) *Ein Beitrag zur Kenntniss der Seelenblindheit*, dans les *Archiv. f. Psychiatrie*, t. XXIV, 1892.

(5) *Ein Fall von Seelenblindheit*, dans les *Archiv. f. Psychiatrie*, 1889.

venir visuel ne suffit donc pas à la reconnaissance d'une perception semblable. » Inversement, dans un cas étudié par Charcot et devenu classique, l'éclipse totale des images visuelles n'avait pas aboli toute reconnaissance des perceptions. « Le sujet ne reconnaissait plus, sans doute, les rues de sa ville natale, en ce qu'il ne pouvait ni les nommer, ni s'y orienter; il savait pourtant que c'étaient des rues et qu'il voyait des maisons. Il ne reconnaissait plus sa femme et ses enfants; il pouvait dire cependant, en les apercevant, que c'était une femme, que c'étaient des enfants. Rien de tout cela n'eût été possible, s'il y avait eu cécité psychique, au sens absolu du mot (1). »

Il ressort des faits qu'on peut reconnaître une perception sans l'intervention d'une image ancienne et qu'on peut faire appel à cette image sans réussir à reconnaître la perception.

M. Bourdon explique la reconnaissance par le *sentiment de la familiarité* (2). Dans une série d'expériences très intéressantes et bien conduites, il dictait à un sujet un certain nombre de chiffres, de lettres et de mots; celui-ci devait l'arrêter dès qu'il reconnaîtrait une syllabe ou un chiffre déjà dictés. Or, il est arrivé que le sujet se trompait en croyant reconnaître; l'erreur ne pouvait provenir d'une fausse association de la perception présente à une image antérieure, puisque cette image n'avait pas existé. M. Bourdon l'attribue à un sentiment intellectuel analogue aux sentiments intellectuels de croyance, de doute, d'hési-

_____

(1) *Matière et Mémoire*, ouv. cité, p. 92. — Voir la relation du cas de Charcot par Bernard, dans le *Progrès médical*, 21 juillet 1883.
(2) *Revue philosophique*, 1893, II, p. 629, et 1895, II, p. 153.

tation. Il l'appelle parfois un sentiment de familiarité.

Il y a bien dans la reconnaissance un sentiment de familiarité. Mais la question est de savoir d'où provient ce sentiment. Quelle en est la cause?

M. Bergson l'a indiquée, en traitant de la reconnaissance par le corps seul, sans l'intervention explicite d'un souvenir. La reconnaissance ne consiste pas dans une représentation, mais dans une action, dans la conscience d'une réaction motrice organisée ou d'un automatisme moteur accompagnant la perception.

Quand on se promène dans une ville pour la première fois, on est tout entier aux perceptions; les mouvements sont incertains et discontinus. Après un long séjour, on y circule machinalement, les mouvements sont organisés au point de rendre les perceptions inutiles. Entre ces deux conditions extrêmes, il y a une condition intermédiaire, où les objets sont aperçus, mais provoquent des mouvements liés entre eux, se commandant les uns les autres. « Les perceptions ultérieures diffèrent de la première perception en ce qu'elles acheminent le corps à une réaction machinale appropriée. » Elles diffèrent en même temps de la première perception en ce qu'elles apparaissent à l'esprit « avec cet aspect *sui generis* qui caractérise les perceptions familières ou reconnues ». N'est-il donc pas à « présumer que la conscience d'un accompagnement moteur, bien réglé, d'une réaction motrice organisée, est ici le fond du sentiment de la familiarité? A la base de la reconnaissance, il y aurait donc bien un phénomène d'ordre moteur. »

« Reconnaître un objet usuel, continue M. Bergson; consiste surtout à savoir s'en servir. Cela est si vrai que les premiers observateurs avaient donné le nom d'*apraxie* à cette maladie de la reconnaissance que nous appelons cécité psychique. Mais savoir s'en servir, c'est déjà esquisser les mouvements qui s'y adaptent, c'est prendre une certaine attitude ou tout au moins y tendre par l'effet de ce que les Allemands ont appelé des « impulsions motrices » (*Bewegungsantriebe*). L'habitude d'utiliser l'objet a donc fini par organiser ensemble mouvements et perceptions, et la conscience de ces mouvements naissants, qui suivraient la perception à la manière d'un réflexe, serait, ici encore, au fond de la reconnaissance. »

Les systèmes de mouvements organisés se reconnaissent facilement à la « difficulté d'en modifier l'ordre » et aussi à cette « préformation des mouvements qui suivent dans les mouvements qui précèdent, préformation qui fait que la partie contient virtuellement le tout, comme il arrive lorsque chaque note d'une mélodie apprise, par exemple, reste penchée sur la suivante pour en surveiller l'exécution. Si donc toute perception visuelle a son accompagnement moteur organisé, le sentiment de reconnaissance usuel a sa racine dans la conscience de cette organisation. »

Et M. Bergson conclut que « nous jouons d'ordinaire notre reconnaissance avant de la penser. Notre vie journalière se déroule parmi des objets dont la seule présence nous invite à jouer un rôle ; en cela consiste leur aspect de familiarité (¹). »

La reconnaissance résulte d'une disposition physi-

---

(1) *Matière et Mémoire*, ouv. cité, p. 94.

que, d'une attitude du corps, provoquée directement par la perception d'un objet.

La théorie de M. Bergson a besoin d'être complétée. L'automatisme n'existe pas seulement dans les phénomènes corporels. A côté de l'automatisme moteur, il faut admettre avec MM. Pierre Janet et J. Grasset un certain automatisme psychologique. Les états de conscience solidement organisés en systèmes produisent la même impression de préformation et de déterminisme que les mouvements : cette impression diminue le *choc* intérieur qui constitue la surprise ; et de cette diminution résulte, selon M. Fouillée, le sentiment de familiarité et de déjà connu.

On me parle de quelqu'un ; je n'ai aucun souvenir de l'avoir jamais vu. Dès que je le vois, il éveille en moi une série d'images qui s'enchaînent les unes aux autres. Ma perception visuelle s'accompagne d'un automatisme de représentations. Je reconnais cette personne. Son nom me faisait une impression de nouveauté et ne me suggérait aucun souvenir. La systématisation des images ne se rattachait qu'à la perception visuelle. Aussi cette perception est-elle seule reconnue. Reconnaître une mélodie, n'est-ce pas avoir le sentiment des notes qui vont suivre ? Cette prévision ou cette attente s'explique par le déterminisme des images auditives qu'évoque la perception renouvelée. Qui ne reconnaît son pays d'origine aux premières perceptions qui s'offrent à lui, même lorsqu'il y arrive bien immobile dans une voiture ? La vue d'un vieux chêne, par exemple, le long de la route, éveille dans l'esprit une série d'images visuelles. On prévoit un détour du chemin, des vignes, des haies, des prairies, une maison. L'automatisme psychologique devance les perceptions ; on reconnaît le pays natal à l'attente ou prévision suggérée par la perception présente.

La perception renouvelée n'évoque pas seulement un automatisme d'images ; elle provoque aussi des mouvements qui jouent un rôle plus ou moins grand dans la reconnaissance. Depuis la reconnaissance par le corps, où l'image-souvenir peut être absente, jusqu'à la reconnaissance par l'esprit, où les mouvements n'ont plus d'utilité, il y a une infinité de degrés où tantôt c'est l'automatisme des mouvements et tantôt l'automatisme des images qui a le plus d'importance. Aussi bien, l'automatisme des mouvements se ramène à l'automatisme psychologique, c'est un automatisme de représentations kinesthésiques, musculaires, articulaires, tendineuses. Il n'y a pas deux sortes de mémoire, comme le veut M. Bergson. Il y a seulement différentes espèces d'images, qui sont toutes susceptibles, quoique à des degrés divers, de s'organiser en systèmes et de constituer un certain automatisme.

La distinction bergsonnienne de la mémoire qui « répète » et de la mémoire qui « représente » fait de la première une *habitude* et de la seconde un souvenir *pur*. La mémoire-habitude est une mémoire organisée, elle s'acquiert par la répétition d'un même effort et consiste dans une action. La mémoire-souvenir pur est essentiellement différente de l'habitude dont elle n'a aucun des caractères, elle n'exige ni effort, ni organisation, elle a « pour essence de porter une date et de ne pouvoir par conséquent se répéter », ce n'est plus une action, mais une représentation.

Les pages où M. Bergson s'efforce d'établir entre ces

deux mémoires une différence de nature contiennent de
très fines observations ; je reste cependant convaincu
que cette différence n'est qu'une différence de degré.

La mémoire-représentation est une mémoire organisée, elle exige du travail et possède les caractères de
l'habitude. Tout souvenir quel qu'il soit porte la marque d'une organisation, c'est un système construit aux
phases de fixation, de latence, d'évocation, de reproduction et d'assimilation personnelle. Tout ce que nous
connaissons de l'évolution du souvenir prouve qu'il est
le résultat d'une élaboration et d'un travail. On ne se
représente jamais les faits comme ils se sont passés.
Ceux mêmes qui sont les plus riches en représentations,
qui ont les plus beaux tableaux et les hallucinations
les plus complètes, changent toujours quelque chose
aux événements qu'ils reproduisent. Le souvenir ne
saurait être le portrait de la réalité, il n'en est que l'esquisse, quand il n'en est pas la métamorphose et le
roman.

Les différentes formes de la mémoire s'expliquent par
la diversité des images qu'elles emploient. La mémoire
qui répète est une mémoire de mouvements ; elle sera
par conséquent plus lente, puisqu'elle devra développer un à un ces mouvements. La mémoire qui représente est faite en grande partie d'images visuelles ; elle
aura donc beaucoup de facilité pour former des tableaux simultanés, elle sera plus rapide.

Enfin la mémoire qui répète n'a pas le privilège exclusif de l'action. La mémoire qui se représente peut
être une mémoire active et pratique. Des artistes dessi-
nent, peignent et décrivent avec des images visuelles
et font œuvre utile à la vie présente. La mémoire qui
répète peut rêver comme la mémoire qui représente. On

rêve avec ses muscles. Un somnambule s'imagine qu'il a un enfant dans ses bras et se sauve sur les toits. C'est bien là une rêverie, les souvenirs musculaires n'ont ici aucun rapport avec la vie présente. Il ne faut donc pas confondre la mémoire musculaire avec la mémoire active, ni la mémoire visuelle avec la mémoire du rêve. La distinction établie par M. Bergson entre la mémoire de l'action et celle du rêve est très profonde, mais elle n'est pas la même que la distinction entre la mémoire des mouvements et celle des représentations. La mémoire des représentations ne rêve pas toujours, elle agit quelquefois ; la mémoire des mouvements n'agit pas sans discontinuité, elle a ses heures de rêve.

Concluons que la reproduction des événements antérieurs peut se faire d'une manière utile, en rapport avec l'instant présent ; ou bien, d'une manière désintéressée, sous la forme du rêve. Dans le premier cas, la reproduction est plutôt automatique ; dans le second, elle est plutôt volontaire. Toute mémoire suppose du travail et une certaine organisation ; elle ressemble plus ou moins à l'habitude et requiert toujours une certaine durée. La représentation est reconnue, le souvenir est constitué, lorsque la perception renouvelée évoque la série automatique des images, que ces images soient des images de mouvements ou d'autres images. La valeur que M. Bergson accorde à un certain automatisme pour constituer une certaine reconnaissance, nous croyons devoir l'accorder à l'automatisme psychologique en général pour engendrer toute espèce de reconnaissance.

Si cette analyse du souvenir est exacte, les maladies de la reconnaissance devront consister en des troubles du sentiment de l'automatisme.

Les *Paramnésies* (παρά, μνήμη, mémoire à côté), ou troubles de la reconnaissance des objets, ont été rangées par Kræpelin, qui leur a consacré une monographie, en trois catégories : les *paramnésies simples*, les *paramnésies par identification* et les *paramnésies par association*.

Les paramnésies simples sont les plus communes. Il nous arrive à tous de nous demander : « N'ai-je pas vu cette figure, cette personne, cette chose? Ou bien, est-ce que je rêve ? » N'ayant jamais fumé de sa vie, Kræpelin rêva un jour qu'il en était à son cinquième cigare. Il y a des personnes, surtout parmi les vieillards, qui confondent les voyages faits et les voyages lus. Ces paramnésies ont une grande importance au point de vue de la critique du témoignage. Passé un certain temps, qui varie avec la nature des faits et la qualité des témoins, il peut être difficile, en ce qui concerne surtout certains événements, de distinguer l'image et la réalité. Aussi le témoignage qui ne repose sur aucun document écrit doit-il être d'autant plus sévèrement discuté qu'il porte sur des événements plus lointains.

Les paramnésies par identification, *identificirende Erinnerungstäuschung,* sont les vraies paramnésies. Dickens les a très bien décrites. « Nous avons tous, fait-il dire à Copperfield, quelque connaissance d'un sentiment qui nous envahit accidentellement et nous fait croire que ce que nous disons et faisons a déjà été dit et fait il y a longtemps ; que nous avons été entourés, en des temps anciens et vagues, par les mêmes figures, les mêmes objets, les mêmes circonstances ; que nous savons très bien ce qui va suivre, comme si nous nous le rappelions soudainement (1) ! » Une expérience nou-

---

(1) *David Copperfield*, ch. xxxix.

velle apparaît comme la photographie d'une expérience ancienne, elle est identifiée avec une expérience ancienne.

Dans les paramnésies par association, *associirende Erinnerungsfälschungen*, une impression actuelle suggère une illusion de la mémoire. Un névropathe disait, en entrant pour la première fois dans un asile : « J'ai vu cela, il y a trois ans, j'ai vu le directeur de l'asile. »

La division des paramnésies proposée par Kræpelin est confuse ; les trois groupes rentrent les uns dans les autres et se ramènent en somme à la paramnésie par identification. Un fait nouveau ne peut être considéré comme ancien sans être identifié.

La pathologie mentale permet aujourd'hui de classer les paramnésies avec plus de précision. Toute perception contient à la fois des éléments anciens et des éléments nouveaux. Aucun objet n'est ni entièrement nouveau, ni tout à fait ancien.

La partie ancienne passe-t-elle plus ou moins inaperçue, l'attention étant attirée par la partie nouvelle? L'objet n'est pas reconnu ou il l'est insuffisamment : c'est la *paramnésie par défaut de reconnaissance*.

L'attention, au contraire, se porte-t-elle exclusivement sur la partie ancienne? L'objet est trop reconnu : il y a *paramnésie par excès de reconnaissance*.

Enfin, les perceptions peuvent être confondues. Les groupes d'images ne sont plus projetés sur celles des sensations auxquelles ils sont naturellement associés dans la perception normale. Cette confusion des objets et des personnes est une perversion de la reconnaissance : *d'où les paramnésies par perversion de la reconnaissance*.

Les paramnésies par défaut de reconnaissance con-

sistent d'abord en des perceptions *drôles* et *bizarres*. A
ce premier degré, les objets ne font plus la même impression qu'autrefois; on les reconnaît, mais ils ne sont
plus les mêmes. L'étonnement qu'ils produisent peut
à son tour engendrer des troubles comme le délire d'interrogation. A un deuxième degré, les objets sont encore
moins reconnus; ils prennent la forme de *l'irréel* et du
fantastique. Le malade se demande s'il rêve ou s'il est
éveillé : sa croyance est troublée en même temps que
sa perception. Enfin, à un troisième degré, les objets
ne sont plus reconnus. Le malade ne sait plus ce qu'est
un chapeau, l'usage qu'on en fait, il n'en a *jamais vu*.
Et plus il réfléchit, moins il comprend. Il pourra toutefois s'en servir, dans une perception machinale, en vertu
d'une association automatique. Le trouble dépend ici
d'une abolition pratique des souvenirs anciens, c'est un
trouble de la mémoire proprement dite.

On voit évoluer, au cours de certaines maladies, ces
impressions d'objets *drôles, irréels, jamais vus*. Un malade trouve d'abord que sa chambre est changée, il ne
sait plus où il est, il veut retourner chez lui; ensuite,
tout lui paraît déformé, comme dans le rêve; enfin, il
regarde et touche la muraille avec stupéfaction et
demande avec anxiété ce qu'il y a là.

Les paramnésies par excès de reconnaissance sont
les paramnésies par identification de Kræpelin. Elles
constituent *l'illusion du déjà vu*. On a l'impression soudaine que la scène à laquelle on assiste n'est que la
répétition, dans les moindres détails, d'une scène déjà
vécue. L'illusion ne porte pas sur une perception isolée, sur une circonstance, une particularité, mais sur
un ensemble de perceptions et de circonstances. On

croit se retrouver dans un état psychologique ancien, revivre un moment de la vie, ou même une vie antérieure. « Vous sentez, dit Fernand Gregh, que vous vivez identiquement une minute que vous avez déjà vécue (1). » Un sujet note ainsi ses impressions : « Quoique j'appartienne plutôt au type visuel, il ne me serait pas venu à l'esprit de désigner ces sensations par l'expression de déjà vu. D'ailleurs, déjà entendu, déjà connu, ne me conviennent pas mieux ; je ne vois que le terme de déjà vécu ou de revécu qui me satisfasse. J'avais, en effet, à ces moments-là, l'impression très nette et *sui generis* que tout, absolument tout, dans ma sensation des objets extérieurs aussi bien que dans mes pensées, se succédait, de seconde en seconde, avec une détermination que je connaissais exactement d'avance, ce qui m'imposait l'illusion, dont je n'étais cependant pas dupe, que je recommençais une minute précédente de ma propre vie. »

L'illusion est totale. Elle s'accompagne le plus souvent de sentiments divers, mais ordinairement pénibles : surprise, inquiétude, oppression, angoisse. A propos d'une circonstance quelconque, on éprouve un choc et on sent que la chose a déjà été vue. « L'effet produit en moi, dit Shelley, fut immense et prompt comme la foudre. Je me rappelai avoir vu, en rêve et bien longtemps aussi avant, ce site exactement reproduit. Le frisson me prit, une sorte d'horreur s'empara de moi. Je dus quitter aussitôt la place. » M. Fernand Gregh s'exprime de même : « L'angoisse que j'éprouve en ce

---

(1) Bernard LEROY : *Étude sur l'illusion de fausse reconnaissance* (*identificirende Erinnerungstæuschung de Kræpelin*) *chez les aliénés et les sujets normaux*, Thèse de Paris, 1898, p. 180.

moment est indicible ; je me sens devenir fou, et j'en
défaille non métaphoriquement, mais littéralement ;
ma tête tourne, mon cœur bat à rompre, et je tombe-
rais à la renverse si un bras ami ne me retenait (1). »

M. Grasset explique cette angoisse, qui, d'après
lui, est un des caractères essentiels de l'illusion du
« déjà vu », par le sentiment de deux « évidences inconciliables ». Cette explication est empruntée à une auto-
observation de M. Paul Bourget. « Quelqu'un prononce
une phrase, dit l'éminent psychologue, et, avant que
cette phrase ne soit terminée, j'ai l'impression soudaine
et irrésistible que j'ai déjà entendu les mêmes mots,
dits par la même personne, avec le même accent. L'illusion va plus loin. Aussitôt, ma propre réponse que
je n'ai pas encore prononcée me paraît avoir été entendue par moi. Ou, pour être plus précis, j'ai l'impression
que j'ai déjà émis les sons que je vais émettre, et cela
à mesure que je les émets. C'est alors et pendant que
je parle que l'illusion arrive à son comble. Il me semble tout d'un coup que cette phrase et ma réponse s'ac-
compagnaient d'émotions que je ne retrouve plus. C'est
comme si tout un monde de sentiments parus allait
reparaître, qui ne reparaît pas et qui est là cependant.
Je suis pris, malgré moi, d'une *angoisse* analogue à
celle qui m'étreint dans mon rêve le plus fréquent, qui
consiste à *voir*, bougeant et vivant, un ami que, même
dans mon sommeil, je *sais* être mort. Pareillement dans
ces instants de fausse reconnaissance, je *sais* que les
mots échangés entre la personne avec qui je cause et
moi n'ont jamais été échangés auparavant. Je *sais* sur-

_____

(1) *Loc. cit.*, p. 181.

tout que mes relations émotives avec cette personne sont actuelles, et je *sens* que ces mots ont été déjà dits..... Cette *dualité d'évidences inconciliables* joue dans le champ de conscience, pendant un instant qui est d'ordinaire très court et qui me paraît infiniment long. Puis, le phénomène cesse, et j'ai physiquement la sensation que l'on a au sortir d'un accès d'absolue distraction (1). »

Le « déjà vu » des aliénistes présente, aux yeux de M. Grasset, un caractère qui le distingue du déjà vu précédent. Il consiste dans la reconnaissance d'une chose que le sujet n'a certainement jamais vue, ni consciemment ni inconsciemment. Le malade du Dr Arnaud, conduit à la gare Montparnasse pour voir la locomotive du train de Chartres, suspendue sur la place de Rennes, se plaignit, après un instant de surprise, qu'on lui faisait toujours voir la même chose ; il avait vu cela, il y a un an. A l'enterrement de Pasteur, il déclara qu'il avait vu ce même spectacle, au même balcon, à côté des mêmes personnes. Le délire de persécution accompagne souvent l'illusion ou plutôt le délire du déjà vu.

Enfin, les paramnésies par perversion de la reconnaissance consistent en des confusions de personnes et d'objets. On confond d'abord les personnes : une malade peut prendre quelqu'un pour son mari et lui jeter du vitriol à la figure. On confond ensuite les objets, on ne sait plus s'en servir, surtout si on agit avec réflexion. L'automatisme des mouvements, étant mieux organisé que celui des images, disparaît le dernier.

---

(1) J. GRASSET : *Le Psychisme inférieur*, ouv., cité ch. III, p. 222.

L'interprétation des paramnésies a donné lieu à de nombreuses hypothèses qui expliquent la fausse reconnaissance par une *comparaison* à deux termes, par une *double image*.

Certains auteurs ne voient en elle qu'une *erreur,* un jugement faux. La perception dite nouvelle en évoquerait une autre qui en réalité lui est seulement analogue, mais qu'on identifierait avec elle, sans tenir compte des différences ; on confondrait le semblable, le plus ou moins semblable, avec l'identique. D'après M. Ribot, un fond de ressemblance, rapidement senti, entre deux états de conscience, pousserait à les identifier. La reconnaissance serait fausse, ce serait une « erreur » (1). M. Le Lorain admet qu'au moins dans certains cas de paramnésie on conclut à l'identité là où il n'y a qu'analogie. Cette explication ne paraît pas admissible. Il est d'abord difficile d'assimiler le trouble psychique dont nous parlons à un phénomène logique, à un jugement erroné. L'erreur est ordinairement *partielle*. L'illusion du déjà vu, au contraire, est *totale* : elle porte sur l'ensemble des circonstances et des événements et produit une conviction absolue qu'aucun raisonnement ne saurait ébranler, du moins dans les cas morbides. Ensuite, la paramnésie n'exige pas, comme on le verra bientôt, le rappel d'une image ancienne.

D'autres prétendent que la paramnésie, loin d'être une erreur, est, au contraire, une reconnaissance réelle. L'image ancienne avec laquelle s'identifie la perception ne serait pas un souvenir quelconque plus ou moins

(1) Ribot : *Les Maladies de la mémoire,* ouv. cité, p. 150.

analogue à la perception, mais cette perception même éprouvée antérieurement. La perception présente serait une perception renouvelée. L'événement identifié aurait été perçu, en réalité, deux fois. L'anomalie de la reconnaissance ne serait qu'apparente et tiendrait à l'ignorance où est le sujet de la perception primitive, cette perception s'étant produite dans des conditions anormales, sur lesquelles on n'est pas d'accord.

Pour Buccola et James Sully, la perception antérieure serait moins une perception qu'un rêve, dont on n'a conservé aucun souvenir et qui vient se mêler à la perception actuelle (1). C'est aussi l'opinion de MM. Paul Lapie (2) et Charles Méré (3). « L'imagination, dit M. Paul Lapie, forme des synthèses nouvelles qui, en général, ne sont pas réalisées. Mais pourquoi, parmi toutes ces combinaisons imaginaires, quelques-unes ne se rencontreraient-elles pas avec la réalité? Pourquoi certains rêves ne seraient-ils pas vérifiés par la veille? » L'étude des faits montre qu'on a l'impression de revivre un rêve. « Je me souviens de tout comme si c'était hier, dit Scott, mais cela, *dans un songe*, dans un tableau, dans les champs fleuris de l'imagination. » La coïncidence d'une combinaison d'images avec une combinaison de sensations ferait de la paramnésie une « hallucination vraie », une vraie reconnaissance.

La théorie de la première impression éprouvée en rêve est réductible à la théorie plus compréhensive, de

---

(1) James SULLY : *On illusions, a psychological Study*, London, 1880, p. 380. — *Les Illusions des sens et de l'esprit*, Paris, 1889, ch. x, p. 198, 2ᵉ édit.

(2) Paul LAPIE : *Note sur la paramnésie* (Rev. phil., 1894, 1, p. 351).

(3) Charles MÉRÉ : *La Sensation du « déjà vu »* (Mercure de France, juillet 1903).

M. J. Grasset. L'exemplaire original de la perception reconnue peut avoir été acquis dans le rêve ; il peut aussi s'être formé dans la *distraction* ou dans tout autre état *subconscient*. Le « psychisme inférieur » ne possède pas seulement les « centres polygonaux de l'imagination » au moyen desquels se forment les images inconscientes ; il possède aussi les « centres polygonaux de la mémoire », où s'emmagasinent à l'insu du sujet les impressions venues de l'extérieur. Lorsque ces impressions ou images « polygonales », malgré leur origine, pénètrent dans la « mémoire générale du psychisme », elles sont reconnues. « *Le sujet reconnaît, comme déjà existante en lui, une impression qu'il ne se rappelle pas avoir acquise.* D'où l'étonnement, l'angoisse..... tout le déjà vu. » D'après M. J. Grasset, le déjà vu est « la reviviscence d'un souvenir de la mémoire générale, mais d'origine polygonale (1) ».

La théorie d'Anjel peut se rattacher, comme celle de Buccola, James Sully, Paul Lapie et Charles Méré, à l'hypothèse de M. J. Grasset. Il faut toujours percevoir les choses de deux manières différentes pour les reconnaître faussement. La première perception a lieu dans la *distraction*. Le sujet perçoit d'abord vaguement ; il perçoit, ensuite, avec *attention*. Il compare les deux images et les identifie. La première perception est plutôt, pour Anjel, une *sensation* qui met plus de temps que de coutume à s'organiser en *perception ;* quand la perception est achevée, l'esprit connaît déjà l'objet senti et le reconnaît (2). Le retard de la sensation sur

----

(1) J. GRASSET : *La Sensation du « déjà vu »*, dans le *Journal de psychologie normale et pathologique*, 1904, n° 1, p. 22. — Cf. *Le Psychisme inférieur* ouv. cité, ch. III, p. 221.
(2) *Archiv. für Psychiatrie*, Bd. VIII, p. 57.

la perception, dans la paramnésie, serait dû à la fatigue et à la diminution de l'attention. Ce retard est très fréquent chez les personnes distraites qui paraissent ne pas avoir entendu ce que vous dites et vous répondent : « Comment? », alors qu'un instant après, la perception s'étant organisée, elles prouvent par leur réponse qu'elles avaient entendu. La perception distraite d'Anjel est analogue à la perception polygonale de M. J. Grasset.

La perception inconsciente de M. Lalande est aussi une perception distraite. En face d'un paysage, vous avez la sensation d'une multitude d'objets. La perception est globale et confuse, les détails ne sont pas discernés par la conscience personnelle. Supposez une distraction d'un dixième de seconde, dont la durée sera augmentée par la singulière rapidité des processus mentaux propre à la paramnésie : « Vous retrouverez sous vos yeux ce que vous avez un instant abandonné, vous le reconnaîtrez, et vous ne localiserez pas la première opération à sa vraie place, d'abord à cause du caractère inconscient des images perçues, mais surtout à cause de la longueur apparente de la distraction, qui jette une contradiction dans le processus mental par lequel nous comptons le temps. »

Wigan explique l'existence des deux images par la dualité cérébrale. La première se produit, un seul hémisphère étant en activité, l'autre étant endormi. La seconde a lieu, les deux hémisphères étant éveillés; il en résulte que l'une est faible et l'autre forte : celle-ci apparaîtra comme présente, et celle-là comme passée.

Jensen donne une explication analogue. Toute sensation est en réalité double, par suite du fonctionnement des deux hémisphères cérébraux. Dans la paramnésie, au lieu de se superposer rigoureusement comme dans la perception normale, les deux sensations se séparent : on les perçoit en succession, l'une comme actuelle, l'autre comme antérieure. C'est une sorte de diplopie dans le temps.

Faut-il expliquer la paramnésie par une double perception ou une double image ?

Les raisons que nous avons apportées contre la théorie qui explique la reconnaissance par l'association d'une perception à un souvenir, conservent ici toute leur valeur, puisque, dans cette interprétation, la paramnésie est une reconnaissance réelle.

Il ne suffit pas, pour reconnaître, d'avoir deux représentations et de les comparer : certains cas de surdité verbale se concilient fort bien avec la conservation intacte des images auditives de mots et du sens de l'ouïe. Dans le délire de persécution, l'image est toujours doublée ; l'aliéné entend répéter tout ce qu'il dit ou tout ce qu'on lui dit. La « pensée en écho » est très fréquente dans l'aliénation mentale. Or, dans aucun cas, ce dédoublement de l'image n'entraîne le sentiment de fausse reconnaissance. Le malade se croit persécuté et attribue l'écho aux persécuteurs : il perçoit deux fois, il ne se plaint pas de paramnésie.

Cette double perception n'est donc pas suffisante pour expliquer la reconnaissance. Elle n'est pas non plus nécessaire, comme nous l'avons démontré.

Il s'ensuit que la paramnésie n'est pas une reconnaissance réelle et qu'elle mérite le nom de *fausse* reconnaissance. Elle n'est pourtant pas une erreur résultant d'une comparaison et d'un jugement. C'est une illusion *totale*.

Pour en trouver l'explication, observons ceux des paramnétiques qui ont une tendance au désordre de l'esprit.

La coexistence très fréquente du « déjà vu » et du « jamais vu » est un phénomène très instructif. Les malades ont cette impression contradictoire qu'une chose est *banale* et qu'elle est cependant *étrange*. En même temps, ils se croient des automates, des mannequins ; et, de fait, tous les auteurs ont constaté chez eux un ensemble de phénomènes automatiques et de processus mentaux extrêmement rapides. L'automatisme l'emporte sur l'attention. Cet automatisme et ces fluctuations de la pensée accusent une évidente diminution de la synthèse mentale.

L'oubli consécutif qui accompagne le plus souvent la paramnésie est aussi très significatif. La scène que les paramnétiques prétendent avoir vécue deux fois devrait être facile à rappeler. Or, il n'en est rien, elle est oubliée l'instant d'après. Cet oubli est la preuve que la fausse reconnaissance a son origine dans la distraction et le relâchement de l'esprit.

Les troubles de la reconnaissance nous ramènent ainsi à notre théorie de la reconnaissance ; ils en sont la justification et la contre-épreuve. Nous avons admis que la reconnaissance consiste dans un *sentiment d'automatisme psychologique*. Il en est de même de la fausse reconnaissance : le sentiment de l'automatisme éprouvé par les malades leur donne l'illusion de la reconnaissance ; ils ont l'impression que les choses ne sont pas nouvelles. Une malade qui apprend l'espagnol soutient que ce n'est pas elle qui apprend, mais des gredins logés dans sa tête, qu'elle ne fait aucun effort et qu'elle s'amuse à voir apprendre. « C'est, dit-elle, comme si je récitais, et non comme si j'apprenais. » Le sentiment de la facilité et de la rapidité des processus psychologiques fait croire à une récitation, à une répétition. D'où le « déjà vu ». D'où, aussi, le sentiment du « jamais vu ». Un pareil automatisme exclut l'attention. Or, sans attention, la perception ne peut être que très incomplète. Le malade ne comprend rien de ce qu'il perçoit, tout lui paraît nouveau, singulier, et lui fait l'impression du « jamais vu ».

Nous savons qu'il y a dans toute perception une partie ancienne et une partie nouvelle. La partie ancienne organisée par le temps est plus aisée à comprendre, il suffit d'une conscience dispersée ; la partie nouvelle, au contraire, exige un effort de synthèse, et par conséquent d'attention. Aussi le vieillard, dont la puissance d'attention est amoindrie, saisit-il, avant tout, dans toute perception nouvelle, les côtés anciens ; il n'est pas rare de le voir ramener une idée qui est neuve pour lui comme pour nous à une idée très vieille : « Ce n'est pas nouveau, il y a longtemps que c'est connu », dira-t-il. Les éléments anciens de l'idée sont plus assimilables que les éléments nouveaux, ils entrent, sans effort, dans la systématisation des connaissances apprises et des états personnels. Les éléments nouveaux, qui ne peuvent être incorporés sans un certain effort, ne sont pas perçus la plupart du temps, ou, s'ils sont perçus, ils ne sont pas compris, ils paraissent étranges, voire même mauvais et dangereux. La partie d'acquisition se restreint de plus en plus avec l'âge, et, arrivé à un certain moment, on cesse d'apprendre.

Or, les paramnésies ne s'observent que chez des individus plus ou moins sujets à la désagrégation psychologique, distraction ou automatisme. L'illusion du « déjà vu » s'explique par l'automatisme de la synthèse mentale, qui n'est capable de s'agréger que les éléments anciens de la perception. L'illusion du « jamais vu » provient de ce que l'objet n'est plus compris du tout. Enfin, les alternances du « déjà vu » et du « jamais vu » sont dues aux oscillations de l'attention. Selon qu'on a le sentiment qu'on est un automate ou le sentiment qu'on ne comprend pas, on dit qu'une chose est facile, banale, familière, déjà connue, ou qu'elle est difficile, singulière, étrange, jamais vue.

2° RECONNAISSANCE DES IMAGES LIBRES. — Les images libres sont indépendantes de la perception présente ; elles n'appartiennent nécessairement ni au passé, ni à l'avenir, elles peuvent se rapporter à des fictions ou à des rêves.

Comment se distinguent-elles de la sensation, c'est-à-dire du présent, et arrivent-elles à prendre la marque du passé ? Comment la représentation devient-elle souvenir ?

On a prétendu que l'image comparée à la sensation est un *état faible* et que cette faiblesse la rejette dans le *passé*. Il n'en est rien. Le critérium de la faiblesse de l'image ne suffit pas à la distinguer de la sensation. S'il y a des cas où une sensation faible est prise pour une image, où l'image peut devenir hallucinatoire et donner l'illusion de la perception, il y a aussi des cas, et ce sont les plus nombreux, où des images très intenses, plus intenses même que certaines sensations, ne sont nullement confondues avec les sensations, où les sensations même les plus faibles ne sont nullement considérées comme des représentations. Dans la perception du moment, on peut démêler une foule de sensations faibles qui ne sont pas prises pour des états passés, mais pour des états présents. La faiblesse ou la force d'un état de conscience ne peut servir de critérium pour distinguer l'image de la sensation. D'ailleurs, on ne voit pas pourquoi la faiblesse serait la marque du passé et la force la marque du présent, pourquoi deux intensités d'une même représentation feraient d'elle tantôt un souvenir, tantôt une perception. Dans la période de début de la conscience, la distinction des degrés d'intensité entre la sensation et l'image semble se résoudre en une différence d'attention, l'image est tenue pour réelle aussi bien que la perception. « Il doit en être de la conscience naissante comme de la conscience du rêve, dit Höffding ; tout ce qui s'offre est pris d'abord pour argent comptant, et il n'y a encore aucune raison pour disposer le contenu de la conscience en deux sphères distinctes : d'un côté, le monde du possible et de la fantaisie ; de l'autre, celui de la réalité et de la perception. On ne découvre, au contraire, cette opposition, que par une série d'expériences en grande partie amères (1). »

Pour comprendre comment les représentations libres arrivent à se distinguer des perceptions réelles, il convient de distinguer quatre groupes de représentations : 1° Les représentations d'objets présents ; 2° les repré-

---

(1) *Esquisse d'une psychologie*, ouv. cité, V. — B, 4, p. 168.

sentations d'objets passés ; 3° les représentations d'objets futurs ; 4° les représentations d'objets imaginaires. La claire distinction de ces groupes d'images suppose non seulement *le temps,* qui est la condition fondamentale de la vie consciente, mais encore la *notion du temps,* qui ne s'introduit explicitement dans la conscience qu'à la période de localisation. Ici, comme partout, nous retrouvons l'évolution psychologique : il y a des degrés dans la formation de la notion du temps. A la période de reconnaissance, les quatre classes de représentations, que nous venons de distinguer, consistent au fond en des représentations d'objets réels, d'objets moins réels, d'objets peu réels, et enfin d'objets pas réels. La distinction en présent, passé et futur ne s'établit que plus tard, et, pour certains esprits même adultes, elle n'arrive jamais à se préciser.

La classification des représentations, telle qu'elle s'établit antérieurement à la notion explicite du temps, dépend : d'un côté, de la *complexité,* de la *cohérence* et de la *qualité* des images ; de l'autre, de leur *opposition.*

Les objets présents paraissent s'identifier avec les objets les plus complexes, ceux dont les éléments sont les plus nombreux. L'objet perçu ou présent est toujours plus riche que le souvenir. La mémoire résume la perception et n'en retient qu'une partie. Le groupe d'images qui constitue la représentation du passé est donc moins étendu que celui qui constitue la représentation du présent. Il intéressera moins, il excitera une moindre attention, il provoquera moins d'états agréables ou pénibles, moins de réactions motrices : en un mot, il sera moins réel, moins actuel.

Les représentations d'objets futurs sont encore moins

riches et par conséquent moins réelles que les souvenirs ; mais elles le sont plus que les représentations d'objets imaginaires, les plus pauvres et les moins réelles de toutes.

Quand les images ne suivent pas cette loi de complexité ou de richesse, nous confondons tout, nous sommes dans l'illusion. D'après une observation de M. Pierre Janet, si vous attirez l'attention d'un malade sur une action, il se la représente. Précisez : il veut, il va la faire. Précisez encore : il se souvient qu'il l'a faite. Multipliez toujours les détails : il est halluciné, il se croit en train de la faire. La richesse du composé joue un rôle essentiel dans la classification des représentations et des objets.

Le degré de cohérence ou d'association des éléments n'a pas moins d'influence. Les hallucinations, les délires et les rêves sont d'autant plus difficiles à rectifier qu'ils sont plus logiques et plus solidement enchaînés : ils portent la marque de la réalité, ils sont tenus pour réels. Baillarger courut un jour chez un ami pour le féliciter d'avoir été nommé directeur d'un grand journal ; ce n'est que vers le soir qu'il acquit la conviction qu'il avait simplement rêvé. Une femme, qui était associée avec son frère pour le commerce, soutenait qu'un client était venu payer : la rêveuse ne fut convaincue de son erreur que lorsque le débiteur vint déclarer qu'il n'avait pas payé. Suivant qu'on peut ou qu'on ne peut pas modifier aisément la systématisation des images, l'objet est considéré comme imaginaire ou comme réel. Un aliéné dont on voulait rectifier les hallucinations auditives répondait que s'il était vrai que personne ne lui parlait il pourrait ne pas entendre. Une

malade de M. Pierre Janet voyait des cadavres, on lui
apprit par suggestion à les habiller, elle les habilla,
mais elle ajouta aussitôt : « Je rêve, ils ne sont pas
réels, parce que je peux les habiller. »

Quand les objets imaginaires forment des groupes
moins systématiques et moins cohérents, ils se transforment en souvenirs. Un jeune homme, soigné par
M. Pierre Janet, était maître d'études dans une pension.
Il se présenta à l'hôpital l'air arrogant, réclamant justice. Il réclamait d'abord qu'on lui rendît son vrai nom :
sa mère, une très riche dame de la ville, l'avait placé
dès sa naissance chez de pauvres villageois ; son père
était banquier et lui avait laissé une grosse fortune à
la Banque de France ; il voulait enfin qu'on lui rendît
sa sœur, qui, d'après lui, était devenue actrice à Paris.
Depuis plusieurs années, tout en remplissant honora-
blement sa fonction, il avait fait une foule de démar-
ches qui lui avaient coûté le peu d'argent qu'il avait.
Un jour qu'il était bien disposé, il posa cette question :
« Monsieur, comment dois-je m'y prendre pour distinguer un rêve d'un souvenir ? j'ai peur de parler tout
haut, car je ne sais si je vais raconter un rêve ou un
souvenir ; je crains d'avoir écrit des rêves au préfet. »
Au début de sa maladie, il disait, paraît-il : « Mes parents de réalité et mes parents de roman. » Ce jeune
homme ne confondait pas l'imaginaire avec le réel : il
n'avait jamais eu d'hallucination, il n'avait jamais vu
devant lui ses parents imaginaires. Il confondait seulement l'imaginaire avec le souvenir.

Enfin, la qualité des images exerce une certaine influence sur la formation des classes d'objets. Les images
musculaires, olfactives et gustatives, déterminent plus

facilement que les autres notre croyance. Ce sont elles,
en effet, qui nous affectent le plus ; si elles sont moins
riches en éléments objectifs que les représentations
visuelles et auditives, elles l'emportent en éléments
affectifs. « Du moment que je sens l'odeur, dit un sujet,
ça doit exister. »

Les systèmes d'images achèvent de se constituer et
de se distinguer les uns des autres par une lutte réciproque. Chacun d'eux tend à devenir prépondérant, à
absorber la personnalité, à devenir présent. Taine a
bien montré l'antagonisme des perceptions et des images. Cet antagonisme existe entre tous les systèmes
psychologiques. Si vous développez chez un malade la
perception du présent, au fur et à mesure que la perception s'enrichit, les images sont refoulées et perdent
leur caractère hallucinatoire. Un halluciné auditif, par
exemple, n'entend plus ses invisibles interlocuteurs,
dès qu'il concentre son attention sur un événement
présent ; et lorsqu'à la suite d'un traitement, il voit
s'agrandir la sphère des perceptions, ses hallucinations
diminuent.

J'ai eu à mon cours un de ces pauvres hallucinés
qui fréquentent les cours de Psychologie avec l'espoir
d'entendre expliquer leur cas et de guérir. C'était un
percepteur qui avait dû quitter ses fonctions, parce
qu'il ne savait plus faire l'addition. Il était persécuté,
il entendait des voix. Pendant ma leçon il n'entendait
jamais les voix, ni surtout quand il m'exposait son cas.
Mais livré à lui-même, toute son attention se retournait vers le dedans, les images auditives l'emportaient
sur les perceptions extérieures, l'hallucination triom-
phait.

La distinction et la lutte réciproque des représentations et des perceptions dans la conscience de l'adulte
ont leur origine dans la conscience infantile, aux premières étapes de l'évolution de la notion du temps. Tout
d'abord, les images sont impliquées dans la perception,
confondues avec elle, aussi réelles qu'elle, provoquant
les mêmes réactions émotionnelles et motrices. Puis,
l'expérience de la vie les détache, en leur faisant per
dre leur valeur pratique. Quand l'enfant s'aperçoit que
le sentiment de la faim n'est pas suivi du rassasie-
ment, sa perception globale, — qui comprenait jusque-
là les sensations organiques caractéristiques du besoin
de nourriture et les images relatives à l'allaitement,
c'est-à-dire un présent et un avenir si prochain qu'il
est confondu avec le présent, — se dédouble en éléments réels ayant une valeur pratique et en éléments
moins réels ayant perdu leur caractère d'utilité immédiate.

Libérées par leur opposition à la sensation et à la
perception, les images s'évanouissent ou survivent selon
le degré de développement et le pouvoir de synthèse de
la vie psychologique. Celles qui survivent prennent la
marque du passé ou du futur sous la forme du souvenir ou de l'attente. C'est encore l'expérience de la vie
qui joue le principal rôle dans cette nouvelle répartition
des images. Herbart et surtout Taine et James Sully
estiment qu'il y a attente lorsque l'image provoquée
par la perception présente reproduit une perception qui
a l'habitude d'accompagner cette perception présente.
La nourrice calme l'enfant qui a faim en le prenant
dans ses bras ; c'est une préparation à l'allaitement, et
l'ensemble des images tactiles, motrices, gustatives et

viscérales qui représentent la succion sont un objet d'attente. Au contraire, lorsque la perception reproduite a coutume de précéder comme perception la perception actuelle, sa reproduction est un souvenir. La représentation d'une brûlure pour le chat qui craint l'eau froide est la représentation d'un événement passé.

L'ordre des perceptions est assurément un facteur important dans la distinction du passé et du futur. Mais nous croyons avec Höffding que le facteur qui a le plus de valeur est toujours l'expérience avec ses désillusions. C'est elle surtout qui nous a fait sentir l'opposition de la perception et de l'image. C'est encore et surtout elle qui marque l'opposition de l'image-souvenir et de l'image-attente. L'attente se développe la première, elle est plus naturelle et elle exige moins d'effort. « Aux degrés inférieurs de la conscience, dit Höffding, il est probable que la reproduction en arrière n'a pas lieu du tout. La vie porte ses efforts en avant, et il faut qu'elle se heurte à un obstacle pour être amenée à regarder en arrière. » Le sein de la nourrice rappelle à l'enfant l'apaisement de la faim. L'apaisement de la faim rappellera plus difficilement le sein de la nourrice. Une table que l'on prépare évoquera chez celui qui a faim la représentation d'un repas, le repas n'évoquera pas ordinairement la représentation de la table (1).

Somme toute, c'est l'expérience qui met en opposition les images, qui les distingue de la perception présente, qui fait des unes un objet d'attente et des autres un objet de souvenir. En réunissant les différents facteurs que nous venons d'étudier, complexité, cohérence,

_____

(1) *Esquisse d'une psychologie*, ouv. cité, V.-B, 4, p. 173.

qualité et opposition des images, on voit les objets se systématiser et se distribuer en classes qui seront définitivement constituées par l'évolution de la notion du temps. Dans la période de reconnaissance, la classification n'est encore qu'ébauchée. Le souvenir ne sera complet que lorsqu'il sera rattaché à un *point déterminé du temps passé,* dans la période de localisation

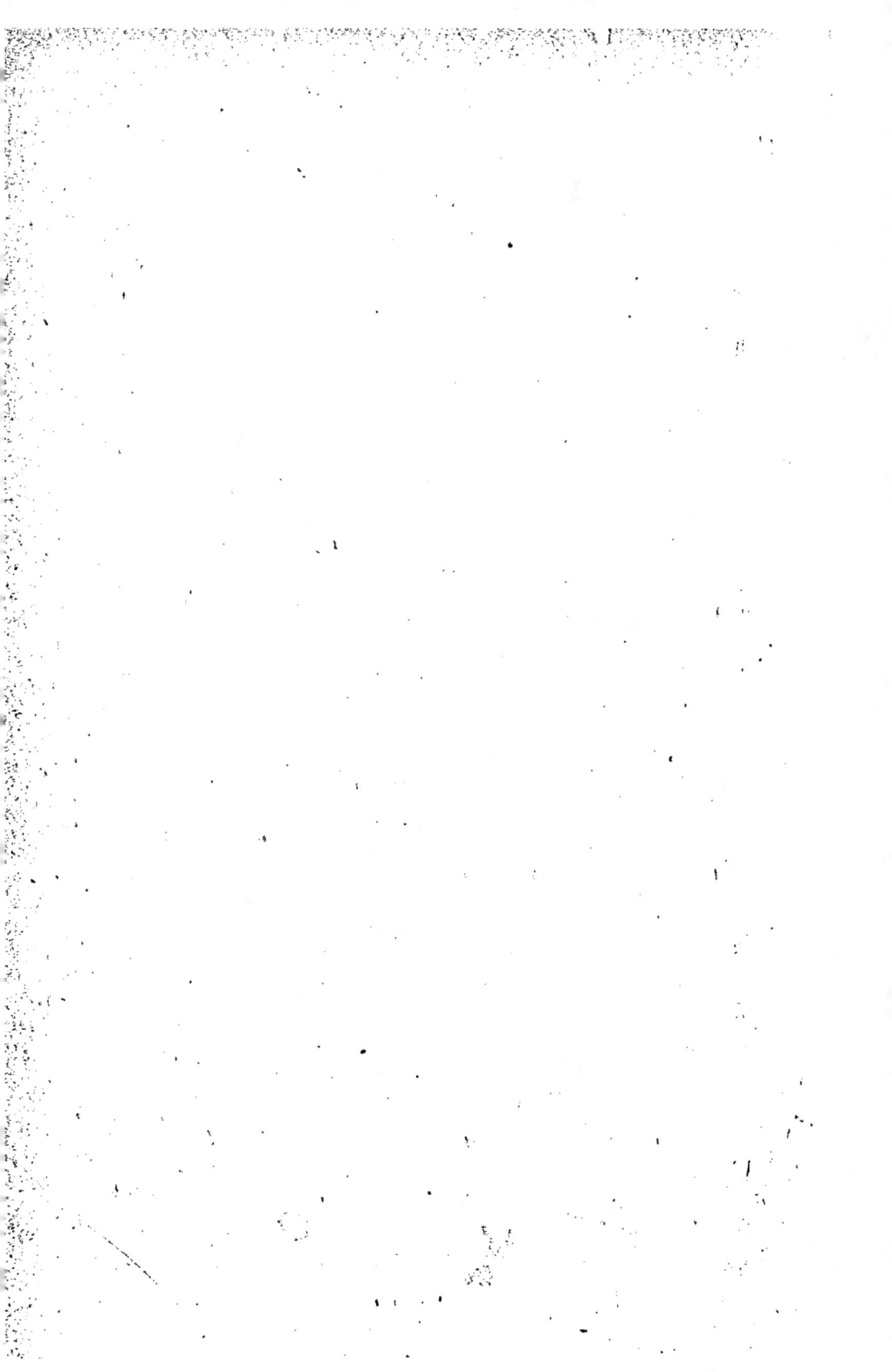

CHAPITRE VII

La localisation dans le passé implique la notion du temps. Cette notion, quoique essentielle dans la mémoire, n'apparaît qu'à la dernière étape du souvenir. Elle a, comme toute autre notion, son évolution psychologique, qu'il convient de considérer, avant de rechercher comment nous nous plaçons avec nos états de conscience dans le temps passé.

D'après Kant, l'idée du temps, comme toutes les idées rationnelles *a priori*, est antérieure à l'expérience dont elle constitue la condition fondamentale. C'est une intuition pure, une forme *a priori* du « sens interne ». Le temps possède trois caractères : il est infini, on ne saurait lui assigner de limite, même par la pensée; il est universel, on en trouve la notion chez tous les êtres doués de conscience; il est nécessaire, on n'en peut pas concevoir la suppression. Tout le problème du temps, dans cette théorie, consiste à expliquer les caractères d'*infinité*, d'*universalité*, de *nécessité* et d'*apriorisme*.

Dans son introduction à *La Genèse de l'idée de temps*, de Guyau, M. Alfred Fouillée a réfuté en quelques pages substantielles la théorie de Kant. Cette théorie est en opposition complète avec la psychologie contemporaine, qui admet que l'idée du temps est analogue aux autres idées, qu'elle se forme peu à peu comme l'idée de fleur ou d'arbre, et qu'il y a lieu, par conséquent, d'en rechercher l'origine expérimentale.

Les psychologues actuels font rarement porter leurs études sur les caractères rationnels du temps.

Ils ne se demandent plus si le temps est infini : ils s'appliquent plutôt à déterminer les millièmes de seconde que l'homme peut embrasser dans une perception.

Ils contestent l'universalité de l'idée du temps : dans bien des circonstances et chez bien des êtres, cette idée n'existe pas comme état de conscience distinct. La vie psychologique, qui ne peut se constituer sans la durée, ne requiert pas la notion précise de la durée, ni surtout la notion Kantienne de la durée ; autre chose est la succession des états de conscience, autre chose la représentation de cette succession. Les sensations et les images existent nécessairement dans le temps ; mais on peut ignorer ce caractère de leur existence. L'animal n'a pas la notion distincte de temps, ni l'enfant non plus, ni toujours l'adulte. La formation de la notion de temps est soumise à des conditions qui peuvent faire défaut. Guyau estime avec raison que le sens exact du passé, l'ordre dans les souvenirs, la précision donnée à chacun d'eux, la perspective des jours écoulés, toutes choses qui constituent les traits distinctifs de la mémoire humaine et de la notion du temps que nous trouvons chez l'adulte, supposent un degré de vie intérieure auquel l'animal ne saurait parvenir et que l'enfant n'atteint guère avant la troisième année.

La mule d'Alphonse Daudet qui se venge après sept années de rancune n'a pas pour cela une notion claire du temps. L'image actuelle évoque l'image des coups reçus, laquelle s'accompagne d'une réaction d'autant plus prompte qu'elle se reproduit sans la perspective du passé et qu'elle se confond en quelque sorte avec l'image présente. « On peut dire que l'animal se représente presque l'homme comme le frappant actuellement. » Il en est à peu près de même de l'enfant pendant deux ans ; il est incapable de se représenter dans un même moment chaque événement de la série écoulée. « Toutes les sensations qu'il a eues continuent de retentir en lui, coexistent avec les sensations présentes, luttent contre elles ; c'est un tumulte inexprimable, où le temps n'est pas encore introduit. Le temps ne sera constitué que quand les objets se seront disposés sur une ligne, de telle sorte qu'il n'aura qu'une dimension, la longueur. Mais primitivement il n'en est pas ainsi : cette longue ligne qui part de notre passé pour se perdre dans le lointain de l'avenir n'est pas encore tirée. » Comme l'animal, l'enfant vit d'abord dans l'espace ; c'est dans l'espace qu'il classe les objets, en attendant de pouvoir les classer dans le temps. James Sully rapporte le cas d'un enfant de trois ans et demi qui situait de façon très précise les lieux qu'il visitait, mais qui n'avait aucune notion définie des termes « cette semaine » ou « la semaine dernière », ou même « hier » (1).

La vie inférieure composée de sensations et d'images

_____

(1) M. GUYAU : *La Genèse de l'idée de temps*, avec une introduction par Alfred Fouillée, Paris, 1890, ch. i, p. 7-13.

ne s'élève pas à la notion claire du temps, à sa distinction précise en passé, présent et futur : elle est incapable d'une pareille synthèse. Je ne dirai pas cependant,
avec Guyau et M. Fouillée, que c'est une vie réduite
au présent ou à l'actuel, essentiellement « momenta-
née » : il n'y a pas de vie psychique absolument momen-
tanée, toute vie psychique proprement dite possède une
certaine concentration du temps.

Chez l'homme, considéré à l'état sain, la notion du
temps subit des éclipses. Dans les cas d'absorption complète, comme l'extase, cette notion disparaît de la conscience : l'esprit est tout entier à chacun des moments
de la succession psychologique, il devient en ce sens
« momentané » ; absorbé dans le présent, il ne conserve
aucun souvenir du temps qui s'écoule, il ignore la durée de son extase, il est « paralysé » dans une de ses
représentations, celle de la durée. Les états de conscience manquent de lien apparent, ils ne s'ajoutent pas
les uns aux autres, ils occupent isolément l'attention,
la notion empirique et banale du temps n'existe pas.
Dans le rêve, où les événements se succèdent, mais avec
peu d'organisation et de synthèse, le temps nous semble
arbitrairement trop long ou trop court : sans une certaine puissance d'attention capable de se représenter la
succession et de reproduire en un même moment les
autres moments de la durée, une vie psychologique
inférieure est possible, mais non pas la notion précise
du temps. Cette notion n'est donc pas universelle. Il
en faut conclure qu'elle n'est pas nécessaire ; et, sur ce
point encore, la psychologie contemporaine inflige un
démenti au philosophe de Königsberg.

D'après Kant, la représentation du temps est le fon-

dement *a priori* de toute représentation, et en particulier de la perception de la succession et de toutes les
intuitions. Il n'en est rien. Nous avons d'abord des sensations, puis des représentations, puis des successions
de représentations, puis une représentation des représentations antérieures, puis une représentation de la
succession, et enfin la notion distincte du temps. Ce n'est
pas en vertu de la forme *a priori* du temps que l'animal sent les dents d'un autre s'enfoncer dans sa chair.
« Le temps, dit M. Alfred Fouillée, n'est une représentation nécessaire que pour les représentations complexes
de *succession*, ce qui revient à dire qu'il est nécessaire
de se représenter le temps pour se le représenter. Ayant
toujours eu des successions de représentations, nous
ne pouvons pas concevoir une autre manière de nous
représenter les phénomènes, car cette manière ne nous
est donnée dans aucune expérience (1). » Ainsi donc
la notion distincte du temps n'est nécessaire que pour
les représentations complexes et pour l'expérience
adulte, dont elle est la propriété constante et générale.
Cette nécessité n'entraîne pas d'ailleurs un mode d'existence *a priori*. Une nécessité de l'expérience signifie
seulement que l'expérience se présente toujours ainsi
et qu'on ne peut se la figurer autrement, mais cette
donnée qui entre comme élément nécessaire dans l'expérience peut avoir son origine dans l'expérience même.
En fait, il en est ainsi. Le temps n'est pas une *intuition a priori*, une *intuition pure*, comme le voulait Kant.
Ce philosophe n'admettait qu'un temps unique, objet
d'intuition, seul objet capable de donner cette repré-

(1) *La Genèse de l'idée de temps*, ouv. cité. Introduction, p. 16.

sentation. La psychologie contemporaine estime, au contraire, que la notion du temps n'est pas unique ; elle constate qu'il existe une multitude de notions du temps très différentes : les unes très vagues, les autres plus ou moins distinctes. Même chez l'homme civilisé où cette notion est à peu près uniforme, il y a encore des différences : l'astronome ne se représente pas le temps comme un autre savant, comme le psychologue par exemple, ni comme le métaphysicien. De plus, le temps n'est pas un *objet* de contemplation ou de vision *pure*. On ne découvre jamais dans la conscience la *succession pure*, c'est-à-dire une succession qui ne serait que succession « sans rien qui se succède » ; toute succession psychologique est une succession d'événements intérieurs. Le temps *mathématique* lui-même n'est pas un temps pur ; la conscience individuelle se le représente sous la forme d'une ligne dans l'espace. Le temps pur, dépouillé des propriétés particulières aux différents temps, par conséquent absolument homogène, n'est concevable que par abstraction ou généralisation, et, par suite, ne saurait être, au sens de Kant, un objet d'intuition. Il est d'ailleurs impossible, dans le système kantien lui-même, que le temps soit un objet d'intuition. D'après la *Critique de la Raison pure*, « l'intuition ne peut avoir lieu qu'autant qu'un objet nous est donné », et un objet ne peut nous être donné qu'autant qu'il « affecte notre sensibilité », qui « elle seule nous fournit des intuitions ». Or, le temps tel que le conçoit Kant n'est pas un objet réel ; il ne peut à lui seul affecter notre sensibilité, ni provoquer une sensation. Il n'est pas seulement un *présent*, il est aussi un *passé* et un *futur*. Si la succession peut être perçue dans sa

portion *présente,* comment le serait-elle dans les por-
tions qui ne sont plus ou qui ne sont pas encore ? « Le
temps, dit M. Fouillée, n'est ni ne peut être, à aucun
titre, ni d'aucune manière, objet d'intuition; encore
moins *a priori* qu'*a posteriori ;* et le mot d'intuition
pure est ici absolument vide de sens. » Qu'on entende,
en effet, l'intuition dans l'un ou l'autre des sens contradictoires que lui donne Kant, dans le sens d'une
intuition fournie par la sensibilité ou d'une intuition
dans laquelle « on ne trouve rien qui se rapporte à la
sensation », le temps ne peut être objet d'intuition.
M. Fouillée a raison de dire que l'intuition pure du
Temps ne serait autre que « la vision de Saturne en
personne ». Il a encore raison de penser que la notion
distincte du temps avec sa division précise en passé,
présent et futur, n'est pas un objet d'intuition immédiate. Il n'en faudrait pas cependant conclure que nous
n'avons aucune espèce de perception du temps. S'il est
impossible de percevoir le temps au sens où Kant prend
ces termes, nous avons, du moins, une perception du
temps concret et sensible, comme nous le verrons
bientôt.

Renouvier a dû renoncer à l'intuition pure du temps,
il s'est contenté de le considérer comme une simple
« loi de la représentation ». Tout ce que nous avons dit
jusqu'ici établit que le temps est la loi des représentations complexes seulement et de plus qu'il est d'origine
expérimentale. La notion du temps n'est ni infinie,
ni universelle, ni nécessaire dans le sens de Kant ; des
multiples notions du temps qui existent, aucune n'est
nécessaire pour les représentations relativement simples, et, quand l'une d'elles apparaît dans les représen-

tations complexes, elle constitue un perfectionnement de la représentation et de l'idée.

S'il en est ainsi, la notion du temps n'est donc pas, selon la pittoresque expression de M. Fouillée, « la descente d'une intuition pure dans la conscience, comme celle du Saint-Esprit chez les Apôtres » ; elle a une genèse, une origine expérimentale. Kant a raisonné sur la notion du temps telle qu'on la trouve dans la conscience réfléchie de l'adulte, sur une notion toute faite, tout élaborée. De même, M. Fouillée, dont la réfutation n'a souvent d'autre valeur que celle d'un argument *ad hominem.*

La notion du temps a des débuts très humbles : ses premières origines remontent à la sensation et à la perception.

Quelle est la *perception élémentaire* de la durée ?

Quelques auteurs, comme Guyau et Höffding, font dériver l'idée du temps de certaines idées déjà abstraites : idées de contraste, d'opposition entre deux phénomènes différents de rythme, etc., qui sont des jugements d'un esprit réfléchi. L'idée du temps dériverait de jugements et de comparaisons.

Guyau met à l'origine du sentiment de la durée la perception des différences et des ressemblances ; la succession des événements intérieurs ne peut être perçue qu'autant que ces événements varient et qu'ils sont perçus dans leurs variations ; les variations à leur tour ne sont perçues que s'il y a dans la conscience une continuité, c'est-à-dire une unité dans la variété, un arrière-plan fixe : pour « constater le changement, il faut un point fixe ». La perception des différences et des ressemblances a pour résultat la notion de *dualité*; avec la dualité se construit le *nombre*. L'idée du nombre n'est autre chose à l'origine que la perception des différences sous les ressemblances. L'*intensité* ou degré est aussi un élément de l'idée du temps. Il y a une connexion intime entre le *degré* et le *moment* : chaque moment du temps présuppose un accroissement ou une diminution; Bain a même confondu l' « aperception du degré » avec le temps; cette aperception n'est pas le temps, mais elle nous le rend sensible. Ces quatre éléments forment le *lit* du temps, abstraction faite de son cours, le *cadre* dans lequel le temps semble se mouvoir, la *forme* du temps. C'est « *un ordre de représentations à la fois différentes et ressemblantes, formant une pluralité de degrés* » (1). Le *lit* du temps représente la forme passive du temps. Son *cours*, qui comprend le présent, le futur et le passé, en représente le fond actif. Le vrai point de départ de l'évolution du temps n'est ni l'idée du présent, ni celle du passé, ni celle du futur. « C'est l'*agir* et le *pâtir*, c'est le *mouvement* succédant à une *sensation* »; la division des trois parties du temps a lieu par la division même du pâtir et de l'agir. « Quand nous éprouvons une douleur et réagissons pour l'écarter, nous commençons à couper le temps en deux, en présent et en futur. Cette réaction à l'égard des plaisirs et des peines, quand elle devient consciente, est l'*intention*. » Selon Guyau, c'est l'intention, spontanée ou réfléchie qui engendre la notion du temps. Le futur, à l'origine,

(1) *La Genèse de l'idée de temps*, ouv. cité, ch. II.

c'est le *devant être*, c'est ce qu'on s'*efforce* de posséder, c'est ce qu'on *veut, ce vers quoi nous allons ;* comme le présent, c'est ce qu'on possède, ce dont on jouit. Le futur, c'est l'activité tendant vers ce qui lui manque ; le présent, c'est l'activité possédant, jouissant ou souffrant de cette possession. Le futur, c'est l'intention ; le présent, c'est l'action. Dans la conscience primitive, tout occupée à sentir et à réagir, le temps se présente sous la forme de l'effort pour posséder ou fuir, et s'associe par conséquent à un mouvement dans l'espace. Le futur est alors ce qui est *devant*, ce qu'on voit devant soi ; le passé est *derrière*, ce qu'on ne voit plus. Dans la conscience adulte, l'idée d'intention, de fin, de but, sert à classer les souvenirs. Les événements se groupent : les moyens autour des fins et les fins particulières autour des fins générales. Grâce à cette classification des actions par l'idée de fin, nos souvenirs sont logiquement enchaînés et, par suite, faciles à conserver.

Ainsi donc, d'après Guyau, la notion du temps dériverait d'idées abstraites, de comparaisons, de jugements ; l'action, la tension, la direction dans l'action, l'intention, interviendraient pour la préciser.

Entreprise avec le désir de dégager des faits une théorie expérimentale de l'idée de temps, cette analyse, cependant très-poussée, a le défaut d'être plus logique que psychologique, de ne porter que sur une certaine notion du temps, la notion distincte, et de méconnaître la perception élémentaire de la durée. Il y a une connaissance du temps qui n'est pas, comme le croit Guyau, le résultat du raisonnement philosophique, mais de la perception.

Il convient de distinguer le *temps abstrait* de la réflexion et le *temps concret* de la perception et de la sensation.

Le temps abstrait est indépendant de la nature des phénomènes qui se succèdent et de tout mode particulier de succession. Il est la durée successive pure. Isolé par l'esprit de tout ce qui individualise la durée, il présente les caractères d'universalité, de nécessité et d'infinité : universel, il peut subsumer toutes les successions particulières ; nécessaire, il fait abstraction de l'existence contingente ; infini, il se prolonge au-delà de toute limite de la durée. Conçu à part du mouvement dont il a été abstrait, il « ne peut ni être mesuré, ni servir de mesure (1) ». Malgré son fondement dans la réalité successive et continue, il n'existe que dans l'esprit qui divise la succession en parties « actuelles » et y distingue les notions d'*avant* et d'*après*, de *prius* et de *posterius*. C'est bien un concept du temps de ce genre qu'avaient Aristote, saint Thomas et nombre d'autres philosophes, lorsqu'ils dissertaient sur la durée successive, sur les « instants », sur les « indivisibles ». Dans leur conception de la durée temporelle, le passé n'étant plus et le futur n'étant pas encore, ces deux parties du temps ne peuvent exister ; et, comme dans le présent, il est toujours loisible de distinguer des parties et dans ces parties d'autres parties, le présent lui-même ne saurait exister sans faire coexister les parties dont il se compose, c'est-à-dire sans cesser d'être de la durée et devenir de l'espace. Du présent, il

____

(1) Désiré Nys : *La notion de temps d'après les principes de saint Thomas d'Aquin*, Louvain, 1898, p. 64.

ne peut exister que le *nunc* ou l'*instant* qui est « indivisible » : « *Tempus non habet esse extra animam nisi
secundum suum indivisibile* (1) ». L'instant joue le
même rôle dans la genèse du temps que le *point* dans
celle de la ligne. « *Sicut punctus se habet ad lineam, ita
se habet nunc ad tempus* (2). » Principe de la ligne, le
point n'a pas de dimension, c'est un indivisible. Il en
est de même de l'instant : considéré en dehors de toute
succession, de tout écoulement, de tout flux, il unit et
fait exister les parties du temps ; il est le terme du
prius et le principe du *posterius*. Mais il n'a rien de la
nature du temps, puisque, pour le concevoir, on a dû
extraire du temps la succession. Il en résulte que le
temps n'*est* jamais, mais qu'il *devient* toujours, con-
rairement à Dieu qui *est* toujours et ne *devient* jamais.
L'essence du temps est dans le *devenir*, ou encore dans
l'instant envisagé, non plus dans son existence ou sa
présence, mais dans son flux perpétuel, dans sa fuite
continue.

Cette conception du temps, qui est une des plus
importantes de l'histoire de la philosophie, peut servir
de document pour saisir sur le vif à quel genre de
notions appartient le temps abstrait.

Le *temps imaginaire* est aussi un temps abstrait du
mouvement ; l'imagination lui donne une forme concrète en le représentant comme une sorte de milieu
indéfini, homogène, analogue à l'espace, rempli par
des successions, tandis que l'espace est rempli par des
coexistences.

---

(1) Saint Thomas : *Phys.*, l. IV, lect. 20.
(2) Idem : *Opusc. de Instantibus*, c. II.

Le *temps concret* est une notion que le raisonnement précise, mais qui précède la réflexion et l'abstraction : ses éléments sont empruntés aux données des sens. Si, pour saint Thomas, par exemple, le temps abstrait est le résultat de l'analyse mathématique et métaphysique, le temps concret dérive, pour lui, d'un fait élémentaire de sensibilité. Les sens perçoivent le présent : *sensus est præsentis;* l' « estimative », sorte de raison particulière et sensible, perçoit le passé : *ratio præteriti, quam attendit memoria, inter hujusmodi intentiones [æstimativæ] computatur;* l'attente est le pressentiment de l'avenir (1). Suivant le langage d'Albert le Grand, le temps est *senti* dans le présent quand l'événement est présent, il est *senti* dans le passé, quand l'événement passe; il est *pressenti* dans l'avenir quand l'événement approche. « Les chèvres et les brebis retournent à la bergerie, connaissant la bergerie où elles ont habité dans le passé, et les fourmis se rassemblent dans leurs trous, pressentant la pluie dans l'avenir (2). » Ce sentiment de la durée est une perception obscure : *hoc est obscure percipere tempus;* mais elle est suffisante pour une vie inférieure de sensations et d'images. Dans la pensée de l'Ange de l'École, le point de départ de l'évolution du temps se trouve dans le présent perçu; la comparaison des sensations entre elles dégage, au regard de la conscience stimulée par les besoins de la vie animale, ce que la raison dénommera ensuite passé et futur.

La psychologie expérimentale cherche de même

(1) Saint Thomas, I, q. LXXVIII, a. 4, c.
(2) *De Memoria*, tract. I, c. 2.

l'origine du temps abstrait et rationnel dans le temps concret et sensible, et l'origine de ce dernier dans la perception ou même la sensation du *présent*. Ici, comme ailleurs, c'est plutôt dans la direction péripatéticienne que travaillent les psychologues contemporains. Ils se demandent si le *présent,* au lieu d'être une simple limite mathématique, n'aurait pas une certaine épaisseur de durée et ne serait pas *donné* dans la *sensation.* Le présent, pour eux, n'est plus insaisissable, et l'on ne peut plus dire :

Le moment où je parle est déjà loin de moi.

Les recherches scientifiques ont, en effet, démontré que le moment présent occupe une durée. Quand on demande à un sujet de dire ce qui s'est passé en un moment, il en décrit en réalité plusieurs. L'esprit considère comme présent un phénomène qui, pour le savant, occupe une durée considérable ; et de même qu'il transforme des centaines de vibrations en une seule note, il transforme de même un grand nombre de mouvements en un seul. Le *présent psychologique* est divisible par l'analyse rationnelle en une multitude de *présents mathématiques,* mais il n'est pas divisé : c'est un présent continu, concret, empirique, sensible, toujours rempli par quelque événement : le temps vide n'existe pas. Toutes les fois que nous croyons avoir affaire à un temps vide, nous nous faisons illusion. Le temps est toujours intégré à des événements qu'on apprécie et qu'on mesure. Nous apprécions d'abord le retentissement des derniers phénomènes qui se sont joués sur le théâtre de la conscience ; en un sens, on

entend le silence et on perçoit l'obscurité. Si le silence
et l'obscurité se prolongent, nous écoutons notre respiration, que nous sentons s'élever et retomber, nous
percevons les battements du cœur au rythme court et
précipité, nous saisissons au passage des fragments de
mots et de phrases qui traversent l'esprit. Et si le silence et l'obscurité se prolongent trop, nous apprécions, non plus les rythmes précédents, mais des sensations de fatigue, de faim, de soif, et autres sensations
organiques qui constituent la conscience du corps.
C'est par ces dernières sensations que nous apprécions
l'heure du repas ou, au réveil, le temps que nous
avons dormi. Elles ont même une influence, qu'il ne
faut d'ailleurs pas exagérer, sur notre perception de la
durée en général. M. Revault d'Allonnes cite le cas
d'une malade qui, devenue peu sensible à la faim, à
la soif, à la fatigue, etc., appréciait mal le temps :
elle ne sentait plus le temps, sa perception de la durée
était affaiblie (1).

L'hypothèse de la perception du temps vide ne
résiste pas à l'observation psychologique. L'anesthésie
totale est impossible. La conscience baigne dans les
impressions qui lui arrivent à chaque instant du monde
physique et de la périphérie interne du corps ; on ne
conçoit pas qu'elle puisse être vide de toute sensation
et de tout changement. L'anesthésie absolue entraînerait d'ailleurs une syncope de la conscience. On ne
peut admettre l'existence d'un sens spécial pour le
temps pur, avec la durée pour excitant. La perception

(1) REVAULT d'ALLONNES : *Rôle des sensations internes dans les émotions
et dans la perception de la durée*, dans la *Revue philosophique*, 1905,
II, p. 592.

de la fuite du temps n'est que la perception de la fuite
de son contenu. « Si vide que l'on suppose notre conscience, dit M. William James, elle reste le théâtre où
nous assistons toujours à des *processus changeants,* et
ce théâtre ne « ferme » jamais. Or, percevoir des processus dans leurs rythmes, c'est percevoir leurs longueurs de durée. Ainsi la perception de l'écoulement
du temps dépend-elle de la conscience d'un changement, — mais d'un changement de son contenu positif
et concret : on ne voit pas ce que pourrait être la conscience d'un changement de temps vide (1). »

Le présent sensible a une durée. Quelle est cette durée? En d'autres termes, quelle étendue de durée peut
embrasser la sensation du temps ?

L'unité d'espace est considérable ; on apprécie d'un
seul coup d'œil des espaces assez grands. Il n'en est pas
de même de l'unité de temps. On n'a pas la sensation
continue, immédiate, des temps, qui durent plusieurs
minutes ; on n'a la sensation que des temps très courts.

Le présent que nous expérimentons et sur lequel
porte notre observation immédiate est, dit M. William
James interprété par ses traducteurs, « comme une
sorte de pont en dos d'âne jeté sur le temps, et du
haut duquel notre regard peut à volonté descendre
vers l'avenir ou vers le passé (2) ». L'unité de composition de notre perception du temps est une durée limitée par un avant et un après; mais les limites et
l'intervalle de temps qui les sépare font corps avec la

---

(1) *Précis de Psychologie,* ouv. cité, ch. xvii, p. 368 (*Text Book of
Psychology,* c. xvii, 282). — *The Principles of Psychology,* vol. I,
c. xv, 619.

(2) *Précis de Psychologie,* ouv. cité, ch. xvii, p. 366.

durée et sont perçus comme un tout, comme un bloc de durée, *duration-block*. « La sensation normale de durée, dit M. Bourdon, doit être considérée comme étant essentiellement celle d'une durée continue (1). » Ce que nous percevons est en réalité une succession, mais nous ne percevons pas la succession elle-même comme succession. Locke faisait dériver le sentiment de la durée d'une réflexion sur la succession de nos idées (2). Reid remarque justement que si dix éléments successifs doivent faire de la durée, chacun d'eux en fait nécessairement ; ou bien, la durée pourrait résulter de parties qui n'ont aucune durée : ce qui est impossible, et il conclut qu'il y a de la durée dans chacun des éléments qui composent la totalité de la durée. Il en est du temps comme de l'espace : de même que chaque partie élémentaire de l'étendue comprend de l'étendue, ainsi chaque partie élémentaire de la durée comprend de la durée. Or, dans ces éléments de la durée, il n'y a pas succession d'idées, et cependant nous percevons leur durée (3). La perception sensible de la durée est donc une synthèse donnée d'éléments non séparés : ils ne sont séparables que grâce à la division opérée par la réflexion dans la *continuité* de la durée.

La quantité de durée indivise que nous sommes capables de maintenir sous le regard immédiat de la conscience est minime. Nous passons très vite d'une unité de durée à une autre unité, puis à une autre, et ainsi indéfiniment. D'après M. William James, qui se réfère

(1) B. Bourdon : *La perception du temps*, dans la *Revue philosophique*, mai 1907.
(2) *Essay*, book II, c. xiv, § 3 ; c. xv, § 12.
(3) Reid : *Intellectual Powers, essay*, III, c. v.

à des expériences anciennes de M. Wundt, le temps
maximum mesurable par la perception varierait entre
dix et douze secondes ; passé cette durée, notre expérience du temps « cesse d'être une perception immédiate
pour devenir une construction plus ou moins symbolique ». Le temps minimum, d'après les expériences
d'Exner, pourrait être fixé à 1/500, et, d'après celles de
M. Bourdon, à 1/100. Je ne cite ces chiffres qu'à titre
de renseignement. Car les psycho-physiciens sont loin
d'être d'accord. Les résultats numériques des expériences varient avec le dispositif des expériences elles-mêmes, avec la nature des durées sur lesquelles on expé-
rimente, avec les intensités et la nature des phénomènes
qui durent, avec le degré d'attention du sujet, avec le
rythme de sa respiration, et, d'une façon générale, avec
ses dispositions physiques et morales. Les chiffres qu'on
relève le plus souvent aujourd'hui dans les travaux de
laboratoire oscillent entre cinq ou dix secondes pour la
durée maxima. On ne mesure très exactement que 70 à
75/100 de seconde, c'est-à-dire environ 4/5 de seconde (1).

A force d'ajouter et de juxtaposer des dimensions

(1) MEUMANN : *Beiträge zur Psychologie des Zeitsinnes. In Phil. Stud.,*
VII, p. 430-509, et IX, p. 264-307. — *Untersuchungen zur Psychologie und
Aesthetik des rhythmus. In Phil. Stud.,* X, p. 249-323, 393-431. — *Beiträge zur Psychologie des Zeitbewusstseins. In Phil. Stud.,* XII, p. 127-
255.

SCHUMANN : *Zur Psychologie der Zeitanschauung. In Zeit. für Psych.
und Phys. de Sinn.,* XVII, p. 106-149.

NICHOLS : *The Psychology of Time. In the American Journal of Psych.,*
III, 1901.

WUNDT : *Grundzüge der physiologischen Psychologie.* Bd III, 6 Auflage.

Antonio ALIOTTA : *Ricerche sperimentali sulla percezione degl' intervalli di tempo. In Ricerche di Psicologia* (Laboratoire de Psychologie
de Florence, Directeur : F. de SARLO).

BOURDON : Article déjà cité.

de cette longueur, on peut construire des durées assez longues. La sensation fournit les unités de durée, la perception les superpose. « Pour nous servir d'une image de Hodgson, dit M. William James, la sensation fournit le ruban, et la perception sert à l'auner. » Il arrive un point où la perception devient trop vague ; force est de recourir à une mesure symbolique.

Bref, les durées très courtes comme celles de 4/5 de seconde, de dix, douze secondes, sont objet de *sensation* ; les durées plus longues, comme celles de plusieurs minutes, sont objet de *perception immédiate* ; enfin, les durées d'une heure, d'un jour, d'une semaine, sont objet de *perception médiate* ou de *conception*.

La mesure *directe* du temps par la sensation et la perception est bientôt remplacée par deux autres plus précises, mais *indirectes :* la mesure par le *nombre* et la *qualité des états de conscience,* et la mesure par l'*espace*.

Ces trois mesures marquent les phases de l'évolution psychologique de la notion du temps.

Quand la durée échappe à la mesure directe de la sensation et de la perception, elle est appréciée indirectement d'après le nombre et la qualité des états psychologiques, et surtout d'après les actes d'attention. Plus les événements qui remplissent une heure sont nombreux et intéressants, plus l'heure paraît courte pendant qu'elle s'écoule et longue quand elle est écoulée. Au contraire, moins les événements sont nombreux, ou plus ils sont uniformes, plus le temps paraît long au moment même et court ensuite quand on se le rappelle, pourvu toutefois qu'on oublie le sentiment de fatigue qui nous a fait trouver le temps long.

Notre estimation du temps semble donc contradictoire, suivant qu'il s'agit du présent ou du passé. Dans le présent, le temps plein passe vite, et le temps relativement vide est long ; dans le passé, au contraire, le temps plein paraît avoir été long et le temps vide court. Cette contradiction n'est qu'apparente, le processus psychologique est le même dans les deux cas.

Le présent est long ou court dans la mesure où l'attention se porte sur le temps lui-même ou sur les événements. L'heure courte est celle où l'on ne pense pas au temps, mais à ce qui le remplit. Rien ne semble plus long que d'assister à l'écoulement du temps. Le présent, en tant que durée, n'a pas d'intérêt. Ce qui nous intéresse, ce n'est pas la durée, mais ce qui dure. Voilà pourquoi l'attente allonge le temps ; on attend, on désire, on se prépare, « rien ne vient qu'un temps vide : de telles expériences indéfiniment répétées nous donnent une conscience effroyable de la longueur du temps ». Ceci explique aussi pourquoi le temps est court quand on le voudrait long et long quand on le souhaite court. M. Alfred Binet cite le cas d'une dame qui, dans ses nuits d'insomnie, trouve le temps très court, parce qu'elle souhaite que la nuit n'avance pas trop vite, espérant se rattraper. Lorsqu'après une trop mauvaise nuit, elle est obligée de rester au lit pendant la journée, le temps lui paraît extrêmement long, parce que, ne pouvant dormir le jour, elle n'attend que la nuit (1). En résumé, quand le temps est vide et que

(1) Alfred Binet : *Note sur l'appréciation du temps*, dans les *Archives de Psychologie*, t. II, 1902, p. 20-22. — Cf. M. Thury : *L'appréciation du temps*, dans les *Archives de Psychologie*, t. II, 1903, p. 182-185.

nous ne pensons qu'à sa durée, nous le trouvons insipide et long. Au contraire, quand il est rempli d'expériences variées et intéressantes, nous sommes tout entiers à ces expériences et nous ne le voyons pas passer. « Sept années passèrent pour Jacob comme un petit nombre de jours, parce qu'il aimait Rachel. »

Dans le passé, la longueur du temps se mesure au nombre des souvenirs plus qu'à leur intérêt. Le souvenir n'est que le squelette de la réalité vécue. L'imagination peut sans doute lui rendre la vie, mais alors il redevient présent, et nous le vivons à nouveau. Le souvenir, en tant que fait passé, est avant tout objectif. Aussi notre regard sur le passé porte-t-il principalement sur le nombre des souvenirs. C'est d'après le nombre des souvenirs que nous apprécions la durée des événements. Considéré rétrospectivement, le temps plein, qui nous a paru court pendant qu'il s'écoulait à cause du nombre et surtout de l'intérêt de nos expériences, nous paraît avoir duré longtemps par suite du nombre des souvenirs qu'il évoque ; et le temps vide, qui nous a paru long par son manque de variété et d'intérêt, nous semble très court à en juger par les rares souvenirs qu'il nous a laissés.

On s'explique que le temps paraisse bien plus long aux jeunes gens qu'aux vieillards. L'enfant vit dans un tourbillon d'impressions et de désirs ; la partie variable de sa conscience l'emporte de beaucoup sur la partie stable ; sa tête travaille continuellement, il multiplie les efforts d'attention, et, quand il regarde en arrière, il a le sentiment vague de cette quantité d'efforts. Le vieillard, au contraire, s'est formé un cercle d'idées et d'intérêts qui constituent la partie stable de sa con-

science qui est de beaucoup la plus importante. Il vit
dans la stabilité comme l'enfant dans la mobilité, il
s'appuie de plus en plus sur son expérience, il apprend
de moins en moins, sa puissance d'attention diminue
chaque jour, sa mémoire s'appauvrit graduellement.
Le vieillard et l'enfant apprécient surtout la durée
d'après les efforts d'attention, d'après l'intérêt, d'après
la complexité et la diversité des phénomènes psychologiques, en un mot, d'après la richesse du contenu de
la conscience.

A cette *mesure subjective du temps* on a de bonne
heure substitué une mesure *objective* et *impersonnelle:*
la mesure proprement dite, la mesure *quantitative.*

L'idéal des sciences de la nature est de tout réduire
à la quantité et d'appliquer partout les mathématiques.
Elles quantifient les qualités pour les mieux connaître,
et le procédé leur réussit. Cette traduction dans le langage de la quantité est nécessaire, si on veut mesurer
la qualité. Il est impossible de mesurer directement
ce qui par nature ne saurait se superposer. Pour mesurer la durée avec l'exactitude que comporte ce mot,
force est donc de la traduire en quantité, nombre,
étendue ou mouvement.

Le temps est d'ailleurs si invinciblement associé à
l'espace qu'on peut mesurer l'un par l'autre : l'espace
par le temps et le temps par l'espace. Guyau a montré
que l'*intention,* c'est-à-dire la fin poursuivie, aboutit
toujours à une *direction* dans l'espace et à un mouvement. Quand nous disons : « Ce village est à deux heures d'ici, le temps n'est qu'une simple mesure de la
quantité d'efforts nécessaires pour atteindre à travers
l'espace le village en question. Cette formule ne con-

tient rien de plus que cette autre : ce village est à tant
de milliers de pas, ou que cette autre plus abstraite : il
est à tant de kilomètres, ou enfin que cette autre plus
psychologique : il est à tant d'efforts musculaires (1). »
Le temps est à son tour mesuré par le mouvement. Il
le fut tout d'abord par les mouvements du soleil et de
la lune, par le jour et la nuit, par le matin, le midi et
le soir ; puis, par les sabliers, les clepsydres, et enfin
par les pendules et les chronomètres ; tel chronomètre
mesure 1/1,100,000 de seconde. Or, comme le mouvement implique l'espace, il en résulte que l'espace mesure le temps et le temps l'espace, par l'intermédiaire
du mouvement. L'association du temps à l'espace revêt
deux formes, une forme concrète et primitive, une
forme abstraite et réfléchie. La perception de l'étendue,
d'où dérive l'espace, est contemporaine des sensations
visuelles et tactiles : l'animal voit et touche des objets
étendus. Le temps est mêlé à l'espace : le futur, c'est
ce qui est devant, ce vers quoi l'on tend ; le passé, c'est
ce qui est derrière, ce qu'on ne voit plus. Le *prius* et le
posterius du temps se confondent avec des positions
spatiales. « Mon chien, dit Guyau, de sa niche, aperçoit
devant lui l'écuelle pleine que je lui apporte : voilà le
futur ; il sort, se rapproche, et, à mesure qu'il avance,
les sensations de la niche s'éloignent, disparaissent
presque, parce que la niche est maintenant derrière lui
et qu'il ne la voit plus : voilà le passé (2). » L'homme
abstrait l'étendue et en forme le concept d'espace. L'association du temps et de l'espace prend alors une forme

(1) *La Genèse de l'idée de temps*, ouv. cité, p. 37.
(2) *Loc. cit.*, p. 35.

précise, mathématique : *des égalités de temps sont représentées par des égalités d'étendue.*

On s'est demandé par quel procédé psychologique
nous transformons le temps en espace, et nous nous le
figurons sous la forme d'une ligne. Comment la succession des états de conscience, qui est si différente de la
succession des phénomènes matériels, peut-elle être
identifiée à cette succession ?

M. Bergson s'est particulièrement appliqué à la solution de ce problème et semble l'avoir trouvée. Nous
sommes d'abord extérieurs à nous-mêmes, nous vivons
longtemps en dehors de nous dans l'espace par la perception et l'imagination, avant de nous intérioriser, de nous
replier sur nous-mêmes et d'observer nos propres états
L'expérience externe, qui d'ailleurs nous sera toujours
plus facile que l'introspection, est pour nous le type de la
clarté et de la netteté ; aussi, quand nous réfléchissons sur
l'expérience interne, la traduisons-nous inconsciemment
dans la langue primitive et familière de l'espace. Nous
nous représentons nos états de conscience *comme des
objets,* comme des *choses,* nous leur donnons, comme à
tout ce qui est étendu, des contours précis, arrêtés. La
succession psychologique est conçue sur le modèle de la
succession spatiale. Or, dans cette dernière, les termes
commencent et finissent dans une sorte de juxtaposition :
extérieurs les uns aux autres, ils peuvent se superposer et s'additionner. La succession psychologique sera
donc, elle aussi, une série d'états extérieurs les uns aux
autres, susceptibles de superposition et d'addition. Le
temps sera défini comme la succession des phénomènes
dans un milieu indéfini et homogène, c'est-à-dire dans
l'espace. Pour le transformer complètement en espace,
il suffira de transformer la succession en coexistence ;

à quoi l'on parvient aisément, en considérant chaque terme de la série isolément, comme un point indivisible, comme une unité ; à mesure qu'on ajoute unité à unité et qu'on réunit les points, on obtient la ligne. L'espace servira désormais à mesurer le temps. On comparera les parties du temps à celles de l'espace. Mais cette assimilation du temps à l'espace ne devra pas nous faire oublier le caractère original qui distingue les positions spatiales des parties temporelles. Les positions spatiales sont *réversibles*. Celle qui est antérieure est indifférente à cette antériorité, elle peut devenir postérieure sans subir la moindre modification. Le *prius* et le *posterius* des parties sont ici relatifs aux points fixes avec lesquels on compare ces parties. Il n'en est pas de même du temps : le *prius* et le *posterius* marquent un ordre déterminé de succession ; ce qui précède doit nécessairement précéder et ce qui suit doit nécessairement suivre. Renverser la succession, c'est en produire une nouvelle, mais ce n'est pas faire que ce qui était antérieur soit postérieur. La différence absolue qui distinguera toujours le temps de l'espace, c'est que le temps est une succession et l'espace une juxtaposition (1).

Nous devons distinguer une double localisation des souvenirs dans le passé : la localisation *directe* par la *perception* et la localisation *indirecte* par les *points de repère*.

La première connaissance que nous ayons du passé

(1) H. Bergson : *Données immédiates de la conscience*, ouv. cit., ch. ii; p. 75. — D. Nys : *La notion du temps*, ouv. cit., ch. ii, p. 85.

précède la mémoire et la rend possible, comme les sensations précèdent l'imagination et la rendent possible. Saint Thomas fait de l'imagination la continuation des sens, et de la mémoire la continuation d'une faculté qui perçoit le passé et qu'il appelle « estimative ». On pourrait se demander pourquoi la mémoire serait plutôt en continuité avec l' « estimative » qu'avec les sensations et quelle raison il peut y avoir de distinguer entre la reproduction des données des sens par l'imagination et la reproduction des données de l'estimative par la mémoire. La solution de cette difficulté se trouve dans cette vue très juste que la mémoire, en tant que reproduction des faits de conscience passés, suppose la connaissance antérieure de ces faits comme passés ; et puisque, d'après saint Thomas, c'est une des fonctions de l' « estimative » d'apprécier le passé en tant que passé, la mémoire doit être le prolongement de l' « estimative ». Le processus de l' « estimative », faculté commune à l'homme et à l'animal, plus parfaite cependant chez le premier où elle prend le nom de « cogitative », sorte d'imitation sensible de la raison, consiste dans la comparaison, *collatio,* des sensations ou intuitions immédiates ; d'où résulte une estimation de l'utile, du nuisible et du passé. La connaissance primitive du temps est, chez saint Thomas, une connaissance essentiellement concrète et pratique, où les éléments affectifs jouent un rôle important. Le présent est saisi par les sensations, le passé par une comparaison des sensations, comparaison opérée par la même faculté qui saisit l'utile et le nuisible ; le futur se révèle dans l'attente.

La psychologie expérimentale admet aussi, antérieurement à la reproduction du temps par la mémoire proprement dite, une connaissance primitive du passé.

Nous avons vu que le « présent sensible » est une donnée de la perception immédiate et qu'il occupe une durée qui ne dépasse pas douze secondes, même pour les psychologues les plus généreux.

Les deux autres parties du temps, le passé et le futur, sont également *perçues*. Sans doute, notre perception immédiate de la durée s'étend très peu en-deçà et au-delà du « présent sensible »; elle atteint cependant un « passé sensible » et un « futur sensible ».

Le sentiment de la durée *présente* imprègne chacun des instants successifs de la conscience. Le contenu qu'enveloppe cette durée est un flux constant, un écoulement continu d'événements, qui apparaissent à un de ses bouts, qui la traversent et qui disparaissent à l'autre bout. « Successivement, dit M. William James, on sent de chacun d'eux « qu'il n'est pas encore arrivé », ou « qu'il est presque arrivé », qu'il « ne fait que de passer » ou « qu'il est passé ». Le présent, lui, demeure, tandis qu'ils passent, et ne change pas tandis qu'ils changent : « il est l'intuition de durée qui éclaire leur traversée à peu près comme un arc-en-ciel immobile illumine une chute d'eau (1) ».

Le sentiment du temps passé est donc un sentiment présent. Nous percevons un passé immédiat en continuité avec le présent, en train de disparaître ou venant de disparaître du regard de la conscience. En associant de très courtes durées semblables, on peut localiser

(1) *Précis de Psychologie*, ouv. cité, p. 374.

directement quelques souvenirs. Pour les durées plus longues, la localisation directe devient impossible et est remplacée par la localisation indirecte que rend possible la reproduction des souvenirs. Chacun des événements, en effet, conserve, en disparaissant, une aptitude à réapparaître avec sa propre coloration de durée. Cette reproduction d'un événement passé en tant que passé est un fait psychologique tout différent de la perception directe du passé immédiat dans le présent. A la rigueur, on conçoit un être qui n'aurait que le sens du temps, incapable de reproduire une durée passée, vivant uniquement dans le présent et dans le passé et le futur immédiats.

La *reproduction* des souvenirs avec leur coloration de temps passé est donc un fait postérieur à la sensation. Elle constitue la mémoire proprement dite, ou, si l'on veut donner déjà le nom de mémoire à la perception du passé, la mémoire secondaire. Grâce à cette mémoire reproductrice, la représentation du temps se précise et la localisation commence à proprement parler. Bien que l'avenir suppose le passé — pour prévoir et attendre, il faut avoir connu et expérimenté — cependant nous localisons dans l'avenir avant de localiser dans le passé. Car, les représentations du passé se reproduisent à propos de l'action : c'est l'action future qui fixe nos regards. L'avenir, c'est l'action qui commence et qui n'est pas achevée, c'est le système psychologique qui est en train de se réaliser, qui entre dans le présent par sa pointe d'avant, mais qu'on attend encore. Nous remarquons que certains systèmes psychologiques ne se réalisent pas, ils en sont empêchés par d'autres systèmes antagonistes, nous les

renvoyons du domaine de l'avenir, et nous les conce-
vons comme des souvenirs. Pour bien comprendre cette
localisation des faits de conscience dans le temps, il
faut se reporter à la classification des groupes de représentations passées, présentes, futures et imaginaires,
dont nous avons cherché le principe dans le chapitre
précédent.

Comment reproduisons-nous, avec leurs *dates,* les
faits de conscience passés? Comment se fait la localisation immédiate des souvenirs ?

Par la méthode des *points de repère,* décrite par
Taine (1) et M. Ribot (2).

Ces auteurs ont comparé la localisation des souvenirs dans le temps à la localisation des perceptions
dans l'espace. Il y a une perspective de la durée comme
il y a une perspective de l'étendue. De même que pour
apprécier les distances dans l'espace nous disposons de
loin en loin, comme autant d'unités de mesure, des
jalons imaginaires; ainsi, pour déterminer la place
d'un souvenir, nous le rapportons à des événements
saillants de notre vie passée. Le *point de repère* est un
événement qui a attiré l'attention et est resté perpé-
tuellement en relation avec l'événement présent. Nous
connaissons son éloignement par rapport au moment
actuel; tantôt, nous sentons à chaque instant et confusément le nombre des événements qui nous séparent
de lui; d'autres fois, nous apprécions la distance du
point de repère par l'étendue et le mouvement, par le
cours des astres ou par les aiguilles d'une horloge. La

(1) TAINE : *De l'Intelligence,* t. II, l. I, c. II, § 7.
(2) RIBOT : *Les Maladies de la mémoire,* c. I, p. 35.

localisation disparaît quand l'événement qu'on veut
situer n'a pas été associé à des dates, ou lorsqu'il a été
associé à trop de choses pour être capable d'évoquer
des points de repère précis. Il doit d'abord évoquer, par
association, le point de repère. Il faut ensuite qu'il soit
comparé avec lui et placé avant ou après lui, plus ou
moins loin. Une fois qu'il est situé entre deux jalons,
le présent et le point de repère, ou entre deux points
de repère, nous le faisons glisser en avant et en arrière,
sur la ligne du passé, en rapprochant de plus en plus
ses limites, jusqu'à ce que la localisation s'opère,
non plus entre deux points, mais sur un point
précis.

Empruntons un exemple à M. Ribot : « Le 30 novembre, j'attends un livre dont j'ai grand besoin. Il
doit venir de loin, et l'expédition demande au moins
vingt jours. L'ai-je demandé en temps utile ? Après
quelques hésitations, je me souviens que ma demande
a été faite la veille d'un petit voyage dont je peux fixer
la date d'une manière précise, au dimanche 9 novembre.
Dès lors le souvenir est complet. Si l'on analyse ce cas,
on voit que l'état de conscience principal — la demande
du livre — est d'abord rejeté dans le passé d'une
manière indéterminée. Il éveille des états secondaires :
comparé à eux, il se place tantôt avant, tantôt après...
A la suite d'oscillations plus ou moins longues, il
trouve enfin sa place ; il est fixé, il est reconnu. Dans
cet exemple, le souvenir du voyage est ce que j'appelle
un point de repère (1). »

Tout le mécanisme de la localisation repose sur

(1) Ribot : *loc. cit.*, p. 37.

l'existence d'un certain nombre de souvenirs déjà localisés et datés. Comment arrivons-nous à distinguer des plans distants dans la durée et à les numéroter ? C'est, nous l'avons dit, en transformant les parties du temps en positions spatiales, la succession originale de la durée psychologique en série numérique, en substituant à la notion pure du temps celle de l'espace.

La mémoire a atteint sa dernière période d'organisation. La localisation dans le passé est le perfectionnement de la reconnaissance. Tant que le souvenir reste indéterminé, sans date précise, il n'est pas complètement constitué. Ce souvenir localisé et reconnu est nôtre, il fait partie de notre expérience personnelle, il en a la chaleur et l'intimité. Le souvenir parfait ne reste pas subconscient ; il s'assimile au « je », à la personnalité. La reproduction, qui lui permet de se jouer de nouveau, n'est pas toujours précédée de cet effort plus ou moins volontaire qui constitue l'évocation, mais elle suppose toujours qu'il a vécu d'une vie latente, après s'être fixé en nous à la suite de la sensation ou du sentiment.

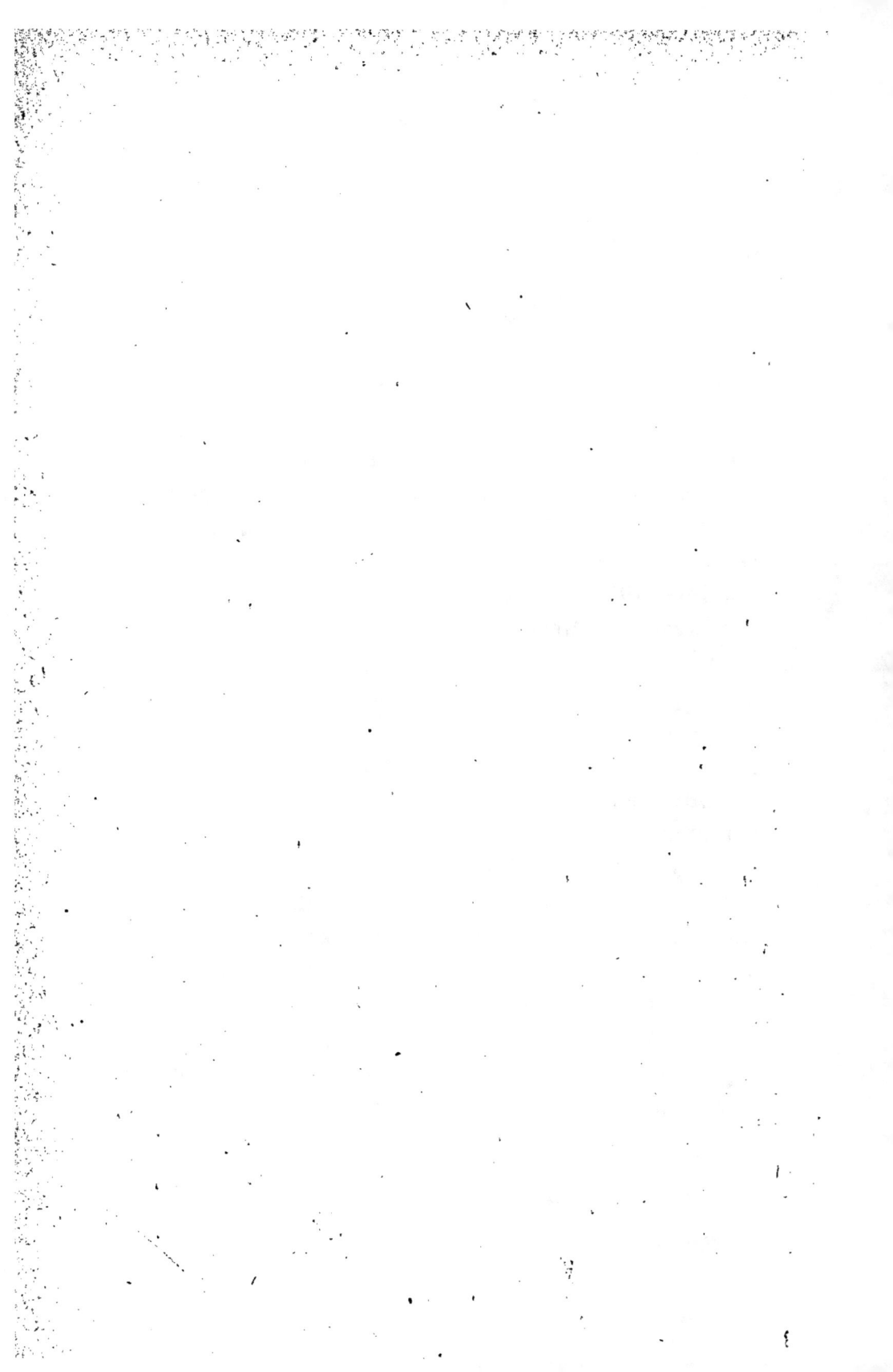

CHAPITRE VIII

L'INVENTION

Les images, au lieu de se borner à s'organiser en mémoire et à reproduire l'expérience passée, peuvent se grouper d'une façon originale et constituer une *expérience nouvelle*. Sans doute, la mémoire n'est pas une simple *répétition* ; à un certain point de vue, elle est une invention. Mais la part de la répétition l'emporte, et, si le souvenir n'est jamais le portrait de la réalité, il la rappelle. Dans l'imagination créatrice, l'invention est, au contraire, prépondérante ; et si l'expérience n'est pas nouvelle dans ses éléments, qui sont ceux des anciennes expériences, elle l'est au moins dans leur combinaison.

Suivons le travail intérieur de l'esprit dans la formation de ces expériences, depuis celles qui sont les plus voisines de la mémoire, où, par conséquent, la répétition joue un rôle encore important, — on peut les considérer comme les formes inférieures de l'imagination créatrice, — jusqu'à celles qui appartiennent à la grande invention, jusqu'aux plus hautes créations du génie.

L'Illusion des sens. — Dans son livre, *Les Illusions des sens et de l'esprit*, J. Sully divise les illusions en quatre catégories : celles de la perception intérieure ou introspection, celles de la perception extérieure, celles de la mémoire, et enfin celles de la croyance (1). Aucune classification ne saurait prétendre à être complète en pareille matière, où le domaine de l'illusion se confond avec celui de la vie psychologique elle-même. Les illusions des sens constituent la partie principale d'une étude sur les illusions. Or, l'invention joue un rôle dans toutes les illusions sensorielles. Ce rôle est moins sensible chez certaines : comme les illusions *optico-géométriques* qui nous font apparaître la moitié pleine d'une ligne plus courte que la moitié pointillée ; ou comme les illusions qui portent sur les *mouvements* des formes géométriques, celles qu'on éprouve, par exemple, lorsqu'il nous semble étant sur un bateau que c'est la rive qui fuit. Prenons des illusions où se révèle mieux le jeu de l'imagination, en commençant par celles où l'imagination ne joue encore qu'un rôle secondaire : telles sont celles qui résultent des *contrastes simultanés*.

I. On sait que *l'image consécutive* succède à l'impression d'un objet sur la rétine. Regardez pendant une seconde un carré rouge sur un fond blanc éclairé, puis fermez les yeux : vous verrez apparaître le carré rouge. C'est *l'image consécutive positive*. Fixez plus longtemps le carré rouge, puis fermez les yeux : vous apercevrez un carré vert ; le carré a changé de couleur, il a pris la couleur complémentaire du rouge, c'est-à-dire celle qui, unie au vert, donne la couleur blanche.

Ces images ont une origine périphérique, en ce sens

(1) *Les Illusions des sens et de l'esprit*, Paris, 1889, ch. II.

qu'elles sont provoquées par une excitation sensorielle ou par un phénomène de fatigue rétinienne. Elles possèdent la vivacité des sensations, puisqu'on peut les projeter sur un écran et en prendre le dessin.

Leur apparition suppose cependant une intervention d'origine centrale. Témoin l'expérience de Béclard : « Fermez l'un des yeux, dit Béclard dans son *Traité élémentaire de Physiologie,* fixez avec l'œil ouvert, et pendant longtemps, un cercle rouge ; puis fermez cet œil, ouvrez celui qui était fermé, vous verrez apparaître une auréole verte. » Cette expérience a été souvent renouvelée. « Au moment où nous retirons le cercle, disait M. Parinaud à la *Société de Biologie,* fermons l'œil droit impressionné et ouvrons l'œil gauche en fixant toujours le papier [une feuille de papier blanc]. L'image du cercle n'apparaît pas immédiatement. Le blanc du fond s'obscurcit tout d'abord, et c'est seulement alors que l'image se dessine colorée en vert et plus claire que le fond. C'est la même *image négative,* extériorisée par l'œil gauche non impressionné, telle que nous l'avons reconnue dans l'œil droit qui a reçu l'impression (1). » M. Binet a répété cette expérience un très grand nombre de fois. « L'expérience peut être faite avec les deux yeux ouverts. On regarde une croix rouge avec l'œil droit, en maintenant l'œil gauche ouvert, mais en empêchant cet œil de voir la croix par l'interposition d'un écran. Au bout de quelques secondes, on ferme l'œil droit; et, bientôt après, l'œil gauche, *qui est resté constamment ouvert,* voit le point du papier qu'il fixe se couvrir d'une ombre légère, et au milieu

(1) *Société de Biologie*, mai 1882

de cette surface obscure apparaît une croix verte (1). »

L'extériorisation de l'image consécutive par l'œil qui n'a pas été impressionné n'implique-t-elle pas l'intervention du cerveau?

Le fait que l'image consécutive apparaît quelquefois longtemps après l'excitation sensorielle semble prouver aussi qu'elle n'est pas un simple phénomène rétinien. Les personnes qui se servent habituellement du microscope voient quelquefois plusieurs heures après les objets qu'ils ont examinés très longtemps. « M. Baillarger, ayant préparé, pendant plusieurs jours et plusieurs heures chaque jour, des cerveaux avec de la gaze fine, vit tout à coup la gaze couvrir à chaque instant les objets qui étaient devant lui... et cette hallucination se reproduisit pendant plusieurs jours (2). » Pouchet, en se promenant dans les rues de Paris, voyait l'image de ses préparations au microscope se superposer aux objets extérieurs. « Ce phénomène n'est pas rare, dit M. A. Binet; il suffit de le chercher pour en trouver de nombreux exemples. Cette reviviscence de l'image consécutive à longue échéance, longtemps après que la sensation excitatrice a cessé d'agir, exclut complètement l'idée que l'image consécutive s'est conservée dans la rétine (3). » Ajoutons, enfin, qu'en fixant en imagination une couleur, le phénomène de l'image consécutive se produit également. Dans ce cas, au moins, l'image consécutive est bien d'origine centrale.

(1) Alfred BINET : *La Psychologie du raisonnement*, Paris, 1896, p. 46.
(2) TAINE : *De l'Intelligence*, t. I, l. II, ch. I, p. 101.
(3) *La Psychologie du raisonnement*, ouv. cité, p. 48.

Il semble donc que l'image consécutive n'est pas un phénomène d'origine exclusivement périphérique : c'est une image plutôt qu'une sensation.

Insistons sur les *contrastes simultanés de couleurs*. Mettez d'un côté un carré rouge sur du papier rouge ; et de l'autre, ce même carré sur un papier vert, comparez : le rouge sur rouge paraîtra beaucoup plus clair que le rouge sur vert (1). Dans son savant mémoire intitulé : *De la loi du contraste simultané des couleurs*, publié en 1839 et réimprimé depuis, Chevreul, qui, le premier, s'est occupé d'une manière scientifique de cette question, raconte l'anecdote suivante. Des marchands donnèrent à des fabricants des tissus unis rouge, bleu violet et bleu, en les chargeant de les orner de dessins noirs. Les ouvriers se mirent au travail, l'exécutèrent selon leur art et reportèrent aux marchands les tissus ornés. Ceux-ci furent unanimes à déclarer que ce n'était pas ce qu'ils voulaient. Sur le tissu rouge, par exemple, au lieu de dessins noirs, ils voyaient des dessins verts. Les fabricants soutenaient qu'ils avaient fait des dessins noirs sur les trois sortes de tissus. On eut recours à Chevreul. Le célèbre chimiste appliqua sur les tissus ornés un papier de soie très fin. Alors le noir apparut. Les ouvriers avaient fait ce qu'on leur avait dit ; mais, à cause du contraste, ils auraient dû modifier le noir d'une façon déterminée pour chacune des couleurs du tissu.

L'explication *périphérique* ne suffit pas à rendre compte des contrastes simultanés. D'après certains

_____

(1) O.-N. Rood : *Théorie scientifique des couleurs*, 2ᵉ édit., Paris, 1895.

auteurs, ce phénomène résulterait d'un phénomène d'irradiation. Une partie de la rétine étant excitée, il se produirait une sorte d'irradiation dans les parties rétiniennes voisines, qui abaisserait leur excitabilité et occasionnerait une sensation de contraste. Wundt semble avoir réfuté cette théorie, dont une des principales difficultés est de faire comprendre comment avec l'irradiation deux couleurs superposées pourraient changer (1).

L'explication *centrale* fait intervenir dans la genèse de cette illusion le souvenir de nos expériences antérieures : ces expériences nous guident inconsciemment. Les couleurs sont perçues dans leur valeur relative. Mais comme elles offrent, en outre de leur intérêt esthétique, un intérêt pratique d'une grande importance, nous *fixons* la couleur d'une chose d'après les sensations antérieures analogues, indépendamment des impressions simultanées, qui deviennent accessoires. Parmi nos sensations, nous en *choisissons* une pour représenter les autres; nous faisons plus attention au *rapport* des impressions qu'à leur qualité absolue. Nous disons que la forêt est verte, bien qu'elle soit grise sous un ciel gris et rougeâtre au soleil couchant. Nous donnons aux objets la couleur que nous avons décrété de leur donner. L'illusion sensorielle résulte des images qui se greffent ainsi sur nos perceptions.

---

(1) Wundt : *Physiologische Psychologie*, t. I, p. 514, de l'édit. français. — Lire sur la question si complexe et si discutée des illusions visuelles : W. Wundt : *Die Geometrisch-optischen Taeuschungen. In Abhandl. d. math. phys. Classe d. Koen. Saechs. Gesell.*, 1898. — Heymans, *Quantitative Untersuchungen über die Zoellnersche und die Loebsche Taeuschung. Zeitsch. f. Psych. und phys. Sinn.*, xiv, p. 100. — Lipps, *Raumaesthetik und geometrisch. optische Taeuschungen Schriften d. Gesell. f. Psych. Forsch.* 1897.

II. Le rôle de l'imagination, jusqu'ici secondaire, devient prépondérant à mesure que les illusions sensorielles se rapprochent de l'hallucination.

La distinction établie par Esquirol entre l'illusion et l'hallucination est une distinction commode : dans l'illusion, l'image n'est pas tout, elle se greffe sur une donnée sensorielle ; dans l'hallucination, au contraire, l'image est tout, la donnée sensorielle disparaît. L'illusion est une synthèse illégitime de sensations et d'images ; l'hallucination tout entière est une construction de l'imagination. « L'illusion, dit Lasègue, est à l'hallucination ce que la médisance est à la calomnie. L'illusion s'appuie sur la réalité, mais elle la brode ; l'hallucination invente de toutes pièces, elle ne dit pas un mot de vrai. » Le principe sur lequel repose cette distinction est aujourd'hui très contesté. Comment établir qu'il y a en fait des perceptions pathologiques sans un point de départ réel ? La distinction mérite cependant d'être maintenue en clinique, à cause de la valeur séméiologique différente des deux phénomènes.

Lazarus s'exerçait du sommet du Righi à distinguer trois pics à l'œil nu. Fatigué de cette opération, il y renonça ; mais au moment même il vit un de ses amis à l'état de cadavre. Cette vision n'est qu'une illusion, puisqu'il y a un élément sensoriel à la base ; l'image est seulement prépondérante.

Une femme, à la suite de revers de fortune, dut se faire couturière. Peu habituée à ce travail, elle fut atteinte d'une diplopie double ; elle voyait quatre coutures, quatre mains, etc. A l'origine, elle comprit que c'était une illusion. Peu à peu, elle considéra l'illusion comme un phénomène réel et se persuada que

Dieu, touché de son infortune, lui permettait de faire
quatre coutures à la fois. Ce n'est pas encore l'hallucination : le sujet voit réellement des mains et des coutures, son imagination ne fait que déformer sa vision,
elle ne la crée pas de toutes pièces.

Un jeune homme, voyageant le soir dans un pays
coupé de grands bois, aperçut dans une clairière un
grand feu allumé, puis autour de ce feu des bohémiens
bronzés, couchés à terre et faisant cuire la marmite.
Seul, dans la nuit noire, il eut peur, perdit la tête et
se précipita en brandissant son bâton dans le camp
des bohémiens. Il s'aperçut bientôt qu'il se trouvait au
milieu d'une mare, serrant convulsivement entre ses
bras un tronc d'arbre. Un feu follet qui voltigeait sur
la surface de l'eau avait été le point de départ de son
illusion (1).

Le mécanisme de ces illusions est très simple. C'est
celui de la perception. Percevoir, c'est accoler des
images antérieures à une sensation actuelle élémentaire ; la perception est une synthèse de sensations et
d'images. L'illusion est aussi une synthèse, mais une
synthèse mal faite : les images qui viennent se greffer
sur la sensation ne conviennent pas à cette sensation ;
c'est un apport illégitime de l'esprit. Il y a perception,
quand il y a reproduction des images qui complètent
normalement la sensation. La perception complexe est
une interprétation juste des données sensorielles ;
l'illusion, une interprétation fausse, la construction
imaginative qui se superpose aux données sensorielles,
se substitue à leur valeur propre.

(1) A. Binet : *La Psychologie du raisonnement*, ouv. cité, p. 12.

L'illusion est, en somme, une expérience qui ne reproduit pas simplement la réalité, mais qui la transforme à des degrés divers, depuis la construction élémentaire de l'image consécutive jusqu'à la contruction complexe la plus voisine de l'hallucination. Le fond d'intuition réelle, sur lequel s'épanouit ici l'imagination, n'est rien en comparaison de ce qu'elle apporte : il n'est qu'une occasion de suggestion. L'illusion est donc, en ce sens, une expérience nouvelle et une forme de l'invention.

L'Hallucination. — La plus simple et peut-être la meilleure définition de l'hallucination a été donnée par Esquirol. « Un homme, dit-il, qui a la conviction intime d'une sensation actuellement perçue, alors que nul objet extérieur propre à exciter cette sensation n'est à portée de ses sens, est dans un état d'hallucination : *c'est un visionnaire* (1). » Cette définition ne comprend cependant que certaines hallucinations, celles qui se produisent dans le domaine des sensations externes. Or, ces phénomènes se rencontrent aussi dans la sphère des sensations internes et viscérales. On peut tout à la fois abréger et rendre plus générale la définition du célèbre aliéniste, en disant avec Ball que l' « hallucination est une perception sans objet ».

L'hallucination a des rapports avec la perception sensorielle. « J'ai vu, j'ai entendu aussi distinctement que je vous vois, que je vous entends », disent la plu-

(1) E. ESQUIROL : *Des maladies mentales considérées sous les rapports médical, hygiénique et médico-légal*, Paris, 1838, t. I, première partie, II, *des hallucinations*, p. 80.

part des malades. L'hallucination se confond pour eux avec la perception normale. Elle est pour tous un trouble de la perception, comme l'illusion sensorielle. La perception *vraie* représente l'objet ; la perception *illusoire* le déforme; la perception *hallucinatoire* le crée.

Il existe autant de groupes d'hallucinations que de sensations. Toutes les images peuvent prendre la forme hallucinatoire. Dans la première partie de ce livre, à propos des différents groupes d'images, nous avons rapporté des cas d'hallucination *visuelle, auditive, tactile, motrice, kinesthésique, gustative, olfactive et cénesthésique*. Avant de rechercher le mécanisme de l'hallucination, nous devons mentionner les hallucinations *unilatérales et bilatérales antagonistes*, dont nous n'avons pas encore parlé.

Les hallucinations unilatérales ne mettent pas en jeu les deux moitiés symétriques de l'appareil sensoriel, mais une moitié seulement. Elles n'ont été bien constatées, à ma connaissance, que pour les sens de la vue, de l'ouïe et du toucher. Dans un cas d'hallucination n'intéressant que l'œil gauche, le malade voyait des forêts imaginaires, mais uniquement de l'œil gauche. De plus, il n'apercevait que la partie supérieure de ses fantômes, la cime des arbres, par exemple. On trouva, à l'examen ophtalmoscopique, que l'œil gauche avait perdu le champ visuel dans la partie supérieure de la rétine. Cette hallucination est tout à la fois *unilatérale et hémiopique*. On sait, en effet, comme l'a montré M. Régis dès 1881, que le côté où se localise l'hallucination correspond à un organe sensoriel lésé en une partie quelconque de son trajet. Les hallucina-

tions unilatérales de l'ouïe et du toucher sont étroitement liées à la maladie otique unilatérale, à l'hémiplégie, à l'hémianesthésie ou à l'hémihyperesthésie.
L'halluciné qui est sourd d'une oreille entend ordinairement de cette oreille les sons imaginaires et perçoit
de l'autre les sons réels.

Dans les hallucinations bilatérales antagonistes (Séglas), on voit de l'œil droit un spectacle enchanteur et
du gauche un spectacle repoussant, on entend d'une
oreille des injures et de l'autre des compliments.
Quelquefois, les deux hallucinations ne sont pas antagonistes, mais différentes (Magnan); les voix qu'on
entend des deux côtés n'ont, par exemple, qu'une différence de timbre ou de tonalité (Mairet).

Nous n'avons considéré que des hallucinations simples. Les hallucinations peuvent s'associer et se combiner de manière à constituer des états complexes.
Elles sont dites associées, quand elles ont un lien direct
entre elles, quoiqu'elles diffèrent d'objet et de localisation sensorielle; elles sont dites combinées quand
elles sont relatives à un même objet (Séglas).

Il y a des causes indirectes de l'hallucination, comme
la fièvre, la congestion, la vacuité de l'estomac, la peur,
le chagrin et presque toutes les émotions; et des causes
directes, comme l'hypérémie et l'anémie, soit de la couche corticale, soit des méninges, ou comme les agents
toxiques, alcool, haschich, belladone, morphine, etc.
Mais ces causes sont trop générales, il faut essayer de
déterminer les causes particulières qui expliquent le
mécanisme proprement dit ou la pathogénie des hallucinations.

23

La question est malheureusement très embrouillée : quatre théories au moins sont en présence.

1° Théorie de l'origine périphérique ou origine sensorielle. — C'est la plus ancienne ; elle explique l'hallucination par une irritation périphérique, irritation de la rétine ou de toute autre partie des organes des sens. L'hallucination, dans cette hypothèse, ne diffère de la perception que par un seul point : l'absence d'une cause objective. C'est un désordre interne.

Cette théorie est incomplète, elle ne saurait expliquer toutes les hallucinations. Des aveugles ont des hallucinations de la vue ; des sourds ont des hallucinations de l'ouïe. On ne peut attribuer ces hallucinations à des troubles sensoriels, puisque l'organe périphérique ici a disparu. Toutes les hallucinations n'ont donc pas leur explication complète dans un trouble sensoriel périphérique.

2° Théorie de l'origine centrale ou origine intellectuelle. — Connue encore sous le nom de théorie psychique, cette théorie prend le contre-pied de la précédente. La précédente disait : « Tout vient des organes » ; celle-ci dit : « Tout vient des parties centrales ou de l'esprit. » La formule en a été donnée par Lélut : « L'hallucination est la métamorphose d'une image en sensation. »

Le mérite de cette hypothèse est de mettre en relief le rôle de l'activité cérébrale et de l'imagination. L'hallucination implique un travail considérable des centres nerveux et de l'association des images. On peut dire que l'hallucination est le rêve de l'homme éveillé, comme le rêve est l'hallucination de l'homme endormi. Mais il ne faudrait pas faire exclusive la part de l'activité psychique. Nombreuses sont les hallucinations qui supposent des causes périphériques. Il y a des cas où l'halluciné dédouble son hallucination en exerçant une pression sur le globe oculaire. D'autres fois, le malade poursuivi par la vue d'un squelette cesse de le voir si l'on s'interpose. On sait que les hallucinations unilatérales sont liées à un certain état de l'organe périphérique. L'hallucination n'est donc pas uniquement conditionnée par l'état des organes centraux.

3° **Théorie mixte ou psycho-sensorielle.** — Cette théorie admet et concilie les deux précédentes. Elle revêt différentes formes. Certains auteurs divisent les hallucinations en phénomènes d'origine périphérique et en phénomènes d'origine centrale. Les autres soutiennent que toute hallucination suppose une double cause : l'intervention du cerveau et des organes périphériques; ils ne sont pas d'accord sur la nature de l'intervention des sens : les uns les font intervenir pour l'origine; et les autres, pour l'extériorisation de l'hallucination.

Il semble plutôt que toute hallucination consiste dans un état d'excitation des *centres sensoriels corticaux,* ayant pour point de départ soit une lésion périphérique, soit une lésion centrale. La théorie dite physiologique semble être la vérité.

4° **Théorie physiologique.** — Le rôle des centres cérébraux a longtemps été méconnu ; la thèse de Flourens sur l'*indifférence fonctionnelle* du cerveau a été classique jusqu'en 1870. Le cerveau était considéré comme un organe homogène, non différencié dans ses éléments. Cette thèse fut une bonne réaction contre les phrénologues, mais elle eut le tort de méconnaître le rôle des centres nerveux. Le premier essai tenté en France contre la théorie de Flourens, dans la question des hallucinations, est dû à J. Luys (1). Selon le célèbre médecin de la Salpêtrière, le rôle fondamental, ici, serait dévolu à la *couche optique*, qu'il considérait comme le *sensorium commune* ou le lieu de toutes les sensations, avec différents noyaux ou centres pour les différentes sensations. Les hallucinations seraient produites par toute cause morbide agissant sur cette région sensorielle, et la diversité des hallucinations dépendrait des noyaux soumis à l'action pathogène.

Cette première forme de la théorie physiologique est aujourd'hui abandonnée. Tous les travaux postérieurs ont conduit à voir dans la couche optique un centre moteur ; en tout cas, elle ne serait qu'un lieu de passage, le centre des hallucinations n'est pas là. Il n'est pas davantage dans les centres infra-corticaux, ganglionnaires, comme l'ont soutenu d'autres auteurs tels que Krafft-Ebing, Meynert et Koch. Les centres infra-corticaux ne sont que des stations, des relais sur la voie des courants sensoriels.

Sous sa forme actuelle, la théorie physiologique a été formulée pour la première fois par l'Italien Tamburini. La cause fondamentale de l'hallucination réside dans un état d'excitation des centres sensoriels de l'écorce cérébrale ; l'hallucination serait pour les centres sensoriels ce qu'est l'épilepsie pour les centres moteurs ; on pourrait la définir une sorte d'« épilepsie des centres sensoriels corticaux ».

(1) *Recherches sur le système nerveux cérébro-spinal*, Paris, 1865. — *Le cerveau et ses fonctions*, Paris, 1876.

« Il faut admettre, dit Tamburini, une excitation morbide constante des centres sensoriels corticaux, ayant pour point de départ aussi bien les organes périphériques de la sensibilité que les voies conductrices ou les centres eux-mêmes. Un état irritatif siégeant sur l'un ou l'autre de ces points aura pour résultante une sensation morbide qui sera d'autant plus simple que la lésion sera plus périphérique, d'autant plus compliquée qu'elle sera plus centrale. »

M. Séglas représente avec M. Tamburini la théorie physiologique. Il a apporté quelques corrections aux idées de ce dernier. Il s'est demandé notamment si l'hallucination est suffisamment expliquée par un état d'irritation du centre sensoriel correspondant et s'il est permis de comparer aux mouvements convulsifs de l'épilepsie les images comprises et intelligentes des hallucinations. L'hallucination ne suppose pas la mise en jeu d'un centre sensoriel seulement, mais de plusieurs. Elle est toujours composée d'au moins deux images : une image sensorielle et une image musculaire; et, si peu qu'elle soit différenciée, elle comprend un complexus d'images sensorielles et musculaires. Cette complexité des images explique mieux que leur intensité le caractère objectif de l'hallucination. De plus, on ne saurait tout expliquer par les facteurs physiologiques ; il ne faut pas « négliger le rôle de facteurs aussi importants que les facteurs psychologiques : l'attention, la croyance, la mémoire, l'association des idées, le contraste psychique, l'automatisme et la désagrégation psychiques... L'apport psychique est d'ailleurs mis en évidence par différentes preuves souvent invoquées par les partisans de la théorie intellectuelle :

par exemple, les rapports de l'hallucination avec la
forme du délire, avec la profession, avec le degré
d'intelligence et de culture du sujet, de prédominance
chez lui d'un type d'images mentales (type visuel, auditif, moteur), avec des sensations vives antérieures
qu'elle ne fait que reproduire (1). »

L'intervention du centre sensoriel cortical correspondant est nécessaire, mais elle ne suffit pas. L'hallucination n'est pas un simple « délire des sensations »;
elle est un délire dans l'acception la plus générale
du mot. Les sens jouent bien un rôle soit dans la
provocation de l'hallucination, soit dans la détermination de la forme sensorielle sous laquelle se manifeste
l'activité intellectuelle qui préside à la genèse de l'hallucination, soit dans l'extériorisation et la localisation
du phénomène hallucinatoire. Mais le principal rôle
dans la production de l'hallucination revient à l'activité centrale.

La prépondérance des centres sensoriels s'est déga-
gée des recherches expérimentales, des observations
anatomo-cliniques et des travaux récents sur les centres cérébraux. Citons seulement en sa faveur les expériences de MM. Richet, Binet et Féré sur les hypnoti-
sés. Voici un sujet atteint d'achromatopsie. Il est à
peu près reconnu que l'achromatopsie est un désordre
non pas organique, mais fonctionnel, un phénomène
central. Si, dans le sommeil hypnotique, vous suggérez
à ce sujet de voir des couleurs, vous n'obtiendrez pas de
résultat : l'hallucination de l'achromatopsique ne peut

_____

(1) *Séméiologie des affections mentales;* V. *Des Hallucinations*
p. 210, dans le *Traité de Pathologie mentale*, de Gilbert BALLET.

pas être colorée. Si la suggestion, au contraire, agit sur un sujet non atteint d'achromatopsie, la vision des couleurs aura lieu, et, de plus, il se produira des phénomènes de contraste et des images consécutives qui sont, au moins ici, des phénomènes d'origine centrale.

Les hallucinations ne sont pas nécessairement liées à l'état de veille ; elles constituent en grande partie le rêve du sommeil naturel ou provoqué ; aussi ne semble-t-il pas qu'en passant de l'hallucination au rêve on change de sujet.

Le rêve n'est cependant pas un simple complexus d'images à l'état hallucinatoire. Les images y présentent une organisation résultant d'un travail d'analyse et de synthèse qui rappelle l'invention.

Le *Rêve.* — Le sommeil, dont nous n'avons pas à déterminer ici les conditions physiologiques, est un état de repos succédant à une période d'activité. C'est « l'image de la mort », dit-on. Il serait plus exact de dire que s'il est une mort, la mort des perceptions, — ce qui d'ailleurs n'est pas rigoureusement vrai — il est bien plutôt une résurrection, la résurrection des images. Le sommeil débute par une certaine lassitude, par la torpeur, le besoin de repos. Ce n'est que la période préliminaire. Viennent ensuite, du moins chez certaines personnes, les *hallucinations hypnagogiques,* dont il a été souvent question dans la première partie de ce livre. Enfin, le sommeil s'établit avec ou sans rêves et dure un temps indéterminé, après lequel se produit le réveil dû à la réparation. De la période du commencement à celle de la fin, il n'y a pas continuité parfaite. On admet, en général, que pendant la première heure le sommeil atteint son maximum, qu'il descend ensuite, côtoie l'état de veille et s'élève de nouveau deux ou trois heures avant le réveil. Les hallucinations hypnagogiques surviennent tout à fait au début, dans cet état intermédiaire entre la veille et le sommeil où l'on ne dort pas encore, où cependant on n'est plus complètement éveillé. Les rêves proprement dits ont lieu surtout dans la période du sommeil léger, voisin de la veille. Rêve-t-on toujours? N'y a-t-il pas des sommeils sans rêves? Pline parle d'un peuple qui ne rêve jamais, parce qu'il ne mange pas de viande. L'influence de l'alimentation sur notre vie onirique est certaine; mais les végétariens rêvent comme tout le monde. Ceux qui prétendent, au réveil, n'avoir pas rêvé, affirment plus qu'ils ne savent : on peut rêver et oublier son rêve. Cette question est insoluble et n'appartient d'ailleurs pas à notre sujet, qui est l'étude des constructions de l'imagination dans le rêve.

Les rêves peuvent être divisés en deux catégories : les rêves *déraisonnables,* où les images sont sans lien apparent, c'est la classe la plus nombreuse ; et les rêves *raisonnables,* rêves logiques, bien liés, ce sont les plus rares.

1° Rêves déraisonnables. — On a souvent comparé l'état du rêveur à celui de l'aliéné : le rêve serait la folie de l'homme endormi; et la folie, le rêve de l'homme éveillé. Chez le rêveur, le groupe des perceptions est à peu près nul, elles tombent du moins à leur minimum, il ne subsiste guère que des sensations tactiles et viscérales, des impressions de chaud et de froid et des sensations de mouvement. Les images, au contraire, atteignent leur maximum. Or les images, quand elles sont seules, c'est le chaos. Elles ont besoin pour être cohérentes d'être ordonnées par l'intelligence et la volonté. C'est par suite de l'absence de ces facultés que le rêveur confond tout. Il passe de Paris à Rome et il est contemporain de Napoléon et de César ; il n'a pas perdu les représentations de l'espace et du temps, mais les vraies relations de l'espace et du temps. L'état psychologique du fou est un état analogue : exaltation fonctionnelle de l'imagination avec affaiblissement des facultés supérieures. La principale différence, c'est que le rêveur n'est fou qu'un moment, tandis que le fou l'est toujours.

Ce qui frappe d'abord dans le rêve comme dans l'aliénation mentale, c'est *l'automatisme*. Comme il n'y a aucun pouvoir de coordination, tout va au hasard. Maury raconte qu'il s'endormit un jour pendant qu'on lui faisait une lecture. Interpellé, il répondit : « Il n'y a pas de tabac ici. » Il explique ce rêve par une sensation réelle de tabac. Le rêveur ressemble au vieillard tombé en enfance qui répond non pas à la question qu'on lui pose, mais à son rêve intérieur. Dans un autre rêve, Maury va en pèlerinage à Jérusalem, puis, à la suite d'une foule d'aventures, se trouve chez un chimiste de la rue Jacob, appelé Pelletier ; celui-ci lui donne une pelle de zinc. Voilà trois scènes qui sont visiblement liées entre elles par ces mots : *pèlerinage, Pelletier, pelle;* l'unité de ce rêve dépend d'un calembour, d'une association verbale, superficielle, automatique (1). La synthèse des images suit la même loi chez l'aliéné. Un

(1) Alfred MAURY : *Le Sommeil et les Rêves*, ouv. cité, p. 137.

fou s'amusait à voir un hanneton qu'il avait placé sur
le dos dans une tasse remplie d'eau. Cela représentait,
à ses yeux, un navire sur un lac; autour du lac, venaient prendre place les fils de Noé. Dante parlait au
hanneton et lui disait : « Danse » ; le Tasse lui disait :
« Bois la tasse. » Le hanneton répondait qu'il se trouvait en délices, puis se trouvait changé en hélice. On
lit, dans le *Journal de Charenton,* rédigé par les fous,
des morceaux de prose comme celui-ci : « Si au lieu de
m'appeler censure, je m'appelais tombola (on donnera
des dessins, des broderies, des adaises, quoi !). Tombe,
ô la censure! Or donc, Messieurs et Mesdames, nous
dirons que pour l'usage des fous sensés, quelques cen-
sés fous ont pensé à la création d'une censure. Si vous
voulez faire du civet, prenez un lièvre » (1)... Automatisme, désagrégation psychologique, impuissance
de synthèse mentale, incohérence, tels sont les traits
caractéristiques des rêveurs et des fous en général.

Il n'est pas étonnant qu'une semblable misère psychologique s'accompagne parfois du *dédoublement de la
personnalité.* On se dit quelquefois dans le rêve : « Hélas!
ce n'est qu'un rêve ! », ou bien : « Oh ! tant mieux, ce
n'est qu'un rêve ! » A qui n'est-il pas arrivé de rêver
qu'il rêve? Il y a là, à son plus faible degré, un dédoublement de la personnalité. Les aliénés ont par moment
le sentiment qu'ils sont fous. C'est le même symptôme.
Ceux qui guérissent comparent leur temps de folie à
un mauvais rêve. Le dédoublement de la personnalité
peut être plus complet. Un élève qui avait la prétention

(1) Marcel RÉJA : *L'Art chez les fous, le dessin, la prose, la poésie,*
avec vingt-six dessins. Paris. 1908.

d'être le premier de sa classe rêva qu'un de ses camarades cherchait vainement la traduction d'une phrase
latine et qu'un autre trouvait la traduction et la lui
donnait. Il y a là dans la même personnalité un ignorant et un savant. Il serait superflu de citer des cas de
dédoublement chez les fous. Enfin, dans l'aliénation et
dans le rêve, ce qui est très caractéristique de l'état psychologique, c'est l'extrême rapidité de la vie et de la
fuite des images. L'accès des maniaques provoque une
tempête d'images. Cette rapidité n'est qu'une forme de
l'automatisme psychologique.

2° Rêves raisonnables. — Dugald Stewart pensait que
tout rêve est déraisonnable, que les facultés de contrôle y font toujours défaut. Il est incontestable cependant qu'il y a des rêves logiques. On sait que Voltaire
refit en rêve l'un des chants de la *Henriade*. « J'ai dit
en rêve, a-t-il raconté, des choses que j'aurais à peine
dites à l'état de veille. J'ai donc eu des pensées réflé-
chies malgré moi, sans y avoir la moindre part. J'ai
combiné des idées avec sagacité et même avec quelque
génie, et ce, sans volonté ni liberté. » Le rêve logique
le plus curieux est celui où se réalise quelque *invention*
scientifique. Condorcet, en rêve, a résolu des problèmes
et fait des calculs très compliqués. Condillac s'endormait très souvent de fatigue, et, au réveil, une bonne
partie de son travail était toute faite dans sa tête ; il
composa ainsi une partie de son *Cours d'études*. Franklin
reconnaît avoir eu dans ses rêves des révélations scientifiques ; il racontait à Cabanis que, dans beaucoup de
circonstances où il était perplexe, la solution lui appa-
raissait dans le rêve. Ces sortes de rêves s'expliquent

par un travail *subconscient* de l'activité intellectuelle.
Nous verrons bientôt combien grande est la part qu'il
convient de faire dans l'invention au *facteur subconscient*. Grâce à lui, on peut, pendant le sommeil et le
rêve, se servir de ses facultés intellectuelles et faire des
trouvailles scientifiques, littéraires ou autres.

L'unité du rêve peut être constituée par une idée,
elle peut l'être aussi par un sentiment. James Sully
raconte qu'une petite fille entendit sonner l'horloge de
la cathédrale de Strasbourg, elle en vit sortir les apôtres pour frapper l'heure ; quelques jours après, étant
allée en Suisse, elle séjourna en face d'une belle masse
de montagnes neigeuses. Un matin, elle dit à son père
qu'elle avait eu un « rêve délicieux ». Elle avait vu des
montagnes de neige et, sortant du ciel, des personnages
tout à fait semblables aux personnages de l'horloge.
L'étonnement et l'admiration avaient réuni ces deux
catégories d'images (1).

Comme le rêveur, le fou est parfois cohérent et logique. Si l'on ne considérait chez les aliénés écrivains
que certains fragments de leurs productions en vers ou
en prose, on ne découvrirait jamais leur état psychologique particulier. Ils ont des pages absolument sensées,
où ne manquent ni la grâce, ni l'éloquence, ni l'esprit,
ni la vraie émotion. Entendez ce « sanglot d'humanité »
poussé par une aliénée : « Pourquoi le maître de l'Univers ne m'a-t-il pas ouvert mon tombeau dans ma brillante jeunesse? Pourquoi dans le même temps ne m'a-
t-il pas éloignée de toi, puisque tu ne m'aimais pas et
que je fais ton malheur? Pourquoi suis-je devenue

(1) *Les Illusions des sens et de l'esprit*, ouv. cité, p. 119.

mère ? Pour être malheureuse, plus que malheureuse, abandonner mes enfants qui me sont si chers. Pourquoi me hais-tu ? Quand je serais les pieds dans l'huile bouillante, je dirais encore : je t'aime ! Pourquoi ne m'as-tu pas laissée mourir ? Tu serais heureux, et moi et mes maux seraient finis..... Mes chers enfants, avec leurs jeux, viendraient s'asseoir sur ma tombe, je serais encore près d'eux, je les entendrais encore, dans le sombre tombeau, dire : voilà notre mère (1). »

Le *Journal de Charenton* contient des productions intéressantes, des pages sensées, bien composées et bien écrites. Mais, dans tous les écrits de ce genre, quand on ne se lasse pas de lire, on rencontre ordinairement la page absurde, stigmate de l'aliénation.

Le parallèle du rêve et de la folie peut donc se poursuivre assez loin. Ce qui domine dans l'un et l'autre cas, c'est le débordement des facultés inférieures, l'automatisme, l'effacement de la synthèse personnelle ; quelquefois, cependant, apparaissent les facultés d'ordre et de critique qui groupent les images d'une façon nouvelle et originale.

Dans les moments de pensée logique, le processus imaginatif du rêveur et du fou ressemble à celui de l'homme à l'état de veille et de l'homme normal : la synthèse des représentations est dirigée soit par une idée, soit par une émotion. Quant aux moments de pensée automatique et de désagrégation mentale, qui sont sans contredit les plus nombreux, l'imagination ordonne encore ses synthèses d'après les lois ordinaires de la vie psychologique. Les conditions seules sont différentes.

(1) Marcel RÉJA : *L'Art chez les fous*, ouv. cité, p. 227.

Les impressions de toute nature, mais surtout celles qui proviennent de la périphérie interne du corps, sensations organiques, viscérales, musculaires, en pénétrant dans la conscience, en brisent la fragile unité ; chacune d'elles s'y trouve isolée et isolément interprétée : elle détermine, en effet, un courant de représentations qui refait l'unité de la conscience ou plutôt qui constitue la totalité de la conscience, jusqu'à ce qu'il soit remplacé par un autre courant provoqué par une autre impression. Manquant de concentration et de perspective, la conscience se livre aux interprétations les plus hasardées, et, pour expliquer une impression très simple, construit des scènes très compliquées. Une sensation motrice provenant d'une fausse position des membres sera la cause de cette forme si commune du cauchemar où nous luttons avec des efforts désespérés contre un mal qui nous menace. Une extension du pied nous fera croire que nous tombons au fond d'un abîme, un froid aux pieds nous fera rêver à la pluie, à la neige : on se verra sur l'eau dans une barque entourée de glaçons. Vient-on à toucher avec un pied froid une partie chaude du corps, on croit marcher tout à coup sur la lave brûlante. Que le drap du lit couvre la bouche, déterminant un ralentissement de la respiration, une congestion de la face, des efforts pour rejeter le drap : on sent un animal horrible peser sur soi. Qu'un désordre survienne dans les mouvements de la respiration : on rêve aussitôt qu'on vole, qu'on nage dans l'air. L'analogie, soit intellectuelle, soit émotionnelle, joue un rôle important dans l'interprétation des impressions. Le mal de tête nous suggérera l'idée d'araignées au plafond ; des sensations intestinales provoqueront la représentation d'une allée étroite ; la sensation d'un embarras dans la digestion fera naître une sorte d'embarras mental ; une sensation de démangeaison produira un état d'impatience d'esprit. Ainsi s'expliquent nombre de rêves affectifs (1).

L'interprétation des impressions par l'imagination suit donc sa loi ordinaire ; elle dépend de la natur des impressions, mais elle dépend encore plus, surtout dans le rêve où la qualité des impressions est moins distincte, du caractère, des expériences individuelles et de l'état émotif habituel. L'association des idées sous ses différentes formes préside à toutes les constructions de l'imagination.

On peut considérer le rêve non plus dans le sommeil ordinaire, mais dans le *somnambulisme naturel* ou *provoqué*.

Le processus de l'invention suit partout la même loi, malgré des différences de forme qui tiennent à la différence des conditions.

Tout le monde sait que dans le somnambulisme naturel le sujet se lève, s'habille ou ne s'habille pas, et va se promener quelquefois sur les toits. C'est un rêveur qui *joue* son rêve, les centres moteurs sont éveillés. Nous lisons, dans *l'Encyclopédie du XVIII° siècle,* qu'un jeune séminariste de Bordeaux était sujet à des accès de somnambulisme presque toutes les nuits, se levait, prenait du papier, et, dans l'obscurité, composait des sermons qu'il écrivait. Lorsqu'il avait fini une page, il

---

(1) James SULLY : *Les Illusions des sens et de l'esprit,* ouv. cité, c. VII p. 92.

la relisait et corrigeait les passages qui lui déplaisaient.
Dans un cas, il avait écrit : *ce divin enfant;* en relisant,
il remplaça *divin* par *adorable,* et, comme cela faisait
ce adorable enfant, il ajouta fort adroitement un *t* à *ce.*
Si l'on mettait un carton sous ses yeux pour lui déro-
ber la vue du papier, il continuait à écrire sans s'en
apercevoir. Lui enlevait-on son papier pour en substituer un autre d'inégale grandeur? il le remarquait toujours. La nouvelle feuille était-elle de même grandeur?
Il écrivait les corrections aux endroits voulus. Dans
l'obscurité aussi, il transcrivait de la musique : il prenait du papier, traçait les lignes de la portée avec une
canne qui lui servait de règle, posait la clé très correctement, ainsi que les dièses et les bémols ; il faisait
des blanches, puis relisait et remplissait à l'encre les
blanches qui devaient devenir noires ; il écrivait enfin
les paroles (1).

Notre somnambule agissait comme s'il voyait. Voyait-
il ? Il est bien difficile d'admettre avec quelques auteurs
la thèse de l'hyperacuité visuelle, étant donné qu'on
interposait entre les mains et les yeux du sujet un carton très opaque. Je croirais plutôt à une hyperes-
thésie du sens du toucher, jointe à une exacte traduction de l'étendue tactile perçue en une étendue visuelle
imaginée, en d'autres termes, à une parfaite correspondance de l'atlas tactile sensoriel et de l'atlas visuel
mental. Tout le monde a remarqué l'extrême finesse du
toucher chez les somnambules en général ; on en a vu
qui reconnaissaient les couleurs au toucher. Notre jeune
ecclésiastique reconnaissait au moyen des sensations

(1) *Encyclopédie ou dictionnaire raisonné des arts, des sciences et des métiers,* par une société de gens de lettres, mis en ordre et publié par MM. DIDEROT ET D'ALEMBERT. Genève, 1776. Article : *Somnambulisme.*

tactiles la feuille de papier sur laquelle il écrivait ses sermons ; on ne pouvait la lui soustraire qu'en la remplaçant par une autre exactement semblable. La feuille de papier se présentait à lui comme une surface exclusivement tactile, qu'il connaissait dans les moindres détails. De plus, il traduisait au fur et à mesure ses sensations tactiles en images visuelles et construisait ainsi une surface visuelle hallucinatoire. On sait que la sensation tactile se traduit facilement en image visuelle correspondante ; il suffit de toucher un objet pour en avoir une représentation visuelle, qui, dans certains cas, peut devenir hallucinatoire. Max Simon rêva un jour qu'il tenait un dé à jouer, il le voyait avec une absolue netteté. Or, en se réveillant, il s'aperçut qu'il avait entre ses doigts son drap de lit enroulé en cube : l'impression tactile avait provoqué l'image visuelle analogue ; avec ses doigts il sentait un cube, avec son imagination il le voyait. Le somnambule croit voir comme nous, et on croirait qu'il voit comme nous. Il n'en est rien, sa vision est tout intérieure. En même temps qu'il écrit, il forme dans l'imagination les représentations visuelles de son écriture et des endroits où il trace les caractères. Il relit et fait les corrections grâce à la coïncidence de la vision intérieure et de l'impression tactile, de l'atlas visuel et de l'atlas tactile, ce dernier étant perçu, le premier étant imaginé. Beaucoup d'orateurs lisent mentalement leur manuscrit, suivent les lignes et tournent les feuillets : ils ne lisent pas avec les yeux du corps, mais avec ceux de l'imagination. Chez les somnambules la vision intérieure est à son maximum, c'est une hallucination (1).

(1) P. Max Simon : *Le Monde des rêves*, ouv. cité, p. 199.

Le rêve de notre séminariste est un rêve logique : les facultés supérieures sont éveillées avec les centres moteurs. Le travail intellectuel paraît normal, l'association des idées suit son cours, il y a composition et invention.

Dans l'hypnose, le jeu de l'imagination est moins spontané, moins actif, moins personnel. Le rêve est, ici, provoqué et dirigé. Dans le cas de la suggestion positive, une image est d'abord éveillée par une sensation, le plus souvent par une sensation auditive ; on dit au sujet : « Voilà telle personne qui entre. » On peut aussi faire naître l'image au moyen des gestes chez ceux naturellement qui ont les yeux ouverts ; on peut encore éveiller les images motrices en agissant sur le, sens musculaire : vous fermez le poing à l'hypnotisé, en lui donnant l'expression de la colère ; les images motrices s'éveillent, l'expression se complète d'elle-même, bientôt le corps donne tout entier. Une fois que l'image ou les images sont éveillées par la sensation, le processus de l'association commence, mais il est très réduit ; l'image provoquée suscite quelques autres images, et c'est tout ; tandis qu'à l'état normal le mécanisme agit plutôt par diffusion. Les images évoquées ont un caractère hallucinatoire, soit parce qu'elles sont intenses, comme l'expliquent MM. Binet et Féré, soit parce qu'elles sont seules en scène. Elles dépendent sans doute de la nature intellectuelle et émotive de l'hypnotisé, mais elles dépendent surtout de la suggestion de l'hypnotiseur. Le sujet n'est ordinairement en rapport qu'avec son endormeur : il l'entend, le voit, lui obéit ; ce qui vient des autres est non avenu. Il y a cependant des sujets qui ne jouissent point de cette sensibilité

élective et qui sont absolument indifférents : vraies
machines, obéissant à toute suggestion.

La désagrégation psychologique ne va pas jusqu'au
dédoublement proprement dit. On dit à un sujet : « Tu
es Harpagon », il prend la figure d'Harpagon et se
comporte comme un avare; — « Tu es une petite fille »,
il se met à zézayer; — « Tu es évêque », il donne sa
bénédiction. Il n'y a pas à proprement parler changement de personnalité. Le suggestionné n'est qu'un
acteur. On éveille en lui un type, un personnage par
des associations d'idées. On ne change pas la personnalité d'un sujet en celle d'un homme que ce sujet ne
connaît pas.

Les suggestions négatives qui consistent à supprimer
chez l'hypnotisé une perception ou une image n'intéressent pas la question de l'organisation des images
au point de vue de l'invention. Pour cette raison, il
n'y a rien à dire des hallucinations unilatérales et
bilatérales de l'hypnotisé. Voici un sujet moitié en
catalepsie, moitié en somnambulisme : du côté droit,
vous suggérez la colère, il devient colérique de ce
côté ; du côté gauche, vous portez la main à ses lèvres
comme pour envoyer un baiser, de ce côté il est affec-
tueux. Les états psychologiques du sujet restent
inconnus.

Le *Jeu*. — Dans l'évolution de l'activité imaginative,
le jeu représente une forme de passage. D'un côté, il
est apparenté à l'hallucination et au rêve, à l'état hypnotique et à la folie : il suppose, comme ces phénomènes, une croyance illusoire à la réalité, quelquefois

même un certain dédoublement du moi ; l'enfant qui
joue croit à la vie de ses poupées ou de ses soldats, comme
croient à la réalité de leurs personnages le fou et le
rêveur, l'hypnotisé et l'halluciné. D'un autre côté, on
a pu voir dans le jeu l'origine de l'art, qui est une forme
supérieure de l'invention. Schiller considère l'art comme
une espèce de jeu et prétend qu'il faut avoir compris la
nature intime du jeu, pour pénétrer les significations
profondes des problèmes esthétiques. Le poète et l'enfant ont au moins ceci de commun qu'ils sont des
croyants : la caractéristique de l'imagination, à tous ses
degrés, étant de communiquer la vie et l'apparence de
la réalité à ses représentations. L'illusion du réel revêt
dans l'art un caractère supérieur à ce qu'elle est dans
les états hypnoïdes et même dans le jeu, mais ce caractère se trahit déjà dans le jeu ou du moins dans
certaines formes du jeu.

Schiller et Spencer ont essayé d'expliquer le jeu par
un excès d'énergie, *overflow of energy*.

Dans la vingt-septième de ses jolies lettres sur « l'Éducation esthétique de l'homme », Schiller s'exprime ainsi :
« La nature a donné, même à l'être sans raison, *plus
que le nécessaire* et fait poindre dans la vie animale
obscure une lueur de liberté. Quand le lion n'est pas
tourmenté par la faim et qu'aucun animal ne le provoque au combat, sa *force inoccupée* se crée à elle-même
un objet, il remplit le désert sonore de rugissements
de défi, et sa *force débordante se consume sans but*.
L'insecte plein de vie joyeuse tournoie au soleil ; et ce
n'est point un cri de désir que nous entendons dans le
chant mélodieux de l'oiseau. Il est indéniable qu'il y a
de l'indépendance dans tous ces mouvements, non une

indépendance par rapport au besoin en général, mais par rapport à un besoin déterminé extérieur. L'animal *travaille* quand un *besoin* le pousse à agir; il *joue* quand la *richesse de ses énergies* l'y pousse, quand le *surcroît de vie s'excite lui-même à l'activité* (1). »

C'est surtout Spencer qui a développé et accrédité la théorie de l'excès d'énergie. Les animaux inférieurs ne jouent pas ; toute leur activité est employée à satisfaire les besoins immédiats et à dormir. Les animaux supérieurs se procurent une nourriture meilleure et obtiennent un surcroît d'énergie ; ils ont, de plus, des facultés variées qui ne s'exercent pas toutes en même temps : l'une se repose quand l'autre travaille. « De là vient, dit Spencer, que nous rencontrons souvent chez des animaux supérieurs une énergie vitale qui dépasse les besoins immédiats, et que tantôt une faculté tantôt l'autre jouit d'un repos prolongé, qui peut, en vertu de la régénération consécutive à chaque période de dépense, la mettre dans un état de tension supérieure. » Si, à ce moment, les circonstances rendent impossible l'exercice des activités réelles, il se produit, d'après Spencer, une *imitation* de ces activités, d'où le jeu sous toutes ses formes (2).

Si l'on met de côté l'imitation, que fait intervenir le philosophe anglais, l'explication essentielle de Schiller et de Spencer réside dans la notion de *force superflue,* notion qui leur sert à expliquer aussi l'activité esthétique. « Les activités que nous appelons *jeu* sont unies

(1) *Ueber die Aesthetische Erziehung des Menschen.* In einer Reihe von Briefen, 1795.
(2) *Principes de Psychologie,* trad. de l'anglais par Th. Ribot et A. Espinas, Paris, 1875, t. II, p. VIII, ch. IX, § 534, p. 662.

avec les activités esthétiques par ce trait : que ni les unes
ni les autres ne servent d'une façon directe quelconque
aux processus utiles de la vie (1). »

L'imitation joue un grand rôle dans certaines espèces
de jeux, mais elle ne constitue pas un élément essentiel du jeu en général. Elle n'a aucune part dans les
jeux de jeunesse. « Le jeune oiseau qui, encore au nid,
remue les ailes ; l'antilope qui, dès l'âge de six
semaines, s'exerce à saillir ; le jeune singe qui, en se
jouant, saisit avec ses mains tout ce qu'il peut atteindre et ne se calme que lorsqu'il peut s'agripper aux
poils de son propre corps ; la girafe qui s'exerce, au
troisième jour de sa vie, à faire des sauts ; les chats
qui apprennent si tôt l'usage de leurs griffes ; le petit
chien qui, par ses jeux, se prépare à lutter avec d'autres
chiens, ou à poursuivre, attraper, secouer, déchirer sa
proie... tous, loin d'imiter des actes sérieux auxquels
ils ne se seraient pas livrés « depuis plus longtemps
que d'habitude », ne font que se préparer à des occupations sérieuses, poussés qu'ils sont par une impulsion
irrésistible (2). »

K. Groos s'est efforcé de prouver que les jeux de jeunesse ne s'expliquent ni par la notion d'imitation, ni
par celle de force superflue. Le jeu, d'après lui, a une
utilité biologique. Certains instincts très importants
commencent à s'exercer, chez le jeune animal ou chez
l'enfant, avant qu'ils en aient senti le besoin. Ce pré-
exercice est un entraînement, sous forme de jeu, aux
devoirs principaux de la vie. « La jeunesse existe en

---

(1) SPENCER : ouv. cit., § 533, p. 661.
(2) K. GROOS : *Les Jeux des animaux*, traduit de l'allemand par
A. DIRR et A. VAN GENNEP, Paris, 1902, p. 7.

vue du jeu, les animaux ne jouent pas parce qu'ils sont jeunes, mais ils ont une jeunesse parce qu'ils doivent jouer. » Et les animaux ont une jeunesse d'autant plus longue qu'ils ont plus besoin de jouer pour se préparer à la vie ; à mesure qu'on s'élève dans l'échelle animale, les instincts ne cessent pas d'être moins nombreux, mais ils sont de moins en moins développés : l'expérience individuelle, plus utile que ne le seraient des instincts parfaits, est appelée à les compléter. « Ce que tu as hérité de tes pères, dit Gœthe, acquiers-le pour le posséder. » S'il n'y a pas d'*instinct général* du jeu, il y a des *instincts spéciaux* qui se transforment en jeux particuliers, en vue d'un pré-exercice. Le jeu est donc quelque chose de sérieux pour la jeunesse. Aussi l'enfant est-il sérieux quand il joue ; il se livre au jeu avec fougue, l'adulte ne se donne pas si entièrement aux occupations les plus sérieuses. Le plaisir qui est ordinairement lié à la mise en exercice d'un instinct est renforcé par le jeu. L'être le plus combatif éprouve moins de plaisir à exercer réellement son instinct que les « garçons qui se battent en jouant, ou les jeunes chiens qui se roulent par terre en luttant des heures entières ». Il est remarquable que les jeux de combat sont dépourvus de tout caractère hostile ; on supporte des coups, des morsures, qui dépassent les limites du jeu : on les supporte, parce que le jeu donne naissance à une sympathie mutuelle et engendre la camaraderie.

L'imitation, pour n'être pas un caractère essentiel du jeu, n'en a pas moins une très haute valeur dans un grand nombre de cas. Quand elle est un instinct, elle sert « directement les *buts sérieux* de la vie », en

développant des instincts qui sont appropriés en une
certaine mesure et qui attendent d'elle leur développement. Tous les jeunes animaux ont une tendance irrésistible à imiter ceux des actes de leurs parents pour
lesquels ils ont eux-mêmes une prédisposition instinctive. Les actes des parents servent de *modèle,* mais il
faut de plus un *instinct ébauché* à perfectionner et
l'*instinct d'imitation.* Sans des impulsions héritées, on
ne s'expliquerait pas le choix des jeux suivant le sexe,
« pourquoi le petit garçon préfère ses soldats à la plus
belle poupée et pourquoi, d'autre part, la petite fille
veut jouer à la petite maman et à la maîtresse de maison ». Il existe enfin des jeux où l'instinct d'imitation
dépasse les prédispositions instinctives et semble
s'exercer seul : des enfants jouent au sergent de ville,
au tramway, au chemin de fer, au curé, au professeur.

Tous les jeux de jeunesse reposent donc sur des
instincts. C'est la conclusion de Groos et c'est aussi
la nôtre.

Les jeux d'adultes s'expliquent par le plaisir que
procure le jeu ; une fois la jeunesse passée, on continue à puiser à cette source. Le jeu est alors utile
comme délassement. D'après une vieille légende, saint
Jean l'Évangéliste jouait un jour avec une perdrix
qu'il caressait de sa main. Un chasseur, trouvant cette
occupation indigne d'un apôtre, lui demanda s'il était
réellement l'apôtre dont tout le monde parlait. « Cher
ami, répondit doucement l'Évangéliste, que vois-je
dans ta main? — Un arc. — Et pourquoi n'est-il pas
toujours tendu, prêt à lancer la flèche? — Eh ! cela ne
se peut : s'il était toujours tendu, il perdrait bientôt

sa force et ne serait plus bon à rien. — Eh bien ! ne t'étonne plus de ce que je fais (1). » On dépense des forces pour en gagner ; on dépense des forces super-flues pour récupérer des énergies perdues. La théorie du *jeu-délassement,* qu'on a coutume d'attribuer à La-zarus (2), mais qui remonte beaucoup plus haut, puis-que le jésuite Bulengerus (3) l'exposait déjà en 1627, si elle n'explique pas tous les jeux, explique du moins les jeux de l'homme adulte qui le soir, après son tra-vail, cherche à se reposer, à se récréer.

La théorie *biologique* de Groos, considérant le jeu comme sérieux et utile pour le développement de l'in-dividu et de l'espèce, concilie et explique les deux théories incomplètes et en apparence contradictoires du *jeu-excès d'énergie* et du *jeu-délassement.*

Les jeux de l'homme adulte peuvent présenter des combinaisons d'images qui appartiennent aux formes supérieures de l'invention. Il ne sera question ici que des jeux des animaux et des enfants ; ce sont les seuls qui nous intéressent dans une étude des formes infé-rieures du travail imaginatif.

D'après Groos, les jeux des animaux peuvent être rangés en neuf catégories :

1° Les *jeux d'expérimentation.* Ce terme désigne les mouvements par lesquels les animaux assurent la maî-trise de leurs organes, développent leur activité sen-sorielle et apprennent à se servir des objets ; ce sont des jeux d'apprentissage, de destruction, de production de bruits, d'exercices de voix. L'animal trouve du plai-

(1) Cité par GROOS, p. 14.
(2) *Ueber die Reize des Spiels,* Berlin, 1883.
(3) *De Ludis privatis ac domesticis veterum,* 1627.

sir à satisfaire son instinct et probablement à se sentir
cause. Son imagination se dépense en **images motrices**
plus ou moins conscientes.

2° Les *jeux de locomotion* comprennent les changements de place exécutés pour eux-mêmes, comme marcher, courir, sauter, grimper, voler, nager. « Joyeux de
vivre, dit Schiller, l'insecte danse dans le rayon de
soleil »; les lucioles passent leur temps comme les
mouches dans une chambre à décrire leurs cercles dans
l'air pendant des heures. Les poissons semblent jouer
dans l'eau et les oiseaux dans l'air, bien que souvent
leur jeu ne soit qu'apparent et ait pour but réel la
recherche de la nourriture. On connaît la danse et le
balancement des oiseaux, les sauts joyeux et les courses
folles des poulains, des ânons, des agneaux, des chiens
et de nombreux animaux. Le balancement des perroquets et des singes, les glissades sur les névés en
pente des chamois et des chiens sont des jeux *inventés*
par eux. Le singe, en grimpant dans les branches, se
balance d'abord sans le vouloir, il prend plaisir au
balancement et s'en fait un jeu, un singe se serait
même fabriqué une balançoire. Voilà bien des combinaisons d'images motrices qui ne sont pas la simple
répétition d'actes nécessaires à la conservation de la
vie.

3° Les *jeux cynégétiques* sont un simulacre de la
chasse. Tantôt ce sont des jeux avec proie animée
réelle; tantôt avec proie animée imaginaire; tantôt
enfin avec proie inanimée imaginaire, morceau de
bois, boule ou objet quelconque. Le chat qui joue avec
la même boule, à force de répéter son jeu, doit finir
par avoir conscience qu'il se livre à une pseudo-activité,

puisqu'il « joue un rôle ». Quand la boule est immobile, il l'attaque de nouveau pour la mettre en mouvement et recommencer le jeu. Il ne tient pas l'objet pour une proie réelle, mais il ne le considère pas non plus pour une proie entièrement imaginaire. Il se donne là l'illusion de la réalité ; cette illusion est un élément des plus importants du jeu.

4° Les *jeux de combat* consistent en taquineries et provocations sans colère, en pseudo-batailles entre jeunes animaux, en jeux de combat proprement dit entre adultes. Quand l'humeur batailleuse n'est pas sérieusement satisfaite par de réels combats, l'animal provoque d'autres animaux qui à ce moment sont tranquilles : un babouin femelle aimait à taquiner un chien de garde morose ; quand elle le voyait dormir, elle s'approchait doucement, le saisissait par la queue et d'un coup sec l'arrachait à ses songes ; dès que le chien furieux bondissait sur elle, elle sautait par-dessus lui, pour le saisir de nouveau par la queue. Les poulains courent droit sur l'homme, s'arrêtent tout près de lui, se sauvent de nouveau et reviennent d'un air martial. Les batailles sont fréquentes chez les jeunes chiens, les jeunes chats, les lionceaux, les louveteaux et beaucoup de jeunes animaux ; mais il n'est pas rare de voir dégénérer le jeu en une rixe où les combattants usent de leurs dents ou de leurs griffes. Dans leurs jeux aquatiques et dans leurs batailles à terre, les lions marins ont des mines menaçantes, ouvrent des gueules immenses, rugissent comme s'ils se préparaient à un combat terrible, puis se couchent l'un à côté de l'autre et se mettent à se lécher. Des chiens amis, même âgés, se livrent à des batailles jouées.

Dans ces combats d'adultes, qui s'expliquent en partie
par la survivance du plaisir de la lutte jouée à l'époque de la jeunesse, l'animal, qui connaît la vraie lutte,
doit avoir conscience de se livrer à une pseudo-activité et de tenir un rôle : il se donne l'apparence, l'illusion de la réalité vécue.

5° Les *jeux architectoniques* sont une anticipation
du sentiment esthétique, mais dans le cas seulement
où ils méritent le nom de jeux. La nidification, servant
immédiatement à des buts sérieux, n'est ni un jeu, ni
un art, mais un instinct, que perfectionne assurément
l'expérience individuelle. Elle est un jeu, lorsque l'animal n'ayant pas l'occasion de construire des nids se
livre, pour passer le temps, à des travaux de tressage,
par exemple, comme le tisserin du Cap. L'ornementa-
tion des nids est un vrai jeu. Il y a de nombreuses
espèces d'oiseaux qui ornent leurs nids de plumes éclatantes, de cheveux, de coton, et autres objets colorés.
Les uns collectionnent les ailes brillantes d'insectes,
d'autres les dépouilles de serpents. Un oiseau de l'Asie
divise son nid en plusieurs chambres, en décore l'extérieur et l'intérieur avec de petites boules d'argile, sur
lesquelles le mâle fixe des lucioles dans le but probablement unique d'obtenir un brillant effet de décoration. Les oiseaux à berceaux construisent par terre des
allées en berceau et les ornent de tous les objets possibles, dont ils changent continuellement la disposition. Ce n'est pas encore la jouissance esthétique du
beau, mais le plaisir sensuel et peut-être sexuel du
brillant et du coloré.

6° Les *jeux trophiques* sont les équivalents du jeu à
la poupée qui est général chez l'homme. Il y a des ani-

maux qui choisissent pour joujou des objets inanimés, avec lesquels ils couchent le soir et qu'ils cachent pendant la journée. D'autres pratiquent l'adoption : tel chien s'érige en père adoptif et protège des poussins, des canetons, des petits chats ; un chien de garde s'était fait l'ami d'un cheval et volait des navets qu'il lui apportait ; on voit des chats protéger des poussins, de petits oiseaux, de même les singes adopter de petits chiens, de petits moutons, des perroquets. Dans la plupart des cas, les animaux qui adoptent ont perdu leurs propres petits, pas toujours cependant. L'instinct maternel, le plaisir de l'expérimentation et l'instinct de propriété semblent expliquer ces jeux.

7° Les *jeux imitatifs* sont fréquents chez les singes, puisque imiter est devenu synonyme de singer et de mimer. On les observe chez un grand nombre d'animaux. Les parents profitent de l'instinct d'imitation pour faire l'éducation de leurs petits. L'imitation peut se transformer en concurrence. Certains oiseaux imitent le chant d'autres espèces d'oiseaux et même de mammifères ; le merle moqueur américain imite tout ce qu'il veut, le chant du coq, le gloussement des poules, le cri des oies, le miaulement des chats, les aboiements des chiens, le grognement des cochons, les grincements d'un gond rouillé, le bruit d'une scie, et cent autres bruits. Le corbeau rit comme un enfant, roucoule comme un pigeon, aboie comme un chien et parle presque comme un homme. Le perroquet du cardinal Ascanius récitait les articles du Symbole des Apôtres. L'instinct d'imitation explique en partie les jeux collectifs ou sociaux, comme la fuite effrénée des chevaux sauvages, des antilopes et des

gazelles, les concerts des lions, des singes hurleurs et
des mille chanteurs de la forêt.

8° La *curiosité* est de l'attention jouée. L'animal
s'approche d'un objet, le regarde et le tâte de tous
côtés ; il prend plaisir à des spectacles donnés par ses
congénères ou à tout autre spectacle : le chien regarde
par la fenêtre ce qui se passe dans la rue. Schopenhauer voyait dans cette « promenade par l'œil » le
trait le plus humain des animaux.

9° Les *jeux érotiques* consistent en des chants et exercices vocaux de tous genres, en vols, danses, courses,
plongeons, exhibitions de couleurs et de formes et atti-
tudes diverses. Ces exercices ne sont des jeux véritables
qu'autant qu'ils n'ont point de but réel, qu'ils sont exécutés, en dehors de l'époque des amours, pour la seule
raison que l'animal adulte a de l'énergie à dépenser.
On peut également considérer comme des jeux les
simulacres de courtisation et d'accouplement des animaux impubères. Contrairement à Darwin, M. Groos
estime que les jeux amoureux des animaux sont
dépourvus de toute valeur esthétique et qu'ils sont
simplement la manifestation d'une activité instinctive
sans cause réelle.

Les jeux des animaux, sous une forme ou sous une
autre, représentent des combinaisons de mouvements,
combinaisons nouvelles qui ne sont pas la simple
réproduction des actes nécessaires à la vie de l'individu
ou de l'espèce. Ce sont des synthèses d'images motrices
souvent imprévues, des inventions, des créations.
Dans l'exercice de cette pseudo-activité, l'imagination est avant tout motrice. Mais ce caractère moteur
n'est qu'une des formes que peut présenter l'imagina-

tion créatrice. La propriété essentielle de l'imagination n'est pas de combiner une catégorie d'images plutôt qu'une autre, mais de tenir pour réelles de simples représentations et de créer l'illusion de la vie. Les jeux des animaux révèlent cette propriété. « Dans l'imagination du chien, dit W. Enoch, l'os devient en quelque sorte l'animal de proie et fait naître dans le chien des sentiments qui le poussent à attaquer l'objet mort. L'attaque n'aura nécessairement pas de résultats; mais le mouvement de l'os produit par le chien même donne une nouvelle nourriture à l'imagination de celui-ci, excite de nouveau ses sentiments et fait que le jeu continue... Le but du jeu est d'animer un objet mort, de créer un objet d'illusion (1). » Les jeux ne sont donc pas de simples associations d'images, mais des synthèses vécues. L'animal croit à la réalité de ses images. Il y croit et il n'y croit pas. Dans certains cas, il semble avoir conscience qu'il joue, que son activité n'est pas sérieuse, mais seulement feinte et illusoire, comme lorsqu'il a l'air de courir vers un but réel alors qu'il ne court que pour courir, ou de se précipiter sur une proie tandis qu'il joue avec un morceau de bois, ou de mordre alors qu'il joue. Or, « l'animal qui comprend qu'il se livre à une pseudo-activité et qui continue à jouer, s'élève jusqu'à l'illusion volontaire, jusqu'au plaisir de *l'apparence,* et se trouve au seuil de la production artistique. Car, pour arriver à la production artistique proprement dite, il faut un but, qui est de suggestionner les autres par la pseudo-activité, et ce but fait défaut dans le jeu véritable.

(1) Cité par GROOS, p. 312.

Seuls les jeux érotiques ont déjà ce but et se rapprochent par conséquent le plus de l'art (1). » Donc
l'animal peut être conscient, jusqu'à un certain point,
de son illusion et s'y livrer quand même ; c'est un
dédoublement de la conscience où il se sent à sa
manière créateur de l'apparence, où il éprouve quelque
chose de la joie d'être cause. L'homme seul est capable
d'analyser ces sentiments et de voir dans le jeu, qu'il
a créé librement, émerger sa liberté.

Les jeux des enfants représentent, au point de vue
de l'art, un intermédiaire entre les jeux des animaux
et les jeux des hommes. L'animal étant incapable
d'abstraire au sens précis de ce mot, c'est-à-dire de
concevoir un objet indépendamment de ses conditions
individuelles et concrètes, se trouve très borné dans
son pouvoir d'associer et de dissocier les images. Cette
impuissance psychologique a pour base physique un
défaut de connexion anatomique entre les régions
sensorielles ; que cette connexion consiste dans les
centres d'association de Flechsig ou dans les fibres
commissurales de Meynert et Wernicke, elle n'atteint
qu'un très faible développement chez les animaux
même supérieurs. L'enfant progresse au point de devenir un homme ; ses facultés psychologiques et anatomiques d'association et de dissociation se développent
graduellement, sans qu'il soit possible d'établir, d'une
manière incontestable, le moment précis où commence l'abstraction proprement dite. Ses jeux doivent
rappeler ceux des animaux et faire pressentir ceux de
l'homme.

(1) GROOS, p. 318.

.., En se basant sur le rôle éducateur des jeux, on peut distinguer avec K. Lange (1) quatre espèces de jeux d'enfants. ·

1° Les *jeux de mouvement* ont pour but de développer la motilité : tels sont la course, le saut, le balancement, la danse, la lutte, le cache-cache, les glissades, les grimpées, la natation, les constructions, les barres, la balle, les boules de neige, les quilles, le cerceau, le cerf-volant, le saut-de-mouton, etc. Plusieurs de ces jeux sont communs aux animaux.

2° Les *jeux pour l'éducation des sens* sont, comme les précédents, des jeux d'expérimentation où se développent nos facultés sensorielles et motrices. L'enfant joue dans son berceau avec ses mains, dans son bain avec ses doigts et avec ses pieds, sur un tapis avec tous ses membres ; ses cris, son caquetage, un grelot, un sifflet, tout lui sert de jeu. Grâce à ces exercices, il passe de la période de sensation, par laquelle débutent les sens, à la période de perception ; il apprend à voir, à entendre, à toucher, à parler, à conserver l'équilibre, à s'orienter, à mesurer la distance, etc... Un des caractères de l'institution du *Kindergarten* ou jardin d'enfants est de mettre entre les mains des enfants les engins capables de dresser leurs sens. Telle est l'utilité des jeux de billes, de colin-maillard, de la toupie, des osselets, etc.

3° Les *jeux artistiques* sont surtout des jeux dramatiques. Certains de ces jeux sont communs aux animaux

(1) *Die Künstlerische Erziehung der deutschen Iugend.* Darmstadt, 1903, p. 24. — Cf. GROOS : *Die Spiele der Menschen*, Iéna, 1899. — Frédéric QUEYRAT : *Les Jeux des enfants*, Paris, 1905. — COMPAYRÉ : *L'Evolution intellectuelle et morale de l'enfant.*

et consistent à imiter tout ce qu'on voit ou entend.
L'enfant imite les actions de ses parents et des autres
personnes ; il prend le chapeau de son père en disant :
« C'est moi qui suis papa maintenant. » Il métamorphose les objets inanimés : à combien de jeux étranges
ne sert pas un dossier de canapé, tantôt patient baudet,
tantôt cheval sauvage ! Une chambre avec ses meubles
devient une forêt ; un siège, une calèche ; une voiture,
un vaisseau. L'enfant anime même ces objets : un cheval de bois devient un cheval vivant ; un enfant, dont
parle Sully, l'appelait Dobbin. « Le charpentier n'a pas
fait Dobbin, disait-il, il a de la peau et des os, Dieu l'a
fait. » Si quelqu'un parlait de Dobbin en le mettant au
neutre, l'enfant entrait dans une violente colère. Cette
création de son imagination avait pris tant d'influence
sur lui, que pour lui faire faire une chose, sa mère
n'avait qu'à lui dire : « Dobbin voudrait que tu le
fasses. »

D'autres formes de jeux artistiques ne conviennent
à aucun degré aux animaux, comme le jeu d'imitation
plastique, qui consiste à dessiner ou modeler un
homme, un animal, un objet quelconque ; le jeu
épique et le jeu *pittoresque,* qui consistent à écouter
des contes ou à regarder des images, et enfin les jeux
dramatiques proprement dits, où l'enfant est à la fois
acteur et spectateur. Tous ces jeux sont parallèles aux
arts d'*imitation.*

4° Les *jeux pour le développement des facultés intellectuelles, pour la culture de la sensibilité et de la
volonté.* Tous les jeux d'expérimentation sont instructifs, d'autant plus que l'enfant cherche de bonne heure
à comprendre. C'est pour se rendre compte qu'il

éventre son polichinelle. « A l'aide de quels ressorts mystérieux la paupière d'une poupée ferme les yeux, comment bêle le mouton mécanique, par quel moyen roule le cheval, l'enfant a soif de le savoir (1). » Les charades, les devinettes et les énigmes, les dominos, les dames, les échecs développent l'attention et l'invention. D'autres jeux sont des moyens de culture de la sensibilité, comme le jeu de la poupée. La volonté se développe aussi dans un très grand nombre de jeux ; son pouvoir d'impulsion, dans les deux premières catégories dont nous avons parlé ; son pouvoir d'inhibition dans certains jeux où l'on s'efforce de ne pas fermer les paupières devant la menace d'un coup sur l'œil, où l'on veut réprimer le rire ou la douleur ; un excellent moyen pour réprimer l'instinct d'imitation et la suggestibilité est le jeu de *pigeon vole*.

Si nous cherchons à récapituler les jeux des enfants et à dégager les éléments d'invention qu'ils contiennent, il suffit de considérer le *jeu de la poupée,* le plus universel de tous et dont M. Groos a cru trouver des traces même chez les animaux. On y découvre la tendance à *animer* toutes choses et à s'*illusionner*. « Comme les oiseaux font un nid avec tout, dit Victor Hugo, les enfants font une poupée avec n'importe quoi. » Un coussin, un bâton, un parapluie, un petit banc, un mouchoir, une fourchette, une pantoufle, presque tout ce qu'on peut tenir dans ses bras est métamorphosé en un bébé tendrement aimé, qu'on habille, qu'on fait manger, qu'on met au lit, qu'on encourage et qu'on réprimande,

---

(1) CHAMPFLEURY : *Les Enfants*, p. 226, cité par M. F. QUEYRAT, p. 106.

qu'on bat même quelquefois. La poupée est un besoin
et un instinct de l'enfance féminine qui se confond avec
l'instinct de la maternité (1). « Une petite fille sans poupée est à peu près aussi malheureuse et tout à fait aussi
impossible qu'une femme sans enfants (2). » C'est aussi
un instinct d'imitation. La petite fille traite sa poupée
comme elle est elle-même traitée, elle partage avec
elle l'éducation qu'elle reçoit de ses parents. Croit-elle
vraiment que sa poupée est un être animé ? George
Sand déclare qu'elle ne le crut jamais ; elle écrit cependant que, n'ayant pas eu de chagrin de quitter sa sœur,
sa cousine, son appartement, elle regretta sa poupée :
« Ce qui me serra véritablement le cœur pendant les
premiers moments du voyage, ce fut la nécessité de
laisser ma poupée dans cet appartement désert, où
elle devait s'ennuyer si fort (3). » D'après un ensemble
de témoignages sur les sentiments qu'éprouvent les
petites filles pour leur poupée, on peut affirmer qu'en
général l'illusion est sincère, sans être complète :
elles croient et elles ne croient pas, comme le
poète.

U ne des joies que procure la poupée provient de ce que
la petite fille peut lui commander : c'est la seule com-
pagne qui soit aussi complaisante pour elle, qui se prête
à tous ses caprices. Elle dépend absolument d'elle, elle
est sa création. La poupée est un drame où l'auteur est
en même temps acteur, et acteur à deux voix. « Le
drame de la poupée, dit Ch. Nodier, est la seule comé-

---

(1) GROOS : *Die Spiele der Menschen*, p. 401. — F. QUEYRAT : ouv. cité,
p. 118.
(2) Victor Hugo : *Les Misérables*. 2ᵉ partie, l. III, ch. VIII.
(3) G. SAND : *Histoire de ma vie*, 2ᵉ partie, XII.

die composée par un des personnages de l'action où le poète ait sacrifié son rôle naturel à celui de son interlocuteur. La poupée est négligente, insubordonnée, opiniâtre, bavarde ; c'est la petite fille. La petite fille est grave, austère, absolue, quelquefois inexorable ; c'est d'elle que relève la moralité de la pièce. » Ce jeu est lié au sentiment de la personnalité et à la joie d'être cause. Le jeu, en général, est d'ailleurs très personnel. M. Bernard Pérez crut un jour intéresser un de ses neveux (trois ans et quatre mois), dont les inventions lui paraissaient pauvres, en *faisant* l'Adour, avec le pont et les peupliers de la rive. Il traça sur le sol une longue ligne creuse simulant une rivière, enfonça des deux côtés quelques branches, fit couler de l'eau, posa un pont, lança un navire. Il demanda à son neveu, qui restait froid, si c'était joli : « Non, ce n'est pas bien joli », répondit-il. Et comme M. Pérez s'efforçait de perfectionner sa rivière, l'enfant répondit : « Non, ce n'est pas amusant, cela, tonton (1). » L'enfant préfère sa libre initiative si imparfaite qu'elle soit aux imitations que nous prétendons en faire. Il ne s'intéresse réellement qu'à ses créations, qu'à l'objet dont il se sent cause.

Le jeu est donc une expérience en partie nouvelle et personnelle, où les représentations s'imprègnent de vie et de réalité, où, sans cause sérieuse, avec plus ou moins de conscience de sa pseudo-activité, s'exerce un instinct particulier.

Malgré son libre essor, la part qui revient à l'imagination créatrice dans les jeux des animaux et même

_____

(1) Pérez : *Les trois premières années de l'enfant*, p. 318.

des enfants est bien pauvre ; cette faculté atteint son
âge d'or, son efflorescence dans la création des légendes et des mythes.

Les *Mythes et les Légendes*. — Les mythes et les légendes constituent, avec le langage, les religions, les
mœurs, les littératures et les arts, une catégorie spéciale de faits psychiques, la catégorie des « faits psychiques sociaux », objet d'une science toute récente,
connue en Allemagne sous le nom de *Völkerpsycholo-
gie*. Ces faits supposent la société, l'individu ne suffit
pas à les expliquer : ils sont, totalement ou en partie,
des productions de la conscience psychologique sociale.
Si l'individu était isolé, le langage n'aurait aucune
raison d'être, il ne serait pas ; la religion, elle-même,
quoique nécessaire à l'individu dans ses relations pri-
vées avec Dieu, et malgré la part de transcendance qui
peut se trouver en elle, ne serait pas ce que nous la
voyons partout. Les faits psychiques sociaux sont des
formes sociales ou présentent des formes sociales de la
conscience.

Les mythes et les légendes sont par excellence des
créations psychiques sociales. Ils sont l'œuvre de la
conscience collective, anonyme, impersonnelle, agissant
par grandes masses : conscience primitive, où prédominent les sensations et les images, que régit la logique des sentiments, d'où sont exclues la puissance de
la réflexion, la maturité de la pensée, la variété des
expériences, l'observation méthodique des faits, en un
mots, toutes les facultés de contrôle ; c'est l'imagination débridée, et non pas seulement pour un temps
comme chez l'enfant, mais durant des époques et dans

un milieu social sauvage ou à demi civilisé, ignorant du déterminisme des phénomènes et des lois, et incapable d'opposer le moindre obstacle à la fantaisie de la création.

Le mythe peut se comparer à l'hallucination comme la légende à l'illusion des sens. Dans l'illusion, il y a toujours, sous la couche d'images qui l'envahissent et l'interprètent, un élément sensoriel. De même, dans la légende : la réalité de l'événement ou du personnage est noyée et déformée par l'apport imaginatif, mais l'événement ou le personnage sont historiques. L'hallucination dépend, dans sa totalité, de l'imagination, elle est entièrement produite par l'esprit. C'est aussi le cas du mythe, dont tous les éléments sont subjectifs. Rappelons, à propos du mythe et de la légende, une remarque déjà faite à propos de l'hallucination et de l'illusion : il n'y a pas vraisemblablement d'hallucination qui ne recèle quelques parcelles de réalité objective ; il n'y a pas non plus de mythe qui ne contienne quelques données externes. Ainsi, la distinction entre le mythe et la légende semble se résoudre en une différence de degré, comme la distinction entre l'illusion et l'hallucination. Il y a aussi entre le mythe et la légende cette autre différence que la matière est dans un cas un phénomène de la nature et dans l'autre un personnage ou un événement historiques.

En quoi consiste l'activité imaginative dans le mythe et dans la légende ?

Cette activité a échappé à la plupart des mythographes, plus préoccupés de la matière, de la géographie et de l'ethnologie du mythe que de sa psychologie. On connaît les principales théories du mythe.

D'après le système *philologique* représenté en Angleterre par Max Müller, en Allemagne par A. Kühn et en France par Michel Bréal (1), le mythe serait issu du langage.

Max Müller, qui a donné le plus d'éclat à cette méthode, voit dans l'homonymie et la polyonymie les causes linguistiques du mythe. Quand on n'a qu'un seul mot pour désigner plusieurs choses, comme le mot brillant pour désigner la jeunesse, l'aurore, une source, le printemps, on est exposé à confondre ces choses ; quand on a plusieurs mots pour désigner une seule chose, chaque mot tend à devenir une chose, une entité, ayant des attributs et sa légende : Apollon, Phaéton, Héraclès, sont trois personnifications du Soleil. Les mots deviennent des divinités : *nomina numina.* Le mythe provient d'une « maladie du langage (2). »

D'après M. Paul Regnaud, « toute la mythologie indo-européenne tire son origine de substitutions et de personnifications verbales (3) ». Le langage prépare le mythe ; c'est ainsi que la *Malesuada Fames* de Virgile aurait pu, dans un milieu approprié, donner naissance à un véritable mythe. Qu'est, dans les Védas, le mythe de *Arâtis,* ces espèces de démons dont les textes sanscrits nous disent les aventures et l'influence ? La personnification d'un mot : il y a les *Râtis* qui sont les dons, les offrandes ; le langage permet alors de parler d'*Arâtis,* d'absence de dons et offrandes, lorsque dons et offrandes ne sont pas encore sur l'autel. Que le langage fasse d'*Arâtis* le sujet d'un verbe : on sera tenté de voir dans les *Arâtis* des personnages

(1) Michel BRÉAL : *Hercule et Cacus,* étude de mythologie, Paris, 1863.
(2) *Essais sur la mythologie comparée.* Trad. franç. PERROT, Paris, 1873.
(3) *Comment naissent les mythes,* p. 245.

réels ; d'où les deux vers du Rig-Véda, dans lesquels s'ébauche le mythe d'*Arâtis* : « Que ces *Arâtis* s'endorment, que ces *Râtis* s'éveillent (1). » Les mots, aime à répéter M. Paul Regnaud, sont les artisans des idoles. On chante le feu, on multiplie les comparaisons et les métaphores, on oublie que ce sont des comparaisons et des métaphores, on en fait des réalités; on leur invente une histoire ; les flammes ont l'air de galoper, de battre comme des ailes : les flammes seront un cheval ailé, Pégase ; si Pégase est toujours près d'une source, c'est que les flammes sont alimentées par un liquide qui est leur nourriture.

Les mythes seraient donc, d'après le système philologique, des « maladies de langage » : ils auraient leur source dans des confusions et personnifications de mots, dans l'oubli de métaphores et dans une substitution d'entités, dans l'oubli du sens précis de certains noms, surtout des noms des dieux, dans l'indiscipline phonétique par rapport aux noms propres, etc... Le problème serait de retrouver la donnée primitive qui fut à la base de la construction mythique.

Le système *iconographique* est un complément du système précédent. M. Clermont-Ganneau, qui en est le promoteur, estimant que les idées s'expriment non seulement par des mots, mais aussi par des *représentations figurées,* a cru trouver dans ces dernières l'origine de beaucoup de mythes. Il a étudié, de ce point de vue, la mythologie, chez les Grecs, chez les peuples de Phénicie, de Palestine, d'Assyrie, etc... « J'essaie, dit-il, de montrer chez les Grecs, à côté de ce qu'on peut

(1) Rig-Véda, I, 29, iv. — Cf. *Comment naissent les mythes,* p. 248.

appeler la mythologie auriculaire, qui a peut-être trop
exclusivement occupé les modernes, l'existence d'une
véritable mythologie oculaire, ou, si l'on veut, optique, qui ne le cède pas en importance à la première.
Seulement, il ne s'agit plus de rechercher dans l'image
(l'image plastique, bien entendu) la traduction du
mythe, mais dans le mythe la traduction de l'image.
Le problème est renversé, ou plutôt le phénomène est
pris à un autre moment ; car on peut dire que la génération alternante et réciproque des images se poursuit
sans interruption à travers le cours des siècles (1). »
Ainsi donc, beaucoup de mythes auraient pour origine
l'explication de tel ou tel détail d'une image de fron-
ton, de poterie, de stèle ou de tout autre objet, dont le
sens est oublié ou obscurci.

M. V. Bérard a préconisé une méthode qu'il appelle
religieuse et qu'il a surtout appliquée à l'étude des
mythes arcadiens. Le mythe aurait pour objet d'expliquer le « matériel » religieux, c'est-à-dire, dans les cé-
rémonies religieuses, les formules, les épithètes consa-
crées, les invocations rituelles, les rites, les usages ;
on aurait inventé un mythe pour rendre compte de
telle ou telle formule ou cérémonie ; ou bien, dans ce
même but, on aurait modifié d'anciens mythes préexistants (2).

Le système *anthropologique* ou *sociologique* cherche
avec plus de raison l'origine du mythe dans l'imagination de l'homme primitif. D'après Andrew Lang, ce
qui prépare le mythe est un état psychologique confus

(1) *Revue critique*, 1878, t. II, p. 220.
(2) *Les Cultes Arcadiens*, Paris, 1894.

et nébuleux où l'esprit aperçoit toutes choses sur un même plan, à un même niveau. Le sauvage se regarde comme proche parent des animaux, plantes, corps célestes, à qui il attribue une vie, un sexe, une conscience, etc. « Il n'est pas rare de voir attribuer un esprit à tout objet animé ou inanimé... on attribue souvent à un homme le pouvoir de séparer son âme de son corps et de la laisser errer librement et vaquer à ses affaires, sous la forme parfois d'un oiseau ou de quelque autre animal (1). » Les Indiens de la Guyane croient que beaucoup de rochers, de cataractes, de cours d'eau, d'objets matériels de toutes sortes, sont composés, comme l'homme, d'un corps et d'une âme (2). Le primitif anime, puis il agrandit. Il dote toutes choses de pouvoirs magiques, il croit aux sorciers et aux gris-gris, objets matériels qui ont à eux un pouvoir spécial pour préserver de ceci ou de cela; les sorciers vendent les gris-gris appropriés à chaque cas. Il n'y a aucun des attributs de Zeus « amasseur de nuées » ou d'Apollon qu'on ne donne communément aux sorciers de la tribu. L'animisme n'est pas pour le sauvage une explication suffisante, il y joint le mythe. L'Australien prétend que, lorsque le soleil se lève et se couche, c'est qu'ayant brûlé son combustible dans la journée, il « descend à l'horizon pour faire sa provision de bois à brûler ». Comment expliquer les taches de la lune? Elles ressemblent à un lièvre, répondent les Mexicains; d'où le mythe d'un dieu qui frappa un jour la lune au visage avec un lièvre ou un lapin. Ainsi, la lune, qui

---

(1) *Mythes, Cultes et Religions*, trad. de l'anglais par MARILLIER, ch. III, p. 47.

(2) *Among the Indians of Guiana*, p. 355.

est animée, qui a un visage, reçoit une histoire mythique destinée à rendre compte de son aspect. Le mythe répond à un désir très vif d'expliquer la nature, et cette explication peut rester mythique, parce que le sauvage est un imaginatif et un crédule (1). Andrew Lang signale dans le mythe ce que Max Müller appelle « l'élément sot, dénué de sens et sauvage ». « Les morts et les vivants, dit-il, les hommes, les bêtes et les dieux, les arbres, les étoiles, les rivières, la lune et le soleil y dansent un ballet burlesque, où toute chose peut être tout, et où la nature n'a pas de lois, ni l'imagination de limites (2). »

Le système anthropologique ne fait que nous introduire dans la psychologie de la genèse du mythe, où l'on peut distinguer trois moments.

D'abord l'imagination *anime* tout, elle attribue à tout la vie et l'action. Les montagnes, les forêts, les arbres, les rivières, le soleil et les étoiles, les vents et les nuages vivent et agissent comme les hommes (3).

Ensuite, une fois animés, tous ces êtres reçoivent des attributs divers, mais importants pour l'homme : bonté, malfaisance, faiblesse, puissance, clémence, inexorabilité. « On reste stupéfait, dit M. Ribot, devant la pullulation de ces génies sans nombre auxquels pas un phénomène naturel, pas un acte de la vie, pas une forme de maladie n'échappe, et ces croyances demeurent inébranlables même chez les tribus en contact avec de vieilles civilisations. L'homme primitif vit et meurt

(1) A. LANG : Ouv. cité, pp. 117, 121.
(2) Cité par J. TOUTAIN : Article *Mythologie*, de la *Grande Encyclopédie*.
(3) TAYLOR : *La Civilisation primitive*, I, p. 326.

dans les chimères incessantes de son imagination (1). »
M. Monnier dépeint ainsi l'Indien dans les montagnes
et la forêt : « L'Indien qui parcourt la Montaña ne se
sent jamais seul. Des légions d'êtres lui font cortège.
La nature entière, à laquelle il prête une âme, lui parle
dans le bruit du vent, dans le grondement des casca-
des. L'insecte comme l'oiseau, tout, jusqu'à la branche
qui ploie, trempée de rosée, possède pour lui un langage, une personnalité distincte. La forêt s'anime dans
ses profondeurs, elle a ses caprices, ses colères, elle
écarte le hallier sous les pas du chasseur, ou bien l'étreint
plus étroitement, l'attire dans des marécages empestés,
dans des fondrières sans issue où de misérables lutins
épuiseront sur lui leurs maléfices, boiront son sang en
collant leurs lèvres sur les blessures faites par les ron
ces. L'Indien sait tout cela, il connaît par leurs noms
ces redoutables génies (2). »

Enfin, animées et qualifiées, il ne manque à ces
entités, pour être complètement humanisées, que des
aventures et une histoire : c'est le moment de l'invention romanesque, sur laquelle certains auteurs comme
M. Paul Regnaud ont beaucoup insisté. Ces récits sont
l'œuvre de certains esprits imaginatifs qui, en raison
de leur nature, en face d'un événement quelconque,
« *doivent* bâtir un roman » ; nous avons déjà rencontré
ce type d'imagination à propos des synesthésies et des
personnifications, associations basées sur des *analogies
affectives* et sur des *tendances prédominantes*. Le thème

(1) *L'Imagination créatrice*, p. 104. — Consulter W. CROOKE : *The
popular Religion and Folk-lore of northern India*, 1897.
(2) *Des Andes au Para*, p. 300. Cité par M. RIBOT : *Imagination créatrice*, p. 105.

des mythes est en général très pauvre et varie peu, tandis que les broderies sont extrêmement riches et variées. Suivant la race, le milieu social, le milieu physique et le hasard des circonstances, la création imaginative revêt les formes les plus diverses.

Telle est en théorie l'activité mythique; elle consiste en un travail d'humanisation : l'imagination anime, qualifie et dote d'une histoire les phénomènes de la nature et les grands événements de la vie. Le mythe est florissant tant qu'un peuple en est encore à l'âge de l'imagination : à mesure que se développent la réflexion et la culture scientifique, il se rationalise et s'évanouit. Naturellement curieux, curieux d'ailleurs par nécessité pratique, l'homme résout d'abord par l'imagination le problème de l'univers, c'est la période du mythe ; il le résout ensuite par la raison, c'est son déclin, sinon sa disparition.

Tous les mythes ne sont pas *explicatifs* : il y en a, quoique ce soit le petit nombre, qu'il faut attribuer au besoin de créer, besoin de luxe qui créera plus tard la littérature, cette « mythologie déchue et rationalisée (1) ».

La genèse de la légende ressemble à celle du mythe ; comme nous l'avons déjà vu, il n'y a qu'une différence de degré entre ces deux formes de l'imagination collective : l'invention est totale dans le mythe, elle n'est que partielle dans la légende.

On peut distinguer avec M. Ribot (2) deux procédés inconscients dans la création des légendes.

---

(1) RIBOT . *Imagination créatrice*, p. 114.
(2) Ouv. cité, p. 115.

Le premier est une *fusion* ou *combinaison* d'éléments mythiques préexistants et de réalité historique. Le mythe précède le personnage ou l'événement historique ; la mythologie solaire avait précédé Héraclès et ses exploits. « Il y a eu historiquement, dit Max Müller, un Roland, peut-être même un Arthur, mais la plupart des hauts faits que lui attribue la poésie du moyen âge avaient été accomplis longtemps auparavant par des héros mythiques dont on avait oublié jusqu'aux noms. » Le personnage ou l'événement historique sont coulés dans le mythe. « Il faut que le moule mythique soit façonné avant qu'on y verse à l'état plus ou moins fluide le métal historique. »

Le second procédé est *l'idéalisation*. L'imagination populaire ne retient d'un fait historique qu'un caractère unique, en lequel elle incarne son idéal d'héroïsme ou de perversité. La légende résiste au temps et est plus forte que l'histoire ; c'est ainsi que, malgré les protestations de l'histoire et les documents, Lucrèce Borgia reste le type de la débauche, et le P. Loriquet, celui de la mauvaise foi ; il vaudrait mieux pour la monarchie française qu'elle eût contre elle l'histoire que la légende.

Il nous reste à étudier les créations du génie ou les formes supérieures de l'invention.

La grande invention et le génie. — La Psychologie classique n'a pas tenu compte des formes inférieures de l'imagination créatrice ; et des formes supérieures elle n'en a guère connu que deux : l'imagination esthétique et l'imagination scientifique. Or, il existe, à côté des inventions géniales de la Science et des Beaux-Arts, d'autres types d'invention supérieure, comme l'invention pratique et mécanique, l'invention commerciale, l'invention utopique et sociale, l'invention religieuse et mystique. Le génie ne dépense pas moins d'imagination dans les unes que dans les autres. Charles Fourier, Law, les frères Montgolfier, Huygens, ne sont pas moins imaginatifs que Franklin, Carlyle, Michelet, Victor Hugo ou Balzac. La charrue, la montre, le papier-monnaie, le ballon et l'aéroplane sont de l'imagination condensée au même titre que l'*Iliade*, la *Divine Comédie*, la Cène ou la théorie de la nébuleuse primitive.

Les matériaux de l'activité créatrice sont d'une extrême complexité : ils consistent en images concrètes, plastiques, nettement découpées dans l'espace, en images affectives à contours vagues, flottants et insaisissables, en symboles, schèmes et concepts. Cette diversité des matériaux n'est rien en comparaison de la diversité dans la manière de les arranger : associations par ressemblance et par contiguïté, et surtout association par analogies affectives et par choix personnels.

Essayons de dégager les caractères généraux du génie et de préciser le mécanisme de la grande invention.

Le génie s'explique par deux facteurs également essentiels : le facteur *social* et le facteur *personnel*. Le grand inventeur est fonction de deux variables : le *milieu* et l'*individualité*. Supprimer l'un ou l'autre, le milieu ou l'individualité, c'est supprimer l'une des deux sources de la création.

La thèse sociologique du génie a exagéré l'importance du milieu, au point de méconnaître complètement le facteur personnel. Taine a voulu expliquer le génie par le *lieu* et par l'*époque*. Il a été facile de lui montrer que le même lieu et la même époque ont vu apparaître les génies les plus divers. Spencer et Grant Allen n'ont pas été plus heureux que Taine.

M. Draghicesco a exposé, dans un livre intéressant, une conception sociologique du génie qui exagère aussi le rôle du milieu. D'après cet auteur, le génie naît avec des qualités communes, il ne possède à l'origine aucune faculté cérébrale supérieure, il est indifférencié, indéterminé : c'est le milieu qui le différencie et le fait ce qu'il est. L'*école* ou la première éducation commence la formation de l'homme de génie : les qualités innées, à supposer qu'elles existent, ne comptent pas ; ce qui importe, c'est « un moment heureux d'attention », dû non au degré d'intelligence, mais à une circonstance quelconque : un enfant médiocre a été attentif à l'explication d'un théorème fondamental de géométrie ; il comprendra beaucoup mieux les leçons suivantes qu'un autre plus intelligent, mais qui a été distrait par un camarade à la première leçon ; il acquerra un goût spécial et des aptitudes réelles, on dira qu'il a l'intelligence innée de la géométrie. L'éducation ébauche le génie, les circonstances *historiques* et *sociales* l'achèvent. Le grand homme n'est possible, et l'histoire montre qu'il n'apparaît que dans les sociétés prospères au point de vue politique et social. Les époques de prépondérance politico-sociale sont des époques de vie psychique intense, les courants de vie sociale se condensent dans une élite, le génie fait partie de l'élite, il en est l'expression la plus complète. « C'est de la substance de cette vie condensée qu'est faite l'essence du génie. » Les plus grands génies sont ceux qui concentrent en eux non seulement la vie d'une société, mais la vie de l'humanité : ils ont leurs racines dans l'univers. Le jour où la prépondérance des sociétés les unes sur les autres sera supprimée, où les sociétés seront unifiées et égalisées, les conditions des supériorités disparaissant, le génie sera impossible, il sera *démocratisé*. Les qualités héritées sont condamnées à s'effacer de plus en plus et à se réduire à néant, combattues qu'elles sont par la complexité et l'instabilité sociales ; l'individu sera de plus en plus, à sa naissance, une table rase. Cette indifférenciation native lui permettra d'exprimer en lui-même la synthèse de la vie collective. De plus, le mouvement égalitaire aboutira à la démocratie universelle, à la multiplication des supériorités, à l'aristocratisation de la masse. De la disparition graduelle de l'hérédité et de l'évolution progressive du mouvement démocratique résultera le nivellement absolu de l'humanité ennoblie (1).

Que faut-il penser de cette conception sociologique ou socialiste du génie ?

D'abord, les faits sont loin de prouver que le facteur de l'hérédité va en diminuant ; les enfants présentent toujours d'énormes différences dans les aptitudes intellectuelles, et d'un grand nombre d'entre eux on peut prédire qu'ils ne seront pas des génies. Quant à ceux qu'on pourrait appeler des candidats au génie, ils ne seront les élus du sort qu'au prix d'une forte dépense d'énergie personnelle. Ensuite, la démocratie peut gagner du terrain, elle ne supprimera pas l'individualité. « Deux ouvriers parisiens, dit M. F. Mentré, diffèrent

---

(1) D. Draghicesco : *Du rôle de l'individu dans le déterminisme social.* Paris, 1904.

plus entre eux que deux nègres ! La complexité du milieu social qui va croissant est plutôt une source de diversité que d'homogénéité. La communauté de la raison et de la culture n'interdit pas les divergences volontaires ou sentimentales, qui donnent le branle aux esprits. De la même façon, une fédération cosmopolite des peuples n'abolirait pas leur originalité propre, mais contribuerait peut-être à l'exaspérer sur le terrain pacifique (1). »

La conception sociologique du génie n'est pas nécessairement liée à la sociologie qu'a adoptée M. Draghicesco. Elle peut se défendre, pourvu qu'elle ne nie pas la part du facteur personnel. Il est certain que le milieu a une part importante dans la formation de l'homme de génie. La science sociale nous a appris à décomposer le milieu. *Le milieu physique* comprend la situation du lieu par rapport aux autres et par rapport à la mer, son relief et ses cours d'eau, la nature du sous-sol, le climat, la faune, la flore, et d'autres caractères qui expliquent la nourriture, le costume, l'habitat, les conditions d'existence et de travail, mais qui exercent aussi une influence sur l'apparition des hommes de génie : les génies ne naissent pas au hasard dans toute espèce de milieux, sur tous les points de la terre ! Le milieu physique est cependant loin de suffire pour expliquer le génie. De même qu'il explique mieux la flore commune que la plante rare, de même il explique mieux l'homme ordinaire que l'homme exceptionnel (2). Mais si géographiquement le génie est un être anormal, il ne l'est

---

(1) F. MENTRÉ : *Le Problème du génie*, dans la *Revue de Philosophie*, 1905, I, p. 677.
(2) J. BRUNHES : *Les Principes de la géographie moderne*, dans la *Quinzaine*.

plus si l'on tient compte du *milieu social*. On trouve dans le même milieu physique des génies qui, malgré des ressemblances communes, sont très différents. Cette différence s'explique, en partie, par la diversité des milieux sociaux qui viennent se superposer aux milieux physiques et offrent la plus étonnante complexité, comme ceux du Paris actuel. Il ne suffit donc pas de se demander, dit M. d'Azambuja, si un génie est né à Saint-Malo, « il faut encore porter son enquête sur la question du *travail* auquel lui et les siens ont pu se livrer, sur la *propriété* qu'ils ont pu détenir, sur les particularités que pouvaient présenter les biens *mobiliers*, le *salaire*, l'*épargne*, dans ce petit groupe familial, sur l'*organisation* intime de ce dernier, son *mode d'existence*, les *phases* ou crises qu'il a pu traverser. Il est particulièrement nécessaire de rechercher l'influence du *patronage*, puisqu'aucun talent littéraire ne parvient à se révéler sans lui. Viennent ensuite le *voisinage*, les *associations* libres dont le grand homme a pu faire partie, la prise qu'ont eue sur lui les divers *pouvoirs publics*, l'*action de sa race sur l'étranger*, et de *l'étranger sur sa race*, l'*origine* de cette dernière. Chaque « catégorie » elle-même ouvre le champ à diverses séries de questions. Voilà de quoi différencier bien des hommes (1). » M. Montré ajoute à ces éléments du milieu social : le commerce des idées, la culture intellectuelle et les religions. « Il faut se préoccuper de l'influence directe ou par contraste des œuvres sur les œuvres (tradition), que M. Brunetière a bien mise en lumière, mais qui n'est qu'une partie du milieu social (2). »

(1) D'AZAMBUJA : *Les Grands Hommes devant la science sociale*, dans la *Science sociale*, 1897.
(2) Article cité, p. 671.

Pour préciser l'action du milieu social sur l'imagination créatrice, on peut dire avec M. Ribot que la *tendance à l'invention est en raison inverse de la simplicité du milieu.* Dans le milieu sauvage, qui est le plus simple et le plus homogène de tous, il n'y a presque point de novateurs. Le milieu barbare, plus complexe et plus hétérogène, contenant les rudiments de la vie civilisée, favorise les variations individuelles et compte plus d'hommes supérieurs surtout dans le domaine politique, militaire et religieux. Le milieu civilisé, grâce à la division du travail, à la complexité croissante des éléments hétérogènes et à l'inévitable concurrence entre individus et peuples, est très favorable à l'innovation. D'autant plus que la civilisation multiplie, au cours de son progrès, les conditions nécessaires à l'invention. Supposons que Mozart fût né aux îles Samoa : il aurait étendu la gamme de quelques tons, créé quelques mélodies peu compliquées, mais il aurait été incapable de composer des symphonies (1).

L'histoire des sciences montre la vérité de cette formule de Cl. Bernard qu' « il y a une succession nécessaire et subordonnée dans l'apparition des grandes découvertes (2) ». Les inventions se conditionnent les unes les autres. Il y a des époques où elles se multiplient de toutes parts. « Les grandes découvertes, écrit A. de Humboldt, fortuites en apparence, se pressent dans un étroit espace de temps, et les grands esprits aiment en quelque sorte à se présenter de front. » Il y a plus : M. Mentré a établi que beaucoup de découvertes

(1) RIBOT : *Imagination créatrice*, ouv. cité, p. 127.
(2) Cl. BERNARD : *Introduction à l'étude de la médecine expérimentale*, ch. II, § 2.

scientifiques ont été effectuées simultanément par plusieurs savants qui s'ignoraient : il a pu citer une cinquantaine de cas de ce genre, et il y en a bien d'autres (1). L'identité du milieu peut seule expliquer ces rencontres. Enfin, chaque invention a sa répercussion sur l'ensemble des idées. « Il est des faits nouveaux, dit Cl. Bernard, qui, par leur nature, font venir la même idée nouvelle à tous les hommes placés dans les mêmes conditions d'instruction antérieure. »

Cette action du milieu social est la preuve qu'il y a dans toute invention un coefficient social, une sorte de collaboration anonyme qui rappelle l'activité mythique.

Le coefficient social suppose le coefficient personnel. La vie sociale ne produit pas de génies chez les animaux, elle ne donne pas non plus du génie à tous les hommes, bien qu'elle agisse sur tous. Il faut donc admettre l'existence d'un facteur personnel. On sait d'ailleurs que la plupart des novateurs rencontrent de très vives oppositions dans le milieu où ils vivent ; au lieu de se reconnaître dans l'invention et de l'acclamer, la foule a coutume de manifester de l'hostilité ou de la défiance. M. Ribot dit avec raison que le « misonéisme » des foules paraît être un des plus forts arguments en faveur du caractère individuel de l'invention (2). Le génie, en effet, n'est jamais l'expression purement passive, le simple reflet de son milieu : formé en partie par ce milieu, il réagit sur lui d'une

_____

(1) *La Simultanéité des découvertes*, dans la *Revue scientifique*, 29 octobre 1904.
(2) Ouv. cité, p. 126.

façon originale et personnelle, créant de nouvelles manières de sentir, de penser, de vouloir et d'agir, des goûts et des besoins nouveaux, de nouveaux milieux (1). Aussi n'est-il pas étonnant que ses contemporains ne lui rendent pas toujours justice. Les génies de la pensée sont surtout méconnus. Ils ont en général peu d'attaches avec leur milieu immédiat : ils ont poussé leurs racines les plus profondes dans le sol de la Tradition et dans les génies du passé ; ce n'est pas tant le présent qui se condense en eux que le travail des générations qui les ont précédés ; ce n'est pas devant la raison collective du moment qu'ils inclinent leur raison personnelle, mais devant la raison collective de la race et de l'humanité ; ils s'élèvent ensuite, après s'être ainsi subordonnés, bien au-dessus des idées du moment, ils deviennent des autorités et ils étendent sur l'avenir une influence d'autant plus durable qu'ils sont plus profondément enracinés dans un plus lointain passé. Le génie ne s'explique donc pas uniquement par l'ambiance intellectuelle et sociale : d'abord en opposition avec la masse, il l'ennoblit et la transforme. Loin d'être exclusivement passif et réceptif, il est avant tout actif, personnel, créateur : ce n'est ni un demi-dieu, ni un surhomme, il est visiblement tributaire de l'humanité ; mais il représente le plus haut degré de la personnalité, il est moins la résultante des autres que de lui-même.

La puissance de vie intérieure et personnelle de l'homme de génie se manifeste non seulement par les créations qu'elle inspire, mais encore par une sorte

---

(1) Cf. Guyau : *L'Art au point de vue sociologique*, Iʳᵉ partie, ch. II.

d'instinct, de besoin ou de devoir qui le pousse irrésistiblement à créer avec le sentiment qu'il accomplit une mission. Beethoven se serait suicidé, si l'art ne l'avait retenu : « Il me semblait que je ne pouvais quitter le monde avant d'avoir produit tout ce que je sentais en moi. » La vocation créatrice arrache un enfant ou un jeune homme à son milieu social, en dépit de toutes les résistances. « Ce sera un petit berger comme Giotto, le fils d'un poêlier-fumiste comme Rude, ou d'un savant méthodique comme Regnault, qui brusquement se sentira marqué du signe mystérieux, et comprendra désormais qu'il ne saurait vivre que pour l'art (1). » Il n'y a pas d'instinct créateur en général, source unique des inventions les plus diverses ; mais il existe des instincts ou besoins particuliers qui peuvent être des sources de création. Le génie ne doit pas posséder seulement un riche trésor d'images et d'idées, ni simplement la faculté d'être vivement impressionné ; il y a des imaginatifs et des affectifs qui ne créent rien. Il faut en outre qu'il soit passionné et de volonté énergique. La création est à ce prix.

De plus, l'instinct créateur est orienté dans un sens plus ou moins exclusif. L'homme de génie est souvent maladroit en dehors du domaine qui est le sien : tel Mozart qui ne savait pas se couper le pain, incapable qu'il était de se servir correctement de ses mains en dehors de son clavecin ; tel Vaucanson, si gauche en dehors de la mécanique que M⁰ du Deffant prétendait qu'il s'était fabriqué lui-même. Il y a de nombreuses exceptions : Léonard de Vinci, Michel-Ange, Gœthe et

(1) Paul SOURIAU : *L'Imagination de l'artiste*, Paris, 1901, p. 6.

d'autres ont créé dans des domaines très divers, bien qu'on observe encore en eux un instinct prédominant.

Enfin, le besoin de créer se révèle de très bonne heure chez la plupart des hommes de génie. Exemples de précocité, dans la musique : Mozart trois ans, Mendelssohn cinq ans, Haydn quatre ans, Hændel douze ans, Weber douze ans, Schubert onze ans, Cherubini treize ans ; dans les arts plastiques : Giotto dix ans, Van Dyck dix ans, Raphaël huit ans, Guerchin huit ans, Greuze huit ans, Michel-Ange treize ans, A. Dürer quinze ans, Bernini douze ans ; dans la poésie : Schiller et Byron seize ans, Chatterton est mort à seize ans ; dans les arts mécaniques : à neuf ans Poncelet achetait une mauvaise montre, la démontait et la remontait correctement, et, au même âge, Fresnel déterminait « par de véritables expériences la longueur et le calibre donnant la plus forte portée aux canons de sureau qui servent aux jeux des enfants, ainsi que les bois verts ou secs qui, dans la fabrication des arcs, ont le plus de solidité et de durée » ; dans les sciences : Pascal, Newton, Leibniz, Gauss, A. Comte, J. Bernard, ont fait preuve d'invention personnelle avant la vingtième année (1).

On voit d'après ce tableau que l'imagination créatrice suit, selon la matière qu'elle emploie, un ordre chronologique. Elle débute vers trois ans, et commence en général à produire des œuvres de valeur, en musique vers douze ou treize ans, dans les arts plastiques vers

_____

(1) OELZELT-NEWIN : *Ueber Phantasievorstellungen*, Graz, 1889. — Cité par M. RIBOT : *Imagination créatrice*, p. 120.

quatorze ans, dans les arts mécaniques et les sciences vers la vingtième année. L'imagination musicale est la plus précoce ; dès que s'éveille le besoin créateur, elle peut agir, ses matériaux sont prêts, les images sonores s'organisent les premières. L'imagination plastique doit attendre le temps nécessaire à l'éducation des sens, et des mouvements. L'imagination poétique et littéraire suppose quelque expérience des passions et une certaine réflexion. L'imagination mécanique implique, en outre de l'éducation des sens et des mouvements, le calcul. L'imagination scientifique vient la dernière, car elle ne peut s'exercer avant que la faculté d'abstraire n'ait atteint son complet développement.

La précocité du génie rencontre des exceptions, que la thèse sociologique n'a pas manqué d'invoquer en sa faveur. Il y a des hommes supérieurs qui ont commencé par être des écoliers médiocres. Beethoven et Wagner se sont révélés assez tard. Darwin raconte, dans son *Autobiographie* (1), que lorsqu'il quitta l'école il n'était pour son âge ni en avance ni en retard, et que ses maîtres et son père le considéraient comme un garçon fort ordinaire, plutôt au-dessous du niveau intellectuel moyen. Lamarck fut d'abord soldat, un accident le détermina à étudier la botanique ; nommé professeur de zoologie au Muséum à cinquante ans, c'est à partir de ce moment qu'il s'adonna à la zoologie et élabora sa *Philosophie zoologique*. Ces exemples et d'autres du même genre ne prouvent nullement la thèse de l'indifférenciation originelle des hommes, de

---

(1) Autobiographie de Darwin. *La vie et la correspondance de Charles Darwin*, avec un chapitre autobiographique, publiées par son fils, M. Francis DARWIN. Traduit de l'anglais par H. de VARIGNY.

l'indétermination native des génies. Ils montrent seulement que le génie dépend des circonstances et des conditions historiques et sociales, que certains génies en dépendent plus que d'autres ou qu'ils sont plus plastiques que d'autres. La thèse qui fait une part, et même la part principale, aux qualités psychologiques individuelles de l'homme de génie est démontrée par un ensemble de faits incontestables, qu'il est impossible d'interpréter par la seule action du milieu.

Le génie a donc une double origine : une origine individuelle et une origine sociale. La société agit d'abord sur le génie qui réagit ensuite sur elle. Certains courants sociaux s'imposeront à lui et limiteront son action ; il créera à son tour des courants sociaux et en limitera d'autres. Grâce à la limitation que subit le génie, l'histoire se développe avec régularité, et, grâce à l'action qu'il exerce, sa marche est progressive.

On voit ce qu'il faut penser de la thèse pathologique du génie, représentée avec des différences par Moreau de Tours, Jacoby, Lombroso et Toulouse. Le rôle du facteur social dans la formation du génie contredit l'explication de l'homme supérieur par la névrose, l'épilepsie larvée ou autres psychoses. Le fait que les œuvres du génie représentent les formes supérieures de la création, qui a ses formes inférieures, nous incline à considérer les grands hommes non comme des anormaux, mais comme des hommes plus ou moins supérieurs. Ce qu'il y a de vrai dans la thèse du génie anormal, c'est que, d'un côté, l'homme ne peut s'élever sur les sommets de la pensée sans quelque surmenage cérébral et quelque rupture d'équilibre, et

que, de l'autre, certains déséquilibres favorisent
une hypertrophie et une exaltation des facultés créatrices.

L'origine du génie expliquée, il reste à envisager
par quel processus psychologique l'homme supérieur
crée des combinaisons nouvelles, des synthèses originales.

M. Ribot distingue deux procédés généraux d'invention, d'après la place occupée par l'idée ou le problème à résoudre dans l'ensemble de l'opération (1).

Dans le procédé dit complet, l'idée est au commencement; dans le procédé abrégé, elle est au milieu.
Dans le premier, l'idée sollicite l'attention et, au lieu de
jaillir toute faite, parcourt une période plus ou moins
longue d'incubation. Newton mit dix-sept ans à découvrir la loi de la gravitation universelle; et le mathéma-
ticien Hamilton, quinze ans à trouver sa méthode des
quaternions. Dans le second, l'idée jaillit brusquement, soit en vertu d'une poussée intérieure ou inspiration, soit en vertu d'une illumination soudaine; la
préparation paraît nulle, mais en réalité elle existe toujours sous une forme inconsciente. La différence entre
les deux procédés s'accuse surtout dans la phase qui
suit le jaillissement de l'idée nouvelle; dans le premier
cas, le travail est terminé ou à peu près, la découverte
étant le résultat de ce travail; dans le second, à moins
que l'invention ne soit de très courte haleine, le travail doit nécessairement intervenir pour la développer
et l'organiser. Le premier procédé convient surtout

(1) *L'Imagination créatrice*, ouv. cité, p. 130.

aux esprits combinateurs et discursifs ; le second, aux esprits intuitifs et primesautiers. Beaucoup d'auteurs ont successivement recours à l'un et à l'autre. « Chez Chopin, dit G. Sand, la création était spontanée, miraculeuse, il la trouvait sans la chercher, sans la prévoir ; elle venait complète, soudaine, sublime... La crise passée, alors commençait le travail le plus navrant auquel j'aie assisté. » Pendant des jours et des semaines, Chopin courait avec angoisse après les lambeaux de l'inspiration disparue. Gœthe a travaillé à son *Faust* pendant soixante ans : « La difficulté a été d'obtenir par la force de la volonté ce qui ne s'obtient à vrai dire que par un acte spontané de la nature. » Le procédé normal de l'invention est un procédé mixte, ou c'est tantôt l'intuition qui domine et tantôt la combinaison.

Si l'on y regarde de plus près, ces deux procédés généraux ne diffèrent que dans la forme extérieure. Le moment où s'accomplit la synthèse imaginative, le moment de l'invention est le même. Il est toujours précédé d'une préparation soit consciente, soit inconsciente. Il est suivi, si l'œuvre est de quelque durée, d'un travail de développement ; d'ailleurs ce travail qui suit la naissance de l'invention est de même nature que l'invention elle-même : le développement de l'invention n'est au fond qu'une série d'inventions. Le mécanisme de l'invention considérée en général est partout le même. Ce que nous avons accoutumé d'appeler invention consiste dans une systématisation d'inventions.

Prenons un exemple. D'après les renseignements fournis par Darwin lui-même, on peut distinguer cinq principales séries d'inventions dans la formation de la théorie de la sélection naturelle. 1° Darwin remarque, dans l'Amérique du Sud, la succession d'espèces très voisines se remplaçant du Nord au Sud, la ressemblance des espèces du continent avec celles des îles du littoral, les rapports intimes des mammifères édentés et des rongeurs contemporains avec les espèces éteintes des mêmes familles. Cette observation le surprend, fixe son attention, oriente son esprit dans une certaine direction, une systématisation s'ébauche, un germe d'invention est né. 2° L'idée se précise, quand, des remarques précédentes, il conclut que les espèces voisines ont peut-être leur origine dans une forme ancestrale commune. Cette nouvelle idée se fusionne avec la première, la complète et forme avec elle un système et une orientation de pensées, qui, tout en laissant à l'esprit de nombreuses voies ouvertes, en ferment cependant quelques-unes. Chaque progrès dans la synthèse limite le champ des possibilités et des suppositions. 3° Comment les variations ont-elles pu se produire ? Darwin observe pendant des années les plantes et les animaux, répand des questionnaires, résume des livres, amasse des matériaux de toute sorte. L'agriculteur modifie dans le sens le plus utile les plantes, les graines et les fleurs ; l'éleveur obtient des moutons qui lui donnent plus de viande ou plus de laine, des chevaux qui ont plus de vitesse ou plus de résistance. L'un et l'autre utilisent les différences accidentelles qui se produisent naturellement ; ils ne conservent que les spécimens qui présentent les caractères désirés ; et, parmi eux, ils choisissent encore ceux qui se rapprochent le plus de ce qu'on veut obtenir. Darwin part de l'idée de la sélection artificielle pour se demander si la nature ne serait pas capable d'obtenir des résultats analogues, d'où l'idée de la sélection naturelle. Cette idée se systématise avec la précédente et avec la première. Mais Darwin ne voit pas encore comment la nature, procédant sans intelligence et d'après des lois fatales, peut choisir certains caractères et les fixer dans l'espèce. 4° La lecture du livre de Malthus sur le *Principe de population* va lui fournir cette explication. Dans la concurrence vitale, qui rend nécessaire la multiplication rapide des êtres vivants sur une terre où la nourriture et la place sont limitées, ce sont les mieux doués qui survivent ; l'hérédité transmet leurs avantages aux descendants, et, parmi ceux-ci, les mieux doués survivront seuls : ainsi la nature fixe les caractères utiles à l'espèce. « J'étais bien préparé, dit Darwin dans son *Autobiographie,* par une observation prolongée des animaux et des plantes, à apprécier la lutte pour l'existence qui se rencontre partout, et l'idée me frappa que, dans ces circonstances, des variations favorables tendaient à être préservées, et que d'autres moins privilégiées seraient détruites (1). » La sélection naturelle consistera donc à fixer dans l'espèce sous forme de caractère stable et héréditaire ce qui n'aura été au début qu'un phénomène accidentel et avantageux. La théorie darwinienne est fondée, la systématisation des idées a pris sa forme définitive. 5° Le travail de création n'est cependant pas encore complètement terminé ; il faut passer à l'application, vérifier l'hypothèse dans le détail, résoudre des problèmes secondaires : la systématisation est définitive, elle ne sera complète que par une série de nouvelles inventions.

La partie centrale de l'invention de Darwin est la

---

(1) Ouv. cité, I, 86.

découverte de la sélection naturelle. Une foule de petites inventions plus importantes les unes que les autres viennent se grouper autour d'elle, soit qu'elles la préparent, soit qu'elles en résultent.

Tel est le schème général de l'invention. Le travail créateur consiste à dépenser son activité en intuitions et en raisonnements, pour réaliser une synthèse nouvelle des éléments de l'esprit. A tous les stades de la formation de la mémoire, nous avons constaté le rôle capital que joue la synthèse mentale ; nous le constatons de nouveau à propos de l'évolution de l'invention : mémoire et imagination résident essentiellement, comme d'ailleurs l'ensemble de l'esprit, dans l'organisation.

Mais nous ne pouvons nous contenter de ces considérations générales. M. F. Paulhan a fort bien noté que la systématisation de l'idée nouvelle peut s'effectuer par *évolution*, par *transformation* ou par *déviation* (1).

1° La *systématisation par évolution* est une systématisation régulière qui rappelle par sa forme tantôt l'enchaînement syllogistique et tantôt l'automatisme de l'instinct. L'esprit fait choix d'une idée générale, d'une situation maîtresse, d'un sujet de roman ; il cherche ensuite à en déduire toutes les conséquences. Edgar Poë raconte qu'il a suivi, dans la genèse de son poème *Le Corbeau*, un procédé déductif : « Mon dessein est de démontrer qu'aucun point de la composition ne peut être attribué au hasard ou à l'intuition, et

---

(1) F. PAULHAN : *Psychologie de l'invention*, Paris, 1901, l. II, c. ii, iii, iv, p. 79-155. — Cf. Paul SOURIAU : *Théorie de l'invention*, Paris, 1881 ; *Imagination de l'artiste*, Paris, 1901.

que l'ouvrage a marché pas à pas, vers sa solution, avec la précision et la rigoureuse logique d'un problème mathématique. » Le procédé de Sardou est très voisin de ce dernier. Avant de commencer à écrire le drame de *Patrie*, il s'est demandé « quel est le plus grand sacrifice qu'un patriote puisse faire à son pays, et à cette question il a trouvé la réponse suivante : c'est que cet homme, blessé dans son honneur conjugal, renonce à sa vengeance et pardonne, parce qu'il comprend que l'amant de sa femme est indispensable à son pays. Ceci posé, M. Sardou a déduit toutes les conséquences de cette situation : il a cherché quels sont les événements qui devaient se passer avant et après la scène capitale... il a procédé par raisonnements successifs, pour tirer toutes les conséquences possibles de la situation qui a été son point de départ (1). » D'après le Dr Toulouse, Zola part toujours, lui aussi, d'une idée générale : « Il pose l'idée générale qui domine l'œuvre, puis de déduction en déduction, il en tire les personnages et toute l'affabulation (2). »

Malgré les réserves qui s'imposent toutes les fois que des auteurs nous décrivent leurs procédés, les uns ayant une tendance à régulariser après coup la marche de leur invention, les autres comme Poë éprouvant quelque goût à nous mystifier, le germe de l'invention évolue logiquement, et les idées nouvelles qu'il suscite ne font que préciser le sens général du développement et compléter la systématisation déjà ébauchée. Mais il ne faudrait pas croire que la marche logique de l'in-

---

(1) A. BINET et J. PASSY : *Études de psychologie sur les auteurs dramatiques* (*Année psychologique*, première année).
(2) Édouard TOULOUSE : *Émile Zola*, p. 270.

vention puisse être assimilée à la marche d'un théorème, ni la régularité de son évolution à celle d'un
germe vivant dans une espèce donnée. Une idée primitive peut se compléter au moyen de systèmes différents, la direction elle-même n'est pas rigoureusement
imposée. « Plusieurs voies, dit M. F. Paulhan, s'ouvrent ou peuvent s'ouvrir devant l'auteur, et, chaque
fois, une nouvelle invention semblable aux précédentes, tout en fixant et en unissant davantage ce qui
était organisé déjà, tout en fermant à l'esprit quelques-unes des voies où il pouvait s'engager, laisse
subsister ou même soulève de nouvelles questions,
laisse plusieurs portes ouvertes jusqu'à l'achèvement
— toujours un peu arbitraire et incomplet — de
l'œuvre (1). »

Si, comme dans l'évolution du germe vivant, une
certaine allure générale se dessine dans l'évolution de
l'idée primitive, s'il y a des routines dans l'art, dans
la science, dans la littérature, des formes abstraites
auxquelles la pensée tend à se conformer, comme les
genres littéraires, la part d'invention, de liberté et de
finalité y est cependant bien supérieure à la part d'imitation et de routine. Dans l'évolution de l'être vivant,
au contraire, s'il y a une part d'invention, comme
l'attestent les différences individuelles entre les êtres
organisés d'une même espèce, ce qui domine c'est la
fixité, la nécessité du développement.

La systématisation par évolution, au lieu de se présenter sous la forme d'un développement logique,
peut revêtir la forme d'un développement instinctif.

(1) Ouv. cité, p. 87.

Pour passer d'une forme à l'autre, il suffit d'ailleurs que le raisonnement devienne de plus en plus facile jusqu'au point où les solutions jaillissent spontanément : l'invention n'est plus l'œuvre de la personnalité tout entière de son auteur, mais d'une partie seulement qui s'est organisée à part de la conscience personnelle et constitue le subconscient. L'évolution de l'invention n'en est pas moins une systématisation régulière, qui, au lieu de s'accomplir en plein jour, dans la conscience normale et réfléchie, reste souterraine et subconsciente, et, au lieu d'être enchaînement syllogistique, est jaillissement et *inspiration*.

L'inspiration et la subconscience doivent jouer un rôle dans n'importe quelle invention : il est difficile d'admettre que tous les éléments qui la constituent aient été voulus. Ce rôle est capital dans certaines œuvres, à telles enseignes qu'il y a peut-être des « génies inconscients », tels que Mozart et Lamartine.

Une lettre de Mozart sur ce point, quoique l'authenticité en soit contestée, mérite d'être citée au moins comme description du phénomène. « Les pensées me viennent en foule et le plus aisément du monde. D'où et comment m'arrivent-elles ? je n'en sais rien, je n'y suis pour rien. Celles qui me plaisent, je les garde dans ma tête et je les fredonne, à ce que du moins m'ont dit les autres. Une fois que je tiens mon air, un autre bientôt vient s'ajouter au premier, suivant les besoins de la composition totale, contrepoint, jeu des instruments, et tous ces morceaux finissent par former le pâté. Mon âme s'enflamme alors, si toutefois rien ne vient me déranger. L'œuvre grandit, je l'étends toujours et la rends de plus en plus distincte, et la composition

finit par être tout entière achevée dans ma tête, bien
qu'elle soit longue. Je l'embrasse ensuite d'un seul
coup d'œil, comme un beau tableau ou un joli garçon...
Comment maintenant, pendant mon travail, mes œuvres prennent-elles la forme ou la manière qui caractérisent Mozart et ne ressemblent à celle d'aucun autre,
cela arrive, ma foi, tout comme il se fait que mon nez
est gros et crochu, le nez de Mozart, enfin, et non celui
d'une autre personne. »

Lamartine avait toujours à sa disposition les dons
merveilleux que Dieu lui avait départis. « A quelque
heure qu'on s'adressât à lui, dit Legouvé, il était toujours prêt à parler, à écrire ou à agir. Un grand danger
le saisissait-il en pleine nuit, en plein sommeil, pas
un cri de surprise, pas une seconde d'effarement ! Il se
mettait à être héroïque, tout de suite ; en se levant, son
courage s'éveillait en même temps que lui. De même
pour son génie de poète. Sa sœur lui présente un jour
une jeune fille qui désirait quelques lignes de lui sur
son album. Lamartine prend une plume et, sans se donner un moment pour réfléchir, sans s'arrêter une seconde, il écrit :

> Le livre de la vie est le livre suprême
> Qu'on ne peut ni fermer, ni rouvrir à son choix ;
> Le passage attachant ne s'y lit pas deux fois,
> Mais le feuillet fatal se tourne de lui-même ;
> On voudrait revenir à la page où l'on aime,
> Et la page où l'on meurt est déjà sous vos doigts.

« Puis, ces vers terminés, il les tend d'une main non-
chalante à sa sœur, qui les lit, et, stupéfaite de leur
beauté et de son air d'insouciance, ne peut s'empêcher

de s'écrier : « Mon Dieu ! pardonnez-lui, il ne sait pas ce qu'il fait. » Telle était, en effet, la facilité de Lamartine qu'elle ressemblait à de l'inconscience. N'a-t-il pas dit lui-même un jour à un de ses amis fort absorbé par un travail : « Que faites-vous donc là, mon cher, avec votre front dans vos deux mains ? — Je pense. — C'est singulier ! moi, je ne pense jamais, mes idées pensent pour moi (1). »

Cette réflexion de Lamartine définit à merveille le procédé subconscient : « *Je ne pense pas, mes idées pensent pour moi.* »

Le mécanisme de l'invention n'est cependant pas celui de l'instinct. Il y a des tâtonnements et des choix jusque chez Lamartine et Mozart : ce qui se concilierait difficilement avec l'automatisme de l'instinct. De plus, on peut prévoir l'acte instinctif, on sait que dans telles circonstances nous agirons de telle façon ; tandis qu'on ne sait jamais comment nous nous comporterons dans telle invention, ce que donnera tel germe d'idée. « Une fois que l'œuvre est née, que le germe s'est précisé, il est souvent bien difficile pour l'auteur même d'en prévoir le sort... l'œuvre n'est pas contenue dans le germe, même en puissance, de la même façon qu'un être vivant est impliqué, si je puis dire, par son œuf, un chêne par le gland. Elle est susceptible de beaucoup plus de variations, et de variations beaucoup plus imprévues... Le germe de l'invention n'est sans doute pas un bloc de marbre indifférent par lui-même à toute forme et n'attendant que le ciseau de l'ouvrier pour devenir « dieu, table ou cuvette » ; il est un petit organisme dont l'es-

(1) LEGOUVÉ : *Soixante ans de souvenirs*, t. IV, p. 232.

pèce n'est pas fixée, susceptible de se transformer selon les circonstances en plusieurs grands organismes très différents pour la dimension, pour l'importance et pour la forme. Le même germe d'invention peut donner lieu assez indifféremment à un roman ou à une pièce de théâtre, et même aux deux successivement (1). » L'œuvre est donc relativement indépendante de son germe ; elle l'est plus ou moins suivant les cas. On pourra regarder comme régulière toute évolution où l'acquisition des parties nouvelles contribuera à l'accroissement de la synthèse, quant au nombre des éléments composants et quant à la puissance du lien qui les réunit, où par conséquent l'ensemble du système fera sentir son influence sur son développement.

2° La *systématisation par transformation* se produit lorsque les éléments qui composent le système général acquièrent plus d'indépendance, que le lien se relâche, que l'orientation est moins ferme. Un des éléments se développe au détriment des autres, devient centre d'association et menace de dissoudre la systématisation primitive, ou du moins d'en éliminer tout ce qui ne s'accorde pas avec lui. Ces cas sont très fréquents.

Legouvé vient d'écrire, tout exprès pour Rachel, la pièce de *Médée*. La mort de Créuse a été le germe de l'œuvre : tous les éléments du drame sont venus se grouper autour de cette scène. Pour la rendre plus émouvante, l'auteur a voulu modifier le récit mythologique. Écoutons Legouvé lui-même.

« Quelle scène, me dis-je, si, au lieu d'être en récit, elle était en action ! Si, au lieu des enfants, c'était

---

(1) PAULHAN : Ouv. cité, p. 103.

Médée qui apportait ces présents! Si, au lieu d'une
vieille esclave, c'était Médée qui aidait Créuse à se pa-
rer! Médée agenouillée, Médée humiliée! Médée servante! Médée suivant sa rivale dans toutes les joies de
son orgueil ingénu, et, tout à coup, au moment où,
saisie par les premières atteintes du mal, Créuse s'écrie:
« Qu'ai-je donc? », Médée, se relevant, bondissant jusqu'à elle, et lui disant avec un cri de rage triomphante:
« Ce que tu as? C'est que tu vas mourir! » Quelle
situation! Quel contraste pour une actrice comme
Mlle Rachel! »

Après quelques essais d'interprétation de la pièce
entière, un jour qu'il s'agissait d'interpréter la grande
scène, Rachel, hésitante et incertaine, s'arrête tout à
coup et dit à Legouvé: « Mon cher ami, savez-vous ce
qu'il faut faire? Il faut couper cette scène... — Hein,
s'écria Legouvé, couper cette scène! la plus saisissante
des trois actes! la plus nouvelle! la plus riche en effets
pour vous! — Il ne s'agit pas de moi. Il ne s'agit pas
de mes effets. Il s'agit du rôle et de la pièce. Or, cette
scène tue la pièce parce qu'elle tue l'intérêt. — Vous
n'y pensez pas! l'intérêt y est poussé au comble! —
Oui, l'intérêt de l'horreur! l'intérêt de l'odieux! mais
ce n'est pas là ce dont nous avons besoin dans ce troisième acte. Songez que j'ai à tuer mes enfants et que
je dois être touchante en les tuant! Comment pourrais-
je le devenir, quand cinq minutes auparavant j'aurai
été atroce, quand on m'aura vue froidement, perfide-
ment, lâchement meurtrière? La mise en scène du meurtre de Créuse rend impossible le meurtre des enfants:
elle le déshonore! je ne suis plus qu'une égorgeuse!
Oh! je sais fort bien ce que je trouverais dans cette scène,

mais... après, après, je ne croirais plus à mes lar-
mes ! »

« Je regardai un moment sans répondre, émerveillé,
je l'avoue, de voir une fille sans éducation arrivée d'instinct, par naturelle supériorité d'esprit, à la plus profonde critique, et lui prenant la main, je lui dis :

« Vous avez raison, je coupe la scène.

— Vous êtes charmant, me dit-elle en me sautant
au cou.

— Avouez seulement, ajoutai-je en riant, qu'il est
bien comique que je retranche de ma pièce la situation
pour laquelle la pièce a été faite (1). »

La scène primitive disparaît à cause de son incompa-
tibilité avec une autre scène qui, de secondaire, est
devenue principale et s'accorde mieux avec l'idée
générale d'écrire une pièce pour Rachel. Mais la pièce
subsiste.

Il est des cas où l'idée directrice elle-même se transforme, la transformation peut aller jusqu'à l'opposition.
Alfred de Musset, dont l'imagination est faite de contrastes comme sa sensibilité, reprochait à Scribe la régularité de ses pièces. « Il a un défaut, disait-il, *il ne se
fâche jamais contre lui-même...* il sait toujours d'où il
part, par où il passe et où il arrive. De là sans doute
un mérite de ligne droite, qui donne une grande solidité
à ce qu'il écrit. Mais de là aussi un manque de souplesse et d'imprévu. Il est trop logique ; il ne perd jamais
la tête. Moi, au contraire, au courant d'une scène, ou
d'un morceau de poésie, il m'arrive tout à coup de changer de route, de culbuter mon propre élan, de me retour-

(1) LEGOUVÉ : *Soixante ans de souvenirs,* t. IV, p. 19.

ner contre mon personnage préféré et de le faire battre
par son interlocuteur (1). »

Musset a décrit en ces quelques lignes l'évolution
régulière et l'évolution par transformation. Il intervient
au cours d'une invention tant d'idées nouvelles et de
sentiments nouveaux qu'il est difficile que ces éléments
n'apportent point quelques modifications et même quelques troubles dans la synthèse en voie de développement. Il y a de l'irrégularité jusque dans les cas d'évolution régulière. L'évolution régulière est l'exception,
et la transformation la règle.

3° La *déviation* n'est peut-être pas moins fréquente
que la transformation. « C'est une sorte de transformation avortée. » Certains éléments de la systématisation
se détachent de l'ensemble, mènent une vie propre, et,
au lieu de se substituer à l'idée directrice ou aux autres
éléments, trouvent le moyen de coexister dans une synthèse imparfaite.

Les « longueurs » dans une œuvre littéraire sont des
cas de déviation. « Hugo en fourmille, dit M. Paulhan.
Le chapitre sur Paris à vol d'oiseau et sur la Cathédrale
dans *Notre-Dame de Paris* sont évidemment en dehors
de l'action (si bien qu'ils ne figuraient pas dans les
premières éditions), et d'une longueur disproportionnée.
Ils tendent à transformer l'œuvre, à substituer une étude
d'archéologie à un roman. La transformation ne s'accomplit pas, mais la déviation reste. Dans les *Misérables,* dans les *Travailleurs de la mer,* les longueurs abon-
dent bien davantage, et on les a souvent signalées (2). »

(1) LEGOUVÉ : Ouv. cité, t. IV, p. 252.
(2) Ouv. cité, p. 136.

Au dire de M. Faguet, on pourrait distraire de la *Maison du berger,* de Vigny, tout le passage sur les chemins de fer.

Les causes de la déviation sont de toutes sortes : tantôt, c'est la routine comme dans *Lohengrin,* où, à côté de scènes qui portent la marque de Wagner, se trouvent d'autres scènes qui rappellent l'ancien opéra ; tantôt, c'est la réalisation même de l'œuvre, comme dans une *Fantasia* de Delacroix. « Il s'abandonnait trop à lui-même, dit Maxime du Camp, et ne résistait pas assez à cet emportement interne qui est la fièvre du travail. Un jour, j'étais chez lui dans son atelier... Il peignait une *Fantasia* de petite dimension. Un cavalier a lancé son fusil en l'air et lève la main pour le rattraper, pour le saisir au vol. Delacroix était très animé ! Il soufflait bruyamment ; son pinceau devenait d'une agilité surprenante. La main du cavalier grandissait, grandissait, elle était déjà plus grande que la tête et prenait des proportions telles que je m'écriai : « Mais, mon cher Maître, que faites-vous ? » Delacroix jeta un cri de saisissement, comme si je l'eusse réveillé en sursaut ; il me dit : « Il fait trop chaud ici, je deviens fou (1). »

La déviation peut devenir un procédé. « Nous trouvons le plus souvent nos idées par digression, dit M. Souriau. » M. de Curel utilise la rêverie comme méthode d'invention. Il est en train de faire le scénario de *La Figurante,* une scène ne lui plaît pas. « Allons y réfléchir, et pour cela faisons un tour de jardin. Je sors. Il ne faut pas croire qu'à peine au jardin je me

---

(1) Maxime du Camp : *Souvenirs littéraires,* II, 211.

mette à réfléchir à ce qui m'inquiète. Pas du tout. Dès ma première pensée, plusieurs rêves parasites surviennent, et je fais deux ou trois tours avec la volonté de réfléchir, mais sans exécution. Enfin, parmi les rêveries parasites, voici qu'il s'en établit une qui me transporte dans les couloirs du Vaudeville pendant le deuxième acte de *La Figurante*. Tout à coup, je m'arrête. Quelqu'un pousse des cris de désespoir : c'est Sarcey, que Jules Lemaître cherche à calmer. « Non, ça n'est pas du théâtre, s'écrie Sarcey, je n'admettrai jamais qu'une femme, etc. » Et il s'établit une discussion entre Lemaître et Sarcey, précisément au sujet de ma grande scène si difficile à amener. J'écoute le débat, j'y dis mon petit mot. Naturellement, je finis par avoir raison..... Au bout d'une heure, je rentre à la maison éclairé sur mon deuxième acte. Ma rêverie a donné un cadre à mes réflexions et, grâce à elle, je tiens mon scénario complet..... Cette variété de rêverie utile est très développée chez moi et vient sans cesse à mon secours dans les cas les plus différents (1). »

Le mécanisme de l'invention dans l'évolution, la transformation et la déviation, est au fond partout le même. L'invention est une systématisation d'idées nouvelles ; si elles sont toutes systématisées entre elles, nous avons l'évolution régulière ; si la systématisation vient à manquer sur un point, nous avons la transformation et la déviation. Dans tous les cas, ce travail d'assimilation ne va pas sans un travail d'élimination, d'où l'avortement de nombreuses idées et la mort de

---

(1) A. BINET : *F. de Curel*, dans l'*Année psychologique*, I, p. 152.

beaucoup de germes. Que d'idées ne naissent pas via-
bles! Ces procédés sont rarement isolés, on a coutume
de les rencontrer dans toute invention. M. Paulhan dit
avec beaucoup de justesse : « Ce que nous appelons le
développement d'une invention est un composé plus ou
moins systématique d'évolutions, de transformations,
de déviations et d'avortements (1). »

Le travail de l'esprit est par nature en opposition avec
le déterminisme physique, quoiqu'il en subisse l'influence ; il est essentiellement original, créateur, personnel. Ce caractère fondamental n'apparaît nulle part
avec plus de relief que dans les formes supérieures de
l'invention.

(1) Ouv. cité, p. 155.

CHAPITRE IX

L'évolution au cours de laquelle se constituent la Mémoire et l'Imagination consiste en un travail d'organisation et de synthèse, dont il convient de mettre en relief les agents essentiels.

La synthèse de chacune de ces deux facultés, succédant à l'analyse, semble faite de pièces et de morceaux rattachés par un fil extérieur : elles ont été tour à tour décomposées en images et recomposées avec des images. En les traitant ainsi, d'après les méthodes de la psychologie expérimentale, ne les a-t-on pas dénaturées? Les processus d'analyse et de synthèse expliquent-ils la vraie origine de ces deux propriétés essentielles de la vie consciente ? Ne seraient-ils pas plutôt des processus secondaires et dérivés, plus ou moins artificiels, au moyen desquels des activités primordiales chercheraient à s'adapter au milieu physique et social ? En d'autres termes, chacune de ces deux grandes synthèses est-elle un fait primaire, ou bien, au contraire, ne fait-elle que symboliser une synthèse originale plus profonde qui s'adapte sous la pression des besoins, et se donne, en s'adaptant, une semblable organisation ?

Qu'est-ce, enfin, pour parler comme Aristote, que cette chose qui s'appelle Mémoire et cette autre qui s'appelle Imagination ?

On peut ramener à cinq les facteurs les plus généraux de l'évolution des images : la *dissociation*, l'*association* et l'*attention*, le *sentiment*, le *subconscient*, et
le facteur *organique*.

1° La *dissociation*. — Il faut distinguer deux synthèses d'images, celle de la mémoire et celle de l'imagination. La dissociation n'a pas la même importance
dans les deux cas. La synthèse de la mémoire reproduit une expérience ancienne ; la synthèse de l'imagination, au contraire, donne naissance à une expérience
nouvelle.

Il semble, au premier abord, que la dissociation n'ait
point de rôle à jouer dans la synthèse de la mémoire,
dont la loi fondamentale réside dans la « réintégration » : il s'agit, en effet, de faire revivre une expérience passée. Il n'en est rien ; l'expérience ne se
représente jamais de la même manière qu'elle s'est
présentée. D'abord, un grand nombre de détails disparaissent sans se fixer ; puis, ceux qui se fixent évoluent,
contractent des rapports nouveaux et se groupent diffé-
remment : la période de fixation résume l'expérience,
et celle de latence la démembre plus ou moins ; viennent, ensuite, l'évocation dont l'effort ne porte pas également sur tous les éléments, la reproduction qui ajoute
et retranche encore, l'assimilation et, enfin, la reconnaissance qui favorisent certaines parties au détriment
des autres. L'expérience qui réapparaît est donc en un
sens une expérience nouvelle : il y a de l'invention
jusque dans la mémoire. C'est que la loi de « réintégration » a pour antagoniste la loi de dissociation ;
sans cette dernière, la conscience serait condamnée à
l'automatisme et à la répétition.

La loi de dissociation est une loi générale de l'esprit. On la confond trop souvent avec l'abstraction. Il existe entre ces deux opérations une distinction essentielle, la même qui existe entre l'*abstrait* et l'*extrait*.

L'abstraction est beaucoup plus restreinte que la dissociation. Son opération ne consiste pas à diviser, à morceler l'expérience, mais à rendre possible la généralisation, en élevant le contenu de l'idée au-dessus de l'espace et du temps et de toute condition particulière et concrète. L'abstraction accomplit toujours une transformation : essentiellement active, du sensible elle produit l'intelligible et du concret l'abstrait. La dissociation ne crée rien d'original par elle-même, elle rend seulement la création possible. Elle se borne à analyser ce qui est : quand elle s'exerce sur le contenu de la perception, qui est concret, elle morcelle du concret ; quand elle se porte sur les éléments du jugement, qui sont rationnels et abstraits, elle divise de l'abstrait. Ce qu'elle détache d'un complexus doit être appelé *extrait* si l'on considère la nature de son opération, et *concret* ou *abstrait,* selon les cas, si l'on envisage la matière de son opération.

Rien ne manifeste avec plus d'éclat l'activité foncière de l'esprit que ce travail universel d'analyse et de dissociation, auquel nulle expérience ne saurait échapper : ni celle de la perception, ni celle de la mémoire, ni celle de l'imagination. L'expérience purement passive, où la conscience ne ferait que refléter le monde extérieur, n'a pas plus de réalité que la dame de pique.

Deux sensations ne sont jamais absolument semblables de tous points, non seulement d'un individu à l'autre, mais chez le même individu d'un moment à l'autre : à plus forte raison, deux perceptions, deux expériences, deux états d'esprit individuels ou sociaux.

Dans l'expérience qui s'efforce de se fixer et de revivre, la dissociation attaque les images et leur groupement. L'image n'est jamais le portrait de la sensation, elle en est nécessairement la simplification ; cette simplification peut présenter tous les degrés depuis l'image dite concrète, très voisine de la réalité, jusqu'à l'image la plus schématique et la plus dépouillée de marques individuelles. Tous les chapitres de ce livre protestent contre la théorie de l'image-*copie*, de l'image-*cliché*, telle du moins que l'entendent certains médecins ; l'observation et l'expérience déposent en faveur de l'évolution de l'image. La dissociation désagrège les groupes d'images comme les images mêmes. Son pouvoir n'est cependant pas illimité ; il se heurte à des systématisations qui lui résistent. Et il le faut bien, puisque la mémoire existe. Si l'expérience passée se dissolvait totalement, le fait de la reconnaissance deviendrait impossible, nous serions incapables d'identifier le présent avec le passé. La mémoire suppose donc une systématisation durable des images, régie, quant à son origine et sa conservation, par la loi de « réintégration ». Mais à certains caractères de cette systématisation on reconnaît l'influence de la dissociation.

À mesure que la dissociation triomphe de la « réintégration », on passe de la mémoire à l'imagination. Les formes supérieures de l'invention impliquent une dissociation très active. La faculté de penser par *analogie*, qui constitue la création imaginative, suppose la dissociation. La moindre analogie enveloppe quelque dissociation. Pour se représenter un « ver luisant » comme une « étoile de l'herbe », il faut dissocier la lumière de deux ensembles de propriétés qui n'ont rien de commun. Si imaginer c'est associer d'une manière nouvelle les éléments d'une expérience passée, c'est d'abord dissocier cette expérience en ses éléments. De même, quoiqu'à un moindre degré, si se souvenir c'est grouper les éléments anciens de nos perceptions sans reproduire adéquatement ces perceptions mêmes, c'est aussi dissocier. Mais la dissociation n'est qu'un facteur négatif, qu'une opération préparatoire. La mémoire et l'imagination étant des synthèses sont constituées par une opération positive, par l'association.

2° *L'association et l'attention.* — Ces deux facteurs peuvent être réunis en un seul. L'association n'est pas une opération purement automatique, elle suppose un certain degré d'activité psychologique, de synthèse mentale, d'attention. Entre les deux termes : association et attention, il n'y a pas de différence de nature, mais de degré seulement. L'attention est une association plus active, plus personnelle ; l'association est une attention diminuée. Ces deux facteurs interviennent à chacune des étapes de l'organisation de la mémoire.

D'abord, les amnésies de fixation, au point de vue psychologique, consistent dans une insuffisance de liaison mentale ou d'attention. Le vieillard cesse d'apprendre quand il devient incapable d'un certain degré d'attention, qu'implique toute connaissance nouvelle ; il vit sur son passé, sur une synthèse déjà faite, qui, par conséquent, exige moins d'attention. Ensuite, les con-

ditions de la fixation des souvenirs sont les conditions
mêmes de l'attention. L'intégrité anatomique et physiologique de l'écorce cérébrale qui est requise pour
la fixation est requise aussi pour l'attention ; le syndrome de la « confusion mentale », que peut occasion-
ner une intoxication, est une impuissance à apprendre
en même temps qu'une impuissance à faire attention.
Les autres conditions, intensité et qualité de l'impression, nature de l'objet, d'une part, et, d'autre part, âge
du sujet, rythme, répétition, temps, degré de compréhension et d'intelligence, sentiment, ne sont des
facteurs de fixation que dans la mesure où ils sont des
facteurs d'association ou de synthèse mentale, c'est-à-
dire d'attention.

Dans la période de latence, les souvenirs subissent
des transformations diverses : la conscience supprime,
retient et organise suivant ses tendances profondes et
les besoins de l'action présente. Au début, le souvenir
perd beaucoup, il perd ensuite de moins en moins, et
il vient un moment où ses pertes sont insensibles, où,
sans jamais devenir inerte, il est stable, c'est lorsqu'il
s'est suffisamment synthétisé. Ce travail progressif
d'organisation explique pourquoi les souvenirs les plus
récents sont ordinairement les premiers atteints dans
l'amnésie rétrograde, sorte de désagrégation du contenu
de la conscience qui s'étend de l'instable au stable, du
moins synthétisé au plus synthétisé ou du plus récent
au moins récent. La période de latence du souvenir est
donc une période de travail et de tension : retenir, c'est
synthétiser et, par conséquent, en un certain sens,
faire attention.

L'évocation des souvenirs est aussi tension et effort;

les amnésies d'évocation dérivent, pour une bonne part, de l'aboulie intellectuelle ou *aproséxie*, sorte de « crampe » de l'attention. Les douteurs, par exemple, sont des abouliques qui recherchent un souvenir avec un besoin irrésistible, accompagné d'angoisse et d'anxiété, sans jamais parvenir à le retrouver ; ils ne savent pas diriger leur attention : au lieu de la porter sur une idée en rapport avec le souvenir cherché, ils la fixent d'une façon maladive sur des détails qui n'ont aucun rapport avec lui. Si l'amnésie d'évocation est, en partie, un phénomène d'aboulie intellectuelle, l'évocation doit être, dans la même mesure, un phénomène d'attention. Même dans l'évocation dite passive où l'automatisme psychologique règne en maître, les souvenirs ne se déterminent pas mécaniquement les uns les autres ; l'association automatique n'est ni inertie, ni passivité, mais attention ou activité dégradée. C'est surtout dans l'évocation active et volontaire des souvenirs qu'apparaît le rôle de l'attention. L'art de l'oubli, l'art de se former soi-même et de se créer une individualité, en un mot, l'art d'évoquer dans sa conscience des courants puissants de pensées dépend de la richesse psychologique de chacun, par conséquent, de ses idées et de ses sentiments, mais aussi et surtout de sa puissance d'effort intellectuel qui se dépense en propositions et en hypothèses de toutes sortes, jusqu'à ce que la représentation désirée ou le souvenir cherché soient évoqués.

Les amnésies de reproduction, aphasies, agnosies, amnésies systématisées, amnésies périodiques, supposent l'impuissance de synthétiser deux moments de la vie psychologique : celui où l'événement s'est produit et celui où l'on voudrait le reproduire. Cette impuissance tient surtout à deux causes, qui se ramènent à une seule, l'insuffisance de l'attention. D'un côté, en effet, plus l'état passé et l'état présent sont différents au point de vue intellectuel, sensoriel, émotif et cénesthésique, plus leur synthèse devient difficile et suppose, par conséquent, d'activité mentale. D'un autre côté, la difficulté de la synthèse peut provenir d'une impuissance du pouvoir d'attention considéré en lui-même, indépendamment de la nature des éléments à synthétiser. Si l'action synthétique de l'esprit est faible ou même nulle, la reproduction du souvenir devient difficile ou impossible. C'est ce qui arrive dans les amnésies de reproduction, où la dissemblance entre l'état présent et l'état passé excède l'attention dont le sujet est capable. De même que les faits négatifs de reproduction s'expliquent par l'insuffisance de l'attention, de même les faits positifs trouvent leur explication dans l'efficacité de l'attention. Tous les faits de reproduction se ramènent à des synthèses psychologiques, à des associations. Dans les synopsies colorées ou figurées, l'inducteur reproduit l'induit à cause du lien qui existe entre eux et qui sera, par exemple, une ressemblance affective ; il le reproduit en opérant une sélection parmi les souvenirs, en le choisissant de préférence à d'autres, en le rendant actuel et présent comme lui. Leibniz a raison de voir dans cette opération semi-automatique une imitation de la raison. La présence d'une idée, l'intuition de certains rapports généraux, le besoin ou le désir de compléter l'idée actuelle par une autre idée qu'il faudra choisir parmi les souvenirs, tels sont les éléments qui constituent l'association des idées. L'associationnisme anglais, pour n'avoir pas vu le rôle que joue dans l'association des idées leur rapport intime, en a fait un accident et un mystère. Admettons que le rapport des deux idées préexiste à leur association et que nous recherchions l'une d'elles à la lumière de quelque rapport, un choix doit s'opérer, et s'opérer intelligemment. La reproduction des souvenirs dépend de la synthèse personnelle, et la grande part d'automatisme qu'elle comprend s'explique par une diminution de l'attention.

Ce qui manque à un souvenir quand il ne se reproduit que dans la subconscience, c'est d'être associé au moi personnel ; et ce qui s'ajoute à lui quand il devient conscient, c'est un certain degré d'organisation, non entre les éléments qui le constituent, mais entre ces éléments et la conscience de soi. La conscience des souvenirs, leur assimilation par le moi personnel est le fait de la synthèse et de l'attention. Ce que nous appelons « Je » ou « Moi », en psychologie expérimentale, est une systématisation ; la personne principale est la systématisation la plus importante, mais la personne secondaire ou les personnes secondaires sont aussi des systématisations. Quand un souvenir passe de la systématisation secondaire à la systématisation principale, il acquiert un nouveau degré de synthèse. Le fait se produit toutes les fois que le souvenir offre plus d'intérêt, et, en excitant l'attention, augmente l'activité synthétique de la conscience. Prendre conscience d'un souvenir exige un travail d'attention et de synthèse personnelle, qui atteint son plus haut degré dans la reconnaissance.

Le sentiment de la reconnaissance se réduit à un

sentiment de familiarité et d'automatisme. La mémoire
« qui répète » s'explique par un automatisme de mouvements ; et la mémoire « qui représente », par un
automatisme d'images. Dans les deux cas, le souvenir
est reconnu lorsque la perception présente évoque la
série automatique des représentations passées, que ces
représentations soient kinesthésiques ou qu'elles soient
sensorielles. Aussi les troubles de la reconnaissance
résultent-ils de certains troubles de l'automatisme. La
fausse reconnaissance a son origine dans un faux sentiment d'automatisme. Les paramnétiques se croient
des automates, des mannequins ; et l'automatisme qu'ils
éprouvent leur donne l'illusion de la reconnaissance.
C'est ainsi que le sentiment de la facilité et de la rapidité des processus psychologiques fera croire à une
répétition, d'où l'impression du « déjà vu ». Quand
l'attention devient trop faible, le malade ne comprend
plus, d'où l'impression du « jamais vu ». Les alternances de ces deux impressions sont dues aux oscillations de l'attention. Suivant qu'on se sent automate
ou qu'on a le sentiment de ne pas comprendre, on dit
qu'une chose est facile, banale, familière, déjà connue, ou qu'elle est difficile, singulière, étrange, jamais
vue. Or, l'automatisme consiste dans une certaine association d'images. Il en résulte que la reconnaissance
et ses troubles s'expliquent par l'association. Ce n'est
pas tout. Le passé se distingue primitivement du présent en ce qu'il provoque moins d'états agréables ou
pénibles, moins de réactions motrices, en ce qu'il est
moins réel, moins actuel, par conséquent en ce qu'il
nous intéresse moins et excite moins notre attention. Il
se distingue aussi du présent par un certain degré de

cohérence et de systématisation : moins systématisé que
le présent, il l'est plus que l'imaginaire. Cette loi de
complexité et de cohérence régit à tel point les images
que, si elles ne la suivent pas, nous confondons tout,
nous sommes dans l'illusion. L'expérience joue enfin
un rôle important dans la connaissance du passé. Or,
l'expérience est, en grande partie, affaire d'attention et
de synthèse personnelle.

En passant de la synthèse de la mémoire à la synthèse de l'imagination, l'association conserve sa nature
psychologique, mais elle devient beaucoup plus active.
Il s'agit, en effet, de grouper les éléments de l'expérience
passée, de manière à constituer une expérience nouvelle : associer ne sera plus reproduire ou répéter,
mais créer. Aussi de toutes les formes de l'association,
les moins actives, comme celles qui sont des répétitions, seront-elles les moins propres à la création.
L'association par contiguïté, qui reproduit l'ordre et
la connexion des événements, sera éliminée de notre
sujet. L'association par ressemblance, au contraire,
pouvant être très active, donnera lieu à des combinaisons nouvelles et sera le principal instrument de création. L'assimilation active peut être considérée comme
synonyme de création.

La ressemblance qui groupe activement deux idées
n'est pas la ressemblance totale, mais l'analogie ou
ressemblance partielle. La perfection de l'analogie
dépend de la quantité et de la qualité des éléments
communs : elle est faible quand elle repose sur un seul
élément ou sur des éléments purement accidentels et
apparents ; elle est grande, au contraire, si les éléments
sont nombreux et surtout s'ils sont essentiels et pro-

fonds. L'analogie peut donc parcourir tous les degrés
de la ressemblance et servir à associer les idées les
plus lointaines. Quelquefois même les idées n'ont
d'autre élément commun que leur rapport à un troisième terme. La faculté de *penser par analogie* permet
donc de grouper les idées de la façon la plus nouvelle
et la plus inattendue. Elle va tantôt du sujet à l'objet
et tantôt de l'objet à l'objet. Dans le premier cas, on a
le procédé de personnification et, dans le second, celui
de transformation ou de métamorphose. Nous avons
étudié la personnification à propos des synopsies figurées et des mythes ; le procédé *ex analogia hominis* a
donné lieu à de nombreuses créations. La transformation consiste en un transfert par ressemblance partielle,
que la ressemblance fournie par la perception soit
vague, comme lorsqu'on dit que le vent gémit, ou qu'elle
soit une ressemblance affective et devienne le symbole de la perception, comme dans le cas où le chien
représente la fidélité et le chat la ruse. Ce procédé a
créé les symboles, les allégories et les métaphores (1).

La faculté de penser par analogie, considérée dans les
formes supérieures de la création, dépasse l'imagination proprement dite et se confond avec la raison. La
différence entre l'imagination et la raison ne consiste
pas dans une différence d'exactitude, mais dans une
différence de nature entre les analogies qu'elles décou-
vrent : la première ne saisissant que les rapports
concrets et la seconde que les rapports abstraits. Le
travail de la raison et de la réflexion joue le principal
rôle dans les créations du génie.

(1) RIBOT *Imagination créatrice*, ouv. cité, p. 24.

Telle est la part de l'association par ressemblance dans la création. Cette part est si importante que beaucoup se refuseront à y voir un simple processus associatif, et ils auront raison si par ce mot ils entendent l'association mécanique et automatique des Anglais. Mais si l'on définit l'association comme nous avons eu soin de le faire, on doit dire qu'elle est un des facteurs essentiels de la synthèse imaginative. Associer et dissocier sont deux opérations fondamentales de l'esprit et deux opérations constitutives de la mémoire et de l'imagination. Ce ne sont pas les seules, surtout si on les réduit, comme nous l'avons fait, à leur squelette intellectuel : prises en elles-mêmes, dans leur richesse psychologique, elles comprennent d'autres éléments, dont il a fallu les abstraire, puisqu'il est impossible, quand on fait une analyse, de parler de tout à la fois, mais qu'il convient de leur restituer.

3° Le *sentiment.* — L'influence des états affectifs pénètre le champ tout entier de la mémoire et de l'imagination. Réduites à de purs facteurs intellectuels, l'association et l'attention seraient inactives : c'est le sentiment qui les sollicite ; les soustraire à son influence, c'est les soustraire à l'influence du premier moteur psychologique. De plus, quand elles s'exercent sous la poussée d'un état affectif, d'un besoin ou d'un désir, elles groupent et organisent les idées beaucoup moins d'après les rapports objectifs et intellectuels que ces idées soutiennent entre elles que d'après leur rapport au moi personnel. Nous associons nos idées parce qu'elles sont semblables ou contiguës, mais nous les associons surtout parce qu'elles nous intéressent. C'est

ainsi que nous avons beaucoup plus de facilité pour
apprendre et pour rappeler ce qui nous émeut, ce qui
nous touche en quelque manière. La loi ordinaire et
pratique de la mémoire n'est pas la loi de réintégration
complète, mais la *loi d'intérêt* ou *loi affective*, qu'on
pourrait formuler ainsi : dans tout événement passé,
les parties intéressantes se fixent et se ravivent seules
ou du moins avec plus d'intensité que les autres.

On pourrait généraliser cette formule et l'étendre à
l'imagination, en disant que l'association y obéit surtout à la loi d'intérêt. L'association par *ressemblance
affective* peut grouper dans la perception, reproduire
dans le souvenir, fondre en une synthèse originale les
états psychologiques les plus disparates : il suffit qu'ils
aient un ton affectif commun, une marque émotionnelle commune. Et comme le nombre de ces états est
illimité, illimité est aussi le nombre des combinaisons.
D'où ces associations qui parfois nous étonnent et nous
paraissent dépourvues de tout lien ; on chercherait en
vain un lien objectif, la liaison s'est opérée par l'intermédiaire du sentiment. Le rêve et la rêverie nous offrent
de nombreux exemples de ce genre d'association. La
ressemblance affective peut être bizarre et *exceptionnelle*, comme dans les synopsies colorées et figurées. Il
existe une manière de sentir rare, quelquefois excen-
trique, dépendant du tempérament et cultivée chez certains auteurs comme un sentiment raffiné et supérieur
qui leur serait propre.

L'association par contraste, si féconde en imprévu,
dépend elle aussi, en grande partie, des états affectifs ;
le contraste existe surtout et produit le plus d'effets
dans le domaine des sentiments.

La vie affective est donc un facteur essentiel de l'association des idées et par conséquent de la mémoire et de l'imagination.

M. Ribot a résumé dans les deux formules suivantes l'influence du sentiment sur le travail imaginatif :

Toutes les formes de l'imagination créatrice impliquent des éléments affectifs. — Toute création présuppose un besoin ou un désir, et, de plus, s'accompagne, aux diverses phases de son évolution, d'états affectifs tels que le plaisir et la peine, l'exaltation, le dépit, la colère, la dépression. L'invention dans l'ordre mécanique et intellectuel a, elle aussi, quoi qu'en ait dit James Sully, l'émotion comme principe et comme accompagnement. Il n'y a pas d'invention qui ne soit une réponse à quelque besoin, ni d'inventeur qui n'ait connu l'enthousiasme ou le découragement. La seule différence entre ces formes de l'invention et la forme esthétique, c'est que dans cette dernière l'émotion ne se contente pas de solliciter et d'accompagner le travail créateur, elle lui sert aussi de matière, comme lorsque le poète, le musicien, l'auteur dramatique, ressentent les émotions de leurs personnages.

Toutes les dispositions affectives quelles qu'elles soient peuvent influer sur l'imagination créatrice. — Œzelt-Newin réserve aux émotions sthéniques ou excitantes le privilège de la création esthétique. C'est une erreur. La peur, qui est le type des émotions asthéniques, est la mère de toute espèce de fantômes et de superstitions. L'envie, la jalousie, la vengeance, qui sont des formes mitigées de la colère, sont fécondes en ruses, en inventions de toute sorte. *Facit indignatio versum.* La joie est féconde, l'amour crée un être imaginaire, et l'amant s'écrie parfois désillusionné : « Ce n'est pas toi que j'aimais, mais une autre. » Cette autre était la fille de son imagination. La tristesse, qui est cependant une émotion déprimante, a fourni les plus belles inspirations ; n'existe-t-il pas un art pessimiste? Quant au sentiment de sa force personnelle, sentiment d'être cause, d'être créateur, il est inhérent à toute création, toute création étant une victoire (1).

Telle est l'influence du sentiment. Il agit sur l'association des idées, l'incline dans le sens de ses intérêts, crée, à côté de la loi intellectuelle de la réintégration, la loi affective de l'intérêt et donne naissance à des formes d'association créatrice qui lui sont propres.

4° Le *subconscient*. — L'association affective, la plus efficace de toutes les associations pour former les synthèses de reproduction et de création, est surtout inconsciente. De même, d'autres formes d'association, comme les associations intellectuelles, qui exercent aussi une grande influence sur la synthèse des images, sont souvent inconscientes. Il en résulte que l'organisation de la mémoire et celle de l'imagination échappent, pour une bonne part, à l'action de la conscience personnelle.

Nous avons vu, aux différentes étapes de la mémoire, le subconscient à l'œuvre. La période de latence est tout entière une période de subconscience. Dans la période de reproduction, les somnambulismes constituent des mémoires subconscientes ; et les synopsies, des phénomènes aux trois quarts subconscients. Le

(1) RIBOT : *Imagination créatrice*, ouv. cité, p. 27.

chapitre sur la *Conscience des souvenirs* nous a montré
dans le souvenir inconscient une organisation imparfaite, capable de se compléter et de devenir consciente
par son assimilation au moi personnel.

Le subconscient ne fait pas que reproduire des combinaisons anciennes, il crée aussi des combinaisons
nouvelles. Notre caractère, notre tempérament et surtout nos dispositions du moment, dont l'action est en
grande partie imperceptible et souterraine, sont l'origine de formes associatives créatrices, telles que l'*association médiate* et la *constellation*.

Que l'association médiate prenne la forme de la contiguïté ou de la ressemblance, peu importe, elle peut
être dans les deux cas un principe de création. Grâce à
l'élimination du moyen terme ou des moyens termes,
qui n'existent que dans la subconscience, le groupement des idées est nouveau et imprévu. La « constellation » est une association d'idées à forme réticu-
laire : l'idée rayonne dans tous les sens; si elle évoque
telle idée plutôt que telle autre, et d'une façon impré-
visible, cela tient à des tendances prédominantes subconscientes. Wahle avait remarqué une belle broche
en forme de gondole : deux heures après, il faisait un
rapprochement qui ne lui était jamais venu à l'esprit,
malgré des ressemblances architecturales, entre l'Hôtel
de Ville situé près de sa maison et le Palais des Doges
à Venise. C'est cette diversité de tendances, de dispositions latentes, d'images ou de sentiments prédominants,
qui explique la richesse et la variété des mythes malgré
la pauvreté et l'homogénéité de la matière mythique.

Le rôle de la subconscience dans la création soulève
la question de l'*inspiration*. L'inspiration n'est pas le

génie. Il y a des chefs-d'œuvre qui ne sont pas dus à l'inspiration, et il y a des œuvres inspirées qui ne sont pas chefs-d'œuvre. L'inspiration ne dépend pas de nous ; il y a sans doute des moyens de la provoquer où de la favoriser, mais, outre que ces procédés ne réussissent pas toujours, ce sont des procédés artificiels dont il est plus sage de ne pas user. Mieux vaut se résigner à la stérilité et attendre l'inspiration. L'inspiration est soudaine, elle jaillit tout à coup, elle fait irruption. Mais, au fond, elle suppose un long travail, une laborieuse préparation ; il en est d'elle comme de la passion : quand elle apparaît, elle fait explosion, c'est une crise qui termine une période plus ou moins longue d'élaboration inconsciente ou d'incubation. L'inspiration est enfin impersonnelle. L'inspiré a conscience d'être en rapport avec un révélateur ou mieux d'être sous sa dépendance. Il sent que ce révélateur lui est supérieur ; quelquefois il lutte contre cette puissance, d'autres fois il s'abandonne à elle, d'autres fois enfin, il découvre seulement en lui-même une concentration de son être et de ses facultés.

L'inspiration ne provenant pas de l'activité consciente personnelle doit être attribuée soit à une activité consciente surnaturelle, soit à l'activité subconsciente de l'esprit. Du point de vue psychologique, il est impossible de saisir en nous par la conscience l'existence distincte d'une cause surnaturelle ; nous n'avons prise que sur des mécanismes psychologiques : intérieurs au piano, nous ne connaissons que son jeu, ignorant le pianiste qui peut être un agent surnaturel ou seulement la partie subconsciente de nous-mêmes. Dans la création imaginative, le révélateur n'est autre

que le subconscient. On a voulu voir dans l'inspiration
une hypermnésie, mais l'hypermnésie est plutôt un
phénomène de mémoire qu'un phénomène d'invention.
On a rapproché l'inspiration de l'état d'excitation ou de
verve qui précède l'ivresse. Mais si on utilise le vin,
l'alcool et les substances toxiques comme le hachisch
ou le mescal pour débrider l'imagination, on supprime du coup un élément capital de la création, le
principe d'unité qui organise les images, l'attention
volontaire. On a fait, enfin, de l'inspiré un somnambule. Chez les deux, en effet, on remarque une prédominance de la vie intérieure sur la vie extérieure, du
rêve sur la réalité, de la subconscience sur la conscience
personnelle. Shelley est un dormeur éveillé. Nous pouvons retenir cette idée de la prédominance de la vie
intérieure et de la subconscience. Il semble, d'après
tout ce que nous avons dit, que le travail inconscient
de l'esprit suit les mêmes lois que le travail conscient ;
dans les deux cas, c'est toujours l'esprit qui travaille,
et la nature de son travail est essentiellement la
même. Peut-être l'imagination subconsciente est-elle
plus riche en constructions et plus spontanée que l'imagination normale et réfléchie, comme semble l'avoir
démontré M. Flournoy dans son beau livre : *Des Indes
à la planète Mars*. Mais il ne faut pas la surfaire. M. Ribot
a dit avec raison : « L'inspiration n'est pas une cause,
mais plutôt un effet, — plus exactement un moment,
une crise, un état aigu : c'est un *indice*. Elle marque ou
bien la *fin* d'une élaboration inconsciente qui a pu être
très courte ou très longue, ou bien le *commencement*
d'une élaboration consciente qui sera très longue ou
très courte (ceci se rencontre surtout dans les cas de

création suggérés par le hasard). D'une part, elle n'est jamais un commencement absolu ; d'autre part, elle ne livre jamais une œuvre achevée : l'histoire des inventions le prouve surabondamment. Bien plus, on peut se passer d'elle : beaucoup de créations à incubation très longue paraissent exemptes de crise proprement dite : telles l'*attraction* de Newton, *La Cène* et *La Joconde* de L. de Vinci. Enfin, beaucoup se sont sentis réellement inspirés sans produire rien qui vaille (1). »

L'inspiration n'est pas toute l'imagination subconsciente, elle en est seulement un cas particulier. L'activité créatrice n'a pas nécessairement besoin d'inspiration, mais elle ne peut se passer, à aucun moment, de l'activité subconsciente en général, si féconde en combinaisons nouvelles et imprévues.

5° Le facteur *organique*. — On sait bien peu de choses, au point de vue anatomique, sur la mémoire et sur l'imagination.

M. Pierre Marie a ébranlé la théorie classique de la localisation du langage, la mieux établie, semblait-il, de toutes les localisations psychologiques. Il se refuse à admettre les quatre centres des images auditives verbales, des images visuelles verbales, des images motrices verbales et des images motrices graphiques. Le défaut de compréhension du langage parlé provient, d'après lui, d'une lésion en foyer (lésion intéressant toujours plus ou moins la substance blanche) dans la zone de Wernicke. Cette lésion n'atteint pas un soi-disant centre auditif où siégeraient les images audi-

_____

(1) *Imagination créatrice*, ouv. cité, p. 49.

tives, mais une portion du cerveau dont l'intégrité serait requise pour la compréhension du langage parlé. L'intensité des troubles psychiques produits par les lésions de la zone de Wernicke est proportionnelle à l'étendue des lésions. « Si ces lésions ont un périmètre restreint et surtout ne pénètrent pas trop profondément dans la substance blanche sous-jacente, les troubles du langage et de l'intelligence sont très modérés, parfois même ils peuvent échapper à un examen superficiel. Si, au contraire, les lésions occupent la plus grande partie de la zone de Wernicke ou du moins détruisent profondément, en s'étendant dans la substance blanche, une grande quantité de fibres sous-jacentes à cette zone, les troubles de la parole et ceux de la compréhension deviennent très accusés. A tel point que, dans certains cas, ces malades sont, indûment d'ailleurs, considérés comme de véritables aliénés (1). » Les troubles du langage sont dus à un trouble d'élaboration intellectuelle, et la zone de Wernicke n'est pas un centre de *réception sensorielle,* mais un centre *intellectuel.* Peut-on conclure des travaux de M. Pierre Marie que la zone de Wernicke est le centre de la mémoire? Il ne semble pas. La zone de Wernicke est indispensable pour la compréhension du langage parlé. Mais la compréhension du langage parlé enveloppe des éléments divers, la mémoire sans doute, mais aussi l'attention. Puis, la mémoire n'est pas un bloc; toutes ses fonctions dépendent-elles de la zone de Wernicke ou quelques-unes seulement? Nous n'en

_____

(1) Pierre Marie : *Sur la fonction du langage,* dans la *Revue de Philosophie,* I, 1907, p. 217.

savons rien. Tout ce qu'on peut tirer des travaux de
M. Pierre Marie, c'est que la zone de Wernicke est
une condition du travail mental qui aboutit à la compréhension du langage parlé, et qu'en perdant la compréhension du langage parlé, nous perdons une certaine mémoire. Nous estimons avec le Dʳ Surbled
qu'il y a une grande part d'amnésie dans l'aphasie,
mais nous ne croyons pas, comme il le croit, qu'il
résulte des travaux de M. Pierre Marie qu'on ait découvert au lobe temporo-pariétal gauche le centre de
la mémoire (1). La mémoire est une fonction très
complexe. On est loin de l'avoir circonscrite anatomi-
quement. Le pourra-t-on jamais? Il faudrait déterminer rigoureusement tous les éléments qui la constituent et rattacher chacun d'eux à ses conditions
anatomiques.

L'imagination créatrice est une fonction plus complexe encore que la mémoire. Aussi ne sait-on absolument rien de son substrat anatomique. D'après
Flechsig, le cerveau de l'homme de génie serait plus
développé dans les parties frontales et pariétales; chez
le savant, il y aurait prépondérance du cerveau fron-
tal, et, chez l'artiste, prépondérance du cerveau pariétal. On peut objecter que si le cerveau de l'homme de
génie possède une structure particulière, il restera à
démontrer que cette structure particulière est précisément la base physique de l'imagination et nullement
celle des autres qualités psychiques qui avec l'imagination composent le génie.

(1) Dʳ SURBLED : *Aphasie et Amnésie*, dans la *Revue de Philosophie*,
1907, I, p. 109.

La physiologie de la mémoire et de l'imagination n'est guère plus avancée que leur anatomie. On sait que ces fonctions s'accompagnent de changements dans la circulation sanguine, que le travail intellectuel suppose une augmentation du travail cérébral, laquelle dépend le plus souvent d'un hyperémie et quelquefois d'une anémie légère qui favorisent l'excitabilité de l'écorce cérébrale. On a souvent décrit l'état physiologique qui accompagne le travail de l'invention : « Pouls petit, contracté, la peau pâle, froide, la tête bouillante, les yeux brillants, injectés, égarés. » La tension nerveuse amène souvent une agitation motrice des mains ou des pieds : Napoléon taillait une table ou un bras de fauteuil.

Les procédés employés par la plupart des inventeurs pour aider l'inspiration ont pour but d'augmenter l'afflux du sang au cerveau. M. Ribot a recueilli quelques documents à ce sujet : « Rousseau méditait la tête découverte en plein soleil, Bossuet travaillait dans une chambre froide, la tête enveloppée de fourrures ; d'autres plongeaient leurs pieds dans l'eau glacée (Grétry, Schiller). Très nombreux sont ceux qui méditent « horizontalement », c'est-à-dire étendus et quelquefois blottis sous leur couverture (Milton, Descartes, Leibniz, Rossini, etc...) »

Des recherches physiologiques ont montré que dans le travail intellectuel, quoique ce soit moins sensible que dans le travail émotionnel, le volume du cerveau augmente, et celui des organes périphériques diminue.

La formule générale : augmentation de la circulation cérébrale aux dépens de la circulation locale, s'applique-t-elle au seul travail de la mémoire et de l'imagination.? Il ne le semble pas ; elle traduit l'état physiologique qui accompagne le travail intellectuel ou émotionnel. Il n'y a pas de formule physiologique connue propre à la mémoire et à l'imagination. Les bases organiques de ces deux fonctions, à supposer qu'elles en aient de propres, restent à déterminer.

Quelle est la nature de la synthèse des images?

Le moment est venu de faire notre examen de conscience et de nous interroger scrupuleusement sur la valeur de la méthode que nous avons suivie.

La méthode expérimentale nous demandait de décomposer en phénomènes les facultés. La Mémoire et l'Imagination ont été décomposées en images et en souvenirs. Nous avons considéré sous le plus grand nombre d'aspects possible la multiplicité psychologique ainsi obtenue, puis nous avons cherché comment elle parvenait à s'organiser en synthèses de reproduction et de création. Nous avons vu les images s'associer et se dissocier, former des synthèses particulières comme celles de la Mémoire et de l'Imagination, constituer enfin des synthèses générales comme les systématisations personnelles, la systématisation personnelle principale et les systématisations personnelles secondaires ou dérivées : on a parlé de troubles psychiques, de maladies mentales, de dédoublement de la personnalité, de conscient et de subconscient.

Quelle signification convient-il de donner à une pareille méthode et qu'en faut-il conclure ? L'associationnisme aurait-il raison ? Quel est le fond de la vie de l'esprit ? Qu'est-ce qu'associer et dissocier ? Qu'est-ce que la personnalité ? Il est nécessaire de restituer à la mémoire et à l'imagination ce que par méthode nous avons dû leur enlever, à savoir l'intimité et la chaleur du moi individuel et personnel.

L'ensemble de ce livre est en opposition complète avec une explication associationniste de la mémoire, de l'imagination et, en général, de l'esprit.

On connaît les idées essentielles de l'associationnisme. C'est d'abord l'*atomisme psychologique*. Nos états de conscience seraient comme autant d'unités isolées, extérieures les unes aux autres, indépendantes, chacune se suffisant. Seule réalité primitive et originale, ces états atomiques constitueraient le fond de l'esprit, qui serait essentiellement discontinuité et dissociation (1). La méthode par excellence en psychologie serait donc de retrouver l'originelle discontinuité. L'idée associationniste est flottante chez Hobbes ; il suppose la discontinuité plutôt qu'il ne l'expose (2). Priestley affirme la divisibilité des sensations et des idées (3). Stuart Mill, dans sa préface à l'*Analysis of the Phenomena of the human Mind* de son père, James Mill, félicite ce dernier d'avoir fait de l'analyse psychologique un instrument analogue à la méthode chimique, capable de résoudre la vie mentale en ses éléments (4). Spencer décompose l'esprit en ses éléments immédiats,

(1) Ch. Renouvier : *Histoire et solution des problèmes métaphysiques*, 1901, p. 263.
(2) Leviathan : *Sive de materia, forma et potestate civitatis ecclesiasticæ et civilis*, Auctore Thoma Hobbes Malmesburiense, Amsterdam, 1668, c. iii. *De consequentia sive serie imaginationum.*
(3) *Disquisitions relating to matter and spirit*, London, 1777, sect. III.
(4) James Mill : *Analysis of the Phenomena of the human Mind.* Édition de John Stuart Mill.

puis les éléments immédiats, qui ne sont pas décomposables pour l'introspection, mais qui en réalité sont composés en éléments fondamentaux; il croit même qu'on peut arriver à découvrir l'élément de conscience primordial. Il regarde comme probable « que quelque chose du même ordre que ce que nous appelons un choc nerveux est la dernière unité de conscience et que toutes les différences entre nos états de conscience résultent des modes différents d'intégration de cette dernière unité (1) ». Tout s'explique donc par des juxtapositions d'atomes de conscience homogènes, acquérant une hétérogénéité progressive par une complication progressive (2) : discontinuité, dissociation, telle est la conscience originelle.

Une autre idée essentielle de la thèse associationniste, qui n'est d'ailleurs que la conséquence de l'atomisme, c'est le *mécanisme.* L'activité intellectuelle consisterait seulement dans l'association plus ou moins automatique des états psychologiques. L'ordre des idées ou des sensations serait postérieur aux idées et aux sensations (3); il ne serait pas au-dessus d'elles comme quelque chose de supérieur qui leur servirait de lien, il serait plutôt secondaire et dérivé. Hume le fait résulter d'un principe universel de cohésion, de l'attraction, qu'il considère comme une qualité originelle et irréductible de la nature humaine, analogue à l'attraction physique, mais cependant d'or-

---

(1) *Principes de Psychologie*, trad. de l'anglais par Th. RIBOT et A. ESPINAS, Paris, 1875, t. I, 2ª Partie, c. I, p. 152.

(2) DUMONT : *De la ressemblance et de la contiguïté dans l'association des idées*, dans la *Revue de Métaphysique et de Morale.* 1895, p. 303.

(3) Cf. E. HALÉVY : *De l'association des idées.* 1ᵉʳ Congrès de Philosophie. *Philosophie générale et métaphysique*, p. 230-231.

dre mental (1). Les associationnistes n'ont pas fait en
général cette réserve. Déjà Hobbes demandait aux lois
physiques d'expliquer complètement les lois de l'association (2) et illustrait par des comparaisons matérielles le mot de Ch. Renouvier que l'associationnisme
est « une physique des idées (3) ». Priestley affirme
que l'unité de la conscience peut s'expliquer par
l'unité complexe du système nerveux (4). Taine dit :
« Plus le courant nerveux a été énergique et fréquent
de telle cellule à telle autre, plus il a de pente pour
passer de la première à la seconde. Quand la préparation a été assez longue et assez forte, la pente devient
irrésistible. Arrivé à la première cellule, désormais le
courant nerveux prend toujours le chemin qui conduit
à la seconde. Il se peut que de cette dernière cellule
partent 2, 3, 4, 10 filets; entre ces 10 filets, le courant
en choisit un par force et toujours le même, celui qui
est habitué à le recevoir. En cela consiste le mécanisme
psychologique de l'association mentale (5). » Spencer,
enfin, explique les changements de la conscience par
« un ajustement des rapports internes aux rapports
externes ». Il y a une correspondance nécessaire entre
les rapports internes et externes, de sorte que « la
persistance de la connexion entre les deux états de
conscience est proportionnée à la persistance de la

(1) *Traité de la nature humaine*, trad. de l'anglais par MM. Ch. Renouvier et F. Pillon, Paris, 1878, 1re Partie, sect. IV, p. 23-24.
(2) *Leviathan* : ouv. cité, c. III.
(3) *Histoire et solution des problèmes métaphysiques*, ouv. cité,
p. 378.
(4) *Disquisitions*, ouv. cité, 1re Partie, sect. VII. — Cf. Louis Ferri
La Psychologie de l'association depuis Hobbes jusqu'à nos jours (*Histoire et critique*). Paris, 1883. Appendice, p. 317.
(5) *De l'Intelligence*, t. I, l. IV, p. 312.

connexion entre les phénomènes externes ». Il déclare
un peu plus loin que « les relations internes sont
déterminées par les relations externes ». C'est pourquoi la matière éclaircit l'esprit : « La nature de l'esprit ainsi conçue s'éclaircira par une comparaison avec
la nature de la matière. » Cependant Spencer proteste
que l'esprit « ne peut être traduit en termes empruntés
à la matière (1) ». Ainsi donc c'est toujours à une conception mécanistique que l'on aboutit, soit qu'il s'agisse
d'un mécanisme mental original, soit que ce mécanisme reproduise le mécanisme physique et s'y subor-
donne absolument.

Malgré certaines réserves faites par plusieurs, la
logique du système devait amener la plupart de ses
partisans à considérer la vie mentale comme un *reflet*,
comme un *accompagnement* de la vie physique. La
complète subordination de l'esprit à la matière n'est
pas un accident dans l'histoire de l'associationnisme.
Quand Stuart Mill remarque lui-même que nos idées
s'unissent non d'après des rapports quelconques, mais
d'après des rapports déterminés, les unes formant des
unions éphémères et les autres des unions durables,
d'où il résulte que certaines propositions paraissent
contingentes et d'autres nécessaires ; et quand il
répond, pour expliquer la différence entre les rapports
stables et les rapports instables, que certaines associations se répètent constamment et que d'autres se répètent rarement ou ne se répètent pas, il ne résout pas
la question de savoir d'où vient qu'il y a des succes-

_____

(1) *Principes de Psychologie*, ouv. cité, t. 1, pp. 409, 431, 546, 155,
159.

sions constantes et d'autres qui ne le sont pas. Fatalement l'associationnisme est amené à une hypothèse du genre de celle de Spencer. La vie psychologique devra consister en une association d'états internes calquée et modelée sur la succession et la connexion des phénomènes externes. Les lois de notre esprit seront au fond les lois de la nature. L'associationnisme repose essentiellement sur une assimilation arbitraire du fait psychologique au fait physique.

Si l'on se représente la vie intérieure comme Épicure le monde des atomes, si les entités psychologiques flottent dans une sorte d'espace intérieur (1), s'agrégeant ou se désagrégeant en vertu des lois d'attraction et de répulsion, quelle sera l'*unité du moi?* L'unité d'une trame, d'une série. « En fait d'éléments réels et de matériaux positifs, dit Taine, qui a exposé avec le plus de rigueur cette conception du moi, je ne trouve, pour constituer mon être, que mes événements et mes états, futurs, présents, passés. Ce qu'il y a d'effectif en moi, c'est leur série ou trame. Je suis donc une série d'événements et d'états successifs (2). »

Qu'est-ce qu'une *faculté,* une *puissance* du moi, comme la mémoire ou l'imagination? En quoi consiste notre *spontanéité?* « J'ai le pouvoir ou la faculté de mouvoir mes membres et de faire persister mes idées. Cela signifie que ce mouvement de mes membres et cette persistance de mes idées sont possibles ; ce mouvement est possible, parce que sa condition, un certain état de mon appareil musculaire et nerveux, est

---

(1) Cf. RAVAISSON : *Rapport sur la philosophie en France au XIXᵉ siècle,* p. 12-13.
(2) *De l'Intelligence,* ouv. cité, t. II, liv. III, ch. I, p. 207.

donnée ; cette persistance est possible, parce que sa condition, un certain équilibre de mes images, est donnée. — J'ai la faculté de comprendre un livre latin, et mon voisin le portefaix a la faculté de porter un sac de trois cents livres. Cela signifie que, si je lis un livre latin, je le comprendrai ; que, si le portefaix a sur le dos un sac de trois cents livres, il le portera (1). Il n'y a donc pas de puissance ou de faculté à proprement parler : il y a des événements présents et des événements futurs, les premiers étant la condition ou la possibilité des seconds. Quand nous parlons de faculté, nous entendons par là que certains événements futurs sont possibles, étant donné certains événements ou états présents.

Telle est, dans ses principes essentiels, la théorie associationniste et empiristique de l'esprit. Cette théorie qui d'abord séduisit nombre de psychologues par son élégante simplicité a beaucoup vieilli depuis une vingtaine d'années ; les progrès de la psychologie faisant chaque jour mieux comprendre la nature de la conscience, on a été de plus en plus frappé de la complexité réelle de la vie intérieure et du rôle capital qu'y joue le facteur personnel. Au lieu de se placer exclusivement au point de vue des parties, on préfère se placer au point de vue du tout ; et, sans vouloir faire dériver de l'unité de la conscience la multiplicité, on sent qu'il n'est pas possible de déduire de la multiplicité l'unité. Comment pourrait-on, en effet, avec des états de conscience atomiques, reconstituer la vie intérieure, les facultés, la personnalité ?

(1) P. 206.

La vie psychique prise dans son ensemble ne se laisse pas assimiler à la matière. C'est d'abord une idée des plus contestables que celle de vouloir décomposer l'esprit en des éléments atomiques pour le reconstituer ensuite avec ces mêmes éléments. Si dans la matière le *simple* précède le *composé*, si les atomes constituent les molécules, les molécules les corps simples, et les corps simples le reste des corps, il n'en est pas de même dans le monde interne. Ce qui est donné à l'expérience immédiate, ce ne sont pas les états de conscience isolés, juxtaposés, extérieurs les uns aux autres, flottant en l'air et dans le vide, c'est la masse, c'est le tout. Quand on considère une émotion ou un souvenir, on ne découvre, au premier moment, que ce que MM. Bergson et James appellent une « continuité indivise ». Ce n'est qu'ensuite, quand par un effort d'analyse on divise la continuité, qu'il se forme des sensations particulières et des images séparées. Ce qui est donné d'abord, c'est « l'interpénétration » des états intérieurs, ou le « courant de la conscience ». Le raisonnement confirme l'expérience. Des états isolés n'arriveront jamais à former une série dont chaque terme réfléchit tous les autres ; l'association des idées, qui ne s'explique pas elle-même, comme nous l'avons montré, dans l'hypothèse associationniste, n'expliquera pas davantage la continuité de la vie de l'esprit. Il faut supposer, au-dessous de l'association des idées, un processus primitif où les états psychologiques se continuent les uns dans les autres et les uns par les autres. L'association est un procédé d'ordre supérieur supposant la dissociation : avant d'associer les faits psychologiques, il faut préalablement les dissocier de la masse. L'association n'est pas le processus primitif, elle a pour objet de composer dans un ordre nouveau et rationnel ce qui a été donné sous forme de continuité désordonnée et indivisée. Dans le monde interne, le complexe est donné avant le simple, le tout avant les parties. C'est le contrepied de l'associationnisme, la négation de l'analogie imaginée entre la matière et l'esprit.

C'est une autre erreur de croire que dans le monde interne, comme dans le monde externe, les *éléments* sont plus *stables* que le *tout*. Le chimiste, d'après les associationnistes, ramène la diversité des corps et de leurs propriétés à une différence de composition; les éléments se combinent et se recombinent, mais ne changent point : ils sont stables, immuables; tout changement dans un corps composé s'explique par une variation dans l'ordre ou la proportion des éléments composants. Quoi qu'il en soit de cette conception mécanistique de la chimie, la diversité psychologique ne saurait provenir d'une simple différence de composition; les éléments, si éléments il y a, ne sont pas ici immuables ; en sortant d'une systématisation pour entrer dans une autre, ils changent nécessairement. Une sensation pour se reproduire sous la même forme devrait se reproduire dans une conscience et dans un cerveau non modifiés : ce qui est impossible; l'hypothèse de l'immutabilité des sensations se heurte à deux impossibilités, à une impossibilité psychologique et à une impossibilité physiologique. Il en est de même de l'idée; une idée ne saurait « passer et revenir » absolument identique à elle-même. « Une idée

douée d'une existence permanente et qui ferait ses
apparitions périodiques à la rampe de la conscience,
est une entité aussi mythologique que le valet de
pique (1). » S'il y a dans la vie psychologique des états
qui paraissent stables, ce ne sont pas précisément les
états élémentaires, mais au contraire les états composés. Les souvenirs, par exemple, une fois constitués
sous forme impersonnelle, sont relativement stables,
ils ne changent pas ou ils changent peu ; nous les
retrouvons semblables chaque fois que nous y pensons. Les sentiments durables, tels que certains sentiments de sympathie ou d'antipathie, peuvent se pro-
longer pendant toute une existence. Cependant, si l'on
examine attentivement ces formes stables de la vie
intérieure, on s'aperçoit que leur stabilité provient de
leur complexité. C'est le tout qui paraît invariable,
parce que nous l'envisageons dans son ensemble, ou
encore parce que nous tenons compte de sa direction
constante, ou enfin parce qu'il nous est commode de
lui donner toujours le même nom. Mais à une observation plus attentive, nous voyons les états se décomposer en éléments de plus en plus instables. Le sentiment est fait de sensations, d'idées et d'images qui
varient, qui changent ; le souvenir se dissocie en
images vivantes, en sensations réellement éprouvées
et que nous n'éprouvons pas de la même manière chaque fois que nous nous les représentons. Plus on pous-
sera loin l'analyse de l'esprit, plus les éléments auxquels on aboutira seront instables, mobiles, changeants.
Il en résulte que le complexe a plus de stabilité que

(1) William JAMES : *Précis de Psychologie*, ouv. cité, ch. XI, p. 204.

l'élément composant, à l'inverse de ce qui se passe dans le monde physique et de ce que croit l'associationnisme. MM. Bergson et William James ont le plus contribué à faire prévaloir cette différence radicale entre les *rapports des parties au tout* dans le monde physique et dans le monde des faits intérieurs.

L'associationnisme n'explique pas mieux les facultés et la personnalité.

Comme Leibniz le reprochait à Locke, chez qui apparaît déjà l'idée associationniste, cette théorie confond la *simple possibilité* avec la *puissance véritable*. Il y a bien autre chose dans l'idée de faculté que la représentation d'un événement futur simplement possible. Entre nos états présents et tel événement futur simplement possible, il n'y a pas de lien solide, de rapport nettement déterminable; en lisant un ouvrage latin, je pourrais faire un contresens, c'est un événement possible, je ne dirai pas cependant que j'ai la faculté de faire le contresens. Au contraire, il existe un lien solide, un rapport nettement déterminable entre un état présent et tel événement futur dont je me sens capable; la lecture du latin est déterminée par des conditions qui sont miennes et rapportée à une mienne faculté. L'associationnisme méconnaît le lien intime entre les états présents et les événements futurs; il est mécaniste, le virtuel ne peut exister pour lui, il doit dénier l'existence à tout ce qui n'est pas actuel.

Si le moi n'est qu'une série d'événements, d'où viendra l'unité? Par hypothèse, les états de conscience sont séparés, et il n'y a rien en dehors d'eux qui puisse les unir. Et qu'on ne dise pas que l'unité du moi est illusoire; car il faudra expliquer cette illusion, puisque l'illusion est une réalité psychologique. Or, nier l'unité réelle du moi, c'est se réduire à ne pouvoir rendre compte de l'unité illusoire ; ce qui rend les illusions possibles sur l'unité, c'est précisément l'unité du moi qui prête à la réalité ses propres caractères. L'identité, qui n'est que l'unité dans le temps, ne s'explique pas davantage. Les atomes psychologiques étant extérieurs les uns aux autres, il n'y a rien du précédent qui retentisse dans le suivant, notre vie finit et recommence à tout moment de la durée, la succession proprement dite n'est pas possible. La mémoire devient par conséquent inexplicable. Se souvenir consiste à identifier le présent et le passé. Si nous changeons avec chaque état de conscience, le passé ne peut être rien pour nous, le présent seul existe, et il nous est impossible de saisir autre chose que le présent. Le moi lui-même est incapable de se connaître. Comment une série peut-elle se connaître comme série ? Il n'y a de série que là où il y a synthèse du présent et du passé. Comment s'opèrera cette synthèse ? Il faudra accorder aux états psychologiques la faculté de s'attirer les uns les autres ; il faudra, de plus, pour que cette organisation donne l'idée du moi, que les états psychologiques soient doués de la propriété de se rendre visibles et sensibles dans les états nouveaux auxquels ils viennent se joindre, de s'organiser, de se pénétrer mutuellement, de telle sorte que l'état présent soit capable de réfléchir le passé et de faire pressentir l'avenir. Mais nous sortons du pur mécanicisme et nous sommes aux antipodes de l'associationnisme.

Qu'est-ce donc que le moi ou la personnalité ?

La personnalité est l'ensemble de la vie intérieure, qui est dans son fond continuité et durée, inter-

pénétration et interdépendance, comme s'expriment
MM. Bergson et William James. Par « continu », dit
ce dernier, j'entends simplement ce qui ne présente ni
brisure, ni fissure, ni division. Les seules « solutions
de continuité » qui puissent avoir un sens dans la
vie d'un esprit individuel sont : ou des solutions de
continuité dans le courant même de la conscience,
c'est-à-dire des *interruptions*, des *temps vides*, où la
conscience serait momentanément abolie, — ou des
solutions de continuité dans son contenu, c'est-à-dire
des cassures si nettes et si brusques que les deux
états disjoints seraient absolument sans rapport. D'où
affirmer la continuité de la conscience revient à affirmer deux choses :

1° Que la conscience qui suit un « temps vide » se
sent solidaire de la conscience qui le précède, en qui
elle reconnaît une autre partie de son moi ;

2° Que les changements qualitatifs qui se produisent
d'un moment à l'autre dans le contenu de la conscience ne sont jamais absolument brusques, et ne
constituent jamais des cassures absolues.

« La conscience ne s'apparaît donc pas à elle-même
comme hachée en menus morceaux. Les mots de
« chaîne » et de « suite » expriment encore fort mal
sa réalité perçue à même ; on n'y saurait marquer de
jointure : elle coule. Si l'on veut l'exprimer en métaphores naturelles, il faut parler de « rivière » et de
« courant ». *C'est ce que nous ferons désormais ; et
nous parlerons du courant de la pensée, de la conscience
et de la vie subjective* (1). »

---

(1) *Précis de Psychologie*, ouv. cité, ch. xi, pp. 204 et 206.

La vie intérieure est donc essentiellement continue. Pour se conserver et se développer, elle a besoin de s'adapter au milieu physique et au milieu social. Obligée d'agir et de réagir, elle ne peut s'insérer tout entière dans l'action ou la réaction. Force lui est donc de se morceler, de se dissocier : d'où la discontinuité, qui n'est pas une donnée primitive, originelle, mais plutôt l'œuvre de la vie intérieure et de la conscience réfléchie. La séparation des états psychologiques une fois effectuée, la conscience les associe et les organise. Ce double travail de dissociation et d'association est postérieur, et l'organisation psychologique qui en résulte est une organisation acquise sous l'influence des besoins, et par conséquent une organisation empirique et sociale. Notre vie intérieure nous apparaît alors comme un ensemble de systèmes plus ou moins définis, où prédomine la systématisation générale qui les englobe à peu près tous et sur laquelle repose la notion banale et familière que nous avons de notre personnalité. Pour la conscience *empirique* plus préoccupée d'action que de connaissance, l'idée du moi est surtout l'idée de la systématisation globale. C'est dans cette systématisation de nos états, de nos tendances et de nos habitudes que nous nous reconnaissons, que nous avons le sentiment de notre unité et de notre identité. Tout ce qui la trouble ou la diminue trouble ou diminue la connaissance que nous avons de nous-mêmes. Le moi de la conscience empirique est le moi social, le moi de nos habitudes, de nos relations, le moi que nos amis connaissent et dont la connaissance nous suffit pour nos besoins et le train ordinaire de la vie. Il existe un autre moi. Par un effort de réflexion

30

nous parvenons à saisir, sous le moi superficiel et
banal, un moi profond et, si l'on peut ainsi dire, privé,
dont l'unité et l'identité ne sont pas construites.
L'unité empirique est celle d'un organisme, c'est-à-
dire d'une multiplicité distincte d'organes reliés par
des rapports étroits; l'unité de la vie intérieure précède
la division et la séparation des états psychologiques;
elle est antérieure aux processus de dissociation et
d'association. L'identité empirique se maintient malgré la disparition de certains éléments et l'apparition de
certains autres ; celle de la vie intérieure, au contraire,
répugne à la division, à moins qu'elle ne soit trans-
posée et projetée dans l'espace. Il convient par conséquent de distinguer deux aspects dans la vie psychologique : la vie psychologique primordiale, originelle et
profonde, puis la vie psychologique dérivée, acquise et
superficielle. La première constitue le fond de l'esprit,
elle est irréductible, c'est la vie substantielle. La
seconde vient se greffer sur la première et résulte des
processus d'association, c'est la vie accidentelle. La
première produit la seconde pour s'adapter aux conditions du milieu physique et social. L'une et l'autre,
étant donné qu'elles sont de nature psychologique,
prennent conscience d'elles-mêmes. Ce qu'on appelle
dans l'usage courant conscience personnelle est la conscience de la systématisation personnelle principale ;
la subconscience est la conscience d'une ou de plusieurs systématisations personnelles secondaires. Conscience personnelle et subconscience sont des formes
de la conscience liées à la systématisation, ce sont des
formes empiriques de la conscience vraie. La vie psychologique profonde a sa conscience propre qu'on peut

appeler, en un sens, conscience *réfléchie* par opposition
à la conscience empirique, ou mieux *réflexion méta-*
physique. En d'autres termes, la vraie vie psychologique dont l'unité et l'identité sont inaltérables est la
substance de la vie intérieure ; l'autre, douée d'une
unité ou d'une identité analogues à celles d'un organisme, susceptibles de fragmentation, est la systématisation des *propriétés accidentelles* de la vie intérieure.
La vie psychologique est donc au fond une vie substantielle ; elle est aussi une vie personnelle, quand elle
est, comme chez l'homme, de nature raisonnable et,
de plus, maîtresse de ses actes. A chaque moment,
en effet, de son évolution, son avenir dépend d'elle-
même ; l'unité de son passé témoigne d'une direction
adoptée et d'une direction modifiable. Son activité
essentiellement spontanée s'appartient à elle-même,
elle est *sui juris*.

L'imagination et la mémoire font partie de la vie
psychologique et personnelle. Il n'y a point d'image ni
de souvenir qui ne soient l'image ou le souvenir de
quelqu'un. « Les » souvenirs, « les » images sont des
mythes ; ce qui existe, ce sont « nos » images, « nos »
souvenirs. Le souvenir est baigné de chaleur et d'intimité, il est notre possession immédiate. Aussi, suivant
l'expression de M. William James, nos états sont-ils
« salués par l'état mental présent qui les accueille et
se les approprie ». L'invention ou création est encore
plus « nôtre » peut-être que le souvenir ; elle semble
nous appartenir davantage, et nous sommes plus en
elle que dans certains états que nous avons plutôt
subis et où nous fûmes plus « agis » qu'agissants ;
elle est une des plus hautes expressions de la person-

nalité ; n'avons-nous pas vu que le génie est essentiellement personnel et représentatif ? Nous avons constaté
aussi l'influence continuelle de notre personnalité, de
notre volonté, de nos états affectifs sur la formation
du souvenir et sur le travail créateur.

La mémoire et l'imagination sont des propriétés de
la vie personnelle. On retrouve en elles les deux aspects
de la vie intérieure : la systématisation, l'aspect social,
profane, public, puis l'innéité, l'aspect intime, privé. La
mémoire et l'imagination s'organisent, et nous avons
surtout étudié leur organisation ; mais ce sont aussi
ces propriétés innées, antérieures à toute organisation
et ouvrières de l'organisation ; et c'est précisément
pour avoir méconnu ces deux « virtualités » que l'associationnisme nous a paru incapable d'expliquer l'organisation et la synthèse des images.

Quelle est donc, en définitive, la nature de la Mémoire et de l'Imagination ?

L'imagination peut être envisagée comme faculté
reproductrice ou comme faculté créatrice. Comme faculté
reproductrice, elle est la faculté des images ; à ce point
de vue, elle s'identifie avec la mémoire, qu'on peut
considérer, indépendamment de la notion du temps,
comme pouvoir de conservation et de reproduction ; en
ce sens, la mémoire est aussi la faculté des images et
peut s'appeler mémoire imaginative. C'est cette faculté
des images qu'il nous reste à approfondir sous les noms
de mémoire et d'imagination.

Aristote a donné plusieurs définitions de l'imagination. Il l'appelle, dans la *Rhétorique,* une se ation

affaiblie : « ἡ δὲ φαντασία ἐστὶν αἴσθησίς τις ἀσθενής (1) ». L'image est, en effet, comme la continuation de la sensation ; considérée sous son aspect matériel, elle continue le mouvement physique qui accompagnait la sensation et qui subsiste dans l'organisme comme l'empreinte dans la cire. Quand l'impression sensorielle disparaît, le mouvement persiste plus ou moins longtemps. Ces résidus de mouvements expliquent les images qui s'insèrent dans nos perceptions et les erreurs qui s'y mêlent : dans l'état de veille, ces mouvements affaiblis sont ordinairement refoulés par les mouvements forts qui accompagnent les sensations ; dans le sommeil, au contraire, ces mouvements ne sont plus réduits et donnent lieu aux images du rêve. D'où cette définition : l'imagination est le *mouvement produit par la sensation en acte :* « ἡ φαντασία ἂν εἴη κίνησις ὑπὸ τῆς αἰσθήσεως τῆς κατ'ἐνέργειαν γιγνομένη (2) ». Cette définition ne convient qu'à l'image considérée dans sa matière en tant que mouvement du corps. Aristote définit ailleurs la sensation sous ses deux aspects de matière et de forme : la *persistance de la sensation :* « μονὴ τοῦ αἰσθήματος (3) ». De ce que l'image tire son origine de la sensation, il n'en faudrait pas conclure que l'image est la même chose que la sensation : « φαντασία γὰρ ἕτερον καὶ αἰσθήσεως (4) ». La persistance de la sensation rend possible la fonction imaginative plutôt qu'elle ne la constitue. L'image n'est pas un état passif, ce n'est pas la trace que la sensation a laissée, mais l'acte ou l'opération d'une faculté. Le

(1) *Reth.,* I, 11, 1370 a, 28.
(2) *De an.,* III, 3, 429 a, 1.
(3) *An. post.,* II, 19, 99 b, 36.
(4) *De an.,* III, 3, 427 b, 14.

résidu de la sensation est à l'imagination ce que l'impression est aux sens. Aussi l'imagination est-elle une fonction supérieure à la sensation, dont elle se sert comme d'un moyen ; c'est toutefois une fonction du même ordre, puisqu'elle ne peut originairement ni exister ni agir sans la sensation. Une formule d'Albert le Grand résume les rapports d'étroite parenté qui existent entre la sensation et l'imagination : *Phantasia non est unquam in aliquo, nisi in quo est etiam sensus, et est tantum de his quorum est sensus* (1).

Il en est de même de la mémoire, que nous identifions pour le moment à l'imagination. C'est même la mémoire que vise Aristote, quand il parle de l'existence d'une connaissance qui dépasse la sensation chez ceux en qui persiste la sensation. La mémoire provient de la sensation : « ἐκ μὲν ὧν αἰσθήσεως γίνεται μνήμη (2) ».

Par sa racine profonde, la faculté des images est apparentée à la sensation. Par sa tige, elle s'épanouit vers l'intelligence, que nous considérons ici, au sens péripatéticien du mot, comme la faculté des concepts, bien que, pour des raisons de commodité, nous ayons pris ordinairement ce mot comme synonyme de faculté de connaître. Les images sont nécessaires à la formation des concepts, il n'y a pas un seul concept qui soit inné ; *nihil est in intellectu quin prius fuerit in sensu, nisi ipse intellectus.* L'abstraction a précisément pour but, dans sa fonction originelle et génératrice de l'intelligible, de nous élever au-dessus de l'image et de nous permettre d'en penser l'objet sous une forme nécessaire

(1) *De anim.*, lib. III, tract. 1, c. viii.
(2) *An. post.*, II, 19, 100 a, 3.

et universelle. Notre esprit ne peut concevoir directement d'autre intelligible que l'intelligible abstrait, et
l'intelligible abstrait ne peut être produit que de l'image
et avec l'image par l'activité intellectuelle. Toute la
matière susceptible d'être exploitée par l'intelligence
est donc d'origine sensorielle et imaginative. Nécessaire pour la formation primitive des concepts, l'imagination est encore nécessaire pour leur élaboration. A
aucun moment, le Νοῦς ne peut penser sans image :
« ὅταν τε θεωρῇ, ἀνάγκη ἅμα φαντάσματι θεωρεῖν (1) ».

Quoiqu'impliquée dans le travail de l'intelligence,
l'imagination ne dépasse jamais la sphère sensible.
Son objet, comme celui de la sensation, est essentiellement déterminé dans l'espace et dans le temps ; pour
employer le langage de l'École, elle représente aux
yeux de l'esprit les qualités sensibles en tant que *figurées* ou revêtues de quantité : *sensibilia, prout quanta
sunt, sive prout figurata sunt.* Le concept, lui, fait
abstraction de tout ce qui est détermination de la quantité, de l'espace et du temps. L'intelligence ne se contente pas de percevoir ou de représenter des faits, elle
en cherche les raisons (2).

La nature de la faculté des images étant précisée,
considérons la mémoire et l'imagination non plus dans
leur propriété commune, la reproduction des sensations, mais dans leurs caractères individuels.

L'imagination reproduit simplement une sensation
ou une émotion ; elle se borne à nous représenter une
chose absente sans la rattacher au passé. La mémoire

(1) *De an.*, III, 8, 432 a, 8.
(2) E. PEILLAUBE : *Théorie des concepts, existence, origine et valeur.*
Paris, 1895.

nous la rappelle comme un fait de notre vie passée, comme un événement de notre histoire intime : elle est reconnue; elle peut porter une date. L'image n'est plus une simple image, c'est un souvenir.

La notion du temps passé n'est pas l'unique différence qui distingue la mémoire et l'imagination reproductrice. Ces deux facultés *reproduisent* l'une et l'autre, mais leur *mode de reproduction* est tout différent.

Ce qui caractérise la reproduction de l'imagination, c'est une certaine intensité de vie. La mémoire reproduit le passé, l'imagination le *fait revivre*. La mémoire nous présente le *schème* ou le *symbole* de nos états antérieurs plutôt que ces états eux-mêmes, elle choisit dans l'événement passé une circonstance qui en devient l'équivalent, qui le rappelle, mais qui n'est pas lui tout entier. Saint Augustin a bien exprimé cette idée : *Lætatum me fuisse reminiscor non lætus; et tristitiam meam præteritam recordor non tristis; et me aliquando timuisse recolo sine timore; et pristinæ cupiditati sine cupiditate sum memor* (1). L'imagination reproduit le passé tel qu'il fut, et non pas seulement quelque chose de lui, elle lui rend la vie. Cette intensité de vie dont dispose l'imagination a sa source dans la *sensibilité*. La mémoire est plutôt indifférente, l'imagination ne l'est jamais. La première rappelle le passé pour le rappeler; la seconde, pour le plaisir de le rappeler. Si un de nos sens est supérieur aux autres, nous éprouvons du plaisir à l'exercer, nous aimons les sensations qu'il procure, nous nous plaisons à les faire revivre. L'œil est-il plus apte à discerner les couleurs et les formes?

1 *Conf.*, lib. X, c. XIII.

Nous avons une tendance à faire revivre les perceptions visuelles, nous sommes naturellement doués pour le dessin et la peinture. L'oreille est-elle particulièrement bien conformée ? Nous éprouvons du plaisir à entendre un accord et à le faire revivre. Cette aptitude des sens à s'exercer d'une certaine manière, ce plaisir que nous trouvons dans leur exercice, cette tendance à rappeler la perception passée pour en retrouver le plaisir, constituent des dispositions spéciales, qui ne suffisent pas à faire de nous des artistes, — car il faut, en outre, l'élévation des sentiments et des idées et le talent d'exécution, — mais qui nous préparent à comprendre les arts en faisant de la représentation quelque chose de vivant, en transformant le souvenir en acte imaginatif.

L'imagination reproductrice nous représente l'événement passé en faisant abstraction du temps passé et en le faisant revivre : elle est distincte de la mémoire.

L'imagination créatrice, avec les états psychologiques qu'a fait revivre l'imagination reproductrice, compose des états nouveaux ou des images nouvelles. Il ne faut la confondre ni avec l'association des idées, ni avec la raison.

L'association, surtout l'association par contraste et par ressemblance, est capable d'opérer des synthèses et de créer. L'imagination fait mieux : elle anime les éléments psychologiques que l'association a groupés, elle leur donne une vie intérieure, elle en fait des rêves, elle en compose des poèmes, elle crée avec eux des œuvres d'art, elle donne l'illusion du réel, elle *fait vivre* ce qu'elle a créé. C'est toujours à la sensibilité que l'imagination est redevable du pouvoir de communiquer la vie. C'est le sentiment qui fait l'unité du rêve et de l'inspiration, les images n'ont d'autre but que de le développer ; c'est lui qui fait l'artiste, l'artiste doit être fortement ému par les choses, c'est autour d'un sentiment profond et intense qu'il coordonne les sensations qu'une organisation d'élite lui fait ressentir.

L'imagination est tantôt reproductrice et tantôt créatrice ; mais, dans les deux cas, elle accuse sa parenté avec la sensibilité. Les moralistes de tous les temps ont dit que l'imagination était complice de la passion ; sous son influence, elle grossit, agrandit, embellit et parfois déforme la réalité. La passion peut former avec l'imagination un tout confus et vivant ; quand nos états psychologiques se groupent autour d'une seule et même idée, que notre vie psychologique s'anime tout entière, qu'une orientation nouvelle est donnée à notre existence intérieure, est-ce un effet de l'imagination ou est-ce une passion? Concluons qu'imagination et sensibilité sont des facultés apparentées, agissant l'une sur l'autre et collaborant à la même œuvre.

Distincte de l'association des idées en ce sens qu'elle anime ce que l'association a groupé, l'imagination créatrice est-elle distincte de la raison ?

La pensée par analogie qui constitue le fond de l'invention dépasse en partie la sphère de l'image. On découvre dans toute création un apport plus ou moins considérable de la raison. L'invention fait penser à la perception. La perception humaine et adulte est un complexus d'états psychologiques, de sensations,

d'images, de souvenirs, de jugements et de raisonnements; à propos d'une impression actuelle, c'est toute
notre expérience qui peut intervenir pour la compléter
et l'interpréter. La création est aussi un complexus : la
raison en est un élément essentiel, c'est elle qui cherche et qui découvre les rapports nécessaires et univer-
sels ; à côté de l'association et de la dissociation dont
la faculté des images est capable, il y a l'association
et la dissociation qu'opère la faculté des concepts ; à
côté de la pensée imaginative par analogie, il y a la
pensée rationnelle par analogie, à côté des analogies
concrètes, il y a les analogies abstraites. Ce qu'on appelle imagination créatrice comprend l'imagination
plus la raison. Quand un problème est posé à la vie
intérieure, la vie intérieure réagit tout entière et s'efforce de le résoudre par tous les moyens dont elle dispose : l'imagination s'épuise en images et en synthèses
d'images, l'intelligence en idées et en synthèses d'idées.
La solution résulte d'une systématisation de ces divers
éléments.

La mémoire est tantôt sensible et tantôt intellectuelle. La mémoire sensible est la mémoire proprement
dite. Ce n'est que dans un sens restreint que la mémoire intellectuelle vérifie le concept de mémoire ou
de connaissance du passé.

La mémoire sensible s'exerce sous l'influence de la
raison et de la volonté dans cette recherche active des
souvenirs qu'Aristote appelait *réminiscence :* « ἀνάμνη-
σις », et qu'il réservait à l'homme. La « réminiscence »
représente l'apport de la raison et de la volonté dans
le travail de la mémoire : c'est un effort pour compléter un souvenir. Nous avons une idée vague de ce que

nous cherchons, et nous éprouvons en même temps le
sentiment ou la sensation d'une lacune. Cette lacune
n'est pas inerte, elle est intensivement active jusqu'à
ce que nous ayons réussi à évoquer les parties oubliées
du souvenir. Cette recherche de la mémoire semble
impliquer un raisonnement imparfait : la mémoire ne
va pas ici directement au souvenir, elle fait un détour,
elle se sert de la partie connue du souvenir pour en
découvrir la partie inconnue. Sans la raison, la mémoire
ne serait pas capable de cette recherche, mais c'est
bien la mémoire qui fait la recherche, puisque ce
qu'elle recherche et ce qu'elle trouve, c'est son objet
propre, à savoir un état ou un événement passé. Cette
mémoire est essentiellement la même que celle de l'animal, elle est seulement plus parfaite à cause du voisinage de la raison, mais ce n'est qu'une question de
degré. La « réminiscence » est donc en elle-même un
raisonnement imparfait ; elle suppose des actes rationnels et volontaires qui la dirigent et la maintiennent
dans sa recherche ; elle suit des lois dites lois d'association, sur le caractère desquelles je me suis expliqué : ces lois président à la recherche spontanée aussi
bien qu'à la recherche volontaire et se basent, dans
les deux cas, sur une relation intime entre les termes
qu'il s'agit de rapprocher.

Il nous reste à préciser l'objet de la mémoire sensible et à nous demander en quel sens on peut parler de
mémoire intellectuelle.

La mémoire sensible a pour objet le passé en tant
que passé. Dugald Stewart croyait à tort que certains
actes de la mémoire qui ne concernent pas les événements, mais les choses, n'ont aucun rapport avec le

passé. Nous nous souvenons d'une chose ou d'un événement, non parce que l'événement ou la chose sont
passés, mais parce que le temps où nous avons connu
cette chose ou cet événement est passé. Or, le passé en
tant que tel est déterminé par sa relation avec le présent ; c'est un temps particulier et concret. Il en résulte que le passé ne peut pas être à proprement parler, si ce n'est comme concept, l'objet d'une faculté qui
considère toutes choses sous forme abstraite, indépendamment du temps, *sub specie æternitatis*. La mémoire sera donc essentiellement une faculté d'ordre
sensible.

Une objection peut se présenter. La notion du temps
qu'enveloppe la mémoire n'est-elle pas une notion intellectuelle ? Qu'on se rappelle qu'il existe de nombreuses notions du temps, que le temps peut être objet
de sensation et que si la localisation dans le passé
exige une notion abstraite du temps et par conséquent
l'intervention de la raison, la reconnaissance, celle du
moins qui suffit à constituer la mémoire, n'implique
que le sentiment de l'automatisme psychologique,
c'est-à-dire une notion très concrète et très élémentaire du temps passé.

L'intelligence connaît indirectement le passé, et, sans
modifier le concept de la mémoire, on peut admettre
une mémoire intellectuelle. L'intelligence se saisit
elle-même en saisissant ses propres actes par la réflexion. Or, ses actes sont dans le temps et dans tel
temps déterminé, elle connaît donc le passé. De plus,
en connaissant son intellection, elle atteint le terme
de cette intellection qui peut être un événement passé.
Enfin, l'intelligence peut connaître le passé en tant que

passé par l'intermédiaire de l'image particulière qui accompagne son intellection et qui existe dans un temps passé déterminé et concret.

Le mécanisme de la mémoire intellectuelle suppose donc l'intervention de l'intelligence, de la réflexion, de la volonté et de la mémoire sensible.

Voici, d'après saint Augustin, le contenu de la mémoire intellectuelle :

1° Le souvenir des idées abstraites et des discussions auxquelles elles ont donné lieu ; quoiqu'elles ne soient point soumises aux vicissitudes du temps, les actes par lesquels nous les rappelons sont soumis au temps.

2° Le souvenir de tout ce qui a affecté autrefois la partie spirituelle de notre âme, nos joies et nos tristesses morales.

3° Le souvenir de la connaissance que nous avons de notre âme.

4° Le souvenir enfin de la mémoire intellectuelle elle-même ; là mémoire se souvient d'elle-même, *nihil tam in memoria quam ipsa memoria est. Totam igitur memini. Item quidquid intelligo, intelligere me scio ; et scio me velle quidquid volo ; quidquid autem scio memini. Totam igitur intelligentiam, totamque voluntatem meam memini* (1).

Cette double mémoire, mémoire sensitive et mémoire intellectuelle, constitue notre expérience et notre faculté de prévoir. Sans elle, nous n'apprendrions rien, nous serions toujours des enfants. L'imagination rend

---

(1) *De Trin.*, lib. X, c. xi, n° 18.

la vie à nos souvenirs et compose avec eux une expérience nouvelle, qui à son tour devient objet de mémoire. Considérée telle qu'elle apparaît à l'expérience immédiate, la création est la résultante du travail combiné de la mémoire, de l'association des idées, de la raison, de la sensibilité et de la volonté. Ce n'est point l'acte d'une faculté simple. L'imagination créatrice envisagée dans sa complexité met en œuvre toutes les facultés : elle est la faculté humaine par excellence, exprimant de la façon la plus complète notre personnalité dont elle est fonction, mais l'enrichissant aussi et la créant en partie, puisque notre avenir dépend de nous et est la plus importante de nos créations.

INDEX BIBLIOGRAPHIQUE

Abercrombie, Inquiries concerning the intellectual powers, Edinburgh, 1830.

Albert le Grand, De memoria.

Aliotta (Antonio), Ricerche sperimentali sulla percezione degl'intervalli di tempo. In Ricerche di Psicologia (Laboratoire de Psychologie de Florence, Directeur : F. de Sarlo).

Ambrosi (Luigi), La psicologia dell' immaginazione nella storia della filosofia, Roma, 1898.

Aristote, Aristoteles græce ex recensione Immanuelis Bekkeri. Edidit Academia regia Borussica, Berolini, 1831-1836. De arte rhetorica ; De anima ; De an. post. ; De memoria et reminiscentia ; De somno et vigilia ; De insomniis ; De divinatione per somnum.

Arnaud (F. L.), Les Psychoses constitutionnelles, in Traité de pathologie mentale de Gilbert Ballet.

Arnould (Louis), Une âme en prison, Paris, 1904.

Arréat (Lucien), Psychologie du peintre, Paris, 1892.

Arréat (Lucien), Mémoire et imagination, Paris, 1895.

Azam (Dr), Hypnotisme, double conscience et altération de la personnalité, Paris, 1887.

Baillarger, Des hallucinations, des causes qui les produisent et des maladies qu'elles caractérisent ; in Mémoires de l'Académie royale de Médecine, t. XII, Paris, 1846.

Bain (Alexandre), Les sens et l'intelligence, trad. Cazelles, Paris, 1868.

Ballet (Gilbert), Traité de pathologie mentale, Paris, 1903.

Bazaillas (Albert), Musique et inconscience, introduction à la psychologie de l'inconscient, Paris, 1908.

Baudelaire, Les fleurs du mal.

Beaunis, Les sensations internes, Paris, 1889.

Bérard (V.), Les cultes arcadiens, Paris, 1894.

Bergson, Matière et mémoire, Paris, 1896.

Bernard, De l'aphasie, Paris, 1889.

Bernard, Relation d'un cas de Charcot ; in Progrès médical, 21 juillet 1883.

Bernheim, De la suggestion, Paris, 1891.

Van Biervliet (J.-J.), La mémoire motrice ; in Revue de Philosophie, décembre 1901.

Van Biervliet, Causeries psychologiques, 2° Le problème de la mémoire, Paris, 1902.

Binet (Alfred), Les altérations de la personnalité, Paris, 1892.

Binet (Alfred), Note sur l'appréciation du temps ; in Archives de psychologie, t. II, 1902.

Binet (Alfred), Psychologie des grands calculateurs et joueurs d'échecs, Paris, 1894.

Binet (Alfred), Psychologie du raisonnement, Paris, 1896.

Binet (Alfred), F. de Curel ; in Année psychologique, 1re année, 1895.

Binet et Henry, Mémoire des mots, mémoire des phrases ; in Année psychologique, 1895.

Binet et J. Passy, Études de psychologie sur les auteurs dramatiques ; in Année psychologique, 1re année, 1895.

Bouchard, Traité de pathologie générale, t. V, Paris, 1905.

Bourdon, La reconnaissance de phénomènes nouveaux ; in Revue philosophique, 1893, II, 629.

Bourdon, Observations comparatives sur la reconnaissance, la discrimination et l'association ; in Revue philosophique, 1895, II, 153.

Bourdon, La perception du temps ; in Revue philosophique, mai 1907.

Bourdon, Influence de l'âge sur la mémoire immédiate ; in Revue philosophique, 1894, t. II.

Bourdon, Les résultats des théories contemporaines sur l'association des idées ; in Revue philosophique, 1891, I.

Bourru et Burot, Variations de la personnalité, Paris, 1888.

Bréal (Michel), Hercule et Cacus, étude de mythologie, Paris, 1863.

Brierre de Boismont, Des hallucinations, Paris, 1862.

Brissaud, Leçons sur les maladies nerveuses, Paris, 1895.

Brochard, De la loi de similarité dans l'association des idées ; in Revue philosophique, t. IX, 1880.

Bulengerus, De ludis privatis ac domesticis veterum, 1627.

Buck (Dr de), La thèse associationiste ou intellectualiste en pathologie mentale, 1905.

Burot, voir Bourru.

Claparède (Édouard), L'association des idées, Paris, 1903.

Charcot et Magnan, L'onomatomanie ; in Archives de Neurologie, septembre 1885.

Chrétien : De la perception stéréognostique, Paris, 1903.

Clermont-Ganneau, Système iconographique ; in Revue critique, 1878, t. II.

Crooke (W.), The popular Religion and Folk-lore of northern India, 1897.

D'Alembert, voir Diderot.

Darwin (Francis), Autobiograarwin. La vie et la

correspondance de Charles Darwin. Trad. de l'anglais par H. de Varigny.

Dauriac, Essai sur l'esprit musical, Paris, 1904.

D'Azambuja, Les Grands Hommes devant la science sociale; in Science Sociale, 1897.

Deffner, Die Aehnlichkeitsassociation, Münich, 1898.

Delbœuf, Le Sommeil et les Rêves, Paris, 1885.

Dessoir, Das Doppel-ich, Leipzig, 1896.

Dumas (Georges), L'Association des idées dans les passions; in Revue philosophique, 1891, t. I.

Dickens, David Copperfield, ch. XXXIX.

Diderot et D'Alembert, encyclopédie ou dictionnaire raisonné des arts, des sciences et des métiers, par une société de gens de lettres, mis en ordre et publié par MM. Diderot et D'Alembert, Genève, 1776.

Draghicesco (D.), Du rôle de l'individu dans le déterminisme social, Paris, 1904.

Du Camp (Maxime), Souvenirs littéraires.

Dugald-Stewart (trad. P. Prévost), Éléments de la philosophie de l'Esprit humain, Genève, 1808.

Duilhé de Saint-Projet, Apologie scientifique de la foi chrétienne, Toulouse.

Dumont, De la ressemblance et de la contiguïté dans l'association des idées; in Revue de

métaphysique et de morale, 1895.

Ebbinghaus, Ueber das Gedächtniss, Leipzig, 1885.

Egger (Victor), La parole intérieure, Paris, 1904; — Compréhension et contiguïté, in Revue philosophique, 1894, II.

Ehlert (Louis), Lettres sur la musique à une amie, Berlin, 1859.

Esquirol (E.), Des maladies mentales considérées sous les rapports médical, hygiénique, et médico-légal, Paris, 1838.

Faure, Études sur les rêves morbides. Rêves persistants; in Archives générales de Médecine, mai 1876.

Ferri (Louis), La psychologie de l'association depuis Hobbes jusqu'à nos jours (Histoire et critique), Paris, 1883.

Dr de Fleury (Maurice), L'esthétique en tant que phénomène de Mémoire; in Bulletin de l'Institut général psychologique, décembre 1902.

Flournoy, Des phénomènes de synopsie, Genève, 1893; — Des Indes à la planète Mars, Genève, 1900.

Fouillée, La Psychologie des idées-forces, Paris, 1893.

Galton, Inquiries in to human faculty and its development, London, 1883.

Giraudeau, La surdité verbale; in Revue de Médecine, 1882, t. II.

Gratacap (A.), Théorie de la mémoire, Montpellier, 1866.

Grasset (Dr J.), Les centres nerveux, Paris, 1905.

Grasset (Dr J.), Le psychisme inférieur, un vol. de la Bibliothèque de philosophie expérimentale, Paris, 1906.

Grasset (Dr J.), Leçons de clinique médicale, Montpellier, 1891-1913.

Grasset (Dr J.), La sensation du « déjà vu »; in Journal de Psychologie normale et pathologique, 1904, n° 1, p. 22.

Groos (K.), Les jeux des animaux, trad. de l'allemand par A. Dirr et A. Van Gennep, Paris, 1902; — Die Spiele der Menschen, Iena, 1899.

Guyau (M.), La genèse de l'idée de temps, Paris, 1890.

Halévy (E.), De l'association des idées; in Bibliothèque du Congrès international de Philosophie de 1900, Paris.

Hamilton (W.), Lectures on metaphysics, London, 1859.

Hartley, Observations on man, London, 1749.

Hartmann (E. de), Philosophie de l'inconscient, trad. de l'allemand, Paris, 1877.

Henry (V.), voir Binet.

Herbart, Lehrbuch zur Psychologie, Leipzig, 1887.

P. Hermant, De la nature de l'imagination créatrice; in Revue de Philosophie, 1904, II.

Heymans, Quantitative Untersuchungen über die Zoellnersche und die Loebsche Taeuschung. Zeitsch. f. Psych. und phys. Sinn., XIV, p. 100.

Hobbes (Thoma), Leviathan : Sive de materia, forma et potestate civitatis ecclesiasticœ et civilis, auctore Thoma Hobbes Malmesburiens, Amsterdam, 1668; — Disquisitions relating to matter and spirit, London, 1777.

Höffding (Harald), Ueber Wiedererkennen, in Verteljahrsschrift für w. Philosophie, 1889-1890.

Höffding (Harald), Esquisse d'une psychologie fondée sur l'expérience, trad. par Léon Poitevin, 1900, Paris.

Hugo (Victor), Les Misérables.

Hume (David), Traité de la nature humaine, trad. de l'anglais par MM. Ch. Renouvier et F. Pillon, Paris, 1878.

Huysmans (K. J.), En Route.

James (William), Text Book of Psychology, London, 1908; — Précis de Psychologie, traduit de l'anglais par Baudin et Bertier, un vol. de la Bibliothèque de philosophie expérimentale, Paris, 1909; — The Principles of Psychology, New-York, 1896.

Janet (Pierre), L'automatisme psychologique, Paris, 1889.

Janet (P.), Etat mental des hystériques, les stigmates mentaux, Paris, 1902; — Attention, in Dictionnaire de physiologie de Charles Richet.

Janet et Raymond, Les obsessions et la psychasthénie, Paris, 1903.

Janet et Raymond, Névroses et
idées fixes, Paris, 1898.

Jastrow (Joseph), trad. par E.
Philippi, La subconscience,
Paris, 1908.

Jerusalem, Laura Bridgman; eine
psychologische Studie, Wien,
1890.

Kaempfen, Observation sur un
cas de perte de mémoire; in
Mémoires de l'Académie de
Médecine, 1835, tome IV.

Keller (Hélène), Histoire de ma
vie : sourde, muette, aveugle,
traduit de l'anglais, Paris,
1904.

Korsakoff, Etude médico-psychologique sur une forme des
maladies de la mémoire; in
Revue philosophique, 1889,
t. II.

Külpe (O.), Ueber den Einfluss
der Aufmerksamkeit auf die
Empfindungsintensität; in IIIᵉ
Congrès international de Psychologie.

Kussmaul, Les troubles de la
parole, trad. Rueff, Paris,
1884.

Lange (K.), Die künstlerische
Erziehung der deutschen Ju-
gend, Darmstadt, 1903.

Lapie (Paul), Note sur la paramnésie; in Revue philosophique,
1894.

Laures (Henry), Les Synesthésies (un vol. de la Bibliothèque

de psychologie expérimentale
et de métapsychie, dirigée par
R. Meunier), Paris, 1908.

Lazarus, Ueber die Reize des
Spiels, Berlin, 1883.

Leibniz, Opera philosophica, éd.
Erdmann.

Lemaître (Aug.), La vie mentale
de l'adolescent et ses anomalies, Saint-Blaise, 1910; — Audition colorée et phénomènes
connexes, Genève, 1901.

Leroy (Bernard), Etude sur l'illusion de fausse reconnaissance
(identificirende Er·nnerung-
staeuschung de Kraepelin) chez
les aliénés et les sujets normaux. Thèse de Paris, 1898.

Lipps, Raumaesthetik und geometrisch. optische Taeuschungen; in Schriften d. Gesell. f.
Psych. Forsch., 1897.

Lissauer, Ein Fall von Seelenblindheit; in Archiv für Psychiatrie, 1889.

Locke (John), Essay concerning
human understanding, Lon-
don, 1690.

Lotze, Grundzüge der Psychologie, Leipzig, 1881.

Luys (J.), Recherches sur le système nerveux cérébro-spinal,
Paris, 1865; — Le Cerveau et
ses fonctions, Paris, 1876.

Magnan, cf. Charcot.

Marie (Dr Pierre), Sur la fonction
du langage; in Revue de philosophie, 1907, t. I.

Marie (Dr Pierre), Revision de la
question de l'aphasie. La 3ᵉ
circonvolution frontale gauche

ne joue aucun rôle spécial dans la faculté du langage; in Semaine médicale, 1906, 23 mai.; — Revision de la question de l'aphasie. Que faut-il penser des aphasies sous-corticales (aphasies pures)? In Semaine médicale, 1906, 17 oct. ; — Revision de la question de l'aphasie. L'aphasie de 1861 à 1866 ; essai de critique historique sur la genèse de la doctrine de Broca; in Semaine médicale, 1906, 28 nov.

Marie (Pierre), L'évolution du langage considérée au point de vue de l'étude de l'aphasie; in Presse médicale, 1897, 29 déc.

Markova (Mlle Klavdia), Contribution à l'étude des perceptions stéréognostiques, Genève, 1900.

Maury (Alfred), Le sommeil et les rêves, 1878.

Mauxion, La vraie mémoire affective; in Revue philosophique, 1901, t. I.

Mach, Die Analyse der Empfindung, Wien, 1900.

Malebranche, Recherche de la Vérité, Paris, 1674.

Max-Simon, Le monde des rêves, Paris, 1888.

Mentré (F.), Le problème du génie; in Revue de Philosophie, 1905, I, 677; — la simultanéité des découvertes; in Revue scientifique, 29 octobre 1904.

Méré (Charles), La sensation du « déjà vu »; in Mercure de France, juillet 1903.

Mesnet, De l'automatisme de la mémoire et du souvenir dans le somnambulisme pathologique; in Union médicale, 1874.

Meumann, Beitræge zur Psychologie des Zeitsinnes. In Phil. Stud., VII, p. 430-509; IX, p. 264-307. — Untersuchungen zur Psychologie und Aesthetik des rhythmus. In Phil. Stud., X, p. 249-323, 393-431. — Beitræge zur Psychologie des Zeitbewusstseins. In Phil. Stud., XII, p. 127-255.

Meunier (Raymond), Un cas d'attention précoce à des sensations auditives, Paris, 1904.

Mill (James), Analysis of the Phenomena of the human Mind. Edition de John Stuart Mill.

Mill (Stuart), Examination of Hamilton's Philosophy, London, 1867.

Milhaud (Edgard), La projection externe des images visuelles; in Revue philosophique, 1894, t. II.

Mirallié, De l'aphasie sensorielle, Paris, 1896.

Moutier (François), L'aphasie de Broca, thèse de Paris, 1910.

Mozart, Lettres, publiées par H. de Curzon, Paris, 1888.

Müller (Max), Essais sur la mythologie comparée, trad. franç. Perrot, Paris, 1873.

Müller (Friedrich), Ein Beitrag zur Kenntniss der Seelenblindheit; in Archiv für Psychiatrie, t. XXIV, 1892.

Münsterberg, Grundzüge der Psychologie, Leipzig, 1900.

Munk, Ueber die Functionnen der Grosshirnrinde, 1881.

Nayrac (Jean-Paul), Physiologie et Psychologie de l'Attention, Paris, 1906.

Nichols, The Psychology of Time; In the American Journal of Psych., III, 1901.

Nodet, Les Agnoscies, la cécité psychique en particulier, 1899.

Nys (Désiré), La notion de temps d'après les principes de saint Thomas d'Aquin, Louvain, 1898.

Oelzelt-Newin, Ueber Phantasievorstellungen, Graz, 1889.

Passy (J.), voir Binet et J. Passy.

Patrick (G.-F.-W.), On the analysis of perception of Taste (Univ. of Jowa Stud. in Psychology, II).

Paulhan, L'activité mentale et les éléments de l'esprit, Paris, 1889; — Psychologie de l'invention, Paris, 1901.

Peillaube (E.), Théorie des concepts, existence, origine et valeur, Paris, 1895.

Perez (Bernard), L'enfant de trois à sept ans, Paris, 1886.

Philippe (J.), Les transformations de nos images mentales; in Revue philosophique, 1897, t. I.

Pillon, La formation des idées abstraites et générales; in Critique philosophique, 1885, t. I.

Pillon, la Mémoire affective; in Revue philosophique, 1901, t. I.

Pillsbury (W. B.), L'attention, Paris, 1906.

Pitres, Des amnésies hystériques, Bordeaux, 1887.

Pitres, L'aphasie amnésique et ses variétés cliniques; in Progrès médical, 1898.

Pitres, Rapport au Congrès de Lyon, 1874.

Preyer (W.), L'âme de l'enfant, trad. de l'allemand par H. de Varigny, Paris, 1887.

Pron (Dr Lucien), Influence de l'estomac et du régime alimentaire sur l'état mental et les fonctions psychiques, Paris, 1901.

Proust, Automatisme ambulatoire chez un hystérique; in Bulletin médical, 1890.

Queyrat (Frédéric), Les jeux des enfants, Paris, 1905.

Quincey (Thomas de), Confessions d'un mangeur d'opium, traduit de l'anglais par Descreux, Paris, 1890.

Rabier (Elie), Leçons de philosophie, I, Psychologie, [Paris, 1886.

Ravaisson, Rapport sur la philosophie en France au xixe siècle, Paris, 1867.

Reid (Thomas), Essays on intellectual powers of man. Edinburgh, 1785.

Rig-Véda.

Réja (Marcel), L'art chez les fous, le dessin, la prose, la poésie, Paris, 1908.

Renouvier (Ch.), Histoire et solution des problèmes métaphysiques, Paris, 1910.

Raymond, voir Janet.

Revault d'Allonnes, Rôle des sensations internes dans les émotions et dans la perception de la durée; in Revue philosophique, 1905, II, p. 592.

Ribot, Les maladies de la personnalité, Paris, 1888.

Ribot, Les maladies de la Mémoire, Paris, 1881.

Ribot, Les maladies de la volonté, Paris, 1883.

Ribot, La psychologie des sentiments, Paris, 1899.

Ribot, Essai sur l'imagination créatrice, Paris, 1900.

Ribot (Th.), Problèmes de psychologie affective, Paris, 1910.

Richet (Charles), Les origines et les modalités de la mémoire; in Revue philosophique, 1886, t. II.

Richet (Charles), Dictionnaire de Physiologie, Paris.

Rood (O.-N.), Théorie scientifique des couleurs, 2e édition, Paris, 1895.

Saint-Aubin (Louis), Des fugues inconscientes hystériques et diagnostic différentiel avec l'automatisme de l'épilepsie, Paris, 1890.

Saint-Paul (G.), Le langage intérieur, Paris, 1904.

Sand (G.), Histoire de ma vie.

Schiller, Ueber die æsthetische Erziehung des Menschen. In einer Reihe von Briefen, 1795.

Séglas, Séméiologie des affections mentales; in Traité de Pathologie mentale, de Gilbert Ballet, Paris, 1903.

Schumann, Zur Psychologie der Zeitanschauung. In Zeit. für Psych. und Phys. d. Sinn., XVII, p. 106-149.

Smith, in American Journal of Psychology, juillet 1896.

Sollier, Le problème de la mémoire, essai de psycho-mécanique, Paris, 1900.

Sortais (Gaston), Création esthétique et découverte scientifique; in Revue de philosophie, 1903.

Souriau (Paul), L'imagination de l'artiste, Paris, 1901; — Théorie de l'invention, Paris, 1881.

Soury (Jules), Système nerveux central, Structure et fonctions, histoire critique des théories et des doctrines, Paris, 1899.

Spencer (Herbert), Principes de Psychologie, trad. de l'anglais par Th. Ribot et A. Espinas, Paris, 1875.

Sous (G.), De l'automatisme comitial ambulatoire, Paris, 1890.

Stricker, Studien über die Association der Vorstellungen, Wien, 1883.

Stricker (trad. Frédéric Schwiedland), Du langage et de la musique, Paris, 1885. — Studien über die Sprachvorstellungen, Wien, 1880.

Stumpf, Tonpsychologie, Leipzig, 1883.

Sully (James), The human mind, London, 1892.

Sully (James), On illusions, a psychological study, London, 1880.
— Les illusions des sens et de l'esprit, Paris, 1889.
Surbled, Aphasie et Amnésie, in Revue de philosophie, 1907, I.

Taine (Hippolyte), De l'intelligence (3e éd.), Paris, 1878.
Tertre (R. P. du), Histoire générale des Antilles habitées par les Français, 1667-1671.
Tissié (Dr Philippe), Les aliénés voyageurs. Essai médico-psychologique, Paris, 1887.
Titchener, in Philosophical Rewiew, 1895, t. IV.
Thomas (Saint), Doctoris angelici divi Thomæ Aquinatis, opera omnia, Parisiis, apud Ludovicum Vivès, MDCCCLXXXIX; Phys. ; opusc. de Instantibus ; S. Theol. ; De memoria et reminiscentia ; De anima.
Thury, L'appréciation du temps; in Archives de Psychologie, t. II, 1903.
Toulouse (Edouard), Enquête médico-psychologique : Émile Zola, Paris, 1896.
Toutain (J.), Mythologie; in Grande Encyclopédie, Paris.

N. Vaschide et Piéron, La psychologie du rêve, Paris, 1902.
Vaschide (N.), Sur la localisation des souvenirs; in Année psychologique de Binet, 1897.
Vaschide (N.), Essai sur la psychologie de la main, un vol. de la Bibliothèque de Philosophie expérimentale, Paris, 1909.
Voisine (Gabriel), Nature du souvenir, Paris, 1900.
Vurpas (Dr), L'état moteur des aliénés (Revue de psychiatrie, août 1904).

Ward, Assimilation, association (Mind, 1893-94).
Wernicke, Der aphasische Symptomencomplex, Breslau, 1874.
Wilbrand, De Seelenblindheit als Herderscheinung, 1887.
Wolf (Chr.), Psychologia empirica, Frankfurt, 1732.
Wilder, Mozart, l'homme et l'artiste, Paris, 1880.
Wundt (W.), Die Geometrisch-optischen Taeuschungen. In Abhandl. d. math. phys. Classe d. Koen. Saechs. Gesell., 1898; — Grundzüge der physiologischen Psychologie. Bd III, 6 Auflage, Leipzig.

Ziehen, Die Ideenassoziation des Kindes, Berlin, 1899-1910 ; — Die Geisteskrankheiten des Kindesalters, Berlin, 1902.

INDEX DES NOMS PROPRES

32

INDEX ALPHABÉTIQUE DES MATIÈRES

TABLE DES MATIÈRES

CHAPITRE II

LA VIE LATENTE DES SOUVENIRS

CHAPITRE III

L'ÉVOCATION DES SOUVENIRS

CHAPITRE IV

LA REPRODUCTION DES SOUVENIRS

CHAPITRE VIII

L'INVENTION

CHAPITRE IX

CONCLUSION

ERRATA

Page 198, ligne 3, au lieu de « pas », mettez « par ».

Page 286, ligne 29, au lieu de « qui se représente », mettez « qui représente ».

Page 409, ligne 22, au lieu de « J. Bernard », mettez « J. Bertrand ».

Page 469, ligne 19, au lieu de « la sensation », mettez « l'imagination ».

Page 469, note (1), au lieu de « Reth. », mettez « Rhet. »

La Chapelle-Montligeon (Orne). — Imp. de Montligeon. — 481-6-10.